TRAUNER VERLAG
BILDUNG

Bildung, die begeistert!

Ihr interaktives E-Book *plus* in der TRAUNER-DigiBox

Das Plus zum gedruckten Buch

+ Angereichertes E-Book
+ Multimediale Inhalte
+ Vielfältige Zusatzmaterialien auf einen Blick
+ Einfache Navigation
+ Für verschiedene Endgeräte (PC, Mac, Tablet, Smartphone)

Spannendes Lernen an jedem Ort.

Film ab! Lernvideos motivieren

Interaktives E-Book

W0240870

Safety-Checks überprüfen den Kompetenzerwerb automatisch

Impressum

Hödl u. a., Naturwissenschaften II HAK
+ digitales Zusatzpaket
4. Auflage 2020
Schulbuch-Nr. 170.691
Schulbuch-Nr. Kombi E-Book 176.472
TRAUNER Verlag, Linz

Die Autorin und die Autoren

Mag. Erika Hödl
Akademisches Gymnasium Spittelwiese in Linz (i. R.)

Dipl.-Päd. Ing. Mag. Dr. Dietmar Chodura, BEd
Hochschullehrer an der Kirchlichen Pädagogischen Hochschule in Wien, Polytechnische Schule Perg

Mag. Dr. Helmut Franz Geroldinger, MAS
Berufsbildende Schulen Rohrbach (HAK, HAS, HLW, FW) sowie Bundeshandelsakademie und Bundeshandelsschule Eferding

Unter Mitarbeit von

DI Barbara Schwaiger
Höhere technische Bundeslehranstalt Leonding

Dr. Heiner Zechmann
Professor i. R. an der Höheren technischen Bundeslehr- und Versuchsanstalt Villach

Di Dr. Johannes Jaklin
Höhere technische Lehranstalt Pinkafeld

Approbiert für den Unterrichtsgebrauch
an Handelsakademien für den II. Jahrgang im Unterrichtsgegenstand Naturwissenschaften, Bundesministerium für Bildung und Frauen, GZ 5.048/0016-B/8/2014 vom 29. Dezember 2014.

Die Inhalte entsprechen dem vorgeschriebenen Kompetenzraster laut Bildungsstandards und sind laut Lehrplan zu vermitteln. Eine Auswahl bzw. Gewichtung ist nur innerhalb einzelner Kapitel (Beispiele bzw. Vertiefungsangebote) gewährleistet, nicht jedoch dürfen lt. Ministerium einzelne Kapitel oder Kompetenzbereiche ausgelassen werden.

Liebe Schülerin, lieber Schüler,
Sie bekommen dieses Schulbuch von der Republik Österreich für Ihre Ausbildung. Bücher helfen nicht nur beim Lernen, sondern sind auch Freunde fürs Leben.

Lektorat/Produktmanagement/Korrektorat:
Mag. Christoph Schacht
Gestaltung und Grafik:
Bettina Victor, Sandra Bauer
Titelgestaltung: Bettina Victor
Schulbuchvergütung/Bildrechte:
© Bildrecht GmbH, Wien
Gesamtherstellung:
AZ Druck und Datentechnik GmbH
Heisinger Straße 16, D-87437 Kempten

ISBN 978-3-99062-671-9
Schulbuch-Nr. 170.691

ISBN 978-3-99062-672-6
Schulbuch-Nr. Kombi E-Book 176.472

www.trauner.at

Ziele und Aufbau der Reihe „Naturwissenschaften“

Es ist das Ziel dieser Reihe, den Schülerinnen und Schülern die Bedeutung der Naturwissenschaften sowie ihre Anwendungen im Alltag, im persönlichen Leben und im Beruf aufzuzeigen.

Besonderer Wert wurde darauf gelegt, die Zusammenhänge zwischen Biologie, Physik, Chemie und Ökologie auf der einen Seite sowie den ökonomischen Systemen auf der anderen Seite aufzuzeigen. Denn nur so wird ein ganzheitliches naturwissenschaftliches Weltbild vermittelt.

Querverweise innerhalb der Kapitel und auch zu anderen Gegenständen und Gebieten unterstreichen diese Vernetzung der naturwissenschaftlichen Disziplinen.

Zur Beschäftigung mit der Natur und ihren Phänomenen zählt selbstverständlich genauso, dass die erworbenen Kenntnisse sowohl im persönlichen Leben als auch im Beruf **praktische Anwendung** finden. Die zahlreichen **Versuche, Experimente und Aufgabenstellungen** im Buch geben Ihnen die Möglichkeit, selbst zur Entdeckerin oder zum Entdecker zu werden.

Die Inhalte werden durch zahlreiche auf den Text abgestimmte Zeichnungen und Abbildungen ergänzt. Fachausdrücke werden in den Randspalten erklärt.

für kompetenzorientierten Unterricht

Kompetenzorientierter Unterricht

Die angeführten **Ziele** am Beginn jedes Abschnitts kennzeichnen, über welche Kompetenzen Sie als Lernende nach Durcharbeiten des Kapitels verfügen sollen. Zur Erarbeitung der Kenntnisse und Fertigkeiten sowie zur Kontrolle des Lernerfolgs stehen den Lernenden **Aufgaben** und **Abschlusstests** („Ziele erreicht?“) zur Verfügung.

Alle diese Ziele, Aufgaben und Tests sind nach dem dreidimensionalen Kompetenzmodell für die Naturwissenschaften laut Bildungsstandards gekennzeichnet. Das Modell umfasst eine **Handlungsdimension,** eine **Inhaltsdimension** und unterscheidet zwischen **zwei unterschiedlichen Niveaustufen.**

Dieses Konzept beruht auf dem Kompetenzmodell aus den **naturwissenschaftlichen Bildungsstandards für Berufsbildende Höhere Schulen.**

Die **Inhaltsdimension** wird durch die Inhaltsbereiche des Lehrplans widergespiegelt. Dabei gibt es in jedem Fachgebiet (Biologie, Chemie und Physik) vier allgemeine inhaltliche Dimensionen:

- Stoffe, Teilchen und Strukturen
- Wechselwirkungen
- Entwicklungen und Prozesse
- Systeme

Je nach Kapitel sind die in diesem Buch befindlichen Aufgaben nach ihrer Inhaltsdimension gegliedert. Inhaltliche Vernetzungen zwischen den Teilgebieten kommen natürlich vor und sind vom Lehrplan und der Konzeption des Unterrichtsgegenstandes auch gewollt.

Damit Sie mit diesem Buch für den kompetenzorientierten Unterricht gewappnet sind, haben wir Ziele, Aufgabenstellungen sowie „Ziele erreicht?“-Aufgaben nach der **Handlungsdimension farblich gekennzeichnet.**

Es wird unterschieden zwischen Aufgaben, bei denen Sie

- Vorgänge und Erscheinungsformen beobachten und beschreiben;
- Gegenstände und Phänomene untersuchen und bearbeiten;
- erworbenes Wissen anwenden, Untersuchungen präsentieren.

KOMPETENZ-ERWERB

Meine Ziele

Nach Bearbeitung dieses Kapitels kann ich
- Blau (Beobachten, Erfassen)
- Rot (Untersuchen, Bearbeiten)
- Schwarz (Bewerten, Anwenden)

Zusätzlich wird bei den Aufgabenstellungen und „Ziele erreicht?"-Aufgaben neben der Handlungsdimension auch noch die **Niveaustufe** angegeben.

Niveau 1 beschreibt das Reproduzieren von naturwissenschaftlichen Sachverhalten, Methoden und Anwendungen. Es wird mit + gekennzeichnet.

Aufgaben mit **Niveau 2** zeichnen sich durch die Kompetenzen aus, naturwissenschaftliche Sachverhalte und Methoden auch interdisziplinär zu transferieren und auf neue Sachverhalte anzuwenden. Es wird mit ++ gekennzeichnet.

Aufgabenstellung 1 verlangt von der Handlungskompetenz die Dimension „Beobachten & Erfassen", weshalb sie in der Farbe blau gekennzeichnet ist. Da es dabei darum geht, einfache Kontexte aus naturwissenschaftlicher Sicht zu erklären, wurde die Aufgabenstellung mit **Anforderungsniveau 1** [+] gekennzeichnet.

Bei Aufgabenstellung 2 hingegen wird eine naturwissenschaftliche Untersuchung bzw. Bearbeitung verlangt. Die rote Kennzeichnung macht die Handlungskompetenz „Untersuchen & Bearbeiten" deutlich. Da die Aufgabe sowohl ökologische Aspekte als auch physikalische und chemische Vorgänge behandelt, also interdisziplinäre Experimente durchgeführt und die Beobachtungen ausgewertet werden, handelt es sich um **Anforderungsniveau 2** [++].

Aufgabenstellungen

1. + Nennen Sie je zwei Säuren und zwei Basen, die im Haushalt Anwendung finden.

2. ++ Probieren Sie die Oberflächenspannung im Experiment aus. Legen Sie dazu eine Büroklammer vorsichtig auf die Wasseroberfläche in einem Gefäß. Geben Sie nun einen Tropfen Spülmittel zum Wasser hinzu. Was können Sie jetzt beobachten?
Beschreiben Sie die Auswirkungen von Tensiden in natürlichen Gewässern am Beispiel des Wasserläufers.

Aufgabenstellungen erfordern die praktische Umsetzung des Wissens und verlangen zum Teil eigene kreative Lösungsansätze. Sie helfen den Lernenden, die Kenntnisse und Fertigkeiten zu festigen.

Die **Ziele** kennzeichnen, was die Schülerinnen und Schüler nach Durcharbeiten des Kapitels können sollen. Sie entsprechen den **Bildungs- und Lehraufgaben** des Lehrplans. Aus didaktischen Gründen wurden die Ziele zum Teil detaillierter und in der Sprache der Schüler/innen formuliert. **„Ziele erreicht?"-Aufgaben** am Ende eines Kapitels ermöglichen den Lernenden, selbst festzustellen, inwieweit sie in ihrem Lernprozess erfolgreich waren. Der Kompetenzzuwachs wird aufgezeigt.

Kompetenzen erworben?
Kreuzen Sie aufgrund der durchgeführten „Ziele erreicht?"-Aufgaben an, ob Sie die Kompetenzen
- **zur Gänze,**
- **überwiegend** oder
- **(noch) nicht ausreichend**

erworben haben. Wiederholen Sie den jeweiligen Lehrstoff im Buch, falls Sie einzelne Ziele noch nicht erreicht haben.

Ziele erreicht?

KOMPETENZ-ERWERB

1. + Ziel 1
2. + Ziel 2
3. + Ziel 3

Folgende weitere Piktogramme unterstützen das Lehren und Lernen mit dem Buch:

für Diskussionsaufgaben

für Wissenswertes und Tipps

für „Achtung!“ oder „Beachten Sie!“

für Verknüpfungen zu anderen Kapiteln oder zu interessanten Websites

für Versuche und Experimente

für Videos, die mittels QR-Code bzw. Link aufgerufen werden können

für Downloads aus der TRAUNER-DigiBox

Die Schüler/innen werden die wesentlichen Fachbegriffe eines Kapitels auf Englisch spielerisch mit kreativen Übungen erlernen (geeignet für ***C****ontent and* ***L****anguage* ***I****ntegrated* ***L****earning* – ***CLIL***).

Bei Versuchen und Experimenten ist unbedingt den Sicherheitsanweisungen des Buches und der Lehrkraft Folge zu leisten! Studieren Sie vor Durchführung eines Experiments auf jeden Fall die Sicherheitszeichen und Gefahrensymbole im Anhang und machen Sie sich mit den Sicherheitseinrichtungen in der Schule vertraut.

Die Beschreibungen der Versuche und Experimente sind ausschließlich für den Unterricht gedacht!

Damit Sie einen kompletten Überblick über die Gefahren und Sicherheitsvorkehrungen bei allen Versuchen, die Sie in diesem Buch finden, erhalten, haben wir eine Übersicht erstellt, in der neben den Sicherheitskennzeichnungen zu jedem Versuch auch die H- und P-Sätze sowie Entsorgungshinweise zu den darin verwendeten Chemikalien aufgelistet sind.
Sie finden diese Liste in der TRAUNER-DigiBox.

STARTEN SIE IHR DIGITALES ZUSATZPAKET ZUM BUCH!

In der TRAUNER-DigiBox (www.trauner-digibox.com) finden Sie Ihr persönliches E-Book und die Zusatzmaterialien zum Buch:

- www.trauner-digibox.com aufrufen
- Einmal kostenlos registrieren
- Ihr digitales Zusatzpaket mit **Lizenz-Key** auf der Rückseite des Buches freischalten.

Je nach Ausstattung, verfügbarer Zeit und auch dem Niveau der Klasse können die einzelnen Versuche entweder von der Lehrerin/vom Lehrer zu Demonstrationszwecken vor der Klasse durchgeführt werden oder aber auch unter der Aufsicht des Lehrpersonals von den Schülerinnen und Schülern selbst.
Die Entscheidung, inwieweit die Lehrperson unterstützt bzw. wer den Versuch durchführt, ist von den Lehrerinnen und Lehrern zu treffen.

Wir wünschen Ihnen ein intensives Lernen, spannende Übungen und Diskussionen sowie viel Erfolg beim praktischen Umsetzen!

Inhaltsverzeichnis

I Chemische Bindungen und Reaktionen

Alles Leben ist Chemie! Egal, ob eine Pflanze gerade den lebensnotwendigen Sauerstoff mittels Fotosynthese produziert, in Ihrem Körper die Leber in komplizierten chemischen Reaktionen essenzielle Eiweißstoffe produziert bzw. Giftstoffe abbaut oder in einem biochemischen Betrieb Arzneimittel synthetisiert werden – chemische Reaktionen gibt es ununterbrochen überall in und um uns herum und ohne sie gäbe es kein Leben.

Aufbau der Materie

In der TRAUNER-DigiBox finden Sie eine interaktive Zeitleiste, die Ihnen einen geschichtlichen Überblick zu den hier dargestellten Atommodellen bietet.

Das Wort Atom stammt vom griechischen Wort *atomos* ab, das so viel wie „unteilbar" bedeutet. Aber sind Atome tatsächlich unteilbar?

Wie klein sind Atome?
Atome sind so klein, dass sie weder mit freiem Auge, noch einem Lichtmikroskop, sondern nur indirekt mit einem Rastertunnelmikroskop betrachtet werden können. Die Wissenschaftler/innen versuchten daher schon über viele Jahrhunderte, sich Modelle vorzustellen.

Hätte man so viele Erdbeeren, wie Atome in einem Wassertropfen sind, könnte man die ganze Erde mit einer 25 m dicken Erdbeerschicht bedecken!

KOMPETENZ-ERWERB

Meine Ziele

Nach Bearbeitung dieses Kapitels kann ich

- die Entwicklung des heutigen Atommodells in seinen Grundzügen beschreiben;
- erklären, wozu Atommodelle dienen;
- die Begriffe „Orbital", „Energieniveau", „Atomkern" und „Elektronenhülle" in eigenen Worten erklären;
- Elektronenkonfigurationen anhand des Orbitalmodells ermitteln.

1 Die Dalton'sche Atomtheorie

Die Atome erhielten ihren Namen von Demokrit von Abdera (ca. 460 bis 370 v. Chr.). Der griechische Philosoph lehrte, dass die Welt aus kleinsten Bausteinen aufgebaut sei, die man nicht weiter zerteilen kann. Diese Bausteine nannte er daher ***Atome.*** *Atome können sich miteinander verbinden und wieder voneinander lösen und so die vielen Stoffe der Natur bilden.*

Gegen Ende des 18. Jahrhunderts griff John Dalton, ein englischer Mathematiker und Naturforscher, die Vorstellung von Atomen auf und entwickelte ein Atommodell, das in seinen Grundzügen auch heute noch gilt.

Die Dalton'sche Atomtheorie haben Sie ja bereits im I. Jahrgang kennengelernt.

Bei dieser und den anderen Theorien vom Aufbau der Atome handelt es sich um **Modelle!**

Wissenschaftliche Modelle versuchen, uns die Natur anschaulich und erklärbar zu machen. Atommodelle zeigen uns daher nicht die Atome, wie sie wirklich sind, sondern stellen eine **Hilfe zum besseren Verständnis** dar, die sich aber mit jeder neuen Erkenntnis immer weiter der Wirklichkeit annähert.

Die Weiterentwicklung der Atomtheorie durch Dalton besticht vor allem dadurch, dass sich laut Dalton die Atome in ihrer Masse unterscheiden. Er bezog bei seiner Forschung dahingehend vor allem auf das noch immer gültige **Gesetz der Erhaltung der Masse:**

Bei chemischen Reaktionen ändert sich nur die Anordnung der Atome – die Atome selbst und ihre Masse bleiben unverändert.

Das Gesetz der Erhaltung der Masse wurde 1756 vom russischen Chemiker Michail Lomonossow entdeckt und 1785 vom Franzosen Antoine Laurent de Lavoisier aufgestellt.

Versuch – „Gesetz von der Erhaltung der Masse"

Füllen Sie in ein feuerfestes Reagenzglas einige abgebrochene Streichholzkuppen. Ermitteln Sie die Masse des gefüllten Reagenzglases mit einer Waage.
Verwenden Sie einen Reagenzglashalter und erhitzen Sie das Reagenzglas kurz in der Brennerflamme, bis sich die Streichholzkuppen entzünden und abbrennen. Lassen Sie das Reagenzglas abkühlen und ermitteln Sie wieder die Masse.

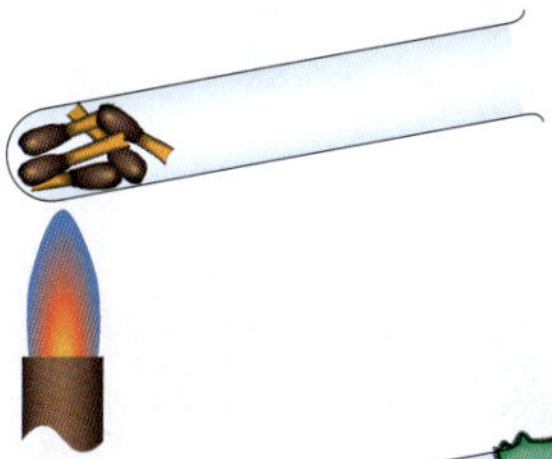

$m_{Ausgangsstoffe}$ = ______________________

$m_{Reaktionsprodukte}$ = ______________________

Wiederholen Sie das vorangegangene Experiment, verschließen Sie dabei das gefüllte Reagenzglas aber diesmal gasdicht mit einem Luftballon.
Tipp: Achten Sie beim Abwiegen darauf, dass der Luftballon nicht den Tisch berührt und so das Messergebnis verfälscht!

$m_{Ausgangsstoffe}$ = ______________________

$m_{Reaktionsprodukte}$ = ______________________

Wie erklären Sie die unterschiedlichen Messergebnisse bei den beiden Experimenten?

Was passiert bei einer Explosion? Da bleiben doch keine Reaktionsprodukte zurück! Verschwindet die Masse einfach? Nein, es entstehen Gase und feste Rückstände.

Versuch – „Gesetz von der Erhaltung der Masse II"

Wir überprüfen das Gesetz der Erhaltung der Masse nun noch auf eine andere Art und Weise.

Benötigte Geräte: Waage, Reagenzglas, Standzylinder, Silbernitrat ($AgNO_3$), Natriumchlorid (NaCl), Stopfen.

1. In einen Standzylinder gibt man etwas destilliertes Wasser und einen Spatel Silbernitrat.
2. In diesen Zylinder stellt man nun ein mit einem Spatel Natriumchlorid (und etwas Wasser) gefülltes Reagenzglas so hinein, dass sich die beiden Flüssigkeiten nicht vermischen können.
3. Den Zylinder verschließt man mit einem Stopfen, wiegt ihn auf der Waage und notiert das Ergebnis.
4. Schwenkt man den Zylinder nun um, so kann man eine Reaktion beobachten: Das aus Silbernitrat ($AgNO_3$) und Natriumchlorid (NaCl) gebildete Silberchlorid (AgCl) fällt weiß und käsig aus – somit kann das Ergebnis der Reaktion gut mit freiem Auge beobachtet werden.
5. Nun wird der Zylinder wiederum abgewogen und die Wägeergebnisse werden miteinander verglichen.

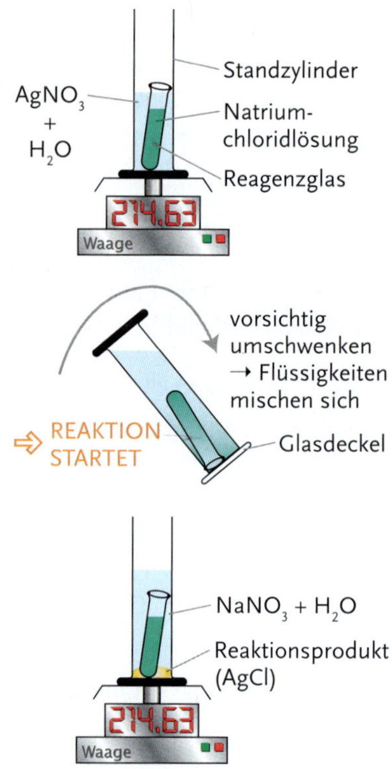

Was können Sie feststellen? Wie lässt sich das Ergebnis erklären? Dokumentieren Sie den Versuch anhand der Protokollvorlage im Anhang.

Gesetz von der Erhaltung der Elemente
Bei chemischen Reaktionen bleiben die beteiligten Atome nach Art und Anzahl erhalten. Es entstehen also neue Stoffe, aber keine neuen Elemente.

1897 entdeckte Joseph John Thomson im Zuge seiner Forschungsarbeit mit der kurz zuvor erfundenen **Kathodenstrahlröhre** – einem Gerät, das einen gebündelten Elektronenstrahl erzeugen kann – das **Elektron** und fand so heraus, dass das Atom aus noch kleineren und unterschiedlich geladenen Teilchen aufgebaut ist.

Joseph John Thomson, 1856 bis 1940, britischer Physiker

Übergang vom Daltonmodell zum Thomsonmodell

Dalton 1803: kompakte Kugel

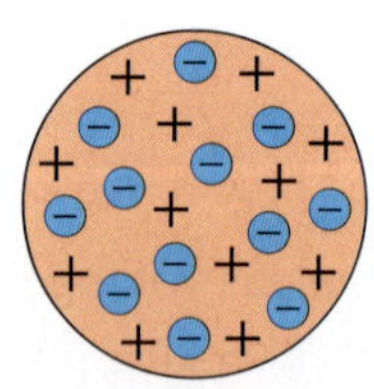

Thomson 1903: Elektronen wie Rosinen in positiver Kuchenmasse

Er nahm aber fälschlicherweise an, dass sich die Elektronen mit den Protonen im Kern befinden. Nach und nach wurde sein Modell durch Forschungserkenntnisse verfeinert und zum heute gültigen Modell weiterentwickelt.

2 Atomkern und Atomhülle

Der Atomkern ist verglichen mit dem ganzen Atom mitsamt der „wolkenähnlichen" Elektronenhülle sehr klein. Ein Vergleich: Wäre der Kern eines mittelgroßen Atoms so groß wie eine Erbse, dann hätte die Elektronenhülle einen Radius von ca. 100 m!

Den Nachweis dafür verdanken wir dem neuseeländischen Atomphysiker SIR ERNEST RUTHERFORD und seinem Streuversuch: RUTHERFORD verwendete dazu eine Goldfolie, die so dünn war, dass in ihr nur etwa 2 000 Atomschichten hintereinander lagen. Die Folie wurde mit radioaktiver Strahlung (α-Teilchen) beschossen. Auf dem kreisförmig gebogenen Leuchtschirm konnte RUTHERFORD immer dann Lichtblitze beobachten, wenn eines der α-Teilchen auftraf.

Versuch von RUTHERFORD

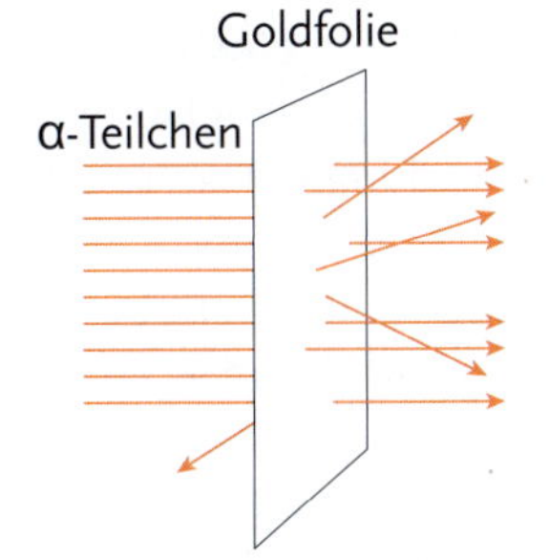

RUTHERFORD stellte fest, dass die meisten **α-Teilchen** ungehindert durch die Goldfolie durchgingen. Viele wurden nur ganz wenig abgelenkt und nur vereinzelte prallten ab oder wurden zurückgeworfen. Wären Atome jedoch kompakte Masseteilchen von kugeliger Gestalt, so hätten die α-Teilchen fast zur Gänze zurückgeworfen werden müssen.

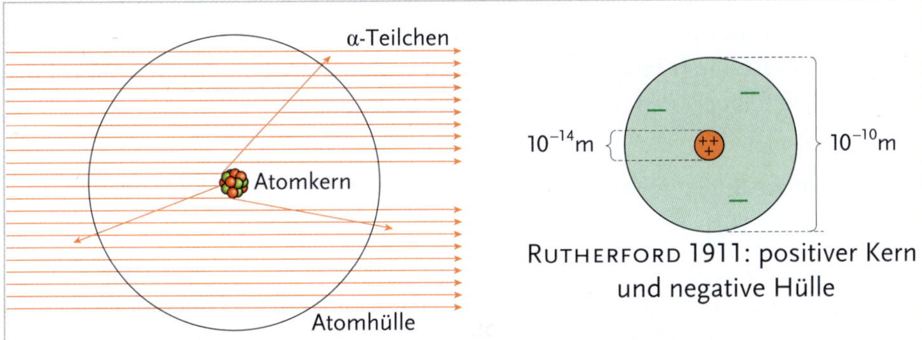

RUTHERFORD 1911: positiver Kern und negative Hülle

Wenig später ordnete der dänische Physiker und Nobelpreisträger NIELS BOHR den Elektronen sogenannte Quantenzahlen zu und forderte, dass sich Elektronen auf bestimmten **Bahnen (Schalen)** um den Atomkern bewegen und nur unter Aufnahme bzw. Abgabe bestimmter Energiemengen zwischen den Schalen wechseln können.

Elektronen, die vom Atomkern etwa gleich weit entfernt sind, werden zu **Elektronenschalen (Energieniveaus)** zusammengefasst, von denen es insgesamt sieben gibt.

Noch ein Vergleich: Könnte man die Atome eines großen Kreuzfahrtschiffes wie der „Queen Mary 2" so dicht zusammenpressen, dass in ihren Elektronenhüllen kein leerer Raum mehr vorhanden wäre, dann hätte das Schiff die Größe eines Basketballs.

α-Teilchen = Helium-Atomkerne (bestehend aus je zwei Protonen und zwei Neutronen), die beim radioaktiven Zerfall bestimmter Atome frei werden (z. B. Radium) und sich mit großer Geschwindigkeit bewegen. Sie sind positiv geladen.

ERNEST RUTHERFORD, 1871 BIS 1937, NEUSEELÄNDISCHER PHYSIKER

Eine Animation zum Streuversuch von RUTHERFORD finden Sie hier: www.trauner.at/rutherford.aspx

NIELS BOHR, 1885 BIS 1962, DÄNISCHER PHYSIKER

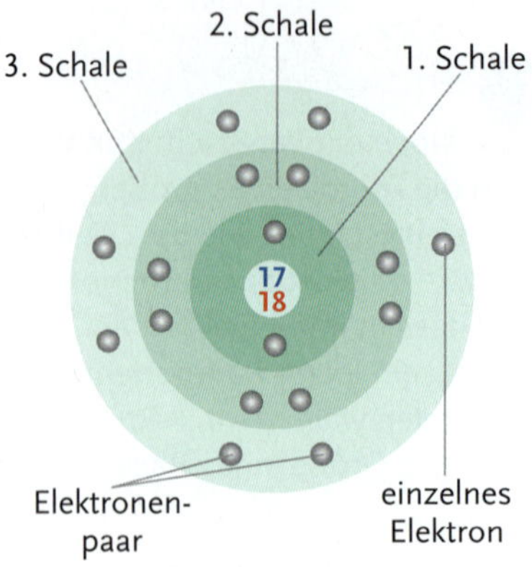

Schalenmodell eines Chloratoms. Die blaue Zahl gibt die Anzahl der Protonen, die rote Zahl die der Neutronen an.

Die maximale Aufnahmekapazität an Elektronen pro Schale lässt sich mit der Gleichung $2 \cdot n^2$ bestimmen, wobei n für die Schalennummer steht. Die erste Schale (n = 1) ist dem Kern am nächsten. Sie besteht aus höchstens zwei Elektronen, die zweite Schale (n = 2) kann höchstens acht Elektronen, die dritte Schale 18 Elektronen und die vierte höchstens 32 Elektronen besitzen usw.

Die Elektronen der äußersten (vom Kern am weitesten entfernten) Schale heißen **Außenelektronen.** Ein Atom besitzt davon höchstens acht.

Folgende Prinzipien werden heute als gültig betrachtet:

- **Alle Stoffe bestehen aus Atomen.**
- Atome bestehen aus elektrisch **positiv geladenen Teilchen, den Protonen, elektrisch ungeladenen Teilchen, den Neutronen,** und **elektrisch negativ geladenen Teilchen, den Elektronen.** Protonen, Neutronen und Elektronen werden als **Elementarteilchen** bezeichnet.
- Die positive elektrische Ladung eines Protons ist so groß wie die negative elektrische Ladung eines Elektrons.
- Die Elektronen der Elektronenhülle streben aufgrund ihrer Eigenbewegung vom Atomkern weg, werden aber von den Protonen des Atomkerns angezogen. Dadurch besteht ein Gleichgewicht.
- In einem elektrisch ungeladenen (neutralen) Atom ist die **Anzahl der Protonen gleich der Anzahl der Elektronen.** Das Atom ist also in seiner Gesamtheit elektrisch neutral.
- Atome besitzen üblicherweise **Kugelgestalt:** Im Inneren befindet sich der Atomkern, der aus Protonen und Neutronen besteht. In relativ großem Abstand von diesem bewegen sich die Elektronen. Sie bilden eine (Elektronen-)Hülle um den Kern.

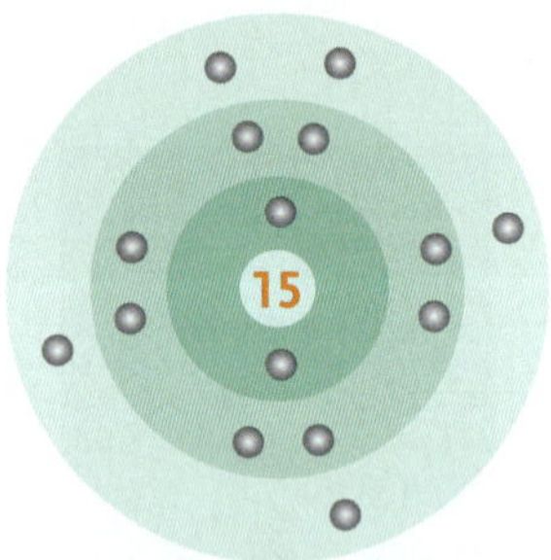

Phosphor, P

Im **Bohr'schen Modell** erkennt man deutlich die Analogie zu Kreisbahnen.

Alle **Atome gleicher Art** haben die **gleiche Anzahl von Protonen** im Kern (Kernladungszahl = Ordnungszahl). Die **Kernladungszahl** entspricht also der **Anzahl der Protonen** und folglich auch der **Anzahl seiner Elektronen.**

Anzahl Protonen = Kernladungszahl = Ordnungszahl = Elektronenzahl

Heute weiß man allerdings, dass diese Kernteilchen (Nukleonen) wiederum aus noch kleineren Teilchen, den Quarks, aufgebaut sind. Sie bilden den Grundstoff der Materie und tragen entweder $-\frac{1}{3}$ oder $+\frac{2}{3}$ der Elementarladung.

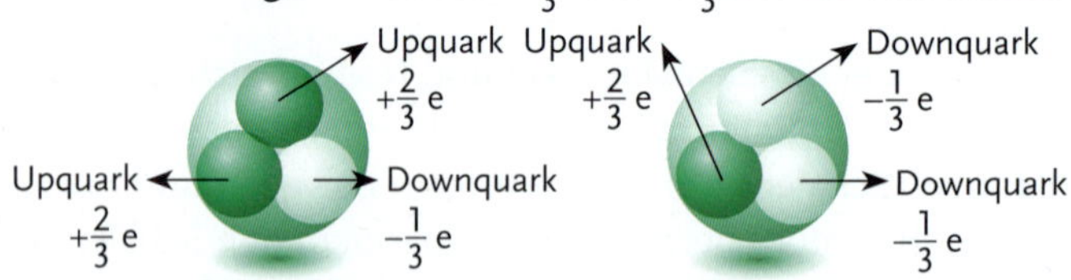

Proton (p) Neutron (n)

Demnach ist jedes Kernteilchen aus drei veschiedenen Quarks aufgebaut, die ihrerseits von sogenannten „Gluonen“ zusammengehalten werden. Durch unterschiedliche Kombinationen von Quarks können also alle existierenden Kernteilchen wie mit einem „Baukasten“ gebildet werden.

Gluon = „Klebeteilchen“, das andere Teilchen zusammenhält.

Stoffe, die aus Atomen gleicher Art (gleicher Kernladungszahl) bestehen, heißen **Grundstoffe, elementare Stoffe oder Elemente.** Stoffe, die aus Atomen verschiedener Art bestehen, heißen **chemische Verbindungen.**

3 Das Orbitalmodell

1926 entwickelte der österreichische Nobelpreisträger ERWIN SCHRÖDINGER das noch heute gültige Atommodell, wonach der Kern von verschiedenförmigen Orbitalen umgeben ist, in denen sich die Elektronen mit größter Wahrscheinlichkeit aufhalten.

Nach dem **Orbitalmodell** (= wellenmechanisches Atommodell) halten sich jeweils höchstens zwei Elektronen in unterschiedlich großen und verschieden geformten Bereichen rund um den Atomkern auf. Diese **Räume mit der höchsten Aufenthaltswahrscheinlichkeit für Elektronen** bezeichnet man als **Orbitale,** die durch **vier Quantenzahlen** bestimmt werden.

Quantenzahlen

Hauptquantenzahl n	Nebenquantenzahl l	Magnetquantenzahl m	Spinquantenzahl m_s
Energieniveau (1 bis 7)	Orbitalform (also s, p, d oder f; vgl. unten)	Räumliche Orbitalorientierung (also in x-, y- oder z-Richtung)	Spin der Elektronen

Die Elektronen eines Atoms stimmen dabei niemals in allen vier Quantenzahlen überein. Dies nennt man das **Pauli-Prinzip,** benannt nach einem weiteren österreichischen Nobelpreisträger, nämlich WOLFGANG PAULI (1900 bis 1958).

Je nach Orbitalform unterscheidet man s-, p-, d- und f-Orbitale:

- **s-Orbitale** sind kugelförmig um den Atomkern angeordnet,
- **p-orbitale** sind hantelförmig und jeweils entlang einer Koordinatenachse ausgerichtet,
- **d-Orbitale** sind gekreuzte Doppelhanteln und
- **f-Orbitale** sind rosettenförmig.

Darstellung der s-, p-, d- und f-Orbitale

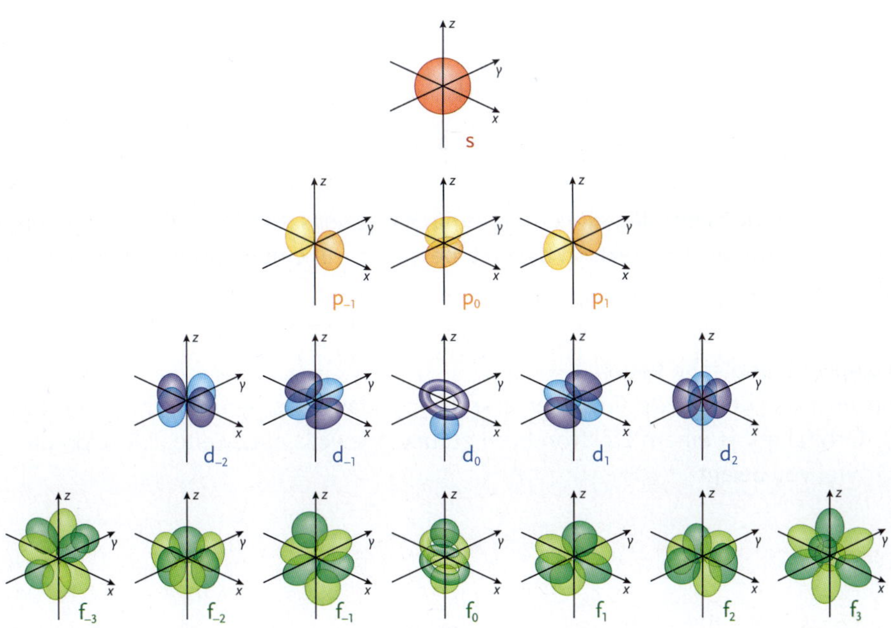

Die Schreibung von Ordnungs- und Massenzahlen in Verbindung mit dem Elementsymbol zur Wiederholung:

Massenzahl (Nukleonenzahl)
Ordnungszahl
Element-symbol

ERWIN SCHRÖDINGER, 1887 BIS 1961, ÖSTERREICHISCHER PHYSIKER

Der **Spin** ist vereinfacht vergleichbar mit der Rotation einer Kugel um eine Achse; die beiden Elektronen eines Orbitals rotieren jeweils in entgegengesetzte Richtungen.

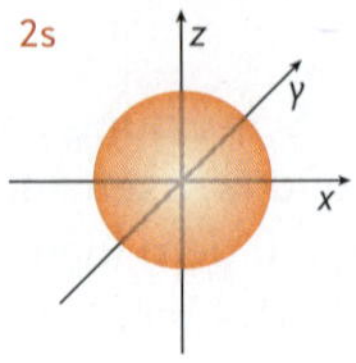

s-Orbitale: kugelsymmetrisch

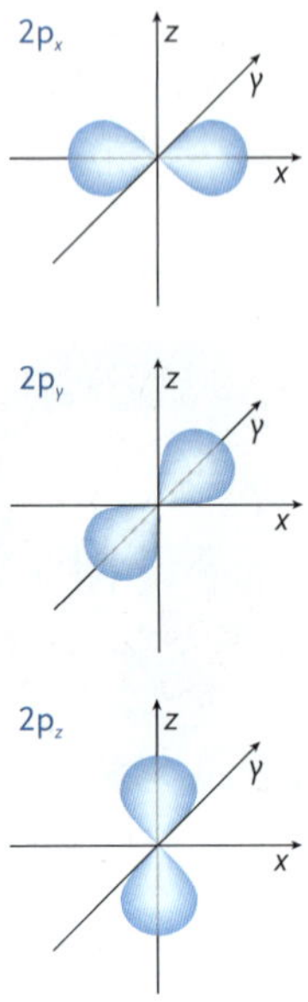

p-Orbitale: hantelförmig

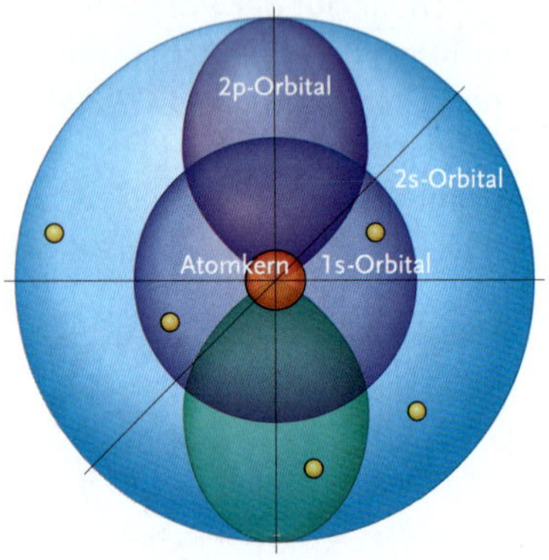

Orbitaldarstellung des Bor-Atoms: Je zwei Elektronen befinden sich in den kugelsymmetrischen s-Orbitalen ($1s^2$ und $2s^2$) und ein Elektron im hantelförmigen p-Orbital ($2p^1$).

FRIEDRICH HUND, 1896 BIS 1997, DEUTSCHER PHYSIKER

Mit dem **Hauptenergieniveau n** (der Anzahl der „Elektronenschalen") steigt die Anzahl der Elektronen, mit denen diese besetzt sein können. So kann das erste Energieniveau 2, das zweite 8, das dritte 18 und das vierte Energieniveau maximal 32 Elektronen ($= 2 \cdot n^2$) aufnehmen. Demnach finden also auf dem fünften Energieniveau höchstens $2 \cdot 5^2 = 50$ Elektronen Platz.

Die genaue Zuordnung der Elektronen in die Orbitale – mit hochgestellten Zahlen für die entsprechende Elektronenzahl – nennt man **Elektronenkonfiguration.**

Beispiel für eine Elektronenkonfiguration
He: $1s^2$ *Energieniveau, Orbitaltyp, Anzahl der Elektronen*
Sprich: Eins-es-zwei

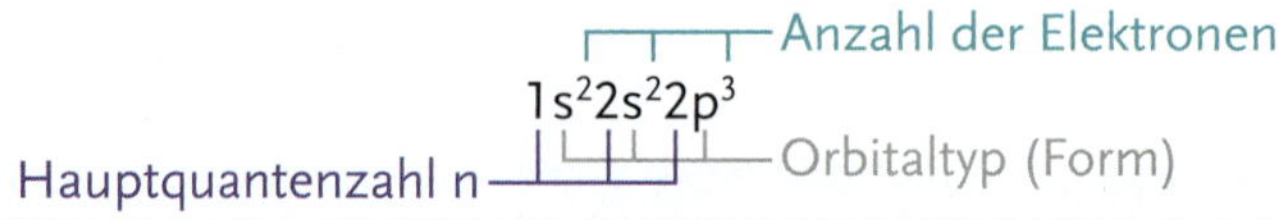

Nachdem das **erste Energieniveau** nur über **maximal zwei Elektronen** verfügt (Wasserstoff hat eines, Helium zwei), weist es auch nur ein s-Orbital auf.

Wasserstoff (H): $1s^1$	Helium (He): $1s^2$

Auf dem **zweiten Energieniveau** kommt zu dem ersten ein zweites kugelförmiges s-Orbital hinzu. Dort findet das dritte Elektron des Elements Lithium und auch das vierte Elektron des Elements Beryllium Platz:

Lithium (Li): $1s^2\ 2s^1$	Beryllium (Be): $1s^2\ 2s^2$

Das Element Beryllium besitzt – entsprechend seiner **Ordnungszahl 4** – insgesamt vier Elektronen. Durch Zusammenzählen der hochgestellten Ziffern (= Elektronenanzahl) kommen Sie ebenfalls auf diesen Wert.

Da auf jedem Energieniveau jeder Orbitaltyp (jede Orbitalform) nur einmal vorkommen kann, muss beim nächsten Element mit den p-Elektronen eine **neue Orbitalart** hinzukommen. Pro Energieniveau gibt es maximal drei p-Orbitale (nach ihrer Ausrichtung im Raum p_x, p_y und p_z benannt) mit demnach höchstens sechs p-Elektronen:

Bor (B): $1s^2\ 2s^2\ 2p^1$	Kohlenstoff (C): $1s^2\ 2s^2\ 2p^2$

Nach der **Hund'schen Regel** werden zunächst jeweils alle Orbitale eines Energieniveaus nur mit einem Elektron besetzt, bevor sie mit einem zweiten Elektron „aufgefüllt" werden.

Beispiel: Hund'sche Regel
So wird also bei den 2p-Orbitalen erst das p_x-, dann das p_y- und schließlich das p_z-Orbital mit je einem Elektron besetzt, bevor jeweils ein zweites Elektron das Orbital voll belegt.

Grafisch kann man dies so darstellen (die unterschiedlichen Pfeilrichtungen symbolisieren dabei den unterschiedlichen Spin der Elektronen):

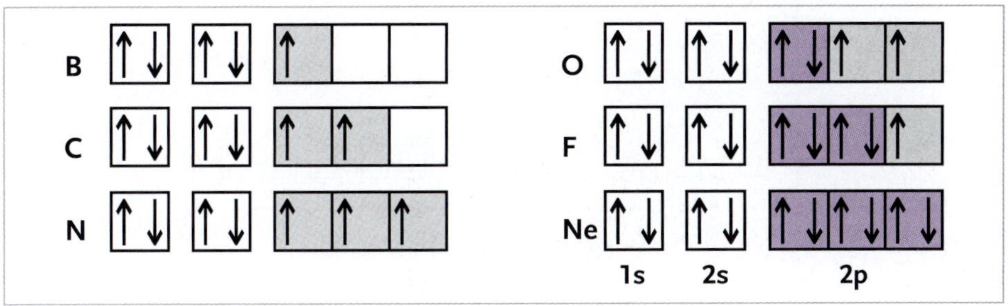

7	Stickstoff	$1s^2$	$2s^2$	$2p^3$				
8	Sauerstoff	$1s^2$	$2s^2$	$2p^4$				
9	Fluor	$1s^2$	$2s^2$	$2p^5$				
10	Neon	$1s^2$	$2s^2$	$2p^6$				
11	Natrium	$1s^2$	$2s^2$	$2p^6$	$3s^1$			
12	Magnesium	$1s^2$	$2s^2$	$2p^6$	$3s^2$			
13	Aluminium	$1s^2$	$2s^2$	$2p^6$	$3s^2$	3p1		
14	Silizium	$1s^2$	$2s^2$	$2p^6$	$3s^2$	$3p^2$		
15	Phosphor	$1s^2$	$2s^2$	$2p^6$	$3s^2$	$3p^3$		
16	Schwefel	$1s^2$	$2s^2$	$2p^6$	$3s^2$	$3p^4$		
17	Chlor	$1s^2$	$2s^2$	$2p^6$	$3s^2$	$3p^5$		
18	Argon	$1s^2$	$2s^2$	$2p^6$	$3s^2$	$3p^6$		
19	Kalium	$1s^2$	$2s^2$	$2p^6$	$3s^2$	$3p^6$		$4s^1$
20	Calcium	$1s^2$	$2s^2$	$2p^6$	$3s^2$	$3p^6$		$4s^2$
21	Scandium	$1s^2$	$2s^2$	$2p^6$	$3s^2$	$3p^6$	$3d^1$	$4s^2$

Heliumrumpf

Neonrumpf

Argonrumpf

Bei den Zahlen vor den Elementnamen in der Tabelle handelt es sich jeweils um die Ordnungszahl des Elements. Der Ordnungszahl entspricht auch die Zahl der Elektronen.

Auf dem **ersten Energieniveau** gibt es also **nur ein s-Orbital,** auf dem **zweiten Energieniveau** kommen noch **ein zweites s-Orbital und drei p-Orbitale hinzu.**

Ab dem **dritten Energieniveau** kommen **noch fünf d-Orbitale hinzu** und ab dem **vierten Energieniveau** kommen noch **weitere sieben f-Orbitale hinzu,** die mit jedem ansteigenden Energieniveau Elektronen aufnehmen.

Da die Elektronen der inneren Schalen für die chemische Bindung keine Rolle spielen, wird die Elektronenkonfiguration auch in abgekürzter Form geschrieben. Allgemein schreibt man das letzte Element [= Edelgas] der vorhergehenden Periode in eckiger Klammer und führt nur mehr die in der jeweiligen Periode dazukommenden Elektronen an:

Li: [He] $2s^1$
Be: [He] $2s^2$
Ne: [He] $2s^2$ $2p^6$
Na: [Ne] $3s^1$
Mg: [Ne] $3s^2$
Ar: [Ne] $3s^2$ $3p^6$
K: [Ar] $4s^1$
Ca: [Ar] $4s^2$

Jene Elektronen, die sich in den Atomorbitalen mit der höchsten Hauptquantenzahl befinden, nennt man **Außen- bzw. Valenzelektronen.**
Diese Elektronen sind vorwiegend an chemischen Bindungen beteiligt.

Aufgabenstellung – „Energieniveau“

- ■ + Erstellen Sie das Energieniveauschema vom Kupfer (Cu). Das Element Kupfer besitzt 29 Elektronen.

Da jedes neu dazukommende Elektron das niedrigste freie Energieniveau besetzt, erfolgt auch z. B. die Besetzung des 4s-Orbitals vor den 3d-Orbitalen, da sich letztere auf einem höheren Energieniveau befinden (vgl. nebenstehende Grafik).

Obwohl das Orbitalmodell das derzeit gültige Modell darstellt, genügt für unsere Zwecke an der Schule meist das vereinfachte Schalenmodell. Es wird auch für die Darstellung der Ionen- und Metallbindung verwendet (vgl. S. 21 ff.).

Elektronenbesetzung nach Energieniveau

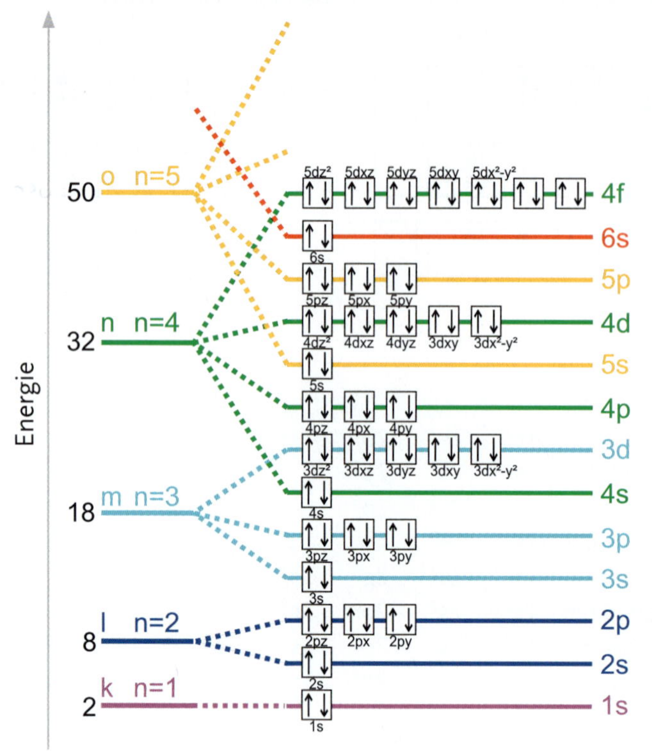

Beispiel: Ermittlung der Elektronenkonfiguration von Chrom

Das Element Chrom hat die Ordnungszahl 24 und besitzt demnach 24 Protonen und 24 Elektronen. Da es in der vierten Periode steht, kann die Elektronenkonfiguration des im PSE zuletzt vorangegangenen Edelgases (hier Argon) übernommen werden:

$1s^2$ $2s^2$ $2p^6$ $3s^2$ $3p^6$

Für Kalium und Calcium wird noch das nächste s-Orbital begonnen bzw. gefüllt und dann ab dem Element Scandium mit der Besetzung der energetisch nächsthöheren d-Orbitale begonnen:

$1s^2$ $2s^2$ $2p^6$ $3s^2$ $3p^6$ $3d^1$ $4s^2$

(siehe Liste auf S. 17)

Somit ergibt sich für Chrom folgende Elektronenkonfiguration:

$1s^2\ 2s^2\ 2p^6\ 3s^2\ 3p^6\ 3d^4\ 4s^2$ (2 + 2 + 6 + 2 + 6 + 4 + 2 = 24 Elektronen)

Ziele erreicht? – „Aufbau der Materie“

KOMPETENZ-ERWERB

1. + Geben Sie an, wie viele Elektronen für die dritte Hauptquantenzahl möglich sind.

2. + Nennen Sie das Element mit der Elektronenkonfiguration $1s^2\,2s^2\,2p^6\,3s^2\,3p^2$.

3. + Zeichnen Sie die Energieniveauschemata der Elemente Phosphor und Mangan.

4. + Ermitteln Sie für folgende Orbitaldarstellung die Elektronenkonfiguration und nennen Sie das Element, um das es sich hier handelt.

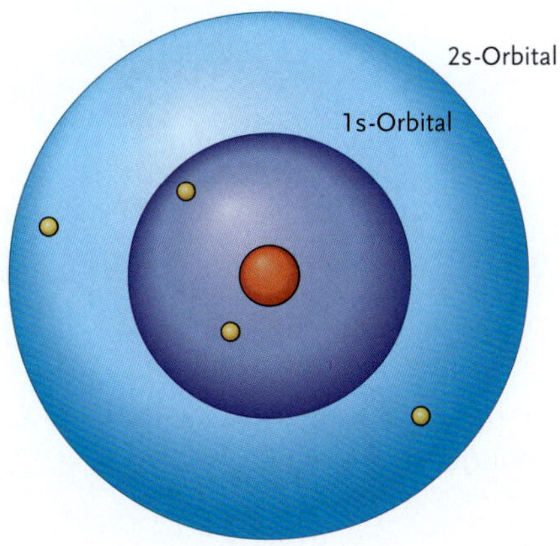

5. + Folgendes Energieniveauschema liegt Ihnen vor. Beschreiben Sie es und finden Sie heraus, zu welchem Element es gehört.

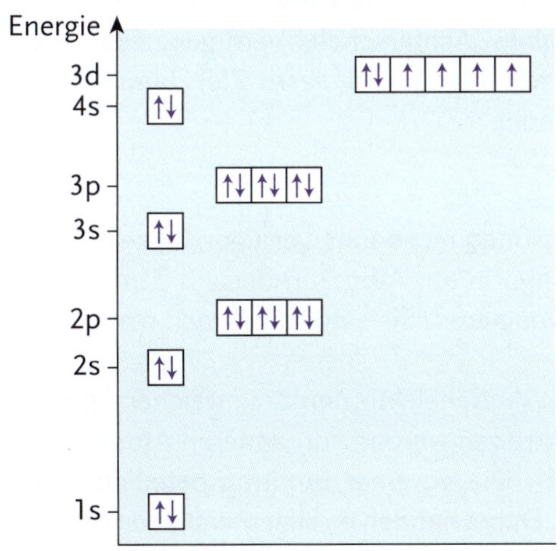

6. ++ Diskutieren Sie, welche Vor- bzw. Nachteile das Bohr'sche Atommodell oder das Orbitalmodell jeweils haben. Welches erscheint Ihnen dabei hilfreicher, damit Sie um sich den Aufbau der Materie verstellen können?

Einen interaktiven **Safety-Check** finden Sie in der TRAUNER-DigiBox.

Die Bindungsarten

Wir unterscheiden drei grundlegende Arten von starken Bindungen:
- die **Ionenbindung,**
- die **Atombindung** und
- die **Metallbindung.**

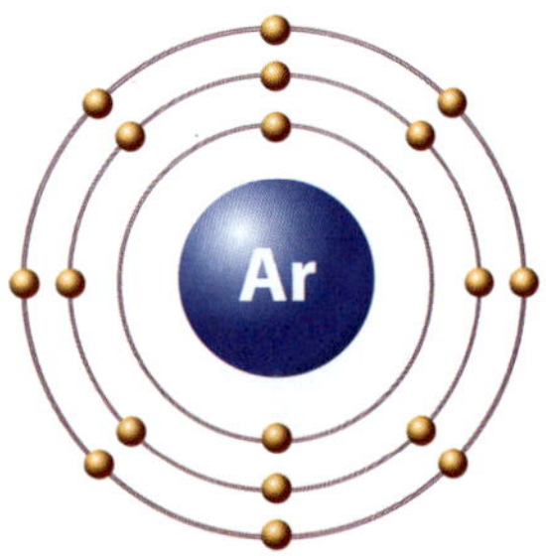

Das Edelgas Argon hat z. B. in seiner äußersten Schale (3. Schale) alle acht freien Stellen besetzt: Der Edelgaszustand ist erfüllt. Das Edelgas Helium hat nur zwei Außenelektronen, da die erste Schale bereits mit zwei Elektronen voll besetzt ist.

Sicher haben Sie in Ihrer bisherigen Ausbildung bereits gelernt, warum Atome miteinander reagieren.

Alle Atome sind bestrebt, einen Zustand einzunehmen, der am energieärmsten und somit am günstigsten für sie ist. Dieser Zustand ist dann erreicht, wenn sie über eine **stabile „Achterschale"** verfügen, also **acht Außenelektronen** besitzen (Oktett-Regel). Um dieses Ziel zu erreichen, verbinden sich Atome miteinander.

Da **Edelgase** über eine solche Elektronenanordnung verfügen, bezeichnet man diesen Zustand auch als Edelgaskonfiguration. Atome in diesem Zustand sind nicht bestrebt, mit anderen Atomen zu reagieren. Sie sind träge und „reaktionsfaul".

Um diesen Idealzustand mit acht Außenelektronen zu erreichen, gehen Atome untereinander **Bindungen** ein: Elektronen werden von anderen Atomen aufgenommen, „mitbenutzt" oder „geborgt". Die an einer Bindung beteiligten Elektronen nennt man auch **Valenzelektronen.** Dabei handelt es sich meist eben um Elektronen der äußersten Schale eines Elements (Außenelektronen).

Meine Ziele

Nach Bearbeitung dieses Kapitels kann ich
- die Bindungsarten Ionen-, Atom- und Metallbindung beschreiben;
- bestimmte Eigenschaften von Elementen und Molekülen (z. B. die Leitfähigkeit) aus den Bindungsarten ableiten.

1 Die Ionenbindung

Die Ionenbindung ist die **wichtigste Art der Bindung zwischen Metallen und Nichtmetallen.** Es entstehen salzartige Stoffe.

Metallatome geben dabei ihre Außenelektronen an die Nichtmetallatome ab und werden somit zu **positiv geladenen Ionen,** wohingegen die **Nichtmetallatome** eine **negative Gesamtladung** erwerben. Da sich positive und negative (also ungleichnamige) Ladungen anziehen, entsteht so eine **Bindung aufgrund elektrostatischer Kräfte.**

Bildung eines Ionenpaars

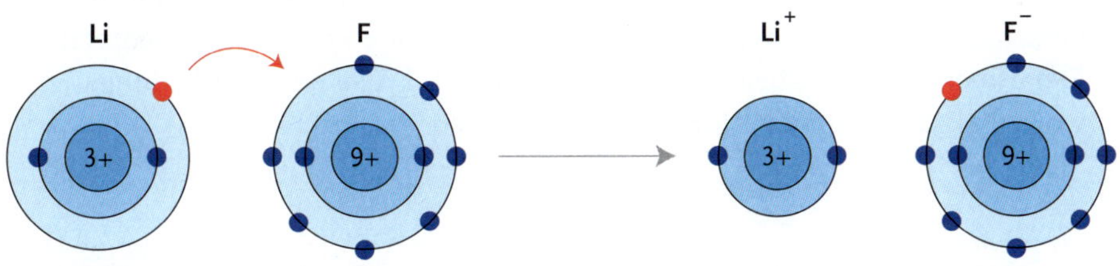

Die Anzahl der positiven und negativen Ladungen hebt sich in der Verbindung auf; die Verbindung ist also elektrisch neutral.

Die beteiligten Atome können aber, je nachdem wie viele Elektronen sie abgeben bzw. aufnehmen, zu mehrfach **positiv oder negativ geladenen Ionen** werden.

Aufgabenstellung – „Ionenbindung“

■ + Versuchen Sie, die Bildung eines Ionenpaars aus Natrium- und Chloratomen in einer Zeichnung (vgl. Lithium und Fluor) darzustellen. Verwenden Sie dazu das Periodensystem.

Welche Verbindung entsteht dabei? Woher kennen Sie diese Verbindung aus Ihrem Alltag?

Stoffe, die durch Ionenbindung entstanden sind, bilden Ionengitter aus, wie Sie z. B. anhand der nachfolgenden Grafik von Lithiumfluorid ersehen können (ein derartiges Gitter bildet übrigens auch Natriumchlorid [= Kochsalz] aus):

Ionengitter von Lithiumfluorid

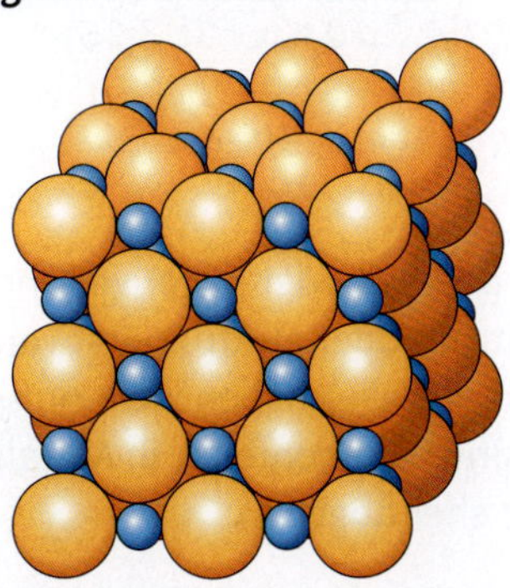

Die kugelförmigen Lithiumionen (blau) und Fluorionen (orange) sind dicht gepackt wie im Kochsalzkristall.

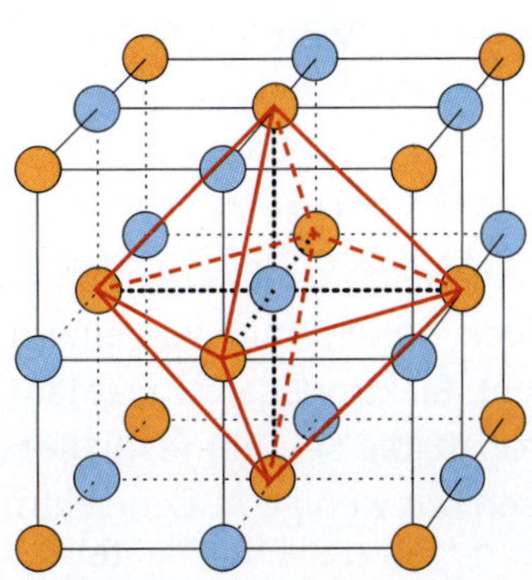

Schematische Darstellung des aufgeweiteten Kristallgitters – jedes Ion ist oktaedrisch von sechs Ionen entgegengesetzter Ladung umgeben.

Die Summe der Ladungszahlen in einem Salz ist null.

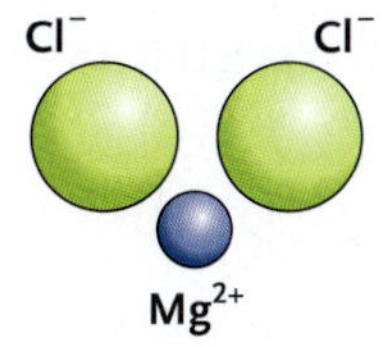

Magnesiumchlorid ($MgCl_2$)

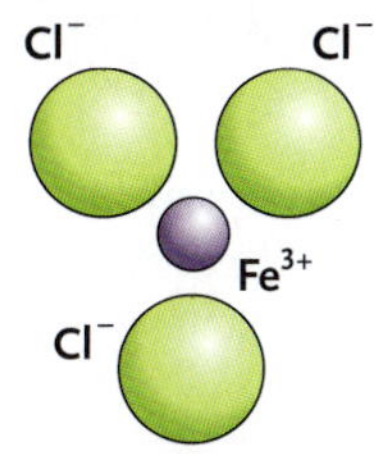

Eisen(III)-chlorid ($FeCl_3$)

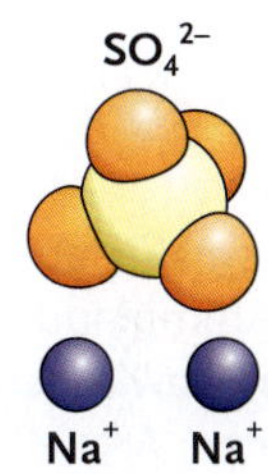

Natriumsulfat (Na_2SO_4)

Metalle geben also **Elektronen ab** und verringern die Anzahl ihrer Schalen um eine. **Nichtmetalle** dagegen **nehmen üblicherweise Elektronen auf,** um so ihre äußerste Schale zu füllen.

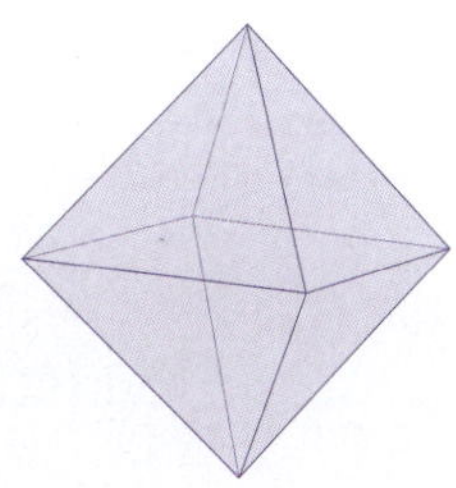

Ein **Oktaeder** ist ein geometrischer Körper mit acht Flächen.

2 Die Atombindung

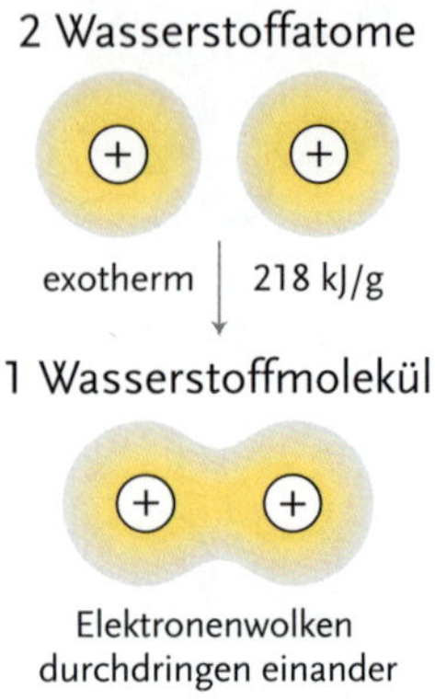

Die Atombindung ist eine **Bindung zwischen Nichtmetallen.** Bei dieser Bindungsart „teilen" sich zwei Atome ein oder mehrere ihrer Außen- bzw. Valenzelektronen, bilden also gemeinsame Elektronenpaare, um so zusammen die erwünschte Edelgaskonfiguration zu erreichen.

Eine Atombindung ist nur zwischen solchen Atomen möglich, die **mindestens ein nur einfach besetztes Orbital** aufweisen.

Die **Elektronenwolken zweier ungepaarter Valenzelektronen** von zwei verschiedenen Atomen **durchdringen sich** und **bilden eine doppelt besetzte Elektronenwolke,** die beide Atomkerne umhüllt. Diese negative Ladungswolke hält die positiven Atomkerne zusammen.

Durch gemeinsame Elektronenpaare entsteht also ein in sich geschlossenes Molekül, das energieärmer und somit stabiler als die getrennten Atome ist.

Ladungsmäßig ausgewogen ist eine Atombindung streng genommen nur zwischen gleichen Elementen: Also z. B. bei H_2 (H–H), O_2 (O=O) oder N_2 (N≡N).

Beispiele für Moleküle mit Atombindung
H_2, Cl_2, H_2O (Wasser), NH_3 (Ammoniak) oder CH_4 (Methan)

Allerdings gibt es **reine Atombindungen nur zwischen Atomen des gleichen Elements** (z. B. O_2, N_2).

Die **Elektronegativität** ist ein Maß dafür, wie stark die Atome eines Elements die Elektronen einer Atombindung in einem Molekül anziehen. Näheres dazu haben Sie bereits im I. Jahrgang beim Periodensystem erfahren.

Zwischen **verschiedenen Elementen** entsteht eine **polarisierte Atombindung,** weil der Atomkern des stärker elektronegativen Elements die Elektronen stärker anzieht als der Atomkern des schwächer elektronegativen Elements.

Die Elektronegativitätswerte können Sie aus dem beiliegenden Periodensystem ablesen.

Arten der Atombindung

Unpolare Atombindung	Polarisierte Atombindung
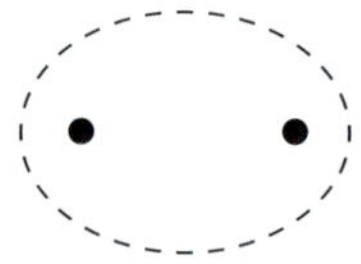	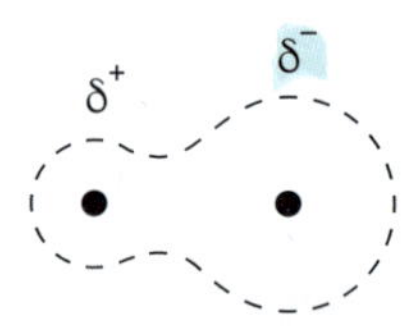
Cl – Cl Elektronegativität hat denselben Wert.	**H – Cl** Elektronegativität unterscheidet sich (H: 2,20 bzw. Cl: 3,16)

δ = griech. Kleinbuchstabe *Delta*; steht für eine Partialladung

Je nachdem, ob ein Element eher dazu neigt, positive oder negative Ionen zu bilden, spricht man von einem elektropositiven oder elektronegativen Element. Elektronegative Elemente (z. B. Nichtmetalle) haben viele Außenelektronen, die sie sehr festhalten. Elektropositive Elemente (z. B. Metalle) besitzen nur wenige Außenelektronen, die sie eher abgeben.

Aufgrund der unterschiedlichen Elektronegativität zweier Elemente wird die Ladungsverteilung der Atombindung unsymmetrisch. Beim stärker elektronegativen Atom entsteht eine **negative Partialladung (δ^-),** beim schwächer elektronegativen Atom eine **positive Partialladung (δ^+).** Diese Partialladungen sind aber geringer als die Ladungen von Ionen.

Ein **elektrischer Dipol** besteht aus einer positiven Ladung und einer gleich großen negativen Ladung in einem bestimmten Abstand. Die Größe des Dipols hängt von der Größe der Teilladungen und der Geometrie der Moleküle ab.

> Das **Wassermolekül** (H_2O) ist das wichtigste Dipolmolekül.

Atome unterschiedlicher Elektronegativität mit unsymmetrischem Aufbau bilden **polare** Moleküle.

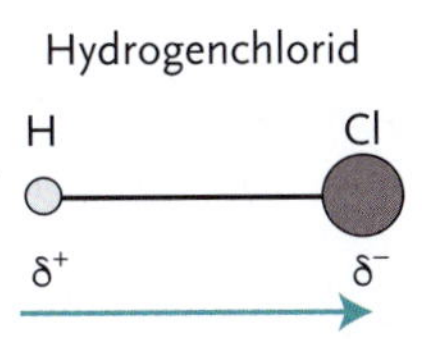

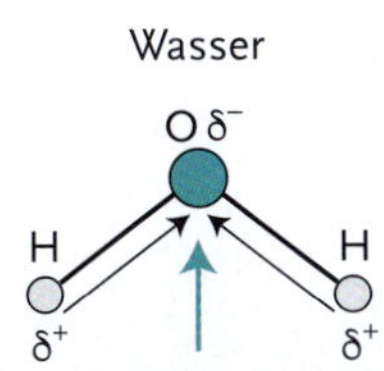

Ein elektrischer **Dipol** enthält eine positive Teilladung und eine gleich große negative Teilladung in einem bestimmten Abstand.

Da Dipole sich gegenseitig elektrisch anziehen, kondensieren Dipolmoleküle leicht. Wasser ist daher trotz der geringen Größe und Masse seiner Moleküle bei Raumtemperatur flüssig, während vergleichbare Stoffe mit geringem Dipolcharakter, wie Kohlenstoffdioxid (CO_2) oder Schwefelwasserstoff (H_2S), gasförmig sind.

Stoffe mit **polarisierten Atombindungen,** also unsymmetrischer Ladungsverteilung, nennt man **polare Stoffe.** Polare Stoffe sind in Wasser löslich, sie heißen daher **hydrophil** (= wasserfreundlich).

Beispiele für polare Stoffe
Chlorwasserstoff (HCl), Fluorwasserstoff (HF), Wasser (H_2O), Ammoniak (NH_3)

Stoffe mit **symmetrischer Ladungsverteilung** in den Molekülen nennt man **unpolare Stoffe.** Unpolare Stoffe sind in Wasser schwer löslich, sie heißen daher **hydrophob** (= wasserfeindlich).

Beispiele für unpolare Stoffe
Wasserstoff (H_2), Chlor (Cl_2), Fluor (F_2), Stickstoff (N_2), Methan (CH_4)

> Moleküle mit einem hydrophilen und einem hydrophoben Teil (z. B. Seifen) heißen auch **amphiphil** (beidseitig freundlich), sie können als Lösungsvermittler auftreten. Seifen machen z. B. hydrophobe Stoffe (Schmutz, der aus Fett und Staub besteht) in Wasser löslich.

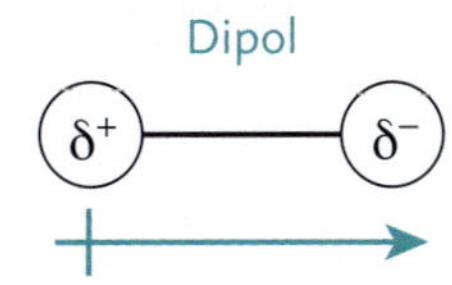

Ein Dipol dargestellt als Pfeil (zur negativen Teilladung gerichtet)

Die Größe der Teilladungen hängt vom Elektronegativitätsunterschied der beteiligten Atome ab.

Die Dipole beim Wassermolekül spielen noch eine wichtige Rolle bei den Wasserstoffbrückenbindungen (vgl. S. 27 f.).

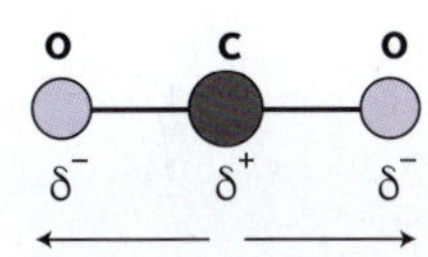

Bei Kohlenstoffdioxid (CO_2) heben sich die beiden Teildipole aufgrund der Geometrie auf.

2.1 s-s-σ-Bindung

σ = griech. Kleinbuchstabe *Sigma*

Bei der s-s-σ-Bindung verbinden sich zwei s-Atomorbitale zu einem rotationssymmetrischen Molekülorbital.

Beispiel für eine s-s-σ-Bindung
Bei der Verbindung von zwei Wasserstoffatomen (2 H) zu einem Wasserstoffmolekül (H_2) kommt es zu einer Überlappung der beiden einfach besetzten s-Orbitale dieser Atome und ein vollbesetztes (doppelt besetztes) Molekülorbital entsteht.

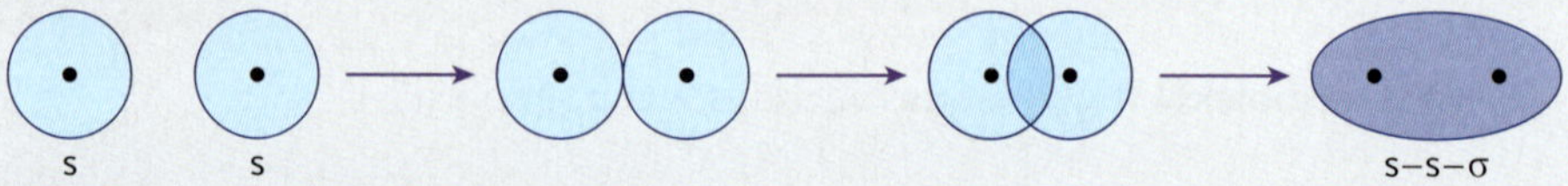

Ein beide Atomkerne umschließendes Molekülorbital ist entstanden. Dort haben die gemeinsamen Elektronen eine 90 %ige Aufenthaltswahrscheinlichkeit.

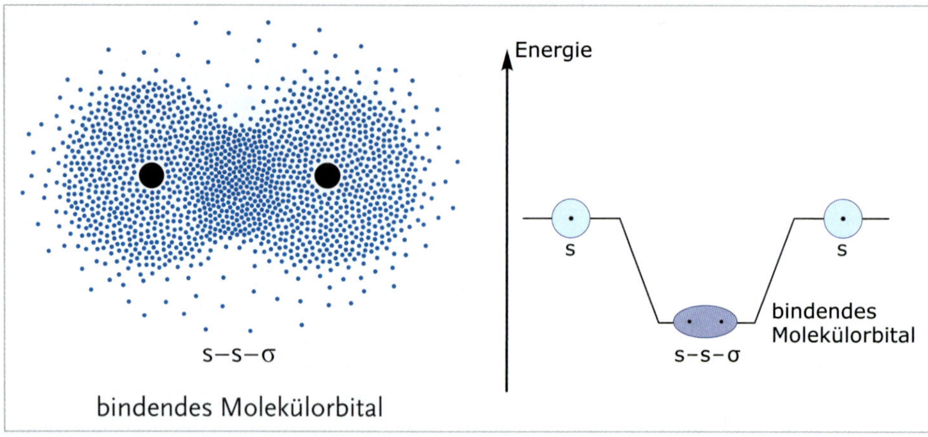

Darstellung eines bindenden H_2 Molekülorbitals: Aufgrund der Anziehung der beiden Kerne durch die Ladungsdichte hält das Molekül zusammen.

Bei dieser Bindung wird Energie frei. Der gleiche Energiebetrag („Bindungsenergie") müsste erneut aufgewendet werden, um die Bindung wieder aufzutrennen.

2.2 p-p-σ-Bindung

Ebenso wie s-Orbitale können sich auch p-Orbitale zu rotationssymmetrischen (p-p-σ-)Molekülorbitalen vereinigen. Die so entstandene Atombindung wird dementsprechend als **p-p-σ-Bindung** bezeichnet.

Die Plus- bzw. Minus-Zeichen geben keine elektrischen Ladungen an, sondern mathematische Vorzeichen.

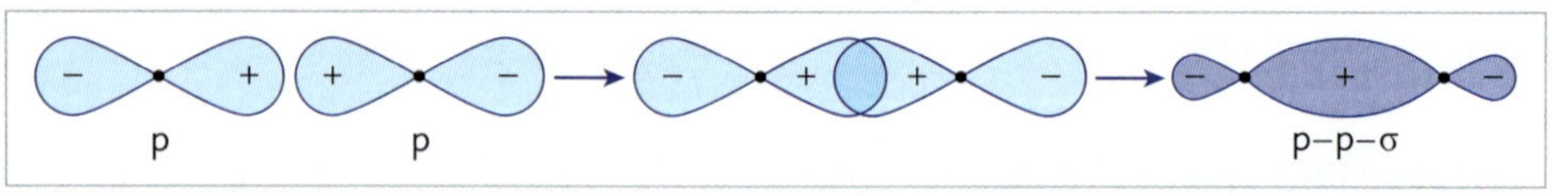

Eine **Bindung** kann nur zwischen Atomorbitalen gleichen Vorzeichens entstehen.

Beispiel für eine p-p-σ-Bindung
Aus zwei Chloratomen entsteht ein Cl_2-Molekül.

2.3 s-p-σ-Bindung

Auch zwischen einem s-Orbital und einem p-Orbital kann es zur Ausbildung einer Atombindung kommen.

Rotationssymmetrische s-p-σ-Bindung

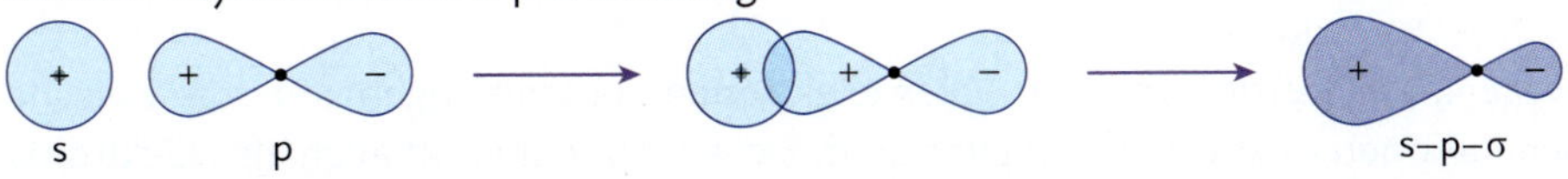

Beispiel für eine s-p-σ-Bindung
Das Chlorwasserstoffmolekül (HCl) entsteht aus je einem Wasserstoff- und einem Chlor-Atom.

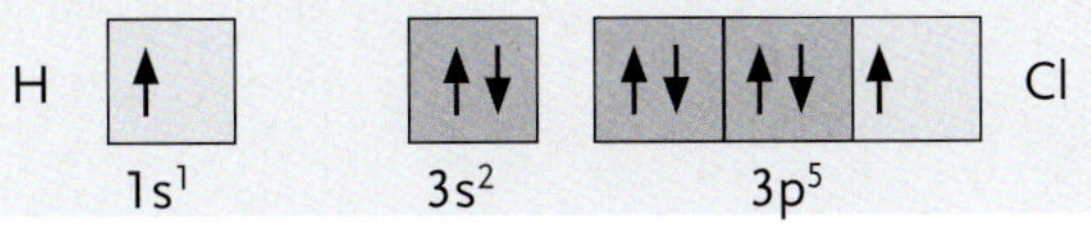

2.4 p-p-π-Bindung

Zwischen geeigneten Orbitalen kann es nicht nur entlang der x-Achse, sondern auch entlang der y- und z-Achsen zu Bindungen kommen. Da diese Molekülorbitale dann aber nicht mehr rotationssymmetrisch sind, spricht man statt von σ- nun von **π-Bindungen.**

π = griech. Kleinbuchstabe *Pi*

So können bei p-Orbitalen dementsprechend zusätzlich zur p-p-σ- zwei p-p-π-Bindungen auftreten.

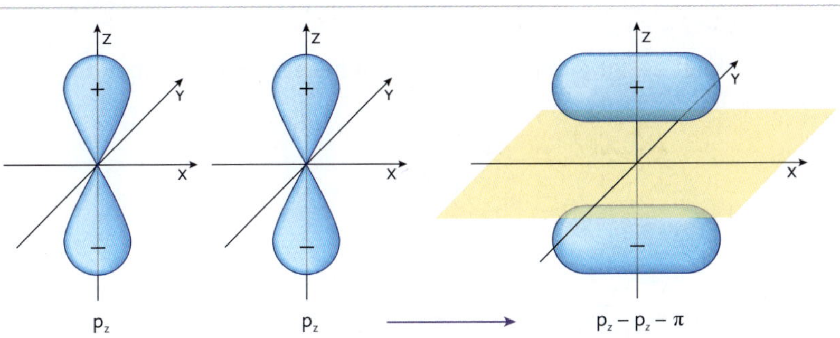

a) p_z-p_z-π-Bindung

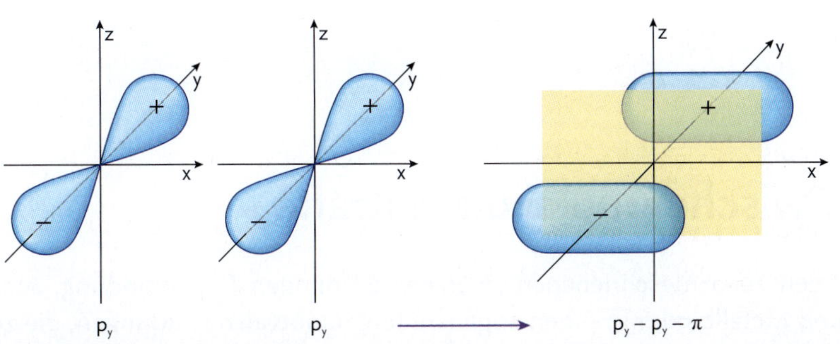

b) p_y-p_y-π-Bindung

π-Bindungen können nur zwischen zwei p-Orbitalen mit gleicher räumlicher Orientierung auftreten. Die so maximal mögliche **Dreifachbindung** findet man z. B. beim Stickstoffmolekül (N≡N).

3 Die Metallbindung

Die Metallbindung ist die Bindung zwischen Metallatomen. Metalle besitzen üblicherweise nur wenige Valenzelektronen, die sie überdies leicht abgeben. Die so entstehenden Kationen bilden dichte Kugelpackungen aus, die sogenannten **Metallgitter.**

Valenzelektronen = an einer chemischen Bindung beteiligte Elektronen; dabei handelt es sich zumeist – aber nicht ausschließlich! – um Außenelektronen.

Diese Gitter werden von den Valenzelektronen zusammengehalten, die zwischen den Kationen relativ frei beweglich sind. Sie werden daher oft auch als „Elektronengas" bezeichnet. Das Elektronengas ist auch dafür verantwortlich, dass Metalle so gute Leiter sind.

Da sich Metalle beim Leiten von Strom überdies nicht verändern, werden sie als Leiter 1. Klasse bezeichnet.

Das Metallgitter entspricht einem Gefäß.

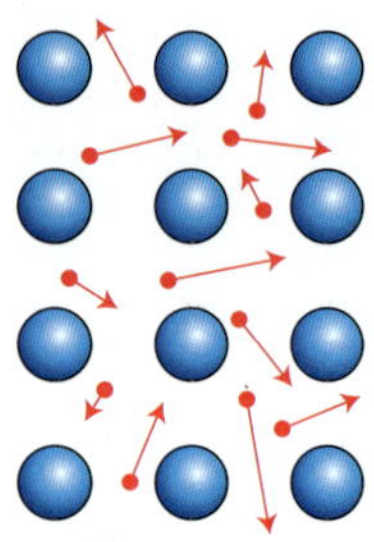

Die Elektronen bewegen sich im Gitter wie Gasteilchen in einem Gefäß.

Metallgitter (Mikrofoto)

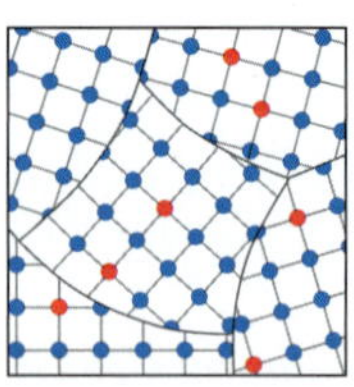

Metallgitter (schematisch)

Die Besonderheiten der Metallbindung erzeugen besondere Eigenschaften

Das Gitter ist sehr stabil.	Metalle haben einen **relativ hohen Schmelzpunkt.**
Die Elektronen sind so frei beweglich wie Gasteilchen.	Metalle sind **gute elektrische Leiter.**
Gitterebenen gleiten übereinander, ohne dass sich die Anziehung zwischen ihnen ändert.	Metalle sind **mechanisch verformbar.**
Atome können ausgetauscht oder in Gitterlücken eingebaut werden.	Metalle bilden **Legierungen.**

Das Gleiten erfolgt entlang der am dichtesten besetzten Gitterebenen

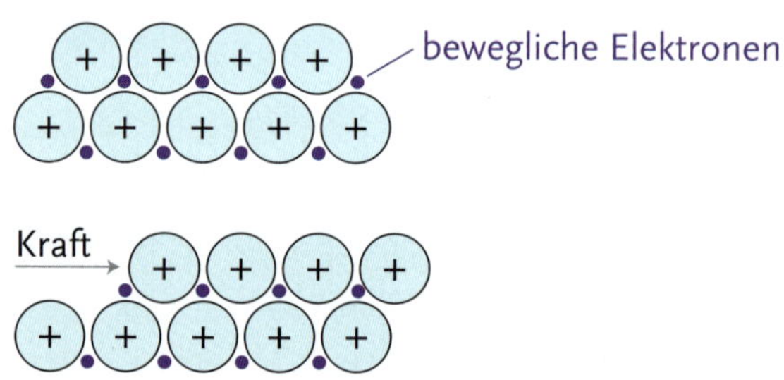

4 Zwischenmolekulare Kräfte

Neben den zuvor beschriebenen „starken" Bindungen (Ionenbindung, Atombindung und Metallbindung) – den sogenannten Hauptvalenzbindungen, die zur Bildung von Ionengittern, Metallgittern, Atomgittern und Molekülen führen – gibt es noch die **zwischenmolekularen Kräfte (Nebenvalenzbindungen).** Diese bewirken den Zusammenhalt der Moleküle untereinander und sind wesentlich schwächer als die Hauptvalenzbindungen.

Zwischenmolekulare Kräfte bestimmen die **Schmelz- und Siedetemperaturen** und das **Lösungsverhalten** von Molekülen.

4.1 Wasserstoffbrückenbindung

Die Wasserstoffbrückenbindung ist eine besondere Art der Dipol-Dipol-Wechselwirkung und entsteht bei sogenannten **polarisierten Atombindungen** bzw. bei Dipolmolekülen: Diese haben keine gleichmäßige Ladungsverteilung, weil der stärker elektronegative Bindungspartner die Elektronen kräftiger an sich zieht. Dadurch wird die Ladungsverteilung in der Elektronenhülle unsymmetrisch und **negative und positive Teilladungen** bilden sich aus.

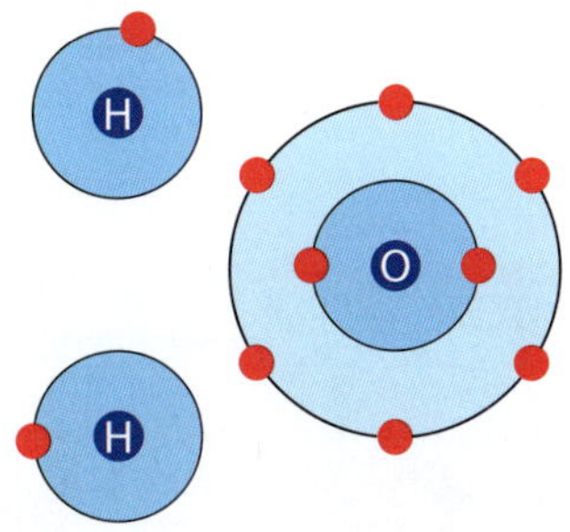

Während das Wasserstoffatom (H) nur ein Proton und ein Elektron besitzt, ist das Sauerstoffatom (O) mit acht Protonen und acht Neutronen im Kern sowie acht Elektronen in der Hülle deutlich größer und verfügt über eine höhere Elektronegativität.

Ein Beispiel für so ein **Dipolmolekül** ist **Wasser:** Dort tritt die ungleiche Ladungsverteilung deshalb auf, weil das (viel größere) **Sauerstoffatom deutlich stärker elektronegativ ist,** also die Elektronen der beiden Wasserstoffatome zu sich zieht. Aufgrund der dadurch entstehenden **leicht positiven Ladungen (δ^+)** an den Wasserstoffatomen ziehen diese die **leicht negativ geladenen Sauerstoffatome (δ^-)** anderer Wassermoleküle an und bilden zu ihnen Wasserstoffbrückenbindungen aus – da sich gegensätzliche Ladungen bekanntlich anziehen.

Wasserstoffbrücke

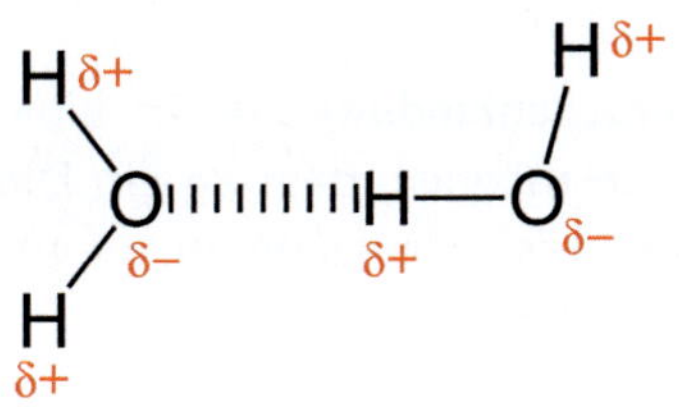

Die **Bindungsenergie der Wasserstoffbrücken** liegt in einem sehr günstigen Bereich und sorgt für eine hohe Vielfältigkeit und Flexibilität – somit sind rasche Lösungen und erneute Bildungen der Wasserstoffbrückenbindungen möglich.

Wasserstoffbrücken sind auch der Grund für die Dichteanomalie des Wassers oder auch dafür, warum Wasser (mit 100 °C) einen deutlich höheren Siedepunkt hat als etwa das weitaus größere Hexan ($CH_3–CH_2–CH_2–CH_2–CH_2–CH_3$) mit 69 °C, da die Trennung der Wasserstoffbrückenbindungen beim Verdampfen einen hohen Energieaufwand bedeutet.

Die Wasserstoffbrückenbindung hat darüber hinaus immense Bedeutung, die von der dreidimensionalen Vernetzung von Kunststoffen bis hin zur Funktion unserer DNA reicht.

Die Wasserstoffbrücken sorgen auch dafür, dass Wasser bei Zimmertemperatur in flüssigem Zustand vorliegt. Ohne diese Bindungen wäre es bei solchen Temperaturen gasförmig.

Erinnern Sie sich an die Eigenschaften der Dipolmoleküle bei der polarisierten Atombindung (vgl. S. 22 f.).

Im festen Wasser (Eis) bilden sich mehr Wasserstoffbrückenbindungen aus als im flüssigen oder gasförmigen Zustand.

Wasserstoffbrücken bei unterschiedlichen Aggregatzuständen

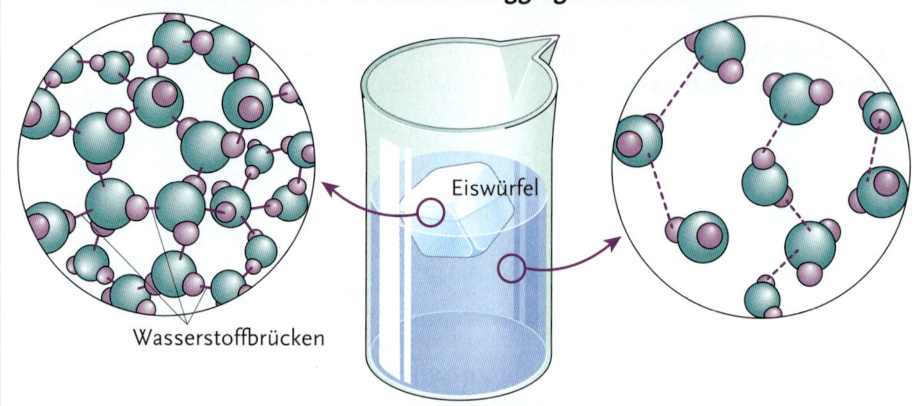

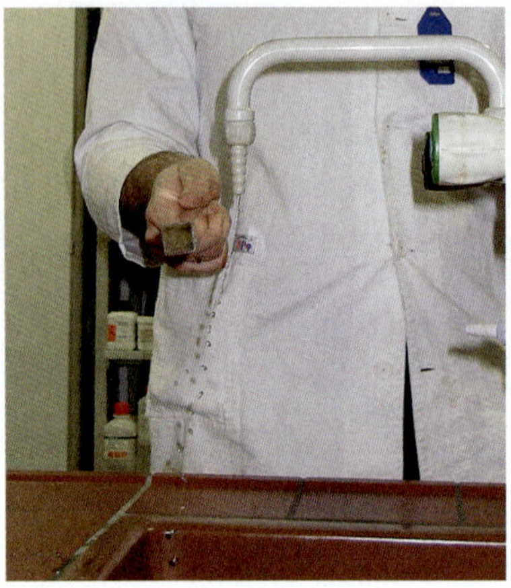

Ablenkung des Wasserstrahls

Versuch – „Der scheue Wasserstrahl"

Nehmen Sie einen Kunststoffstab (am besten aus Polystyrol, PS), Plastiklöffel oder Luftballon zur Hand. Reiben Sie ihn mit einem Wolltuch und nähern Sie ihn dann einem nicht zu starken Wasserstrahl. Was passiert?

Versuchen Sie, Ihre Beobachtungen zu erklären!

Wassermoleküle sind aber nicht die einzigen Verbindungen, wo Wasserstoffbrückenbindungen vorkommen können. So kann Wasserstoff auch mit den Elementen **Stickstoff** oder **Fluor** Dipolmoleküle bilden.

Die **Stickstoff-Wasserstoffbrückenbindung** hat in biologischen Systemen große Bedeutung. Dabei ist es auch möglich, dass so ein Dipol in einem Molekül stärker oder schwächer ausgeprägt ist – je nachdem, an welchen anderen Atomen die Stickstoff- und Sauerstoffatome hängen.

4.2 Van-der-Waals-Kräfte

Johannes Diderik van der Waals, 1837 bis 1923, niederländischer Physiker

Durch die Elektronenbewegungen kommt es zu einer kurzfristigen Ladungsverschiebung der Elektronenhülle. Diese temporäre Ausbildung von Dipolen ruft bei Nachbarmolekülen ebenfalls eine Polarisierung hervor. Die Wechselwirkungen zwischen spontanen und induzierten Dipolen bezeichnet man als **Van-der-Waals-Kräfte.**

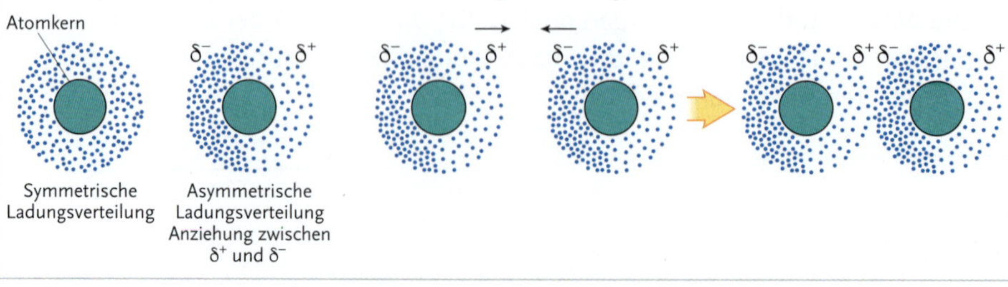

Je größer das Atom oder Molekül ist, desto stärker sind die Van-der-Waals-Kräfte. Zwischen gestreckt gebauten Molekülen wirken stärkere Kräfte als zwischen gleich schweren kugelförmigen.

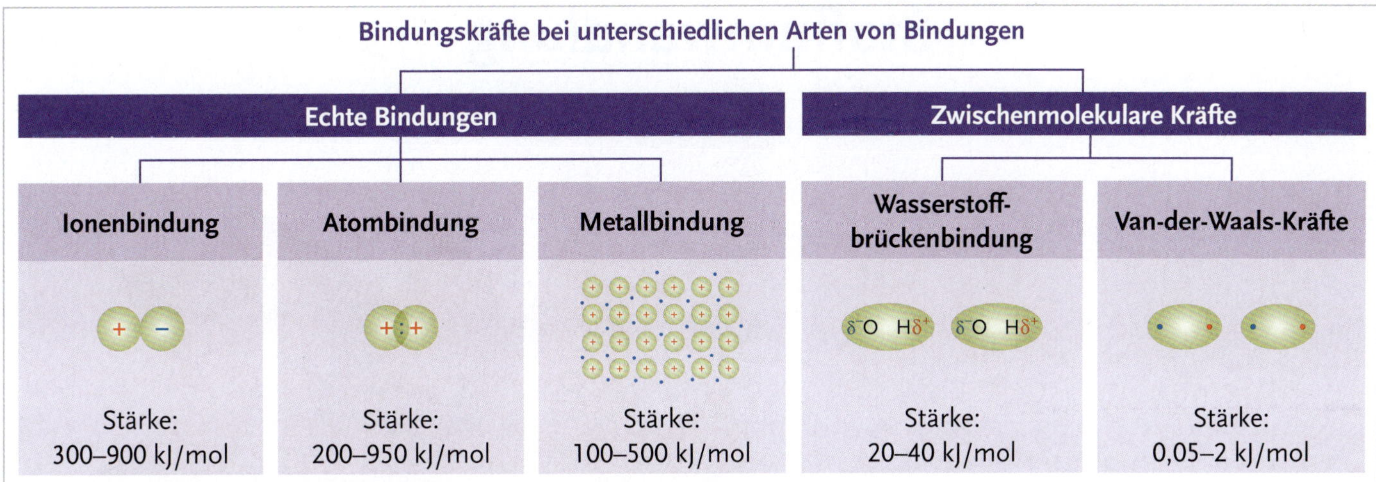

Ziele erreicht? – „Die Bindungsarten“

KOMPETENZ-ERWERB

1. + Geben Sie Gründe dafür an, warum Elemente überhaupt miteinander reagieren.

2. + Kreuzen Sie die richtige Antwort an.

Elemente mit wenigen Außenelektronen neigen dazu, diese im Zuge einer Verbindungsbildung

☐ aufzunehmen. ☐ abzugeben.

Die Summe der Ladungszahlen in einer Verbindung ist

☐ Null. ☐ Acht.

Bei der Atombindung werden die Elektronen

☐ „gemeinsam genutzt“ ☐ vom kleineren Atom an das größere abgegeben.

3. + Nennen Sie diejenigen Stoffe, die miteinander Salze bilden.

4. + Erklären Sie, warum Metalle Strom so gut leiten.

5. + Nennen Sie die Elemente bzw. Gruppen von Elementen, zwischen denen man bevorzugt reine Atombindungen bzw. polarisierte Atombindungen findet.

6. + Zeichnen Sie bei den folgenden Wassermolekülen die Partialladungen sowie die Wasserstoffbrücken ein.

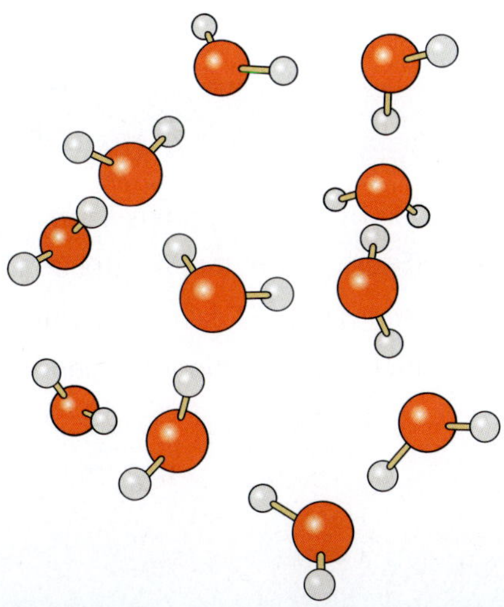

Einen interaktiven **Safety-Check** finden Sie in der TRAUNER-DigiBox.

Stoffumwandlung

Ständig laufen um uns herum chemische Reaktionen ab. Dabei werden pausenlos Stoffe umgewandelt und verändert. Vom Braunwerden des Obstes über Ozonbildung in der Atmosphäre bis hin zur Fotosynthese in Pflanzen, bei allem handelt es sich um die chemische Umwandlung von Stoffen.

Beispiel für eine Stoffumwandlung
Bei der Verbrennung von Kohlenstoff (C) reißen Sauerstoffmoleküle (O_2) der Luft Kohlenstoffatome aus deren Verband und bilden mit ihnen Kohlenstoffdioxid (CO_2). Das Feuer ist die Energie, die bei dieser Reaktion frei wird, und ist als Licht zu sehen sowie als Wärme zu spüren.

KOMPETENZ-ERWERB

Meine Ziele

Nach Bearbeitung dieses Kapitels kann ich
- die Begriffe Oxidation, Reduktion und RedOx-Reaktionen erklären;
- exo- und endotherme Reaktionen unterscheiden;
- die beschriebenen Reaktionen experimentell durchführen.

1 Oxidation und Reduktion

„Ach, Herrje!“ ruft Martin. „Mein Moped hat einen Rostfleck!“
„Da ist wohl das Eisen oxidiert“, meint Nina.
„Ob man das mit ein bisschen Chemie wohl wieder rückgängig machen kann?“, denkt sich Martin insgeheim...

1783 fand der französische Chemiker ANTOINE LAURENT DE LAVOISIER heraus, dass es beim Verbrennen eines Stoffes zu einer Vereinigung (Verbindung) mit Sauerstoff kommt. Er nannte diesen Vorgang daher **Oxidation.**

ANTOINE LAURENT DE LAVOISIER, 1743 BIS 1794, FRANZÖSICHER CHEMIKER

Oxidation: vom lat. *oxygenium* für Sauerstoff.

Demnach entsteht ein **Oxid,** wenn sich ein Stoff mit Sauerstoff verbindet. Man sagt: Der Stoff wird **oxidiert.**

Beispiel für eine Oxidation
Aus Kohlenstoff entsteht beim Verbrennen Kohlenstoffdioxid: $C + O_2 \rightarrow CO_2$

Die **Reduktion** ist dagegen die Umkehrung der Oxidation: **Sauerstoff** wird aus einem Oxid **entzogen.**

⚠ Dass die Oxidation eine Verbindung mit Sauerstoff ist, ist **nur eine historische Definition.** Heute weiß man, dass es sich um **Elektronenübertragungen** handelt. Dies wird im Folgenden noch näher erklärt.

Beispiel für eine Reduktion
Erhitzt man Silberoxid, so entsteht reines Silber und Sauerstoffgas:
$2\ Ag_2O \rightarrow 4\ Ag + O_2\uparrow$

Versuch – „CuO-Reduktion mit Holzkohlestück“

Vermengen Sie in einem temperaturbeständigen Reagenzglas drei Spatel Kohlepulver und zwei Spatel Kupfer(II)-oxid-Pulver und erhitzen Sie die Mischung für einige Minuten über dem Bunsenbrenner. Nach dem Abkühlen und Ausschütten des Reagenzglases können Sie rötliches Kupfer erkennen.
Vervollständigen Sie die Reaktionsgleichung:

$C + 2\ CuO \rightarrow CO_2 +$ ______________________

Kohlenstoff und Kupferoxid ergibt Kohlenstoffdioxid und ______________________.

Der Sauerstoff ist dabei vom Kupfer zum ______________________ gewandert.

Für manche nur rostige Nägel, für Chemiker/innen ein Zeichen der Oxidationsreaktion.

Eine in einer Reaktion gleichzeitig ablaufende Reduktion und Oxidation bezeichnet man daher als **RedOx**-Reaktion.

Sehr gut können Sie dies bei der Kupfergewinnung aus Kupferoxid sehen:

Kupfer wird reduziert
$CuO + Fe \rightarrow Cu + FeO$
Eisen wird oxidiert

⚠ Bei einer Oxidation muss allerdings **nicht immer Sauerstoff beteiligt sein** bzw. muss es auch kein Feuer geben. Auch beim Braunwerden eines Apfels oder beim Verrosten von Eisen kommt es z. B. zu Oxidationsreaktionen.

Welche Oxidationszahlen ein Element aufweisen kann, finden Sie im Periodensystem.

Da man zu Beginn des 20. Jahrhunderts herausfand, dass sowohl bei Oxidations- als auch bei Reduktionsreaktionen Elektronen abgegeben bzw. aufgenommen werden und dies nicht nur auf Reaktionen mit Sauerstoff beschränkt ist, gilt daher für uns allgemeiner:

Der Grund für die Aufnahme bzw. Abgabe von Elektronen besteht darin, dass das Atom eine **stabile Außenschale** erreicht. Dass Atome so einen Zustand anstreben, haben Sie bereits bei den Bindungsarten erfahren (vgl. S. 52 ff.).

Die **Oxidation** ist eine **chemische Reaktion,** bei der der zu oxidierende Stoff (der **„Elektronendonator“**) **Elektronen abgibt.** Ein anderer Stoff (das Oxidationsmittel, auch **„Elektronenakzeptor“** genannt) **nimmt die Elektronen auf** und wird dadurch reduziert.

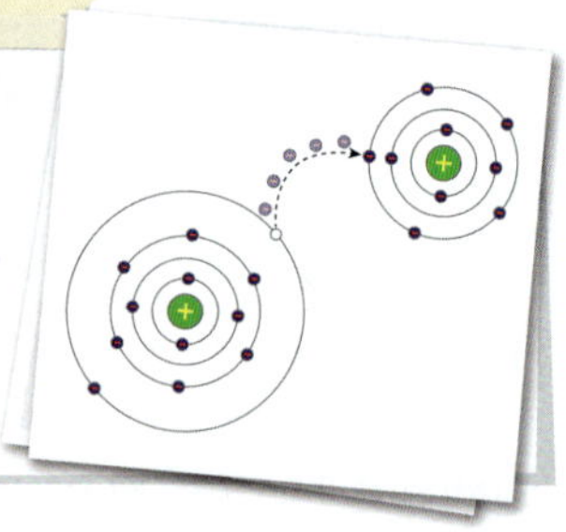

Oxidation und **Reduktion** sind demnach **gemeinsam Teilreaktionen einer RedOx-Reaktion.**

Oxidationszahl = Ladung, die ein Atom des betreffenden Elements haben würde, wenn seine an einer chemischen Bindung beteiligten Elektronen dem elektronegativeren Atom zugeordnet werden würden

Dies lässt sich gut an den sogenannten **Oxidationszahlen** ablesen, die angeben, welche Ladung Elemente in einer bestimmten Verbindung tragen würden, wenn sie als Ionen vorlägen.

Die **Summe aller Oxidationszahlen in einer Verbindung ist stets null.** Ebenso haben Einzelatome (z. B. Na oder Mg) und Metalle die Oxidationszahl 0. Dies gilt auch für Elemente, die nur in Molekülform existieren: H_2, O_2, Cl_2, Br_2, F_2, I_2, P_4. Die **Oxidationszahlen von Ionen sind identisch mit ihren Ladungszahlen.** Ferner gilt in Verbindungen:

- **Wasserstoff** hat in allen Verbindungen mit Nichtmetallen die Oxidationszahl +I. In seltener vorkommenden Wasserstoff-Metallverbindungen (z. B. LiH, MgH_2) ist die Oxidationszahl –I.
- **Sauerstoff** hat in fast allen Fällen die Oxidationszahl –II. Ausnahmen bilden Peroxidverbindungen (R-O-O-R), hier hat Sauerstoff die Oxidationszahl –I.
- **Metalle** tragen stets positive Oxidationszahlen – die Metalle in der 1. Hauptgruppe haben immer die Oxidationszahl +I und die Metalle in der 2. Hauptgruppe +II. Auch etliche Nebengruppenelemente weisen diese Oxidationszahlen auf.
- **Halogene** (7. Hauptgruppe) tragen stets negative Oxidationszahlen – in der Regel –I.

Al: 2 · (+III) = +VI
O: 3 · (–II) = –VI
(+VI) + (–VI) = 0 ✓

Na: 2 · (+I) = +II
C: +IV
O: 3 · (–II) = –VI
(+II) + (+IV) + (–VI) = 0 ✓

Beispiele

+I –I	+III –II	+I +V –II	+I –II +I	+II +VI –II	+I +IV –II
NaCl	Al_2O_3	KNO_3	NaOH	$CaSO_4$	Na_2CO_3

Nun noch einmal zu unserem Beispiel der Kupfergewinnung, diesmal mit Oxidationszahlen:

$$\overset{+II\,-II}{CuO} + \overset{0}{Fe} \longrightarrow \overset{0}{Cu} + \overset{+II\,-II}{FeO}$$

Es gibt auch Online-Rechner für Oxidationszahlen, die Ihnen alle Möglichkeiten für die jeweilige Elektronenkonfiguration auflisten. Hier finden Sie ein Beispiel: www.trauner.at/oxidationszahl.aspx

Wie Sie aus der Reaktionsgleichung erkennen können, wurde das **Eisen oxidiert,** da sich seine **Oxidationszahl durch Elektronenabgabe von 0 auf +II geändert** hat, wohingegen sich die **Oxidationszahl von Kupfer von +II auf 0 geändert** hat, was eine **Reduktion** zum elementaren Zustand anzeigt:

- **Oxidation:** $Fe \longrightarrow Fe^{2+} + 2\,e^-$
- **Reduktion:** $Cu^{2+} + 2\,e^- \longrightarrow Cu$

Als **Reduktionsmittel** dient das Eisen, das dabei zu Eisenoxid oxidiert wird. Eisen gibt also Elektronen ab, Kupfer nimmt sie auf.

Der Sauerstoff selbst liegt sowohl vor als auch nach der Reaktion als zweifach negativ geladenes Oxid-Ion (O^{2-}) vor.

Oxidationsmittel: Nimmt Elektronen auf und wird dabei selbst reduziert
Reduktionsmittel: Gibt Elektronen ab und wird dabei selbst oxidiert.

Aufgabenstellung – „Oxidation und Reduktion“

- \+ Vervollständigen Sie:

$\overset{\_\_}{H_2}\overset{-II}{O}$ $\quad$ $\overset{+II}{Ca}\overset{\_\_}{Cl_2}$ $\quad$ $\overset{\_\_}{Ba}(\overset{-I}{NO_3})_2$

Versuch – „Thermolyse von Kupferoxid“

Vermengen Sie in einem temperaturbeständigen Reagenzglas 0,8 g Eisenpulver und 1,4 g Kupferoxid und erhitzen Sie die Mischung für einige Minuten über dem Bunsenbrenner zur Rotglut.

Nach dem Abkühlen können Sie kleine Kupferklümpchen im Reaktionsprodukt erkennen.

Der Sauerstoff ist also vom Kupfer zum (weniger edlen) Eisen gewandert.

In einer Reaktion nimmt bei einer Oxidation die Oxidationszahl zu, bei einer Reduktion ab.

Beispiele

$\overset{0}{C} + \overset{0}{O_2} \rightarrow \overset{+IV}{C}\overset{-II}{O_2}$ $\quad$ $\overset{+II}{Cu}\overset{-II}{O} + \overset{0}{H_2} \rightarrow \overset{0}{Cu} + \overset{+I}{H_2}\overset{-II}{O}$ $\quad$ $2\ \overset{+I}{Ag_2}\overset{-II}{O} \rightarrow 4\ \overset{0}{Ag} + \overset{0}{O_2}$

$2\ \overset{0}{Na} \rightarrow 2\ \overset{+I}{Na^+} + 2\ \overset{-I}{e^-}$ $\quad$ $\overset{0}{Cl_2} + 2\ \overset{-I}{e^-} \rightarrow 2\ \overset{-I}{Cl^-}$

Aufgabenstellung – „RedOx-Reaktion“

- \+ Vervollständigen Sie die Reaktionsgleichung:

$\overset{+III}{Fe_2}\overset{\_\_}{O_3} + 2\ \overset{0}{Al} \rightarrow 2\ \overset{\_\_}{Fe} + \overset{\_\_}{Al_2}\overset{-II}{O_3}$

Diese Reaktion läuft beim sogenannten Thermitverfahren ab. Eisen wird reduziert, Aluminium oxidiert.

3 Energie bei chemischen Reaktionen

Bei allen chemischen Reaktionen kommt es zu Energieumsetzungen.

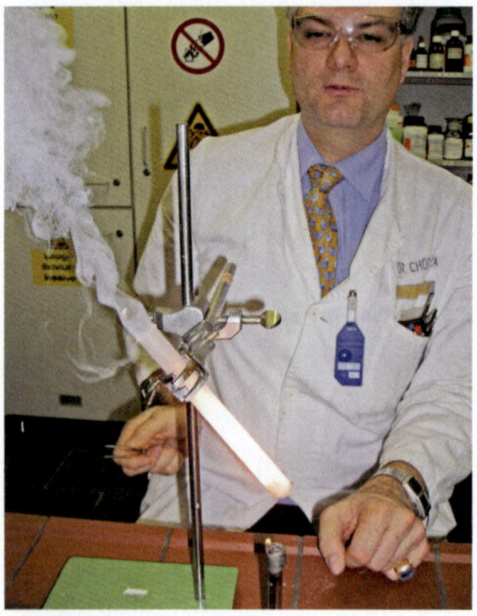

Exotherme Reaktion

Zur Messung von ΔH muss die Reaktion **bei konstantem Druck** ablaufen.

3.1 Exotherme und endotherme Reaktionen

Bei den Reaktionen unterscheiden wir ferner

- **exotherme** (solche, bei denen Energie – meist in Form von Wärme – freigesetzt wird) und
- **endotherme** (solche, bei denen Energie von außen – meist in Form von Wärme – aufgenommen wird).

Die Energie vor der Reaktion ist also unterschiedlich zu der nach der Reaktion. Der Energieinhalte wird vereinfacht auch als **Enthalpie H** bezeichnet. Somit ist die Differenz der Energieinhalte von Ausgangsstoff und Endstoff die **Enthalpiedifferenz** (ΔH).

Enthalpiedifferenz

$$\Delta H = H_{Ausgangsstoffe} - H_{Endstoffe}$$

Bei **exothermen Reaktionen** trägt die Enthalpiedifferenz (ΔH) ein **negatives**, bei **endothermen Reaktionen** ein **positives Vorzeichen.**

Versuch – „Exotherme Reaktion"

In ein hochwertiges Reagenzglas (z. B. Quarzglas), das man am besten an einem Stativ einspannt, füllt man ca. 4 g Kaliumchlorat und schmilzt dieses mit einem Bunsenbrenner auf. Nun lässt man ein (luftgetrocknetes) Gummibärchen in die klare Schmelze fallen.

Eine heftige Reaktion setzt unter starker Licht- und Wärmeabgabe ein.

In der TRAUNER-DigiBox finden Sie einen weiteren Versuch zu einer exothermen Reaktion.

Das geschieht bei der Reaktion:

$4\ KClO_3 \rightarrow 6\ O_2 + 3\ KCl \quad C_{12}H_{22}O_{11} + 12\ O_2 \rightarrow 12\ CO_2 + 11\ H_2O$

Versuch – „Endotherme Reaktion"

Mischen Sie 15 g (kristallwasserhältiges) Bariumhydroxid mit 5 g Ammoniumthiocyanat in einem Becherglas, das auf einem angefeuchteten Holzbrettchen steht.

Was können Sie beobachten?

FILM AB!

Einige Beispiele zu exo- und endothermen Reaktionen werden Ihnen in einem Video vorgestellt.
www.trauner.at/nawi_v19.aspx

Das geschieht bei der Reaktion:

$Ba(OH)_2 \cdot 8\ H_2O + 2\ NH_4SCN \rightarrow Ba^{2+} + 2\ H_2O + 2\ NH_3 + 2\ SCN^- + 8\ H_2O$

Wenn eine Reaktion endotherm oder exotherm ist, sagt das noch nichts darüber aus, ob eine Reaktion „freiwillig" abläuft. So strebt die Natur stets nach dem energieärmsten Zustand und jenem, bei dem die größte Unordnung entsteht.

Aber auch wenn beides zusammentrifft, muss die Reaktion nicht zwangsläufig spontan starten, da zuvor u. a. Abstoßungskräfte zwischen den negativen Elektronenwolken der beteiligten Atome überwunden werden müssen. Durch Zufuhr von Energie von außen, wie etwa Wärme, kann dies bewerkstelligt werden.

Dies lässt sich grafisch in einem Energiediagramm für beide Reaktionstypen veranschaulichen:

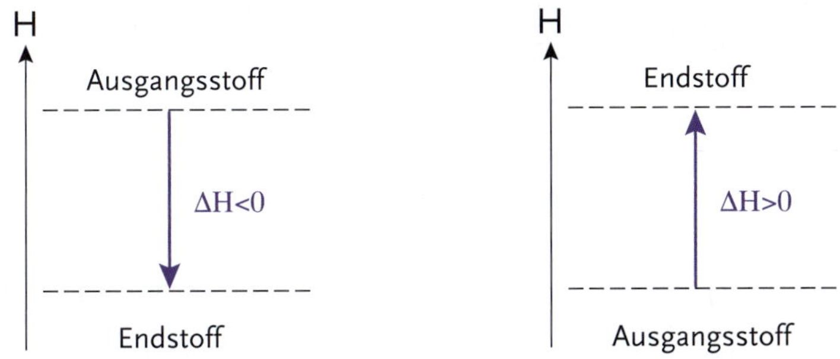

ΔH = freiwerdende Energie (<0)
Energiediagramm einer exothermen Reaktion

ΔH = benötigte Energie (>0)
Energiediagramm einer endothermen Reaktion

Es muss stets eine bestimmte Energie aufgewendet werden, um eine Reaktion zu starten. Diese Energie heißt **Aktivierungsenergie.**

Auch im Falle einer **exothermen Reaktion** muss diese „Barriere" überschritten werden, bevor die Reaktionswärme frei werden kann. Die frei werdende Wärme kann nachher zur Aktivierung weiterer Teilchen genügen, d. h., sie hält dann die Temperatur konstant oder erhöht sie sogar noch, sodass der Vorgang selbstständig weiterläuft, nachdem die Ausgangsstoffe einmal aktiviert worden sind.

Bei **endothermen Reaktionen** wird nachher nicht genügend Energie frei, um die Stoffe auf der notwendigen Temperatur zu halten. Es muss deshalb fortwährend Wärme zugeführt werden.

3.2 Katalysator

Ein Katalysator ist ein Stoff, der die Reaktionsgeschwindigkeit einer chemischen Reaktion beeinflusst, ohne dabei selbst verbraucht zu werden, indem er die **Aktivierungsenergie verringert oder erhöht.**

Katalysatoren beschleunigen chemische Vorgänge, indem sie die Aktivierungsenergie herabsetzen.

Beispiel: Katalysator bei einer chemischen Reaktion
Ein Gemisch von Wasserstoff und Sauerstoff kann zur Reaktion gebracht werden, indem man ein angewärmtes Platinblech in die Mischung hineinhält.

Arten von Katalysatoren

Positiver Katalysator	Negativer Katalysator
Ein positiver Katalysator setzt die Aktivierungsenergie herab.	Ein negativer Katalysator setzt die Aktivierungsenergie hinauf.

Auch in unseren Zellen und Körperflüssigkeiten sind Katalysatoren tätig. Diese heißen Enzyme. Weitere Informationen dazu erhalten Sie im III. Jahrgang

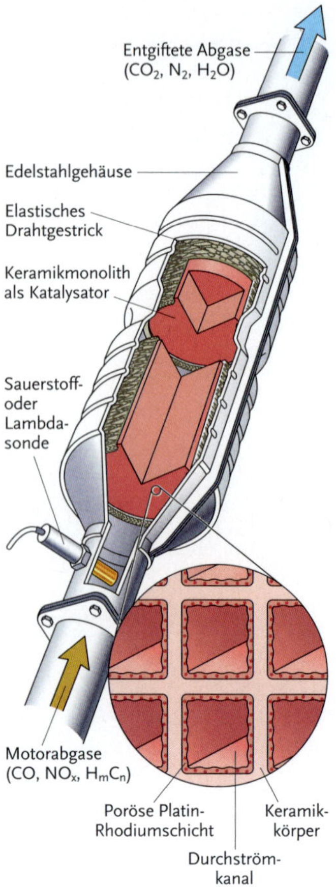

FILM AB!

Die Funktionsweise eines Autoabgaskatalysators wird in einem Video näher erläutert.
www.trauner.at/nawi_v17.aspx

Ein weiterer Versuch zu einer katalytischen Reaktion befindet sich in der TRAUNER-DigiBox.

Einfluss eines Katalysators auf das Energiediagramm einer exothermen Reaktion

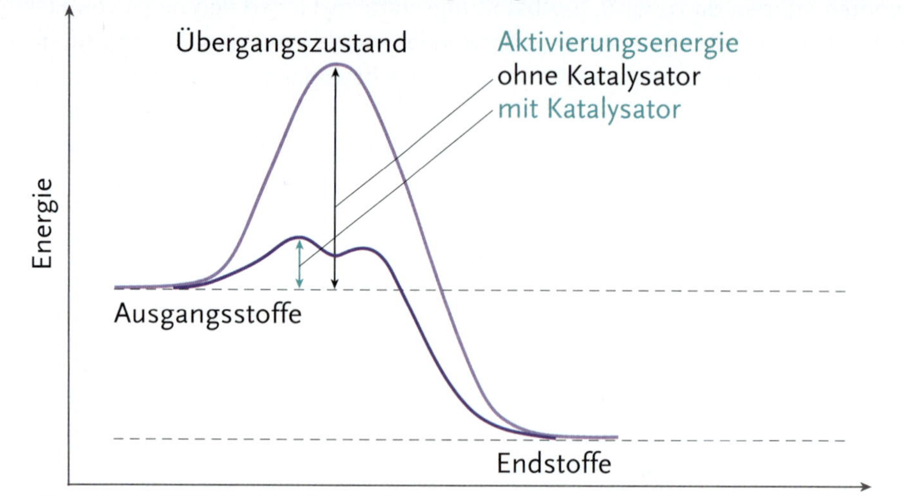

Sie haben den Begriff Katalysator sicher schon in Zusammenhang mit Verbrennungsmotoren gehört. Dort ist ein **Katalysator** in der Auspuffanlage integriert. Auf einem keramischen Trägermaterial mit wabenförmigem Querschnitt sind die Edelmetalle Platin, Palladium oder Rhodium hauchdünn aufgedampft. Die katalytische Beschichtung soll als 3-Wege-Kat beim Benzinmotor gleichzeitig Stickoxide (NO_X) reduzieren und Kohlenwasserstoffe (HC) und Kohlenstoffmonooxid (CO) oxidieren bzw. als Oxidationskatalysator beim Dieselmotor die Kohlenwasserstoff-Anteile an den Rußpartikeln mithilfe des Luftsauerstoffs im Dieselabgas reduzieren. Eingebaut wird der Katalysator möglichst motornah, da er erst ab ca. 450 °C wirkt.

Versuch – „Katalytische Zersetzung von H_2O_2“

Geben Sie in ein Reagenzglas ca. 5 ml 5 %iges Wasserstoffperoxid (H_2O_2) und halten Sie einen glimmenden Holzspan hinein. Was passiert?

Setzen Sie nun eine Spatelspitze Braunsteinpulver (MnO_2) zu. Wiederholen Sie die Glimmspanprobe. Was können Sie beobachten?

Durch den Katalysator Braunstein zerfällt Wasserstoffperoxid wie folgt:

Ergänzen Sie die Reaktionsgleichung! $2\ H_2O_2 \xrightarrow{KAT}$ ______ $\uparrow + 2\ H_2O$

Die vor allem in der Technik bedeutsame Reaktionsgeschwindigkeit ist schließlich u. a. von der Konzentration der Reaktionspartner, von der Temperatur und dem Druck des Reaktionsgemisches sowie vom Verteilungszustand bzw. dem Aggregatszustand und der Art der Reaktionspartner abhängig.

So reagieren z. B.

- Stoffe mit Ionenbindung schneller als solche mit Atombindung,
- Gase, fein zerstäubte Flüssigkeiten oder Pulver mit großer Oberfläche besser als z. B. Feststoffe mit kleiner Oberfläche,
- Stoffe bei höheren Temperaturen rascher als bei niedrigen Temperaturen.

Versuch – „Unterschiedliche Reaktionsgeschwindigkeit“

Geben Sie eine Spatelspitze Bärlappsporen in eine Abdampfschale und versuchen Sie, diese unter dem Abzug mit einem Holzspan anzuzünden.

Was passiert?

Die gleiche Menge Sporen wird nun mit einem Strohalm in eine Bunsenbrennerflamme geblasen. Was passiert?

Achtung!
Führen Sie diesen Versuch keinesfalls ohne ausreichenden Sicherheitsabstand, Schutzscheibe und Schutzbrille (sowohl für Lehrer/innen als auch für Schüler/innen) durch!

Ziele erreicht? – „Stoffumwandlung“

KOMPETENZ-ERWERB

1. \+ Beschreiben Sie, was eine endotherme Reaktion ist.

2. \+ Erklären Sie, wozu ein Katalysator dient, und nennen Sie Beispiele.

3. \+ Eine Reaktion verläuft am schnellsten bei
   - ☐ niedrigen Temperaturen, kleiner Oberfläche;
   - ☐ hohen Temperaturen, großer Oberfläche.

4. \+ Geben Sie die fehlenden Oxidationszahlen an.

   O_3 ______ $NaCl$ ______ $C_6H_{12}O_6$ ______

   $AgNO_3$ ______ Al_2O_3 ______ $FeSO_4$ ______

5. \+ Vervollständigen Sie folgende Reaktionsgleichung mit den Oxidationszahlen und geben Sie an, wo es sich um eine Oxidation und wo um eine Reduktion handelt.

   $CH_4 + 2\ O_2 \rightarrow CO_2 + 2\ H_2O$

6. ++ Stellen Sie die Reaktionen von Kohlenstoffmonooxid (CO) und Stickstoffdioxid (NO_2) zu ungiftigem Kohlenstoffdioxid (CO_2), Wasser (H_2O) und Stickstoff (N_2), wie sie in einem Kfz-Katalysator ablaufen, als Reaktionsgleichung dar. Recherchieren Sie, was mit den Restkohlenwasserstoffen geschieht.

Einen interaktiven **Safety-Check** finden Sie in der TRAUNER-DigiBox.

Elektrochemie

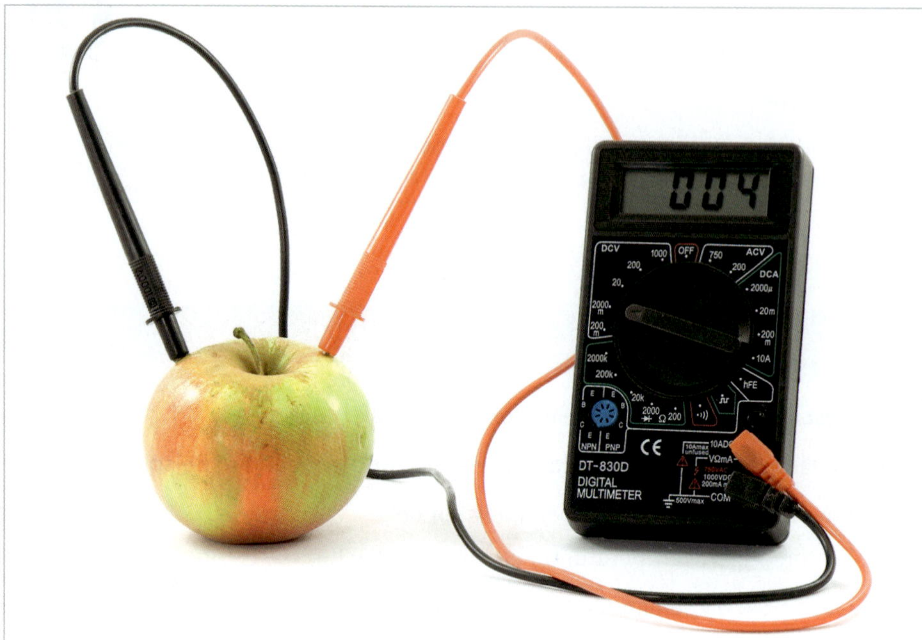

Die Elektrochemie befasst sich mit chemischen Reaktionen, die unter Aufnahme oder Abgabe von elektrischer Energie ablaufen.

Beispiele für den Einsatz elektrochemischer Reaktionen im Alltag sind Batterien und Akkumulatoren (Akkus).

KOMPETENZ-ERWERB

Meine Ziele

Nach Bearbeitung dieses Kapitels kann ich

- anhand einer Batterie und eines Akkus den Vorgang der elektrochemischen Spannungserzeugung erklären;
- in einfachen Versuchen Spannungsquellen parallel oder in Serie schalten und die Gesamtspannung bzw. den Gesamtstrom bestimmen.

1 Elektrochemische Spannungserzeugung

Ninas Taschenrechner funktioniert nicht mehr. „Wahrscheinlich muss die Batterie ausgetauscht werden", meint ihr Bruder. „Welchen Typ brauchst du denn?" Nina weiß zunächst keine Antwort. Welche Batterietypen gibt es? Und wie funktionieren Batterien eigentlich?

Die effizientesten und leistungsfähigsten Spannungsquellen sind Generatoren, die auf der magnetischen Wirkung des elektrischen Stromes beruhen und meist in großen Kraftwerken Einsatz finden.

Im Alltag haben wir aber häufig auch mit weiteren Spannungsquellen zu tun, die uns Gleichspannung liefern und die chemische Wirkung des elektrischen Stroms nutzen: **Batterien** und **Akkus.** In diesen entsteht durch elektrochemische Reaktionen elektrische Energie.

1.1 Batterien

Im 18. Jahrhundert baute ALESSANDRO VON VOLTA die erste Batterie, die sogenannte **Volta'sche Säule.**

Versuch – „Nachbau der ersten Batterie"

Die erste Batterie, auch Volta'sche Säule genannt, wollen wir nun mit einfachen Mitteln nachbauen.

Legen Sie mehrere blank geputzte Fünf-Cent-Münzen und gleich große Stücke aus Zinkblech abwechselnd übereinander, wobei Sie zwischen jedes Paar der Metalle ein Stückchen in Salzwasser getränktes Löschpapier fügen. Die Salzlösung greift die Metalle chemisch an: Spannung entsteht.

Halten Sie nun die Messspitzen eines Voltmeters an die beiden Enden dieser einfachen Batterie, so können Sie deren Spannung messen. Halten Sie Ihr Messergebnis fest:

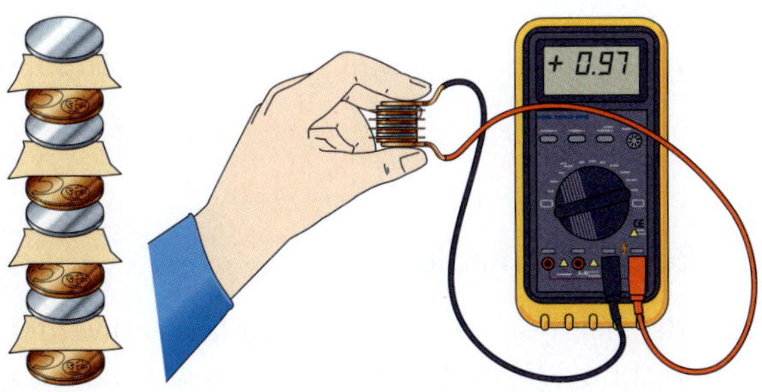

__________ Stücke Zinkblech und __________ Stücke Kupferblech ergeben __________ V Spannung.

Eine Batterie besteht aus einer leitenden Flüssigkeit, dem **Elektrolyt,** und zwei darin eingebetteten metallhaltigen Elektroden, der **Anode** (Ort der Oxidation, hier der negative Pol) und der **Kathode** (Ort der Reduktionsreaktion, hier der positive Pol). Zwischen den beiden Elektroden entsteht eine **Spannung,** weil sich vom unedleren Stoff positive Ionen ablösen und das ursprünglich neutrale Metall negativ aufladen. Der unedlere Stoff wird im Zuge dieser Energiegewinnung angegriffen und schließlich aufgelöst.

Der ital. Graf ALESSANDRO GIUSEPPE ANASTASIO VON VOLTA (1745–1827) war nicht nur der Erfinder der ersten Batterie, sondern auch Entdecker des Methans und eines der ersten brauchbaren Elektroskope. Ihm zu Ehren wurde der SI-Einheit der Spannung sein Name gegeben.

FILM AB!

Eine kurze, aber informative Dokumentation zu ALLESSANDRO VOLTA und Batterien im Allgemeinen finden Sie unter dem folgenden Link. www.trauner.at/nawi_v48.aspx

Es sind beide Schreibweisen (Kathode und Katode) korrekt und auch üblich.

In Batterien entsteht durch elektrochemische Reaktionen elektrische Energie.

Die **Zink-Kohle-Batterie** ist heutzutage fast gänzlich durch die **Alkali-Mangan-Batterie** ersetzt worden. Letztere funktioniert nach dem gleichen Prinzip, hat jedoch eine höhere Kapazität und eine längere Lebensdauer.
Bei Einsätzen mit hohem Strom- bzw. Leistungsbedarf (z. B. Fotokameras) kommen auch Lithium-Eisensulfid-Batterien zum Einsatz.

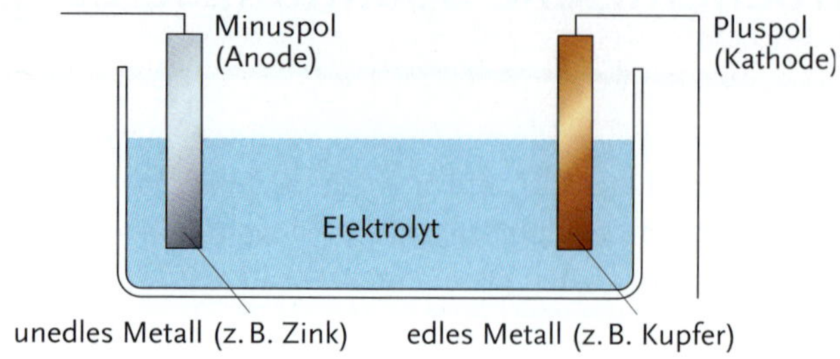

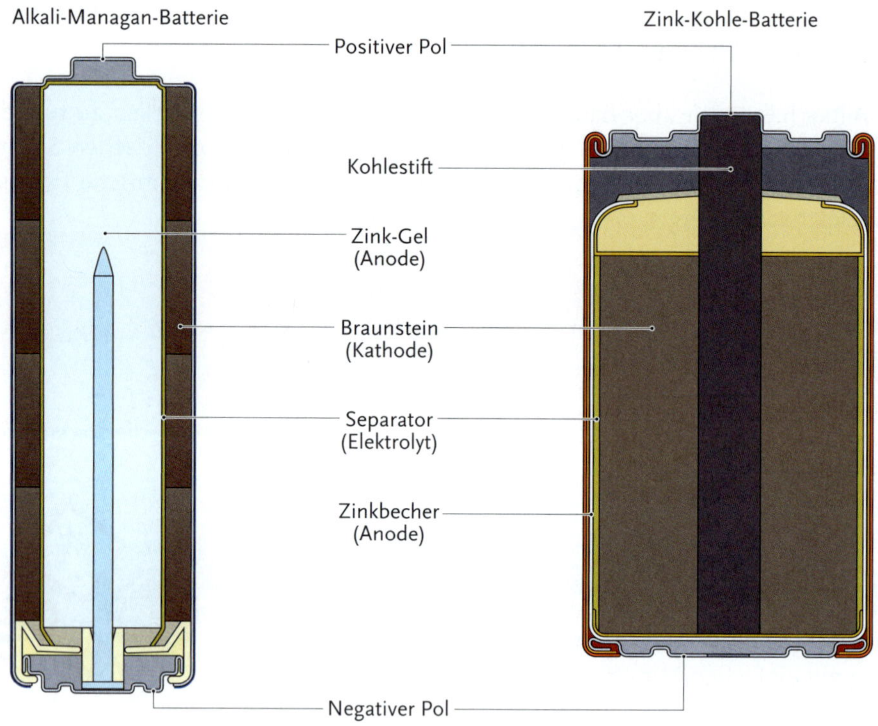

Reaktionsgleichungen in einer Zink/Braunsteinzelle

Anode (–): $Zn + 2\,OH^- \rightarrow Zn(OH)_2 + 2e^-$

Kathode (+): $MnO_2 + H_2O + e^- \rightarrow MnO(OH) + OH^-$

$MnO(OH) + H_2O + e^- \rightarrow Mn(OH)_2 + OH^-$

Gesamtreaktion: $Zn + MnO_2 + 2\,H_2O \rightarrow Zn(OH)_2 + Mn(OH)_2$

1.1.1 Edle und unedle Stoffe

Metalle, die sich nur schwer oxidieren lassen, werden als edel bezeichnet. Solche, die sich leicht oxidieren lassen, dagegen als unedel. Aus der sogenannten **elektrochemischen Spannungsreihe** können Sie ersehen, wie **edel oder unedel** ein Stoff im Vergleich zu einem anderen ist: In der elektrochemischen Spannungsreihe sind die chemischen Elemente gemäß ihrer Spannung gegenüber Wasserstoff mittels einer Normalwasserstoffelektrode gereiht.

Normalwasserstoffelektrode = eine von Wasserstoffgas umspülte Messelektrode aus Platin

Die Messungen zur Spannungsreihe finden immer unter **Standardbedingungen** statt. Das bedeutet, dass der Druck 1 bar (1 000 hPa), die Konzentration 1 mol/l und die Temperatur 25 °C beträgt.

Auszug aus der elektrochemischen Spannungsreihe

Elemente	Reduktions-/Oxidationsmittel	Spannung	
Lithium	Li/Li^{+}	−3,04 V	**unedel**
Natrium	Na/Na^{+}	−2,71 V	
Magnesium	Mg/Mg^{2+}	−2,37 V	
Aluminium	Al/Al^{3+}	−1,66 V	
Zink	Zn/Zn^{2+}	−0,76 V	
Eisen	Fe/Fe^{2+}	−0,44 V	
Cadmium	Cd/Cd^{2+}	−0,40 V	
Nickel	Ni/Ni^{2+}	−0,23 V	
Blei	Pb/Pb^{2+}	−0,13 V	
Wasserstoff	$H_2/2\,H^{+}$	±0,00 V	–
Kupfer	Cu/Cu^{2+}	+0,34 V	
Kohlenstoff	C/C	+0,74 V	
Silber	Ag/Ag^{+}	+0,80 V	
Quecksilber	$2\,Hg/Hg_2^{2+}$	+0,85 V	
Platin	Pt/Pt^{2+}	+1,20 V	
Gold	Au/Au^{3+}	+1,50 V	**edel**

Versuch – „Spannungsreihe"

Stellen Sie ein Kupferblech in eine Eisensalzlösung, einen Eisennagel in eine Kupfersalz-Lösung und ein Kupferblech in eine Silbersalzlösung.

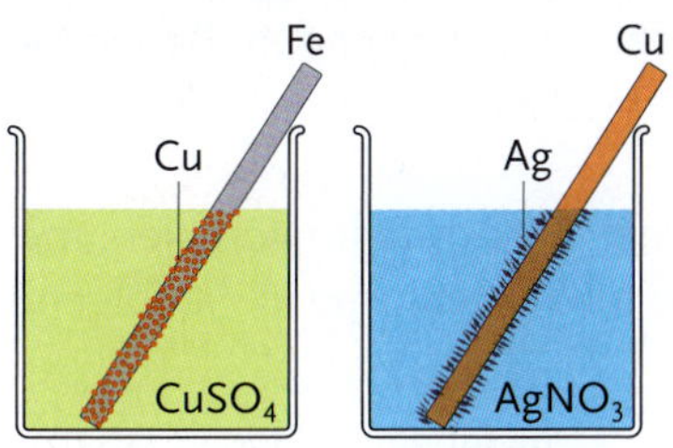

Kupferschicht auf Eisen abgeschieden (blaue Lösung wird gelbgrün)

Silberschicht auf Kupfer abgeschieden (Lösung wird langsam blau)

Der Eisennagel reagiert mit Kupfersalz jedoch nicht Kupfer mit Eisensalz, weil das unedlere Eisen gerne in Lösung geht (bleibt) bzw. das edlere Kupfer gerne metallisch (elementar) vorliegt. Kupfer wird dabei reduziert, Eisen oxidiert:

$$Cu^{2+} + Fe \longrightarrow Cu + Fe^{2+}$$

Ähnlich kann mit dem Paar Silber/Kupfer experimentiert werden. Damit ist feststellbar, welches Metall edler bzw. unedler ist. Je leichter ein Metall in Lösung geht, desto unedler ist es.

Die zu erwartende Spannung einer bestimmten Elektrodenkombination einer Batterie wird durch Abziehen des Spannungsbetrags des edleren Metalls von jenem des unedleren aus der Tabelle bestimmt.

Kohlenstoff in Form von Graphit ist zwar kein Metall, aber dennoch parallel zu seinen hexagonalen Schichten ein guter elektrischer Leiter und wird deshalb nicht nur als Kathode in Zink-Kohle-Batterien oder als Anode in Lithium-Ionen-Zellen eingesetzt, sondern insbesondere auch zur Herstellung von Elektroden für industrielle elektrochemische Prozesse (z. B. im Lichtbogenofen zur Elektrostahlgewinnung) verwendet.

Achten Sie auf die fachgerechte Entsorgung der Reaktionsprodukte.

Beispiel
Die Gesamtspannung U_G errechnet man bei einer herkömmlichen Zink-Kohle-Batterie folgendermaßen: $U_G = U_C - U_{Zn}$ = 0,74 – (–0,76) = **1,5 V**

Ascorbinsäure = Vitamin C

Die tatsächliche, reale Spannung liegt immer etwas niedriger als die theoretische, weil es Leitungs- und andere Verluste gibt und keine idealen Bedingungen vorliegen.

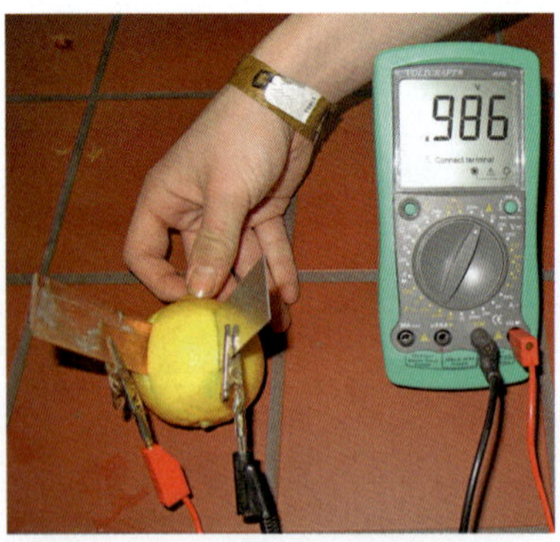

Mit nur einer Zitrone lässt sich eine messbare Spannung erzeugen.

Versuch – „Obst- und Gemüsebatterie“

Bauen Sie nun Ihre eigene Batterie, indem Sie je einen ca. 2 cm breiten und 6 cm langen Kupfer- und Zinkblechstreifen im Abstand von ca. 3 cm senkrecht in eine Zitrone stecken.
Als Elektrolyt dient die wässrige Zitronen- und Ascorbinsäurelösung in der Zitrone.
Berechnen Sie zunächst die zu erwartende Spannung:

$U_G = U_{Cu} - U_{Zn} =$ ____________ – ____________ = ____________ V

Verbinden Sie nun die Elektroden mit einem Messgerät und lesen Sie die

Spannung ab: $U_{real} =$ ____________ V

Nun vergleichen Sie Ihre Berechnung mit dem tatsächlichen Messwert:

Der gemessene Wert ist ____________ (höher/niedriger) als der berechnete.

Jetzt können Sie statt des Voltmeters ein geeignetes Lämpchen in den Stromkreis hängen und beobachten, was geschieht.

In unserem Beispiel wird sich das unedlere Zinkblech langsam auflösen und mit dem Elektrolyten u. a. Zinkcitrat (Salz der Zitronensäure) bilden. Sobald eine Elektrode vollständig in Lösung gegangen (aufgebraucht) bzw. der Elektrolyt gesättigt ist, kann die Batterie nicht mehr verwendet werden und muss als Wertstoff entsorgt werden. Keinesfalls darf sie zum Restmüll!

Statt der Zitrone lassen sich auch andere Obst- und Gemüsesorten, statt Kupfer und Zink auch andere Elektroden verwenden. Bauen Sie auch aus Kiwis, Äpfeln oder Kartoffeln (= unterschiedliche Elektrolyte) Batterien.

Verwenden Sie verschiedene Elektrodenmaterialien, messen Sie die entstandene Spannung und tragen Sie Ihre Ergebnisse in die folgende Tabelle ein.

	Zitrone	Apfel	Kiwi	Kartoffel		
____________ / Zink						
____________ / Aluminium						
____________ / Eisen						

Ergebnis

____________ (Frucht- oder Gemüsesorte) erbringt mit ____________

und ____________ (Elektrodenmaterialien) die höchste Spannung von

____________ V.

1.1.2 Kommerzielle Batterietypen

Die gängigsten Formen, die im Handel angeboten werden, sind:

Name	Norm-Bezeichnung	Spannung (in V)
❶ Knopfzelle		1,4 bis 3
❷ Micro	AAA	1,5
❸ Mignon	AA	1,5
❹ Baby	C	1,5
❺ Mono	D	1,5
❻ Flachbatterie	J	4,5
❼ E-Block	PP3	9

Verschiedene Batterietypen

Geräte- und Fahrzeugbatterien können im Handel gebührenfrei und problemlos über spezielle Sammelboxen entsorgt werden. Diese werden dann einer ordnungsgemäßen Entsorgung zugeführt. Da Batterien umweltschädliche Stoffe enthalten, sind sie **keinesfalls über den Hausmüll zu entsorgen!**

1.2 Akkumulator (Akku)

Anders als bei der Batterie sind beim Akku die elektrochemischen Vorgänge an den Elektroden reversibel. Er kann also nach einer Entladung wieder an einer Gleichspannungsquelle aufgeladen und dann von Neuem genutzt werden.

Am Beispiel eines **Bleiakkumulators** („Autobatterie") soll das Prinzip des Akkumulators näher betrachtet werden:

Er besteht aus zwei Bleiplatten, die in verdünnte Schwefelsäure eintauchen. Dadurch überziehen sich beide Platten zunächst mit einer Bleisulfatschicht ($PbSO_4$).

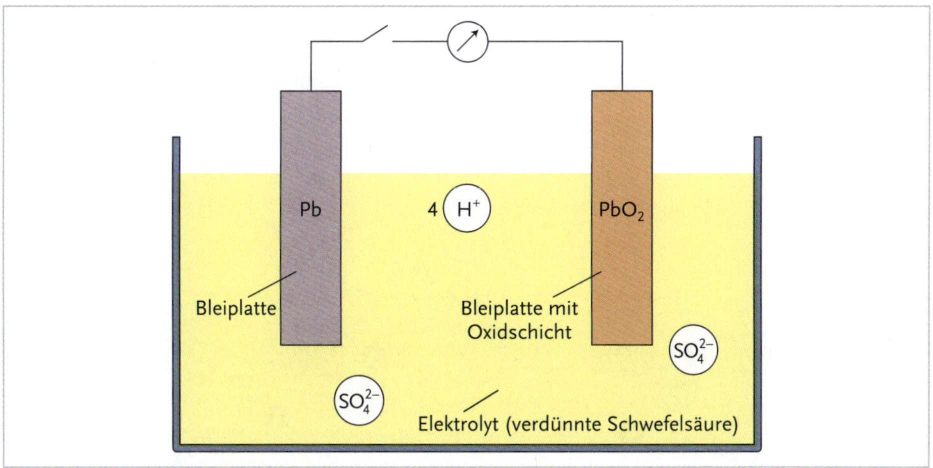

Beim Laden baut sich diese am Minuspol wieder zu Blei ab, während sich die am Pluspol angeschlossene Bleiplatte mit einer Bleidioxidschicht (PbO_2) überzieht, die als chemischer Energiespeicher fungiert.

Beispiel für einen Akku aus Blei
Den Bleiakkumulator finden Sie als Starterakku in Kraftfahrzeugen.

In einer „Autobatterie" sind mehrere solche Zellen hintereinander geschaltet, um die nötige Spannung von 12 V zu erreichen.

Selbstbau-Bleiakku im geladenen Zustand: Die rotbraune Bleidioxidschicht auf der Anode ist deutlich sichtbar.

⚠ Achten Sie auf die fachgerechte Entsorgung der Reaktionsprodukte.

DC = Gleichstrom *(engl. direct current)*

Die Ladereaktionen laufen genau in Gegenrichtung ab (⇌).

Versuch – „Bleiakku"

Füllen Sie in ein Becherglas 100 ml Wasser und 5 ml konzentrierte Schwefelsäure und stellen Sie einander gegenüberliegend zwei ca. 2 cm breite und ca. 7 cm hohe Bleiblechstreifen hinein. Beobachten Sie die Elektroden.

Befestigen Sie nun die Elektroden – z. B. mittels Krokoklemmen und geeignetem Kabel – mit einem Labornetzgerät und laden Sie Ihren Akku bei 12 V DC und ca. 0,5 A auf.
Wie sehen die Elektroden nach einer Minute und nach drei Minuten aus?

Klemmen Sie nun das Netzgerät ab und schließen Sie an die Elektroden ein Voltmeter an. Welche Spannung können Sie ablesen? ______ V

Tauschen Sie nun das Voltmeter gegen ein geeignetes Lämpchen. Beobachten Sie die Elektroden! Was geschieht? Wie lange leuchtet das Lämpchen?

Reaktionsgleichung beim Entladen eines Bleiakkus

Anode (–):	$Pb \rightarrow Pb^{2}+ + 2\,e^-$
Kathode (+):	$PbO_2 + 4\,H^+ + 2\,e^- \rightarrow Pb^{2}+ + 2\,H_2O$
Gesamtreaktion:	$Pb + PbO_2 + 2\,H_2SO_4 \rightarrow 2\,PbSO_4 + 2\,H_2O$

❶ Anode (–): $Pb \rightarrow Pb^{2+} + 2\,e^-$
❷ Die Elektronen gehen über den Draht zum Blei(IV)-oxid.
❸ Kathode (+): $Pb^{4+} + 2\,e^- \rightarrow Pb^{2+}$
❹ Pb^{2+}-Ionen ergeben mit den Sulfationen eine an beiden Elektroden anhaftende, schwer lösliche Kruste von Bleisulfat $PbSO_4$.
❺ Die O^{2-}-Ionen des Pb(IV)-oxids liefern mit den Protonen der Schwefelsäure Wasser.

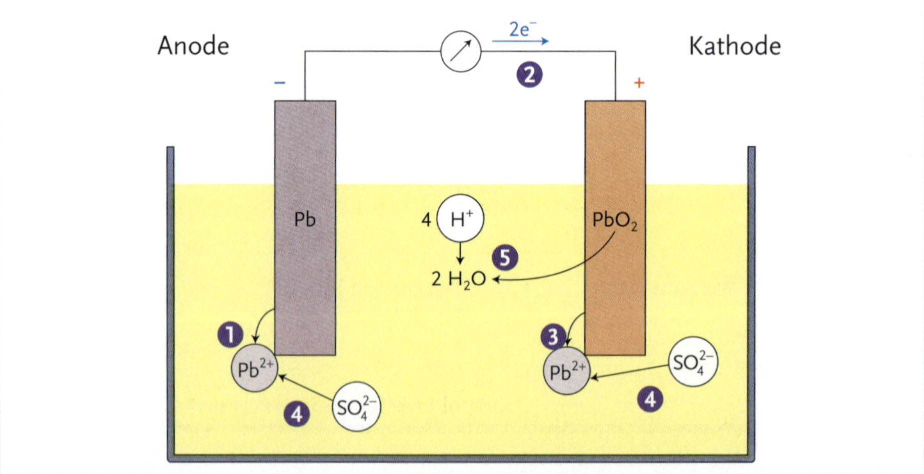

Bleiakkumulatoren sind zwar sehr zuverlässig und unempfindlich, haben jedoch den Nachteil der großen Masse und einer relativ niedrigen Energiedichte. Daher kommen neuen Entwicklungen wie leitfähigen Kunststoffen (z. B. in Lithium-Polymer-Akkus) hohe Bedeutung etwa für den Einsatz in mobilen elektronischen Geräten (Mobiltelefone und Computer etc.) zu.

Beim **Lithium-Polymer-Akku** wird eine Grafitelektrode mit einer Lithiumoxid-Elektrode verbunden. Als Elektrolyt dient ein leitfähiger Kunststoff in Folien- oder Gelform.

Lithium-Ionen-Akku

Litium-Ionen-Akkumulatoren sind die neuesten und derzeit die leistungsfähigsten wieder aufladbaren Energiespeicher. Das liegt u. a. daran, dass sie das leichteste und gleichzeitig in der Spannungsreihe unedelste Metall (Lithium) einsetzen.

Beispiele für Anwendungen von Lithium-Ionen-Akkus

- in Mobiltelefonen oder tragbaren Computern
- als Energiespeicher für nicht konstant stromliefernde regenerative Energiequellen (Wind- oder Sonnenenergie)
- in Elektroautos

Gängige Lithium-Akkus bestehen aus sogenannten Intercalations-Elektroden, in denen Lithiumionen reversibel ein- und wieder ausgelagert werden können.

Materialien eines Lithium-Ionen-Akkus

Anode	Kathode	Elektrolyt
aus Graphit	z. B. Lithiummanganoxid ($LiMn_2O_4$)	z. B. Lithiumperchlorat ($LiClO_4$) in Propylencarbonat

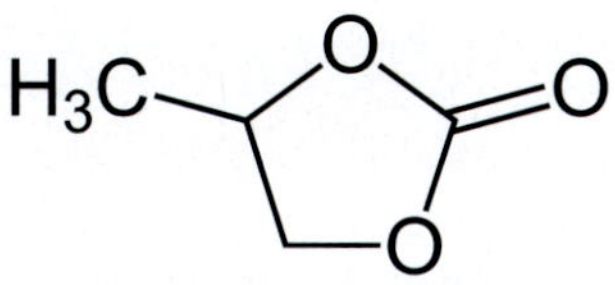

Propylencarbonat (4-Methyl-1,3-dioxolan-2-on)

Beim **Entladen** – also bei der Entnahme elektrischer Energie – werden an der negativen Graphit-Elektrode Lithium-Ionen aus dem Kristallgitter ausgebaut (deintercaliert). Sie wandern über den Elektrolyten zur positiven Elektrode, wo sie wieder eingebaut (intercaliert) werden.

Beim **Laden** werden der negativen Graphit-Elektrode Elektronen aus dem äußeren Stromkreis zugeführt und Lithium-Ionen aus dem Elektrolyten ins Kristallgitter eingebaut. Gleichzeitig werden Li-Ionen aus dem Gitter der positiven Elektrode ausgebaut und Elektronen entnommen:

– Pol: $C_n + x \cdot Li^+ + x \cdot e^- \underset{\text{entladen}}{\overset{\text{laden}}{\rightleftharpoons}} Li_x^+C_n^-$

\+ Pol: $LiMn^{+III}O_2 \underset{\text{entladen}}{\overset{\text{laden}}{\rightleftharpoons}} Li_{1-x}Mn^{+IV}O_2 + x \cdot e^- + x \cdot Li^+$

Gesamtgleichung: $LiMn^{+III}O_2 + C_n \underset{\text{entladen}}{\overset{\text{laden}}{\rightleftharpoons}} Li_{1-x}Mn^{+IV}O_2 + Li_xC_n$

Lade- und Entladevorgang in einem Lithium-Ionen-Akku

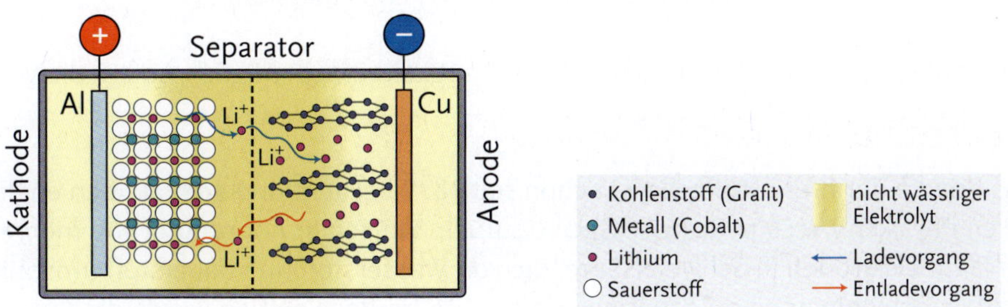

Lithiumperchlorat ist giftig und brandfördernd. Halten Sie es fern von Hitze und offenen Flammen!

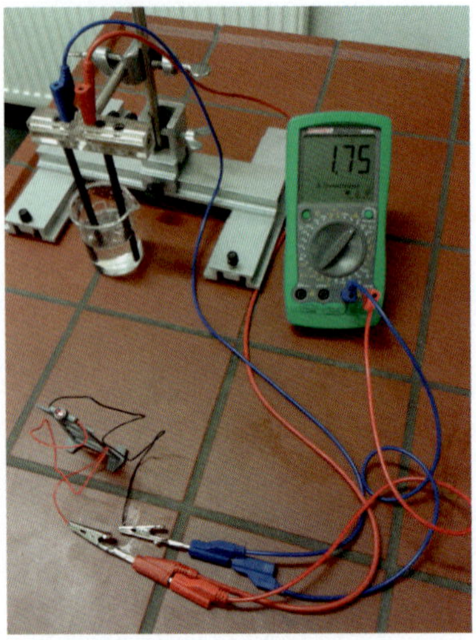

Lithium-Ionen-Akku mit einer Glühlampe als Verbraucher

FILM AB!

Der Ablauf dieses Versuchs wird in einem Video veranschaulicht.
www.trauner.at/nawi_v1.aspx

Wussten Sie, dass ...
die Brennstoffzelle auf Englisch *Fuel Cell* genannt wird?

Versuch – „Lithium-Ionen-Akku“

Sie benötigen: 3 mm-Graphit-Bleistiftminen, passende Lüsterklemmen, ein Multimeter, Verbindungskabel, Krokoklemmen, passende Verbraucher (z. B. LED [U = 3,2 V; I = 20 mA], Elektromotor mit Propeller [U = 0,4–5,9 V; Anlaufstrom: 25 mA])

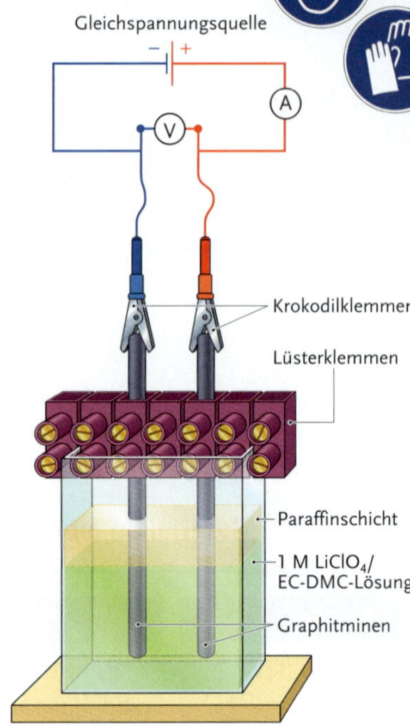

Stellen Sie zunächst die Elektrolytlösung her, indem Sie 5,3 g Lithiumperchlorat in 50 ml Propylencarbonat lösen und so lange (mit dem Magnetrührer) rühren, bis sich alles vollständig gelöst hat.

Nun geben Sie 40 ml der so gewonnenen Elektrolytlösung in ein passendes Gefäß und überschichten sie vorsichtig mit 10 ml dünnflüssigem Paraffin zum Abdichten gegen Luftfeuchtigkeit.

Anschließend setzen Sie die Graphitminen ein und nehmen die Verkabelung wie in der Grafik vor.

Nach dem Ladevorgang (sechs Minuten bei einer Spannung von 4,5 V DC) messen Sie zunächst die Spannung des Akkus. Schließen Sie nun die Leuchtdiode als Verbraucher an und stellen Sie fest, wie lange diese leuchtet. Dann laden Sie den Akku erneut auf und messen Sie die Zeit, wie lange der Elektromotor nun betrieben werden kann.

1.3 Brennstoffzelle

Brennstoffzellen **wandeln chemische Energie in elektrische Energie um.** Es findet dabei ein durch Elektroden räumlich getrennter Verbrennungsvorgang statt, bei dem Brennstoffe (Reduktionsmittel) oxidiert und Oxidationsmittel reduziert werden.

Beispiele für Brennstoffe und Oxidationsmitteln in Brennstoffzellen
Brennstoff (Reduktionsmittel): Wasserstoff, aber auch Methan oder Methanol
Oxidationsmittel: neben reinem Sauerstoff auch Luftsauerstoff

Bei Brennstoffzellen ist ein kontinuierlicher Langzeitbetrieb möglich, sofern die Verbrauchsmaterialien ständig ergänzt werden.

William Grove, 1811 bis 1896, britischer Naturwissenschaftler und Jurist

Das Prinzip der Brennstoffzelle ist schon seit 1839 bekannt und geht auf den englischen Physiker William Robert Grove zurück. Mit seiner Anordnung von mehreren Platinelektroden in Schwefelsäure, die von Wasserstoff und Sauerstoff umspült wurden, erzeugte er eine Spannung von ca. 1 V. Im Regelbetrieb wurde die Brennstoffzelle aber erst in der bemannten Raumfahrt ab den 1960er-Jahren verwendet, wo sie nicht nur Strom, sondern den Astronautinnen und Astronauten auch Trinkwasser lieferte.

Heute werden Brennstoffzellen z. B. in wasserstoffbetankten Autos oder Bussen eingesetzt, um deren Elektromotoren anzutreiben. Aber auch in stationären Anlagen zur Notstromversorgung sowie weiterhin in der bemannten Raumfahrt, z. B. an Bord der Internationalen Raumstation ISS, finden sie Verwendung.

Allgemein bestehen Brennstoffzellen aus einer Wasserstoff- und einer Sauerstoff-Elektrode, zwischen denen sich eine Elektrolytlösung befindet. Die Elektroden sind dabei als poröse Folien mit jeweils einer (elektrolytseitigen) hydrophilen und einer (gasseitigen) hydrophoben Beschichtung ausgeführt, um zu verhindern, dass Elektrolytlösung in den Gasraum und Gas in den Elektrolytraum eindringt.

hydrophil = stark mit Wasser wechselwirkend

hydrophob = sich nicht mit Wasser mischend

Die Elektrodenvorgänge selbst laufen an der inneren Oberfläche ab:
Anode (Elektronenabgabe [Oxidation]): $2\ H_2 \rightarrow 4\ H^+ + 4\ e^-$
Kathode (Elektronenaufnahme [Reduktion]): $O_2 + 4\ H^+ + 4\ e^- \rightarrow 2\ H_2O$
Gesamtreaktion: $2\ H_2 + O_2 \rightarrow 2\ H_2O$

Bei der häufig eingesetzten **PEM-Brennstoffzelle** (Proton Exchange Membrane) trennt eine spezielle Kunststoff-Membran die Sauerstoffseite von der Wasserstoffseite der Zelle.

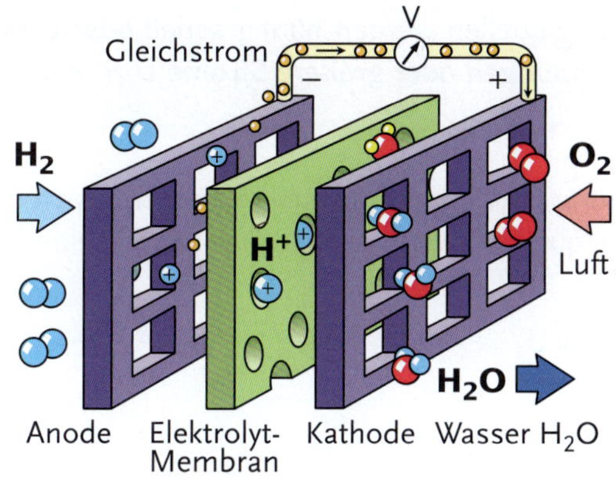

An der Anode werden elektrisch neutrale Wasserstoff-Moleküle (H_2) unter Elektronenabgabe zu Wasserstoffionen (H^+) oxidiert. Die positiv geladenen Wasserstoffionen wandern (diffundieren) durch die Polymer-Elektrodenmembran hindurch zur negativ geladenen Kathode. Da die Membran dabei die kleinen Wasserstoffionen passieren lässt, die größeren Sauerstoffionen (O^{2-}) jedoch zurückhält, können die Wasserstoffionen an der Kathode mit dem dortigen Sauerstoff unter Elektronenaufnahme zu Wasser reagieren, wobei Energie frei wird.

Wird nun ein elektrischer Verbraucher (z. B. ein Elektromotor) an den Elektroden angeschlossen, fließen die Elektronen von der Anode zur Kathode (also im äußeren Stromkreis von der Wasserstoff- zur Sauerstoff-Elektrode) – elektrischer Strom entsteht und der Motor läuft.

Neben der PEM-Zelle gibt es noch verschiedene weitere Brennstoffzelltypen, die ebenfalls Anwendung finden.

Brennstoffzellen-Modellauto-Bausatz: Deutlich sind die Gastanks für Wasserstoff (groß) und Sauerstoff (klein) zu sehen sowie die Brennstoffzelle (rot) mit den Gaszuleitungsschläuchen. Die Solarzelle liefert den Strom, um vor der Fahrt Wasser mittels Elektrolyse in H_2 und O_2 zu spalten und damit die Tanks zu füllen.

FILM AB!

Der Ablauf des Versuchs mit dem Brennstoffzellen-Modellauto wird in einem Video dargestellt.
www.trauner.at/nawi_v16.aspx

Weitere Brennstoffzellentypen

AFC Alkaline Fuel Cell	DMFC Direct Methanol Fuel Cell	PAFC Phosphoric Acid Fuel Cell	MCFC Molten Carbonate Fuel Cell	SOFC Solid Oxide Fuel Cell
Elektrolyt: Kalilauge	**Elektrolyt:** Polymermembran	**Elektrolyt:** Phosphorsäure	**Elektrolyt:** Alkalikarbonat-schmelzen	**Elektrolyt:** Oxidkeramischer Elektrolyt
Anodengas: Wasserstoff	**Anodengas:** Methanol	**Anodengas:** Wasserstoff	**Anodengas:** Wasserstoff, Methan, Kohlegas	**Anodengas:** Wasserstoff, Methan, Kohlegas
Kathodengas: Sauerstoff	**Kathodengas:** Luftsauerstoff	**Kathodengas:** Luftsauerstoff	**Kathodengas:** Luftsauerstoff	**Kathodengas:** Luftsauerstoff

1.4 Serienschaltung (Reihenschaltung) von Spannungsquellen

Martin weiß jetzt, wie Batterien und Akkus funktionieren. Aber bei einigen Geräten müssen mehrere Batterien eingesetzt werden. Wozu ist das notwendig?

Galvanische Spannungsquellen werden häufig **seriell oder parallel** geschaltet, um entweder **höhere Spannungen oder größere Ströme** zum Betrieb der Geräte zu erzielen.

Bei der Serienschaltung von Spannungsquellen addieren sich die Spannungen der einzelnen Spannungsquellen. Durch alle fließt dabei derselbe Strom.

U = Spannung (in V)
I = Stromstärke (in A)

Es gilt: $\mathbf{U}_G = U_1 + U_2 + U_3 \ldots$ $\mathbf{I}_G = I_1 = I_2 = I_3 \ldots$

Beispiel
In einen MP3-Player werden die Batterien so eingelegt, dass an den Pluspol der ersten Batterie der Minuspol der zweiten angeschlossen wird. Jedes Gerät besitzt eine notwendige Betriebsspannung. Bei einem MP3-Player liegt diese Spannung häufig bei 3 oder 4,5 V. Um diese Spannung zu erreichen, werden zwei bzw. drei Batterien mit je 1,5 V in Serie geschaltet: $2 \cdot 1{,}5\ V = 3\ V$ oder $3 \cdot 1{,}5\ V = 4{,}5\ V$

Versuch – „Serienschaltung"

Bauen Sie mit den Obst-/Gemüsebatterien aus dem Versuch von S. 40 nun eine Serienschaltung. Verwenden Sie dazu die von Ihnen herausgefundene Kombination mit der höchsten Spannung in dreifacher Ausführung.

Messen Sie zunächst an jeder einzelnen Frucht die Teilspannung, indem Sie die Messspitzen des Voltmeters an die Elektroden halten. Vergessen Sie nicht, den richtigen Messbereich (Volt DC, z. B. 2 V) an Ihrem Gerät auszuwählen.

Dann erst bestimmen Sie die Gesamtspannung an den Enden der Schaltkette (Messbereich Volt DC, z. B. 10 V).

Die erzielte Gesamtspannung beträgt ______________ V.

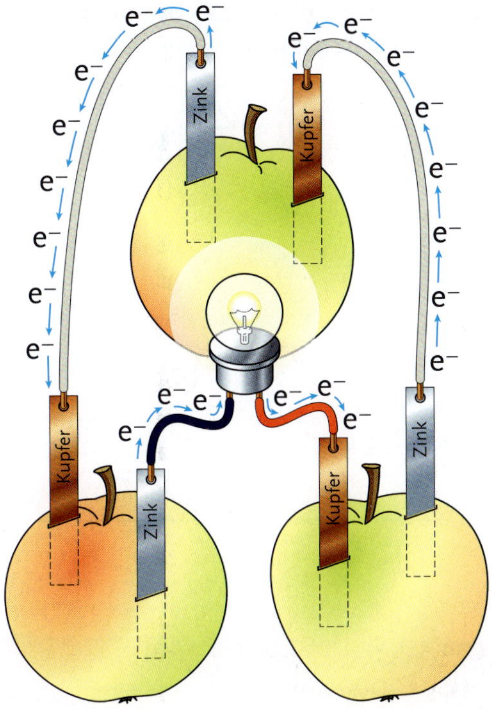

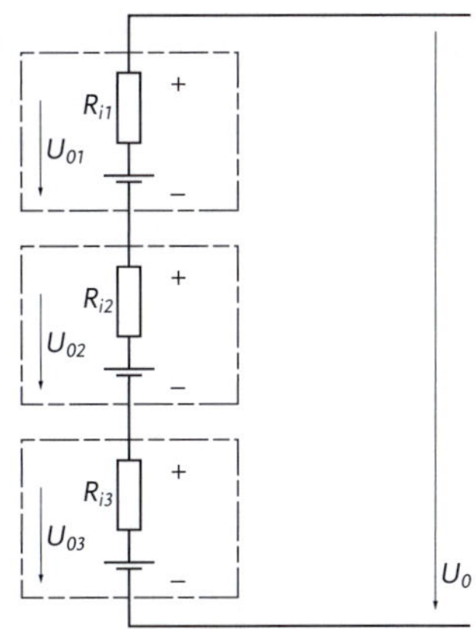

Reihenschaltung von Spannungsquellen

Reale Spannungsquellen besitzen innere Widerstände (z. B. durch Elektrolyte oder Drahtwicklungen von Elektromagneten). Die Innenwiderstände der Spannungsquellen addieren sich bei der Serienschaltung ebenfalls.

1.5 Parallelschaltung von Spannungsquellen

Bei der Parallelschaltung von Spannungsquellen addieren sich die Ströme – der **Gesamtstrom entspricht der Summe aller Teilströme**. Die **Gesamtspannung bleibt gleich** – sie entspricht den Einzelspannungen.

Es gilt: $\mathbf{U}_G = U_1 = U_2 = U_3 \ldots$ $\mathbf{I}_G = I_1 + I_2 + I_3 \ldots$

Werden Batterien parallel in einem Gerät verwendet, müssen sie Pluspol an Pluspol und Minuspol an Minuspol eingelegt werden, sonst entsteht ein Kurzschluss!

Beispiel
In einen Reisewecker werden Knopfzellen so eingelegt, dass an den Pluspol der ersten Knopfzelle der Pluspol der zweiten angeschlossen wird. Somit bleibt die Spannung gleich, für die Hintergrundbeleuchtung des Reiseweckers steht allerdings die doppelte Stromstärke zur Verfügung.

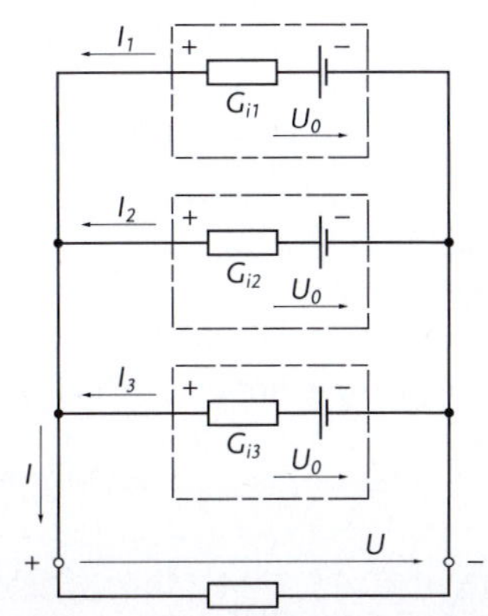

Parallelschaltung von Spannungsquellen

Versuch – „Parallelschaltung"

Schalten Sie nun ihre Obst-/Gemüsebatterien aus den vorangegangenen Versuchen parallel und bauen Sie einen Stromkreis mit einem passenden Lämpchen als Verbraucher. Integrieren Sie Volt- und Amperemeter in die Schaltung. Zeichnen Sie nun den zugehörigen Schaltplan.

Die erzielte Gesamtspannung beträgt ______ V, der Gesamtstrom ______ A.

2 Elektrolyse

Elektrolyte = flüssige Stoffe, die durch ihre Bewegung von Ionen Strom leiten.

Elektrolyse = Aufspaltung einer chemischen Verbindung durch elektrischen Strom.

Elektrischer Strom zersetzt Elektrolyte durch Elektrolyse. Die Elektrolyseapparatur besteht aus zwei Elektroden, einer äußeren Gleichspannungsquelle und dem Gefäß zur Aufnahme des Elektrolyten.

Während Metalle (Leiter 1. Klasse) beim Stromdurchgang unverändert bleiben, ist der Stromdurchgang durch eine Schmelze oder eine Lösung eines Elektrolyten (Leiter 2. Klasse) stets mit stofflichen Veränderungen verbunden.

Wird an die Lösung oder Schmelze eines Elektrolyten eine Gleichspannung angelegt, so wandern
- die Kationen zur Kathode
- die Anionen zur Anode

und werden dort entladen. Dadurch wird der Elektrolyt zersetzt.

Eine grafische Darstellung zum Ablauf einer Elektrolyse finden Sie in der TRAUNER-DigiBox.

Eine interaktive Animation zur Elektrolyse finden Sie hier: www.trauner.at/elektrolyse.aspx

Bei der Elektrolyse wird eine Spannung angelegt, wodurch es am negativen Pol zu einer Reduktionsreaktion kommt. Somit ist die **Kathode** hier der **negative Pol.**

Elektrolyseprinzip

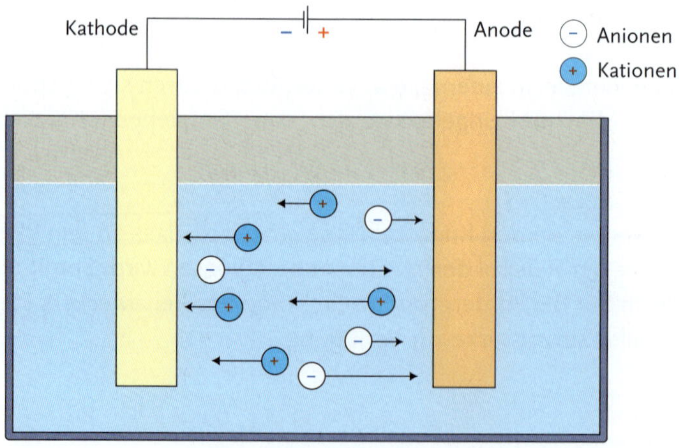

Versuch – „Durchführung einer Elektrolyse“

Schließen Sie zwei abisolierte Kupferdrähte, die Sie mithilfe eines Bleistifts ca. sechs bis zehn Mal gewendelt haben, an eine Gleichstromquelle mit 12 V (z. B. einen Kfz-Akku oder ein Labornetzgerät) an.

Tauchen Sie nun die beiden so hergestellten Elektroden, ohne dass sie sich berühren, in ein Becherglas mit Wasser, dem Sie einen Spatel Natriumsulfat oder 1 ml verdünnte Schwefelsäure (zur Erhöhung der Leitfähigkeit) zugesetzt haben, ein.

Was können Sie beobachten?

Am _____________ (Minuspol/Pluspol) sind mehr Gasblasen zu sehen. H_2O (Wasser) hat doppelt so viel Wasserstoffatome wie _____________atome je Molekül, und da sich ungleichnamige Ladungen _____________ (anziehen/abstoßen), wandern die H^+-Ionen zum Minus- und die O^{2-}-Ionen zum Pluspol.

Achten Sie auf die fachgerechte Entsorgung der Reaktionsprodukte.

Die chemische Wirkung elektrolytischer Vorgänge wird vor allem auch zur **Abscheidung von Metallen auf der Minuselektrode (Galvanisieren)** oder zur **Bildung von Metalloxiden auf der Pluselektrode** (z. B. beim Eloxieren von Aluminiumblechen) in der Technik eingesetzt.

Galvanisieren = Abscheidung von metallischen Überzügen, z. B. elektrochemisches Verzinken bei Autokarosserien.

Eloxieren = Elektro-Oxidieren = Technik zur Erzeugung einer Schutzschicht durch Oxide (z. B. Korrosionsschutz für Automobilteile).

Beispiele für Anwendungen der Galvanotechnik
- Korrosionsschutz (Verkupfern, Verchromen, Vergolden, Versilbern)
- Herstellung naturgetreuer Abdrücke feinster Muster (Schallplatten)

Versuch – „Galvanisieren einer 50-Cent-Münze“

Das Aufbringen einer dünnen Metallschicht auf ein Werkstück können Sie selbst ausprobieren. Dazu müssen Sie den Versuchsaufbau von vorhin nur geringfügig verändern:

Füllen Sie eine verdünnte Kupfersulfatlösung in das Becherglas und befestigen Sie an der Kathode (Minuspol) statt der gewendelten Elektrode ein 50-Cent-Stück mit einer Krokoklemme. Schalten Sie nun die Spannungsquelle ein und regeln diese langsam hoch. Sobald sich ein rötlicher Überzug gebildet hat, schalten Sie ab und entnehmen die Münze.

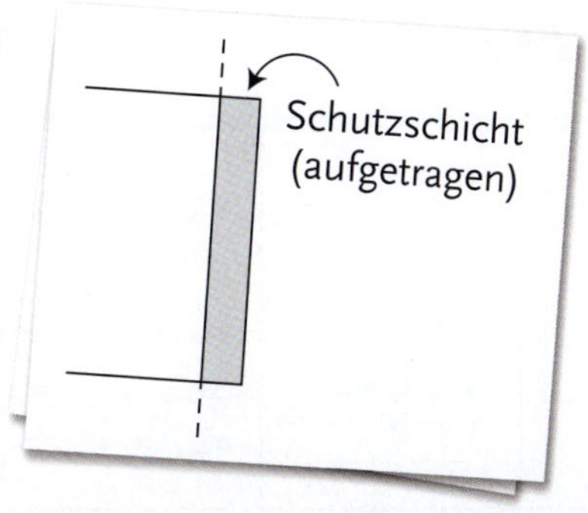

Was ist der rötliche Überzug?

____

____

Achten Sie auf die fachgerechte Entsorgung der Reaktionsprodukte.

Galvanisch versilbern

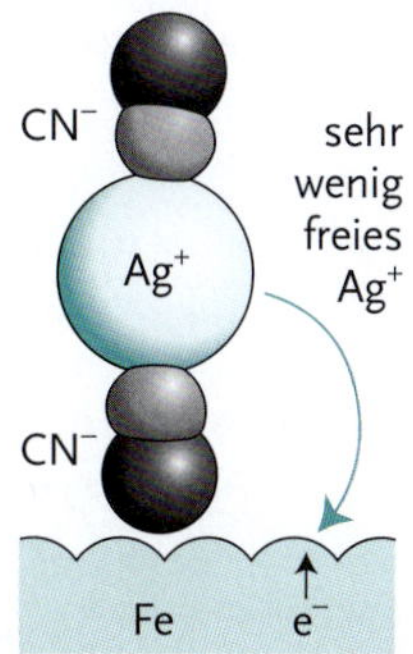

Komplexverbindungen führen zu langsamer Abscheidung und gut haftenden Überzügen.

KOMPETENZ-ERWERB

Ziele erreicht? – „Elektrochemie“

1. + Beschriften Sie die Teile der Batterie.

2. + Erklären Sie, was man unter der elektrochemischen Spannungsreihe versteht.

3. + Geben Sie an, wie viele Mignon-Batterien man für eine Waage, für die eine Betriebsspannung von 4,5 V notwendig ist, benötigt.

4. + Nennen Sie den Unterschied zwischen einer Batterie und einem Akkumulator.

5. + Schaltung von Spannungsquellen – Kreuzen Sie richtig an.

Bei der Serienschaltung
- addieren sich die Spannungen.
- addieren sich die Teilströme.

Bei der Parallelschaltung
- bleibt der Gesamtstrom gleich.
- bleibt die Gesamtspannung gleich.

6. + Legen Sie eine Kupfermünze (z. B. 5-Cent-Stück) und ein Objekt aus Eisen (z. B. Sicherheitsnadel) so in ein Gefäß, dass diese sich nicht berühren. Bedecken Sie nun die beiden Gegenstände gut mit Essig und warten Sie ca. einen Tag.

Beschreiben Sie, was hier vor sich geht und welche chemischen Reaktionen ablaufen.

7. ++ Schreiben Sie die entsprechenden Reaktionsgleichungen zu den Reaktionen aus dem Versuch zu den Spannungsreihen von S. 41 auf. Erklären und begründen Sie die Vorgänge.

8. + Führen Sie die Reaktionsgleichungen für den Ladevorgang und das Entladen eines Bleiakkumulators mithilfe von RedOx-Reaktionen schriftlich aus.

9. + Ordnen Sie die folgenden Reaktionen in der Brennstoffzelle richtig zu.

Oxidation		$O_2 + 4\,H^+ + 4\,e^- \rightarrow 2\,H_2O$
Reduktion		$2\,H_2 + O_2 \rightarrow 2\,H_2O$
Gesamtreaktion		$2\,H_2 \rightarrow 4\,H^+ + 4\,e^-$

10. + Beschreiben Sie den hier dargestellten Vorgang in einem Lithium-Ionen-Akku und schreiben Sie die dazu passende Reaktionsgleichung auf.

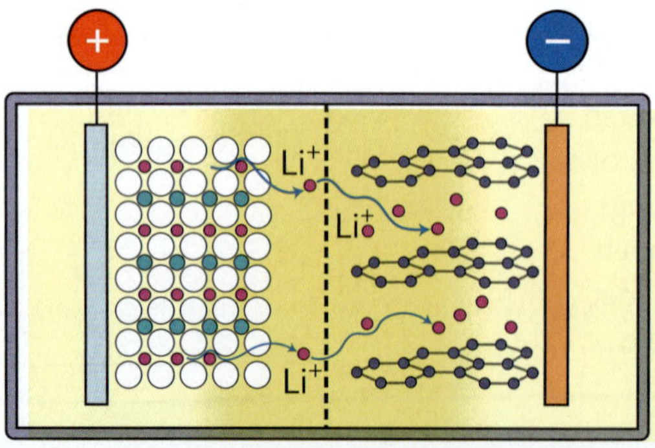

Einen interaktiven **Safety-Check** finden Sie in der TRAUNER-DigiBox.

Säuren und Basen

Säuren und Basen begegnen wir in unserem Alltag ständig: Kohlensäure in Getränken, Essigsäure im Essig oder Seifenlauge in Waschmitteln. Meist handelt es sich dabei allerdings um verdünnte Lösungen.

Verschiedene Vorstellungen über das Wesen von Säuren und Basen führten zu folgenden Theorien, von denen jede für ein vorgegebenes Problem unter bestimmten Umständen ausreichend und daher am geeignetsten erscheint:

- 1777 – A. Lavoisier: Säuren enthalten Sauerstoff, weil sie aus Oxiden von Nichtmetallen entstehen.
- 1816 – H. Davy: Säuren enthalten Wasserstoff.
- 1834 – M. Faraday: Säuren, Basen und Salze sind Elektrolyte. In ihren wässrigen Lösungen müssen daher Ionen vorhanden sein.
- 1838 – J. Liebig: Säuren enthalten Wasserstoff, der durch ein Metall ersetzt werden kann.
- 1884 – S. Arrhenius: Säuren sind Stoffe, die in wässriger Lösung die Wasserstoffionen-(H^+-Ionen-, Protonen-)Konzentration erhöhen. Basen sind Stoffe, die in wässriger Lösung die Hydroxidionen-(OH^--Ionen-)Konzentration erhöhen.
- 1923 – J. Brønsted: Säuren sind Protonendonatoren (Geber). Basen sind Protonenakzeptoren (Empfänger).

Vorsicht beim Umgang mit Säuren und Basen!
Diese Stoffe können sehr gefährlich sein: Säuren greifen auch in verdünnter Form noch die Haut an (Verätzungen), machen sie rau und rissig. Basen lassen die Haut aufquellen und machen sie glitschig.

In der TRAUNER-DigiBox finden Sie eine interaktive Zeitleiste mit einem geschichtlichen Überblick zu den Theorien über Säuren und Basen.

Im Zusammenhang mit Säure-Base-Reaktionen versteht man unter **Protonen** nicht einzelne Kernbausteine, sondern elektrisch positiv geladene Wasserstoffionen H^+.

KOMPETENZ-ERWERB

Meine Ziele

Nach Bearbeitung dieses Kapitels kann ich

- die Begriffe Säuren, Basen, Salze und pH-Wert definieren;
- die Neutralisation von Basen und Säuren beschreiben;
- eigenständig den pH-Wert einer Verbindung unter Verwendung eines Indikators bestimmen und die Verbindung als Säure oder Base identifizieren.

1 Säuren

„Warum muss man beim Trinken von Cola oder anderen Limonaden eigentlich manchmal rülpsen?" fragt sich Nina. „Das ist doch wirklich nervig!" „Hat das nicht etwas mit der Kohlensäure zu tun?"

Säuren bzw. saure Lösungen begegnen Ihnen ständig im Alltag. Zitronen schmecken z. B. aufgrund ihres Gehalts an Zitronensäure und Ascorbinsäure (= Vitamin C) sauer, Cola enthält u. a. Phosphorsäure und Limonade prickelt aufgrund der zugesetzten Kohlensäure so angenehm beim Trinken. Was aber sind Säuren genau und wie kann man sie nachweisen?

Lackmus = ein blauvioletter Farbstoff, der aus einer bestimmten Flechtenart gewonnen wird. Man verwendet Lackmus hauptsächlich als wässrige Lösung (Lackmus-Tinktur) und als Lackmus-Papier, bei dem Papierstreifen (s. o.) mit Lackmus-Tinktur imprägniert sind.

$H^+ + H_2O \rightleftharpoons H_3O^+$

Beispiel
$HCl \rightleftharpoons H^+ + Cl^-$

Säuren sind **Stoffe,** die in wässriger Lösung **H_3O^+-Ionen** bzw. **H^+-Ionen (Protonen) abgeben können.** Säuren färben Lackmus rot.

Lackmus ist ein sogenannter **Indikator.** Indikatoren sind Stoffe, die Merkmale und Zustände bzw. Zustandsänderungen in einer Umgebung anzeigen können.

Säure-Base-Indikatoren zeigen eben an, ob es sich bei einer Substanz um eine Säure oder eine Base handelt. **Farbindikatoren** (wie Lackmus) sind selbst Säuren oder Basen, die bei Kontakt mit einer Säure bzw. einer Base ihre Farbe wechseln. Wird Lackmus in eine Säure gegeben, färbt sich die Substanz rot.

Sie können einfach einen eigenen Indikator zum Nachweis von Säuren herstellen:

Rotkraut – nicht nur in der Küche nützlich!

Im Rotkrautsaft ist der Farbstoff Cyanidin enthalten. Dieser kann je nach Charakter einer Säure bzw. Base Farben von Rot (stark sauer), Rosa (sauer) über Blau (neutral), Blaugrün (leicht alkalisch) bis zu Grün und Gelb (stark alkalisch) annehmen.

Versuch – „Der Rotkrautindikator"

Pürieren Sie einige Rotkrautblätter und geben Sie das Püree anschlie-ßend in ca. 150 ml destilliertes Wasser.

Lassen Sie das Ganze etwa zwei Minuten ziehen und seihen Sie die Lö-sung durch ein Sieb oder einen Filter ab.

Die lilafarbene Flüssigkeit ist Ihr Indikator!

Versuch – „Säurenachweis mit Rotkrautindikator "

Nehmen Sie den Rotkrautindikator zur Hand und schütten Sie je 10 ml davon in insgesamt drei 100-ml-Glasgefäße. Geben Sie noch 25 ml destilliertes Wasser dazu. Heben Sie den Rest des Indikators gut auf, Sie brauchen ihn später noch!

Pressen Sie nun eine Zitrone aus und geben Sie in den ersten Erlenmeyerkolben einen, in den zweiten drei und in den dritten neun Tropfen Zitronensaft.

Welche Farben können Sie beobachten? Was können Sie aus den jeweiligen Farben schließen?

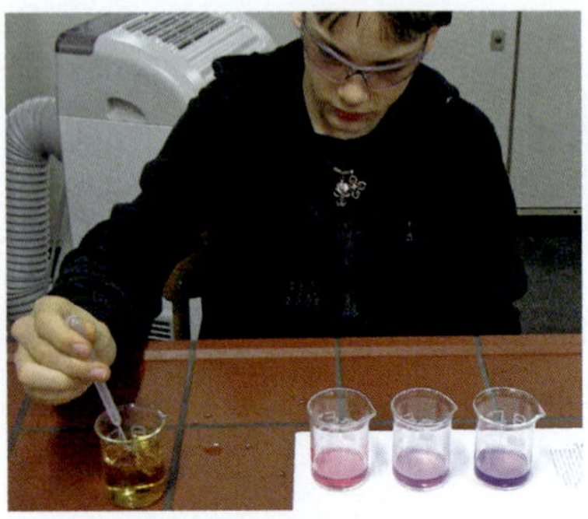

Versuch Rotkrautindikator

Bei den Säuren unterscheidet man
- **sauerstofffreie,** wie z. B. Salzsäure (HCl) und
- **sauerstoffhaltige,** wie z. B. Kohlensäure (H_2CO_3).

Sauerstoffhaltige Säuren entstehen meist durch Umsetzung von Nichtmetalloxiden mit Wasser.

Beispiel
$CO_2 + H_2O \rightleftharpoons H_2CO_3$
Kohlenstoffdioxid und Wasser reagieren zu Kohlensäure.

Der Doppelpfeil ($\rightleftharpoons$) in einer Reaktionsgleichung gibt an, dass die Reaktion **durch Veränderung äußerer Einflüsse,** wie z. B. Druck oder Temperatur, leicht **umkehrbar** ist. Durch Druckerhöhung etwa wird das Gleichgewicht auf die Seite der Stoffe mit dem geringeren Volumen verschoben.
Unter hohem Druck und niedriger Temperatur ist das Gleichgewicht im Beispiel also bei der Kohlensäure; wird es warm und sinkt der Druck, so zerfällt diese in CO_2 und Wasser.

Das haben Sie sicher auch schon im Alltag bemerkt: Öffnen Sie z. B. eine warme Mineralwasserflasche rasch, dann wird das Wasser herausspritzen; kommt die Flasche dagegen aus dem Kühlschrank, können Sie diese problemlos öffnen, ohne nass zu werden.

Versuch – „Selber eine Säure herstellen"

Geben Sie ein wenig verdünnten Rotkrautindikator in ein Glasgefäß (z. B. einen Erlenmeyerkolben) und blasen Sie mit einem Strohhalm in die Lösung.

Was passiert? Wie können Sie sich die Beobachtung erklären?

Wichtige Säuren

Säure		Säurerest	
Name	**Formel**	**Formel**	**Name des Anions**
Salzsäure	HCl	Cl^-	Chlorid
Flusssäure	HF	F^-	Fluorid
Salpetersäure	HNO_3	NO_3^-	Nitrat
Blausäure	HCN	CN^-	Cyanid
Kohlensäure	H_2CO_3	CO_3^{2-}	Carbonat
Phosphorsäure	H_3PO_4	PO_4^{3-}	Phosphat
Schwefelsäure	H_2SO_4	SO_4^{2-}	Sulfat

Essigsäure, Ameisensäure, Zitronensäure, Apfel- und Milchsäure nennt man organische Säuren, weil sie durch biologische Prozesse entstehen.

In der TRAUNER-DigiBox finden Sie noch weitere Versuche zu Säuren.

2 Basen

Basen sind Stoffe, die in wässriger Lösung **OH^--Ionen (Hydroxid-Ionen) bilden** können. Sie sind das Gegenstück zu Säuren und bilden mit ihnen Salze. Basen färben Lackmus blau.

Wässrige Lösungen von Basen bezeichnet man als **Lauge.**

Laugengebäck wird vor dem Backen kurz in Natronlauge getaucht. Im Endprodukt ist jedoch keine Natronlauge mehr enthalten.

In der TRAUNER-DigiBox finden Sie eine Versuchsanleitung zur Herstellung von Laugengebäck.

Calciumhydroxid wird auch Löschkalk genannt und u. a. als Bestandteil des Kalkmörtels, als Grundlage für Wandfarbe oder als Dünger verwendet.

Backpulver ist ein Backtriebmittel und dient zur Lockerung von Backwaren. Das darin enthaltene Natriumhydrogenkarbonat (Natron) setzt Kohlenstoffdioxid frei und zählt ebenfalls zu den Basen.

Wussten Sie, dass ...
die erste Hauptgruppe im PSE (ausgenommen H) **Alkalimetallgruppe** heißt, weil alle ihre Elemente mit Wasser Alkalien (= Basen; vom arabischen *al quali* abgeleitet) bilden?

Auch Basen bzw. Laugen kennen Sie aus dem Alltag: So ist etwa Natronlauge (wässrige Lösung von NaOH) eine bekannte Lauge, die u. a. dem Laugengebäck zu seiner dunkelbraunen Farbe verhilft. Und auch Seifenlauge ist basisch und färbt unseren Indikator um.

Beispiele für weitere gängige Basen
- Ammoniak, NH_3 (bzw. NH_4OH)
- Calciumhydroxid, $Ca(OH)_2$
- Kaliumhydroxid, KOH

Versuch – „Nachweis einer Base"

Ob Seifenlauge wirklich basisch ist und unseren Rotkrautsaftindikator entsprechend umschlagen lassen kann, wollen wir sogleich nachprüfen:

1. Schaben Sie mit einem Spatel etwas Seife von einem Kernseifestück ab. Geben Sie die entstandenen Seifenflocken in ein Becherglas, füllen Sie das Glas mit ca. 25 ml destilliertem Wasser auf und rühren Sie um.
2. Filtrieren Sie das Ganze durch einen Filter. Geben Sie nun einige Tropfen des Filtrats in ein Gefäß mit verdünnter Rotkraut-Indikatorlösung.

Was können Sie beobachten?

Basen entstehen z. B. aus
- Metalloxiden und Wasser

Beispiel
$MgO + H_2O \rightarrow Mg(OH)_2$
Metalloxid + Wasser → Metallhydroxid

- unedlen Metallen und Wasser

Beispiel
$2\ Na + 2\ H_2O \rightarrow 2\ NaOH + H_2\uparrow$
unedles Metall + Wasser → Metallhydroxid (Base) + Wasserstoff

Versuch – „Herstellen einer Base aus Metalloxid"

Geben Sie etwas Magnesiumoxid (MgO) in ein Becherglas mit destilliertem Wasser und Rotkrautindikator.

Der Indikator zeigt die Farbe ______________________,

die entstandene ______________________ (Base/Säure) ist

______________________ hydroxid.

Besonders interessant wird es, wenn Sie das benötigte Magnesiumoxid selbst herstellen! Zünden Sie dazu ein ca. 10 cm langes Stück Magnesiumband mit einem Feuerzeug oder einem Streichholz an. Das beim Verbrennen des Metalls entstehende weiße Pulver ist Magnesiumoxid. Vorsicht! Blicken Sie nicht direkt in die extrem helle, weiße Flamme!

Das geschieht bei der Reaktion: ______________________ $+ O_2 \rightarrow 2\ MgO$

Versuch – „Chemisches Schiffeversenken“

Führen Sie diesen Versuch hinter einer Schutzscheibe durch.

Füllen Sie eine Glaswanne mit Wasser und geben Sie ca. 5 ml Rotkrautindikator hinzu. Aus einem saugfähigen Papier falten Sie nun ein Schiffchen und geben ein kleines Stück Natrium (weniger als 1 g) hinein. Setzen Sie nun das Schiffchen ins Wasser.

Was können Sie beobachten?

Es entsteht ______________ lauge.

Base	Formel	Name der Lösung
Natriumhydroxid	$NaOH$	Natronlauge, in fester Form: Ätznatron
Kaliumhydroxid	KOH	Kalilauge, in fester Form: Ätzkali
Calciumhydroxid	$Ca(OH)_2$	Kalklauge, in fester Form: Löschkalk, in Wasser suspendiert: Kalkmilch
Ammoniumhydroxid	NH_4OH	Ammoniaklauge, Salmiakgeist

Beim Verdünnen von Säuren und Laugen gilt aufgrund der entstehenden hohen Lösungswärme der Grundsatz: „Erst das Wasser, dann die Säure, sonst geschieht das Ungeheure!“. Vergessen Sie daher nie auf Ihre Schutzbrille!

3 Protolyse

Säuren sind also Verbindungen, die in wässriger Lösung in positiv geladene Wasserstoff-Ionen (H^+), und negativ geladene Säurerestionen dissoziieren, wohingegen Basen Verbindungen sind, die in der Schmelze und in wässrigen Lösungen in positive Metallionen und negative Hydroxid-Ionen (OH^-) dissoziieren.

Der **Dissoziationsgrad** α dient dabei als **Maß für die Stärke einer Säure oder Base,** denn er gibt an, zu welchem Anteil sie zu H_3O^+-Ionen bzw. OH^--Ionen zerfallen sind.

$$\alpha = \frac{\text{Anzahl der dissoziierten Moleküle}}{\text{Gesamtzahl der Moleküle}}$$

Der Dissoziationsgrad lässt sich über die Leitfähigkeit einer Lösung messen und wird als Wert kleiner 1 oder (multipliziert mit 100) in Prozent angegeben.

Beispiele für Dissoziationsgrade

	Dissoziationsgrad	Säuren	Basen
70–100 %	sehr stark	Salzsäure, Salpetersäure	Natriumhydroxid, Kaliumhydroxid
20–70 %	stark	Schwefelsäure	Calciumhydroxid
0,1–1 %	schwach	Essigsäure	Ammoniak
<0,1 %	sehr schwach	Kohlensäure	Ammoniumhydroxid

Unter der **Dissoziation** versteht man den Zerfall von Ionensubstanzen in der Schmelze oder in einer Lösung in frei bewegliche Ionen. In wässrigen Lösungen erfolgt die Dissoziation unter dem Einfluss der Dipolmoleküle des Wassers und macht die Lösung elektrisch leitfähig.

JOHANNES NICOLAUS BRØNSTED,
1879 BIS 1947,
DÄNISCHER CHEMIKER

THOMAS LOWRY,
1874 BIS 1936,
ENGLISCHER CHEMIKER

Durch JOHANNES BRØNSTED und THOMAS LOWRY wissen wir heute, dass

- Säuren Moleküle und Ionen sind, die Protonen abgeben (Protonendonatoren) und
- Basen Moleküle und Ionen sind, die Protonen aufnehmen (Protonenakzeptoren).

Es gilt daher:
Protonendonator $\rightleftharpoons$ Protonenakzeptor + Proton
Säure $\rightleftharpoons$ Base + Proton

Jede Säure geht also bei Abgabe eines Protons in eine Base über. Und jede Base geht bei Aufnahme eines Protons in eine Säure über.

Somit steht jeder Säure eine Base gegenüber, die ein Proton weniger besitzt und jeder Base steht eine Säure gegenüber, die ein Proton mehr besitzt. Man nennt diese **korrespondierende Säure-Base-Paare.**

$HCl \rightleftharpoons Cl^- + H^+$
$NH_4^+ \rightleftharpoons NH_3 + H^+$

Bei einer Säure-Base-Reaktion gibt also von zwei korrespondierenden Säure-Base-Paaren eines ein Proton ab, das vom anderen Säure-Base-Paar aufgenommen wird.

Säure 1		$\rightleftharpoons$	Base 1	+	Proton	(1. Halbsystem)
Proton	+ Base 2	$\rightleftharpoons$	Säure 2			(2. Halbsystem)
Säure 1	+ Base 2	$\rightleftharpoons$	Base 1	+	Säure 2	

Solche auf einem Protonenübergang beruhenden Reaktionen werden **Protolysen (protolytische Reaktionen)** genannt.

Beispiel: Protolyse einer starken Säure
$HNO_3 + H_2O \rightleftharpoons NO_3^- + H_3O^+$
S1 + B2 $\rightleftharpoons$ B1 + S2

Beispiel: Protolyse einer starken Base
$H_2O + NH_3 \rightleftharpoons OH^- + NH_4^+$
S1 + B2 $\rightleftharpoons$ B1 + S2

Die starke Salpetersäure (HNO_3) wird mit Wasser zu der schwachen Base Nitrat-Ion (NO_3^-) umgesetzt. Die starke Base Ammoniak (NH_3) wird mit Wasser zu der schwachen Säure Ammonium-Ion (NH_4^+) umgesetzt.

Bei allen Säuren, die mehrere Wasserstoffatome besitzen, erfolgt die Protolyse in mehreren Stufen. Man nennt sie daher auch **mehrwertige bzw. mehrbasige Säuren.**

Beispiele für mehrwertige Säuren
Schwefelsäure: $H_2SO_4 \rightleftharpoons HSO_4^- + H^+$ $\quad HSO_4^- \rightleftharpoons SO_4^{2-} + H^+$
Phosphorsäure: $H_3PO_4 \rightleftharpoons H_2PO_4^- + H^+$ $\quad H_2PO_4^- \rightleftharpoons HPO_4^{2-} + H^+$
$HPO_4^{2-} \rightleftharpoons PO_4^{3-} + H^+$

Autoprotolyse des Wassers

Wasser kann nach Brønsted sowohl als Säure als auch als Base auftreten:

$H_3O^+ \rightleftharpoons H_2O + H^+$ $\qquad$ $H_2O \rightleftharpoons OH^- + H^+$

$S \rightleftharpoons B + H^+$ $\qquad$ $S \rightleftharpoons B + H^+$

Die H_3O^+-Ionen werden **Oxonium-Ionen** genannt. Der Einfachheit halber wird aber dennoch oft statt von Oxonium-Ionen von Wasserstoff-Ionen (H^+) gesprochen.

Die beiden korrespondierenden Säure-Base-Paare (Säure-Base-Halbsysteme) lassen sich daher wie folgt darstellen:

$$H_2O \rightleftharpoons OH^- + H^+ \quad \text{(1. Halbsystem)}$$
$$H^+ + H_2O \rightleftharpoons H_3O^+ \quad \text{(2. Halbsystem)}$$

$$H_2O + H_2O \rightleftharpoons OH^- + H_3O^+$$
$$S1 + B2 \rightleftharpoons B1 + S2$$

Daher bezeichnet man Wasser auch als **Ampholyt** – es kann Protonen sowohl aufnehmen als auch abgeben.

4 Der pH-Wert

„Diese Seife ist pH-neutral!" Diesen Slogan hat Nina schon oft in der Werbung gehört. Aber was ist der pH-Wert eigentlich? Und bedeutet pH-neutral, dass der Wert Null ist?

Der **pH-Wert** gibt auf einer Skala von 0 bis 14 an, **wie stark sauer oder basisch** eine Lösung ist.
pH-Werte **kleiner als 7** stehen für **saure,**
der Wert pH 7 für **neutrale** und
pH-Werte **größer als 7** zeigen **basische** Lösungen an.
Der pH-Wert ist der negative dekadische Logarithmus der H^+ bzw. H_3O^+-Ionenkonzentration: $pH = -\log [H_3O^+]$.

Wussten Sie, dass …
die Abkürzung **pH** für lat. *„pondus hydrogenii"* (Gewicht[anteil] des Wasserstoffs) steht und damit die Wirksamkeit der freien Wasserstoffionen gemeint ist?

Beispiel: pH-Wert von Wasser
In reinem Wasser liegen (bei 22 °C) konstant gleich viele H^+-Ionen und OH^--Ionen vor, nämlich je $1 \cdot 10^{-7}$ mol/l.

$H_2O \rightleftharpoons H^+ + OH^-$ bzw. $H_2O + H_2O \rightleftharpoons H_3O^+ + OH^-$

Diesen Zusammenhang nennt man das Ionenprodukt des Wassers:

$$K_W = c(H^+) \cdot c(OH^-) = 1 \cdot 10^{-7}\ \text{mol/l} \cdot 1 \cdot 10^{-7}\ \text{mol/l} = 1 \cdot 10^{-14}\ \text{mol}^2/\text{l}^2 = \text{konstant}$$

Daraus ergibt sich für reines Wasser der pH-Wert von 7, denn es gilt:

$$pH = -\log \frac{H^+}{H_3O^+} = -\log (1 \cdot 10^{-7}) = 7$$

Das **Mol** ist die Stoffmenge eines Systems, das aus ebenso vielen Einzelteilchen besteht, wie Atome in 0,012 kg Kohlenstoff enthalten sind. Vereinfacht heißt das: Würde man 12 g Kohlenstoff abwiegen und alle Atome in dem eingewogenen Häufchen zählen, dann entspräche diese Zahl genau einem Mol.
Die Stoffmenge 1 mol gibt die Teilchenzahl $6{,}022 \cdot 10^{23}$ wieder.
Vgl. dazu auch S. 30 f.

Änderung des pH-Werts

pH-Wert in sauren Lösungen	pH-Wert in basischen Lösungen
In sauren Lösungen ist die Wasserstoffionenkonzentration größer als $1 \cdot 10^{-7}$ mol/l; der pH-Wert sinkt demnach.	In basischen Lösungen ist dagegen die OH^--Ionenkonzentration (Hydroxidionenkonzentration) größer (und die H^+-Ionenkonzentration daher kleiner) als $1 \cdot 10^{-7}$ mol/l; der pH-Wert steigt demnach.

Eine interaktive Übersicht zum pH-Wert inklusive Beispielen zu den Werten finden Sie in der TRAUNER-DigiBox.

pH-Wert anhand der Ionenkonzentration

← zunehmend sauer | neutral ↓ | zunehmend basisch →

pH	0	1	2	3	4	5	6	7	8	9	10	11	12	13	14
H^+	10^{0}	10^{-1}	10^{-2}	10^{-3}	10^{-4}	10^{-5}	10^{-6}	10^{-7}	10^{-8}	10^{-9}	10^{-10}	10^{-11}	10^{-12}	10^{-13}	10^{-14} mol/l
OH^-	10^{-14}	10^{-13}	10^{-12}	10^{-11}	10^{-10}	10^{-9}	10^{-8}	10^{-7}	10^{-6}	10^{-5}	10^{-4}	10^{-3}	10^{-2}	10^{-1}	10^{0} mol/l

Der Indikator verfärbt sich aufgrund der Stärke bzw. des pH-Werts einer Säure oder Base bei Kontakt. **Der pH-Wert ist allerdings keinesfalls mit einer Farbe oder Färbung gleichzusetzen!**

Der pH-Wert einer Lösung kann mit einem **pH-Indikator** sehr einfach näherungsweise bestimmt werden. Man taucht dazu z. B. einen Indikator-Papierstreifen in die Prüflösung und vergleicht die Farbe mit einer beigegebenen Farbskala.

Durch die Farbe der Lösung kann der pH-Wert bestimmt werden.

Versuch – „Rotkrautindikator-Farbskala"

Nun wollen wir eine Farbskala mit unserem Rotkrautindikator aufstellen.

1. Nehmen Sie dazu fünf 100-ml-Erlenmeyerkolben zur Hand und befüllen Sie sie mit je 10 ml Rotkrautindikator und ca. 25 ml destilliertem Wasser.
2. Geben Sie ins erste Gefäß tropfenweise so viel Zitronensaft hinzu, bis der Indikator auf violett umschlägt. Das zweite Gefäß lassen Sie neutral (= blau), ins dritte geben Sie so viel Seifenlauge, bis der Indikator sich grün verfärbt.

Um ein kräftiges Rot bzw. Gelb zu erhalten, müssen Sie schließlich zu Salzsäure bzw. Natronlauge greifen, denn nur so kommen Sie in den stark sauren bzw. basischen (alkalischen) Bereich.

Die Farben Ihrer Lösungen sollten nun so aussehen:

pH-Wert	0	1	2	3	4	5	6	7	8	9	10	11	12	13	14
Rotkraut-Farbskala															
Eigenschaft		stark sauer			schwach sauer			neutral		schwach alkalisch				stark alkalisch	

Falls Sie in Ihrer Schule ein pH-Meter haben, können Sie die pH-Werte der Lösungen jetzt nachmessen und mit der obigen Tabelle vergleichen!

Handelsübliche pH-Teststreifen funktionieren übrigens genau nach dem Prinzip der Rotkrautindikator-Farbskala.

Mit **Indikatoren** führt man durch Farbvergleich eine Abschätzung durch, jedoch **keine Messung!**

Mit **pH-Metern** lässt sich der pH-Wert auf elektrischem Wege sehr genau messen. Dabei bildet sich an einer Glaselektrode eine Spannung aus, die vom pH-Wert abhängig ist. Diese Spannung misst man mit einem hochohmigen Voltmeter, das in pH-Einheiten kalibriert ist.

pH-Meter zur Messung des pH-Wertes

Bedeutung des pH-Wertes in der Praxis

- In der Landwirtschaft beeinflusst der pH-Wert des Bodens den Ertrag. Kartoffeln werden beispielsweise bevorzugt in schwach sauren Böden angebaut, die Gerste jedoch benötigt neutrale bis schwach basische Böden.
- Die Entwicklung von Mikroorganismen hängt ebenfalls vom pH-Wert ab. In saurer Umgebung gedeihen bevorzugt Pilze, in neutralen und schwach basischen Nährböden entwickeln sich vorwiegend Bakterien.
- Die chemischen Vorgänge im menschlichen Organismus hängen ebenfalls vom pH-Wert ab. In der Medizin weist somit ein Abweichen des pH-Werts des Blutes von 7,4 auf eine etwaige Erkrankung hin. pH-Werte des Blutes unter 6,8 und über 7,7 schädigen den Organismus und können zum Tod führen.

Manchmal ist es erforderlich, den **pH-Wert einer Lösung** über einen längeren Zeitraum **konstant zu halten.** Oft ist dies aber schwierig.

Beispiele: Schwierigkeiten, einen pH-Wert konstant zu halten

- Kommt die Lösung mit Luft in Berührung, so absorbiert sie Kohlenstoffdioxid und wird sauer.
- Bewahrt man die Lösung in einem Glasgefäß auf, dann können aus dem Glas herausgelöste alkalische Bestandteile den pH-Wert ändern.

Um trotz dieser Umstände den pH-Wert unverändert zu halten, verwendet man **Pufferlösungen.** Diese sind in der Lage, bei Zusatz kleiner Mengen von Säuren oder Basen ihren pH-Wert fast konstant zu halten.

Ein Puffer kann aus einer schwachen Säure (oder einer schwachen Base) und einem Salz der schwachen Säure (oder schwachen Base) hergestellt werden. So kann zum Beispiel eine Pufferlösung aus Essigsäure und Natriumacetat (oder Ammoniaklauge und Ammonchlorid) hergestellt werden.

0	sauer	Verdünnte Salzsäure	0
1	sauer	Batteriesäure	1
2	sauer	Magensaft Zitronensaft Essig Cola	2 2,4 2,7 2,8
3	sauer	Apfelsaft	3,5
4	sauer	Saure Milch	4,4
5	sauer	Kaffee Haut Regen	5 5–6 4–6
6	sauer	Milch	6,4–6,8
7	neutral	reines Wasser Blut Meerwasser	7 7,4 7,8–8,2
8	basisch	Dünndarmsaft	8,4
9	basisch	Seifenlösung	9–10
10	basisch	Waschmittellösung	10
11	basisch	Geschirrspülmittel	11
12	basisch	Salmiakgeist	12
13	basisch		
14	basisch	Verdünnte Natronlauge	14

Beispiele für saure und basische Lösungen

Versuch – „Wirkung einer Pufferlösung“

Füllen Sie zwei gleich große Bechergläser einmal mit destilliertem Wasser und einmal mit einer Pufferlösung.

In beide Bechergläser werden nun die gleichen Mengen Säure oder Base gegeben und die pH-Werte gemessen.

Im destillierten Wasser sind die Änderungen viel größer.

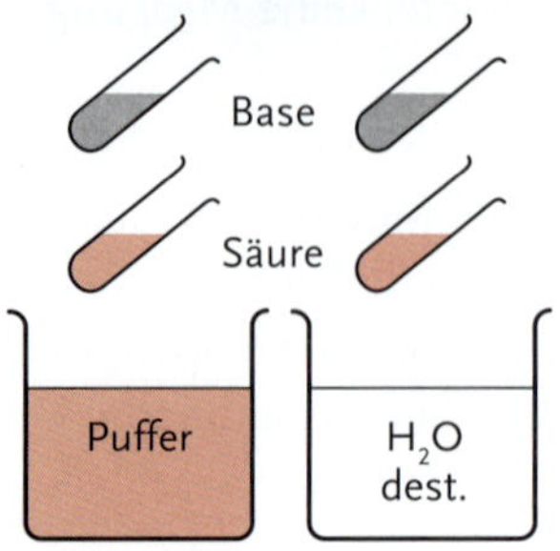

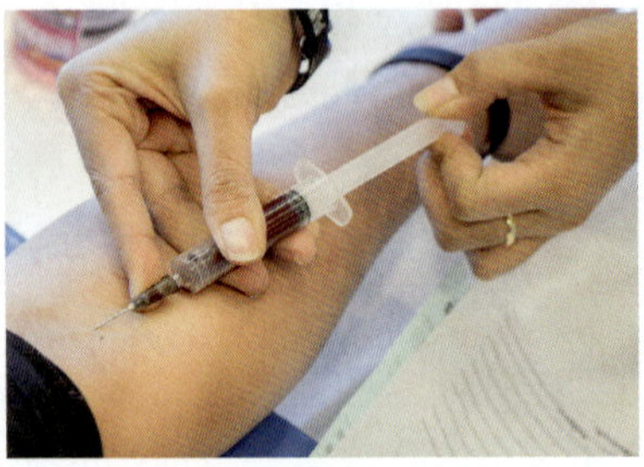

Der pH-Wert von menschlichem Blut liegt bei 7,4.

Außerordentlich wichtig sind Puffersysteme in der **Biochemie.** Für den pH-Wert im Blut ist das Gleichgewicht von Kohlensäure (H_2CO_3) und Bicarbonat (HCO_3^-) auf 7,40±0,05 zentral.

Ist das Blut nicht sauer genug, wandelt sich die Kohlensäure durch Abspalten eines Protons (H^+) in ein Ion des Bicarbonats um. Wenn das Blut dagegen zu sauer ist, gehen Protonen zu den Bicarbonationen und binden sich zur Kohlensäure.

Auch Proteine wie das Hämoglobin wirken als Puffer. pH-Werte des Blutes unter 6,8 und über 7,8 schädigen den Organismus und können zum Tod führen.

Darüber hinaus beeinflusst die Atmung den pH-Wert im Blut, denn wenn die Kohlensäure in Wasser (H_2O) und Kohlenstoffdioxid (CO_2) zerfällt, muss letzteres durch stärkere Atmung ausgeschieden werden. Ist zu wenig Säure im Blut, kann durch eine gedrosselte Atmung die Abgabe des CO_2 und somit der Kohlensäure vermindert werden.

5 Vertiefung: Stöchiometrie

Im I. Jahrgang haben Sie bereits die Grundlagen des chemischen Rechnens kennengelernt. Gerade in Zusammenhang mit Säuren, Basen und Salzen ist jedoch auch die Berechnung von Konzentrationen wichtig, weshalb nun die Stöchiometrie noch ein wenig vertieft wird.

5.1 Mischungsrechnen

Sollen zwei oder mehrere Lösungen gemischt werden, gilt folgende Gleichung:

$$m_1 \cdot \omega_1 + m_2 \cdot \omega_2 + m_3 \cdot \omega_3 + \ldots = m_M \cdot \omega_M$$

Dabei steht m für die Masse und ω (griech. Kleinbuchstabe *Omega*) für den Massenanteil bzw. $_M$ für die Mischung.

Der **Massenanteil** ω einer Komponente ist dabei deren Anteil an der Masse des Gesamtgemischs:

$$\text{Massenanteil des gelösten Stoffes} = \frac{\text{Masse des gelösten Stoffes}}{\text{Masse der Lösung}}$$

$$\omega(A) = \frac{m(A)}{m(L)}$$

Multipliziert man den Massenanteil mit 100 erhält man den Anteil in Prozent. So lassen sich fehlende Werte einfach ermitteln.

Beispiel: Ermittlung des Prozentanteils einer Mischung
Gemischt werden 200 g 98 %ige Schwefelsäure ($\omega_1 = 0{,}98$) und 150 g 25 %ige Schwefelsäure ($\omega_2 = 0{,}25$).

$m_1 \cdot \omega_1 + m_2 \cdot \omega_2 = m_M \cdot \omega_M$

$\rightarrow \omega_M = \frac{(m_1 \cdot \omega_1 + m_2 \cdot \omega_2)}{m_M} = \frac{200 \cdot 0{,}98 + 150 \cdot 0{,}25}{(200 + 150)}$

$\omega_M \approx 0{,}67 \triangleq 67\,\%$

Beispiel: Bestimmung des Massenanteils
Wie viel Gramm festes Natriumhydroxid (mit $\omega = 0{,}99$) und wieviel destilliertes Wasser müssen eingewogen werden, um 250 g Natronlauge (40 %) herzustellen?

$m_1 \cdot \omega_1 + m_2 \cdot \omega_2 = m_M \cdot \omega_M$

$\rightarrow m_1 = \frac{m_M \cdot \omega_M - m_2 \cdot \omega_2}{\omega_1} = \frac{250 \cdot 0{,}40 - m_2 \cdot 0}{0{,}99}$

$m_1 = 101{,}01$ g festes Natriumhydroxid

$m_2 = m_M - m_1 = 148{,}99$ g destilliertes Wasser

Wenn mit Wasser verdünnt wird, so ist dieses als 0 %ige Lösung anzusehen.

5.2 Maßlösungen

Der Gehalt von Reagenzlösungen, die man zur Analyse mit genau bekannten Werten einsetzt (z. B. zur Titration) wird in der **Einheit mol/l** angegeben.

$c = \frac{n}{V}$

c ... Stoffmengenkonzentration (mol/l)
n ... Stoffmenge (mol)
V ... Volumen (l)

Beispiel: Berechnung des Massenanteils in einer Lösung
Wie viel Gramm festes Natriumhydroxid mit einem Massenanteil (ω) von 0,98 sind einzuwiegen, um 250 ml Natriumhydroxidlösung mit einer Konzentration von 0,5 mol/l herzustellen?

$M(NaOH) = M(Na) + M(O) + M(H) = 22{,}99 + 15{,}99 + 1{,}01 = 33{,}99$ g/mol

$c = \frac{n}{V} \rightarrow n = c \cdot V = 0{,}5 \cdot 0{,}25 = 0{,}125$ mol

$m = n \cdot M = \frac{0{,}125 \cdot 33{,}99}{0{,}98} = 4{,}34$ g festes NaOH

Eine Möglichkeit, die unbekannte Konzentration einer Lösung zu bestimmen ist eben die **Titration (Maßanalyse).** Dabei vergleicht man die Lösung unbekannter Konzentration mit einer Maßlösung bekannter Konzentration.

Eine Bürette verfügt über eine geeichte Skala.

Unter der Stellplatte des Magnetrührers rotiert ein Magnet. Dieser versetzt über einen in das Gefäß eingelegten weiteren Magneten (Rührkern) die Flüssigkeit in Bewegung.

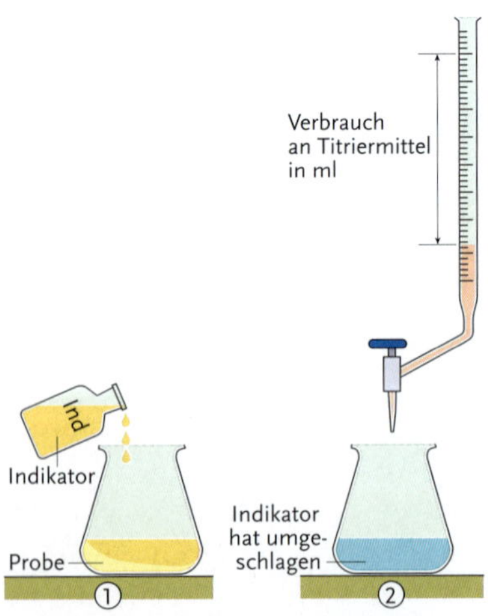

Übrigens können Sie die Überprüfung der Konzentration auch mithilfe des Rotkrautindikators durchführen. Dieser muss einfach zur Probe gegeben werden. Das eintropfende Titriermittel sorgt dann für eine Farbänderung, die Ihnen einen Vergleichswert zur Bestimmung des pH-Werts bietet.

Um das Volumen der Maßlösung exakt messen zu können, verwendet man **Büretten.** Dabei handelt es sich um lange, zylindrische Glasröhren, die am unteren Ende einen regulierbaren Ablauf haben. Der zylindrische Teil hat eine Millilitereinteilung. Büretten sind auf Ablauf geeicht.

Versuch – „Titration“

Für diesen Versuch benötigen Sie eine Bürette, Salzsäure, Natronlauge sowie einen Titrierkolben (bzw. ein 100 ml Becherglas [weite Form]), ein pH-Meter bzw. einen pH-Indikator und einen Magnetrührer mit passendem Rührkern.

Füllen Sie in den Titrierkolben bzw. das Becherglas 20 ml (= V_1) verdünnte Salzsäure (z. B. mit einer Konzentration von c = 0,1 mol/l) und in die Bürette verdünnte Natronlauge gleicher Konzentration bis zur „0“-Marke.

Geben Sie nun die Messelektrode des pH-Meters bzw. den Indikator und den Rührkern in den Titrierkolben bzw. das Becherglas und stellen Sie es auf den Magnetrührer.

Bestimmen Sie den pH-Wert und notieren Sie diesen Startwert. Nun tropfen Sie – in 1-ml-Schritten – NaOH aus der Bürette zu und notieren jeweils den gemessenen pH-Wert.

Ablauf einer Titration

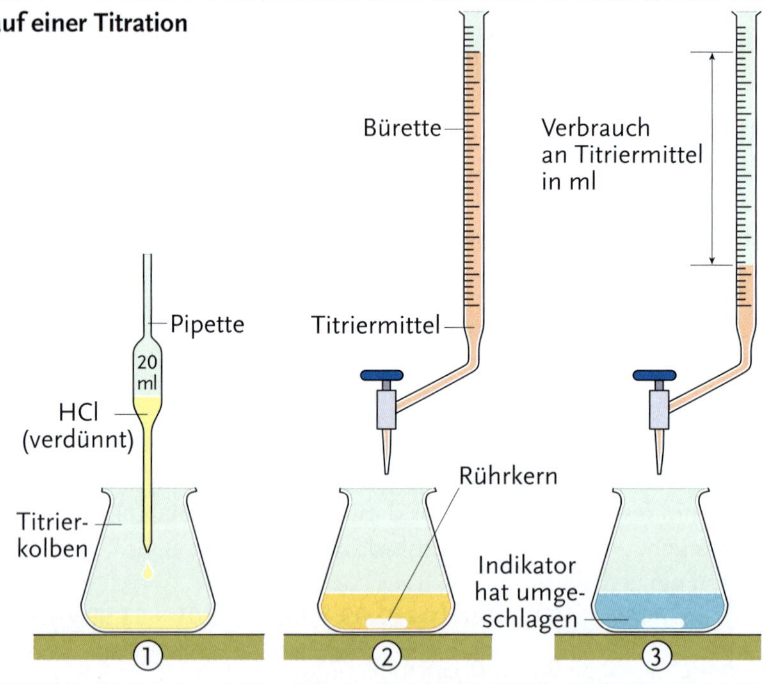

Erstellen Sie aus den Messwerten ein Diagramm (pH-Wert auf der y-Achse, Verbrauch in ml auf der x-Achse). Welche Erkenntnisse können Sie aus dem Kurvenverlauf ziehen?

Unter Verwendung der Gleichung $c_1 \cdot V_1 = c_2 \cdot V_2$ kann die unbekannte Konzentration c_1 aus dem bekannten Volumen V_1 und der bekannten Konzentration c_2 sowie dem gemessenen Verbrauch bis zum Äquivalenzpunkt (V_2) berechnet werden.

6 Salze

Salz kennen Sie normalerweise nur als Kochsalz. Für Chemiker/innen ist aber nicht nur Natriumchlorid (NaCl) ein Salz.

Salze haben Sie bereits bei der Ionenbindung (vgl. S. 21) kennengelernt.

Salze sind **chemische Verbindungen,** die **aus positiv und negativ geladenen Ionen aufgebaut sind** und im festen Zustand Ionengitter bilden.

In der Regel sind es Metall- und Nichtmetall-Atome, die so durch Ionenbindung miteinander verbunden sind.

Sie sind echte **Elektrolyte** und entstehen unter anderem, wenn entsprechende Mengen einer starken Säure und einer starken Base miteinander gemischt werden und einander neutralisieren.

Beispiel: Neutralisation von Salzsäure HCl und Natronlauge NaOH
Protolyse der Säure in Wasser: $HCl + H_2O \rightarrow H_3O^+ + Cl^-$
Lösen der Base in Wasser: $NaOH \rightarrow Na^+ (aq) + OH^- (aq)$

aq = „in wässriger Lösung" (vom lat. *aqueous* = wässrig)

Neutralisationsreaktion

$H_3O^+ + Cl^-$	+	$Na^+ + OH^-$	$\rightarrow$	$2\,H_2O$	+	$Na^+ + Cl^-$
Salzsäure		Natriumhydroxid		Wasser		Natriumchlorid (NaCl)

Nach Verdampfen des Wassers liegen die Na^+- und Cl^--Ionen geordnet im Kochsalz-Ionengitter vor.

Die positiv geladenen Ionen sind Metall-, die negativ geladenen Säurerest-Ionen.

Versuch – „Neutralisationswärme"

Mischen Sie die gleiche Menge jeweils 10 %iger Natronlauge und Salzsäure in einem Reagenzglas. Messen Sie die Temperaturerhöhung.

Eine Neutralisation ist also eine ☐ endotherme ☐ exotherme Reaktion.

6.1 Eigenschaften von Salzen

Aus der Anziehungskraft zwischen Anionen und Kationen und der daraus resultierenden Gitterstruktur lassen sich die Eigenschaften der Salze ableiten:

- Bei Raumtemperatur sind alle Salze **fest.**
- Stabile Ionengitter bedingen **hohe Schmelzpunkte.**
- Ionen werden im Gitter festgehalten, daher sind feste Salze elektrische Isolatoren.
- Im **flüssigen Zustand** sind die Ionen beweglich, somit sind Salzlösungen und -schmelzen **gute elektrische Leiter** (elektrische Leiter zweiter Klasse, Ionen als Ladungsträger).
- Bei Krafteinwirkung (Verformung) kommen gleichartig geladene Ionen übereinander zu liegen und stoßen sich ab. Salze splittern daher leicht, sie sind **spröde.**

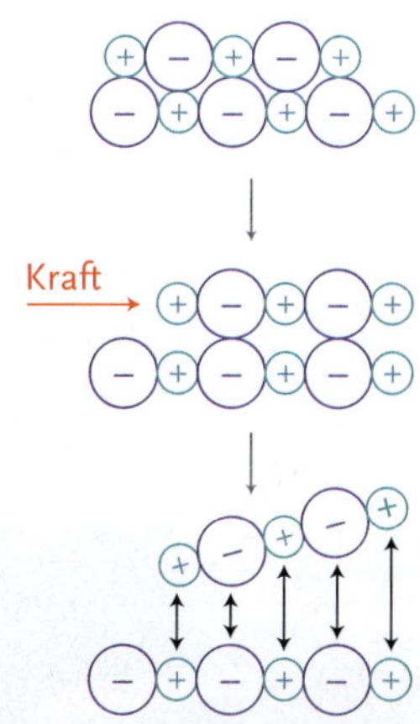

Verformung führt zur Abstoßung benachbarter Gitterebenen

6.2 Bildung von Salzen

Salze können auf verschiedene Arten gebildet werden. Die häufigsten Reaktionen, die zu Salzbildungen führen, werden im Folgenden genannt.

Reaktion von Säure und Base

Säure + Base → Salz + Wasser

Beispiele

- $H_2SO_4 + 2\ NaOH \rightarrow Na_2SO_4 + 2\ H_2O$
  Schwefelsäure + Natronlauge → Natriumsulfat + Wasser
- $HCl + NH_4OH \rightarrow NH_4Cl + H_2O$
  Salzsäure + Ammoniak → Ammoniumchlorid + Wasser
- $CH_3COOH + NaOH \rightarrow CH_3COONa + H_2O$
  Essigsäure + Natriumhydroxid → Natriumacetat + Wasser
- $H_2CO_3 + Ca(OH)_2 \rightarrow CaCO_3 + 2\ H_2O$
  Kohlensäure + Calciumhydroxid → Calciumcarbonat (Kalk) + Wasser

Weitere Versuche zu heftigen Reaktionen von Säuren und Basen befinden sich in der TRAUNER-DigiBox.

Versuch – „Selbst ein Salz herstellen"

Geben Sie in ein Becherglas ein bis zwei Tropfen konzentrierte Salzsäure. Die gleiche Menge Ammoniak träufeln Sie in die Mitte eines Bierdeckels. Sobald Sie nun den Bierdeckel auf das Glas auflegen, entstehen Rauchschwaden im Glas. Ein Salz hat sich fein verteilt gebildet.

Welches? Versuchen Sie, es anhand der Reaktionsgleichung herauszufinden:

$NH_3 + HCl \rightarrow NH_4Cl$

Das Salz heißt ____________

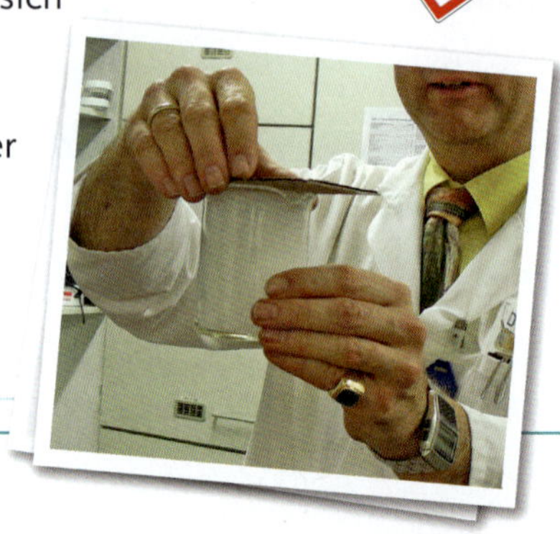

Die heftigen Reaktionen der Halogene lassen sich v. a. damit erklären, dass die Atome der Halogene sieben Valenzelektronen in der äußeren Schale besitzen und daher nur noch ein Elektron zum Erreichen der Edelgaskonfiguration benötigen.

Versuch – „Selbst ein Salz herstellen II"

Pipettieren Sie in ein Becherglas 10 ml Natronlauge (c = 1 mol/l) und geben Sie einige Tropfen Rotkrautsaft als Indikatorlösung hinzu.

Tropfen Sie nun z. B. mittels Einwegspritze oder Bürette unter ständigem Umschwenken so viel Salzsäure (c = 1 mol/l) zu, bis der Indikator nach Blau umschlägt und damit eine neutrale Lösung anzeigt.

Nach dem Eindampfen der Lösung zeigen sich Kochsalzkristalle. Vervollständigen Sie die zugehörige Reaktionsgleichung:

____________	+ HCl →	____________	+ H_2O
Natronlauge	Salzsäure	Natriumchlorid	Wasser

Nach und nach wird die Lösung neutral und färbt sich blau.

Reaktion von Metalloxid und Säure

Metalloxid + Säure → Salz + Wasser

Beispiel

- $CaO + H_2CO_3 \rightarrow CaCO_3 + H_2O$
  Calciumoxid + Kohlensäure → Calciumcarbonat + Wasser

Reaktion von Base und Nichtmetalloxid

Base + Nichtmetalloxid → Salz + Wasser

Beispiel

- $2\,NaOH + CO_2 \rightarrow Na_2CO_3 + H_2O$
  Natronlauge + Kohlenstoffdioxid → Natriumcarbonat + Wasser

Versuch – „Selbst ein Salz herstellen III“

Füllen Sie in ein 50 ml Becherglas ca. 30 ml filtrierte Calciumhydroxidlösung („klares Kalkwasser“). Blasen Sie nun einen Luftballon auf und lassen Sie die so gewonnene CO_2-hältige Ausatemluft über ein Röhrchen in die Calciumhydroxidlösung einströmen.

Der sich dabei bildende Niederschlag ist ____________________.

____________________ $+ CO_2 \rightarrow CaCO_3 + H_2O$

Reaktion von Metalloxid und Nichtmetalloxid

Metalloxid + Nichtmetalloxid → Salz

Beispiel

- $MgO + SO_2 \rightarrow MgSO_3$
  Magnesiumoxid + Schwefeldioxid → Magnesiumsulfit

Reaktion von Metall und Säure

Metall + Säure → Salz + Wasserstoff

Beispiel

- $Zn + 2\,HCl \rightarrow ZnCl_2 + H_2 \uparrow$
  Zink + Salzsäure → Zinkchlorid + Wasserstoff

Heftige Reaktion von Zink mit Salzsäure

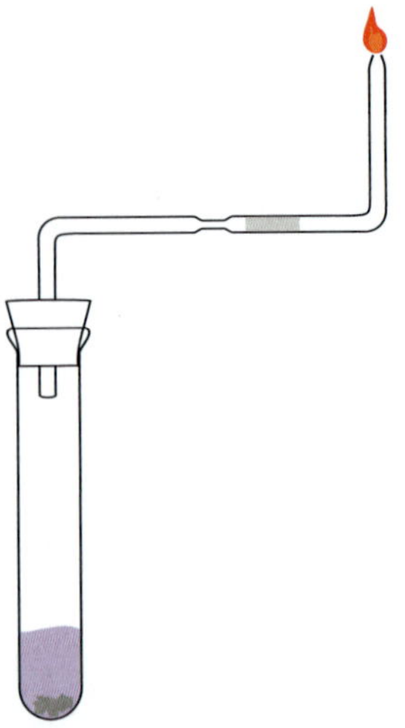

Marsh'sches Rohr – der austretende Wasserstoff verbrennt.

Versuch – „Selbst ein Salz herstellen IV"

Geben Sie in ein Reagenzglas drei bis vier Zinkkügelchen und verdünnte Salzsäure.

Setzen Sie nun rasch ein Marsh'sches Rohr mit Gummistopfen auf und zünden Sie das durch die Spitze des Glases austretende Gas an.

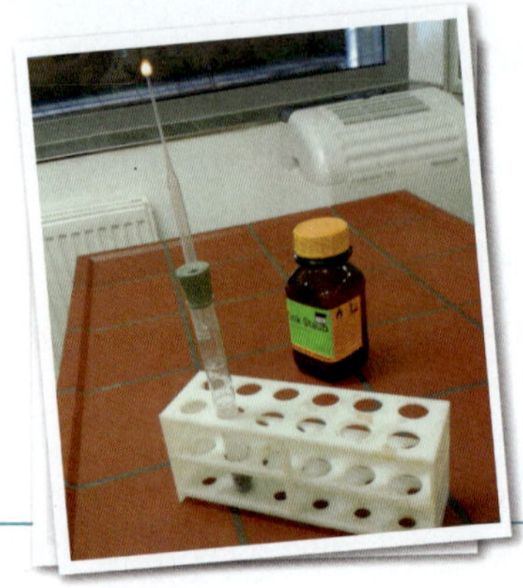

Reaktion von Metall und Nichtmetall

Metall + Nichtmetall → Salz

Beispiel

- $Na + Cl \rightarrow NaCl$
  Natrium + Chlor → Natriumchlorid

Versuch – „Selbst ein Salz herstellen V"

Spannen Sie ein großes Reagenzglas mit einer Universalklammer horizontal in ein Stativ ein. Geben Sie ein kleines Stück Iodkristall ans Ende des Reagenzglases und einen Spatel gepulvertes Magnesium in die Mitte desselben. Danach verschließen Sie das Reagenzglas mit Glaswolle.

Sobald Sie das Iod so stark erhitzen, dass sich violette Ioddämpfe bilden, erhitzen Sie auch das Magnesiumpulver, bis die Reaktion mit hellem Leuchten einsetzt.

Setzen Sie korrekt ein: $Mg + I_2 \rightarrow$ ______________________

Eine weitere Reaktion von Metall und Nichtmetall zu einem Salz zeigt ein Versuch, den Sie in der TRAUNER-DigiBox finden können.

6.3 Nomenklatur von Salzen: Binäre und komplexe Verbindungen

Salze aus zwei Elementen heißen **binäre Verbindungen.**

Das Metall wird unverändert an erster Stelle genannt, an den Namen des Nichtmetalls oder an seine Wortwurzel wird die Endung **-id** angehängt.

Beispiele für binäre Salze

	Metall	Kation	Nichtmetall	Anion	Metall/Nichtmetall/id
MgO	Magnesium	Mg^{2+}	**Oxygenium**	O^{2-}	Magnesiumox**id**
CaF_2	Calcium	Ca^{2+}	Fluor	F^-	Calciumfluor**id**
Al_2O_3	Aluminium	Al^{3+}	**Oxygenium**	O^{2-}	Aluminiumox**id**

Salze mit mehratomigen Ionen werden **komplexe Verbindungen** genannt.

Wieder bleibt der Metallname unverändert, die komplexen Anionen erhalten die Endung **-at:** Um Formeln übersichtlich zu machen, werden mehratomige Ionen, wenn sie mehr als einmal in der Formeleinheit vorkommen, in Klammern gesetzt.

Beispiele für komplexe Salze

	Metall	Kation	Komplexion		Metall/Komplexion
$Al_2(SO_4)_3$	Aluminium	Al^{3+}	Sulf**at**	SO_4^{2-}	Aluminiumsulf**at**
$NaNO_3$	Natrium	Na^+	Nitr**at**	NO_3^-	Natriumnitr**at**
$CaCO_3$	Calcium	Ca^{2+}	Carbon**at**	CO_3^{2-}	Calciumcarbon**at**

Verschiedene Salzkristalle enthalten pro Formeleinheit eine bestimmte Anzahl von Wassermolekülen, das **Kristallwasser (Hydratwasser).** Es wird durch einen Punkt von der Formeleinheit abgetrennt.

Versuch – „Hydratwasser“

Das Kristallwasser wird bei der Kristallisation aus wässriger Lösung in die Kristallstruktur eingebaut. Es füllt vorhandene Hohlräume optimal aus.

Wird das Wasser durch Erwärmen ausgetrieben, bricht meistens die Kristallstruktur zusammen.

Aus dem leuchtend blauen Kupfersulfatpentahydrat $CuSO_4 \cdot 5\ H_2O$ wird so weißes Kupfersulfat $CuSO_4$.

Bei neuerlicher H_2O-Zugabe tritt wieder Blaufärbung auf.

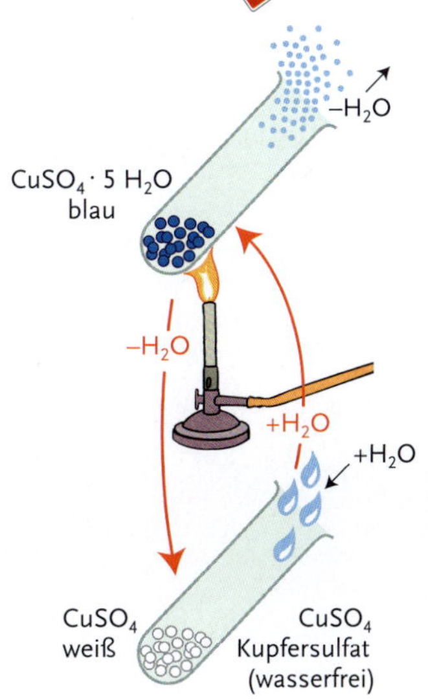

Die systematischen Namen binärer anorganischer Verbindungen sind in Normen festgelegt. Weiters sind zahlreiche Trivialnamen üblich: NaCl – Natriumchlorid, Kochsalz, Steinsalz, Streusalz, Meersalz

Vorsilben für in der Formeleinheit mehrfach vorkommende Atome oder Komplexionen: mono (für eins), di (für zwei), tri (für drei), tetra (für vier), penta (für fünf), hexa (für sechs)
$CuSO_4 \cdot 5\ H_2O$
Kupfersulfat**penta**hydrat
Man kann auch sagen: Kupfersulfat mit fünf Kristallwasser.

FILM AB!

Folgendes Video zeigt Ihnen diesen Versuch, bei dem die Umfärbung in weißes Kupfersulfat gut zu erkennen ist.
www.trauner.at/nawi_v66.aspx

Kupfersulfat ist giftig.
Da es auf Gewässer schädliche Wirkung hat, muss es fachgerecht entsorgt werden!

Ziele erreicht? – „Säuren und Basen“

KOMPETENZ-ERWERB

1. + Nennen Sie je zwei Säuren und zwei Basen, die im Haushalt Anwendung finden.

2. + Füllen Sie den Lückentext aus.

Unter dem pH-Wert versteht man ______________________ . Ist der pH-Wert größer als 7, ist die Lösung ______________________ , ist er kleiner als 7, ist die Lösung ______________________ und bei einem Wert von 7 spricht man von ______________________ Lösungen.

3. + Beschreiben Sie, worum es sich bei einem Indikator handelt. Nennen Sie auch Beispiele.

4. + Denken Sie nochmals an das Beispiel mit der Kohlensäure. Geben Sie an, warum man also nach dem Trinken von Cola manchmal rülpsen muss.

5. + Formulieren Sie eine Reaktionsgleichung Ihrer Wahl zur Salzbildung.

6. + Geben Sie zu folgenden Salzen die Namen sowie deren Ionen (inklusive Ladungen) an.

	Kation	Anion/Komplexion	Bezeichnung
Al_2O_3			
$NaNO_3$			
$CuSO_4$			
Na_2SO_4			

7. + Nehmen Sie Ihren Rotkrautindikator zur Hand und messen Sie damit den pH-Wert verschiedener Flüssigkeiten (z. B. Milch, Cola, Wasser, Orangensaft). Überprüfen Sie die Genauigkeiten Ihres Indikators mithilfe eines pH-Meters oder mit pH-Teststreifen.

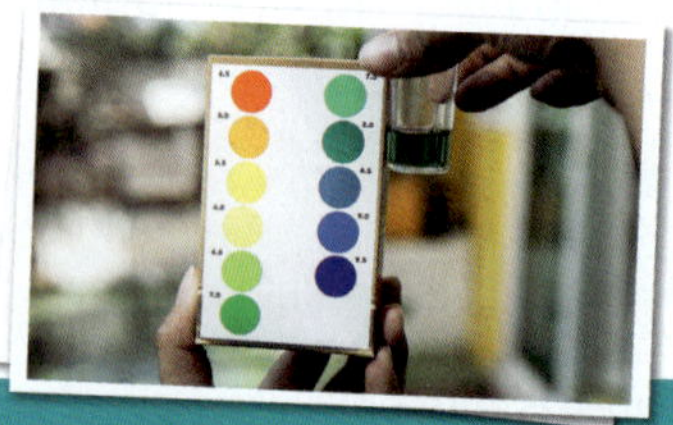

Einen interaktiven **Safety-Check** finden Sie in der TRAUNER-DigiBox.

Going international

Now let's use the basics of the chapter „Chemische Bindungen und Reaktionen" in English!

Exercise 1

Read the following article about atomic orbitals and answer the questions below.

What is an atomic orbital?

When a planet moves around the sun, there is a definite path for it which is called an orbit. A simple view of the atom looks similar, and you may have pictured the electrons as orbiting around the nucleus. The truth is different, and electrons in fact inhabit regions of space known as orbitals.

Orbits and orbitals sound similar, but they have quite different meanings.

To describe a path for something you need to know exactly where the object is and to be able to work out exactly where it is going to be an instant later. You can't do this for electrons. That makes it impossible to identify an orbit for an electron around a nucleus.

Let's say you had a single hydrogen atom and described the position of the one electron at a particular moment. Soon afterwards, you do the same thing, and find that it is in a new position. You have no idea how it got from the first place to the second. You keep on doing this over and over again and gradually build up a sort of map of the places that the electron is likely to be found.

In the hydrogen case, the electron can be found anywhere within a ball-shaped space surrounding the nucleus. The diagram shows a cross-section through this space. 95% of the time (or any other percentage you choose), the electron will be found within a fairly easily defined region of space quite close to the nucleus. Such a region of space is called an orbital. You can think of an orbital as being the region of space in which the electron "lives".

a) What is the difference between an orbit and an orbital?

b) Why is it impossible to find out exactly where an electron is and where it is going?

c) In the case of hydrogen, where can electrons be found?

Exercise 2

Match the descriptions with the types of chemical bonds.

delocalised electrons move freely between the positively charged metal ions in the form of an electron cloud	ionic bonding
atoms share pairs of electrons	metallic bonding
atoms that gain one or more electrons (anions, –) are attracted to atoms that have lost one or more electrons (cations, +)	hydrogen bond
two polar groups occurs when a hydrogen atom (H) bounds to a highly electronegative atom (e.g. O)	covalent bond

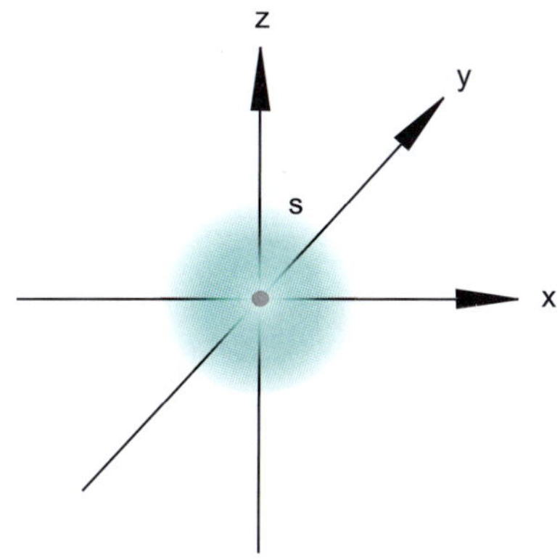

A 1s orbital

Write down the words that you need to look up below.

delocalised
gelöst, frei beweglich

charged
geladen

A covalent bond is also called a molecular bond.

chemical equation
chemische Reaktionsgleichung

reducing agent
Reduktionsmittel

electron donor
Elektronendonator

solution
Lösung

aqueous solutions
wässrige Lösung

water soluble
wasserlöslich

chemical compound
chemische Verbindung

Exercise 3

Read the following chemical equation and decide whether the statements below are true or false.

$$2\,\overset{+III\,-II}{Fe_2O_3} + 3\,\overset{0}{C} \rightarrow 4\,\overset{0}{Fe} + 3\,\overset{+IV-II}{CO_2}$$

statement	true	false
Carbon (C) is being oxidised because its oxidation number increases from 0 to +IV.		
Oxygen (O) is the reducing agent.		
The electron donor in a redox reaction oxidises.		
Iron (Fe) is being reduced, because it is losing electrons.		

Exercise 4

Fill in the missing words.

electrical energy – copper ions – blue colour – voltaic cells – redox reactions

Galvanic cells, also known as ____________________, are electrochemical cells in which spontaneous ____________________ produce ____________________.

Consider what happens when a clean piece of copper metal is placed in a solution of silver nitrate. As soon as the copper metal is added, the silver metal begins to form and ____________________ pass into the solution.

The ____________________ of the solution indicates the presence of copper ions.

Exercise 5

Find the solution to this crossword puzzle.

1 molecule or ion that donates H^+ or H_3O^+ ions in aqueous solutions
2 a water-soluble mixture that is used as a pH indicator
3 produce OH^- ions in aqueous solutions
4 chemical compound that can determine the pH visually if added to the solution
5 an ionic compound that can be formed by neutralising an acid and a base

II Anorganische Rohstoffe

Anorganisch bedeutet, dass die als solche bezeichneten Stoffe **nicht aus Kohlenwasserstoffen aufgebaut** sind.

Eine große Anzahl der heute verwendeten anorganischen Waren sind uns bereits seit dem Altertum bekannt und nützlich. So werden schon seit mehr als 2 500 Jahren Eisen, andere **Metalle und Mineralien** abgebaut und genutzt, **Glas** wurde schon im alten Ägypten angefertigt und auch **Salze** sind dem Menschen schon lange bekannt.

Die anorganischen Waren finden in vielen Bereichen Anwendung. Große wirtschaftliche Bedeutung haben sie als **Bau- und Werkstoffe** (Metalle, Beton, Zement) und als **Schmuck** (Edelsteine, Edelmetalle).

Metalle

Dass es innerhalb der Gruppe der Metalle sehr verschiedene Elemente mit durchaus unterschiedlichen Reaktionen gibt, können Sie anhand eines Versuchs, den Sie in der TRAUNER-DigiBox finden, experimentell nachvollziehen.

Metalle vereinen Festigkeit und Flexibilität, leichte Umformbarkeit und Widerstandsfähigkeit und unbegrenzte Wiederverwendbarkeit miteinander. Kein Wunder, dass der Mensch sie sich schon seit über 6 000 Jahren zunutze macht. Heute wären moderne Bauwerke, Maschinen, Fahrzeuge und vieles mehr ohne die verschiedenen in der Technik eingesetzten Metalle undenkbar.

Neben gemeinsamen Eigenschaften gibt es innerhalb der Stoffklasse der Metalle natürlich auch Unterschiede, durch welche die Vielzahl der Metalle geordnet werden kann.

KOMPETENZ-ERWERB

Meine Ziele

Nach Bearbeitung dieses Kapitels kann ich

- die Eisengewinnung und dabei stattfindende chemische Prozesse erklären;
- das LD-Verfahren zur Stahlerzeugung beschreiben;
- Behandlungen und Verarbeitungsmethoden in der Stahlverarbeitung nennen und erläutern;
- erklären, was man unter Korrosion versteht, und daraus Schutzmethoden für Werkstoffe ableiten;
- die Edelmetalle Gold, Silber, Platin, Rhutenium, Rhodium, Osmium, Iridium, Palladium und Quecksilber unterscheiden und kategorisieren;
- Vorkommen, Gewinnung und Verwendung dieser Edelmetalle erklären.

Einteilung nach chemischen Eigenschaften

Eisen	Nichteisenmetalle	Edelmetalle	Alkalimetalle

Eisen rostet; die Rostschicht blättert ab.	Überziehen sich an Luft mit einer fest haftenden Schutzschicht.	Werden von Luft und Wasser nicht angegriffen.	Oxidieren an Luft vollständig.
	Beispiele Zinn, Zink, Blei, Aluminium	**Beispiele** Silber, Gold, Platin	**Beispiele** Natrium, Kalium

Zur Entfernung von Rost finden Sie einen interessanten Versuch in der TRAUNER-DigiBox.

1 Eisen

Martin hat mit seinen Eltern Linz besucht. Sie sind auch an dem großen Gelände der voestalpine AG vorbeigefahren. Dabei hat ihm sein Vater erklärt, dass hier in einem Hochofen Roheisen erzeugt und zu Stahl weiterverarbeitet wird. Martin möchte mehr wissen: Was passiert in einem Hochofen? Und wie entsteht Eisen?

Gehäuse, Werkzeuge und ganze Maschinen sind aus Stahl gefertigt. Und auch in vielen starken Elektromagneten steckt beispielsweise ein weicher Eisenkern!

Eisen (Fe) gehört zu den am längsten bekannten Metallen. Denken Sie dabei an die Eisenzeit – sie begann etwa um 1000 vor Christus.

Bereits die Germanen stellten Eisen in Rennöfen her. Diese aus Lehm gemauerten Öfen wurden mit Holzkohle und Erz beschickt und mindestens zehn Stunden lang befeuert. Die Luftzufuhr geschah mittels Blasebälgen. Nach dem Schlackeabstich wurde das Eisen als kompakter Block entnommen und geschmiedet.

1.1 Vorkommen

Eisen kommt auf der Erde ausschließlich gebunden vor. In elementarem Zustand findet man es nur in Meteoriten.

Eisenminerale, aus denen man gewinnbringend Eisen herstellen kann, werden **Eisenerze** genannt. Die wertvollsten und wichtigsten Eisenerze sind Eisenoxide, wie z. B. Magnetit (Fe_3O_4) oder Hämatit („Bluteisenstein", Fe_2O_3).

Siderit, Hämatit, Pyrit und Magnetit

Den derzeitigen Abbau und seine Geschichte können Sie am Erzberg – inkl. Sprengung – auch live vor Ort erleben. Nähere Informationen z. B. für eine Exkursion finden Sie hier: www.abenteuer-erzberg.at

Bei der Berechnung der molaren Massen kann man hier zur Vereinfachung runden (z. B. M(O) = 16 statt 15,999).

Eisen kommt aber auch **sulfidisch,** z. B. im FeS_2 (Pyrit bzw. Katzengold), oder **carbonatisch** im $FeCO_3$ (Spateisenstein bzw. Siderit) gebunden vor. Letzteres wird am steirischen Erzberg abgebaut, hat aber nur geringen Eisengehalt. Daher wird überwiegend Erz aus den brasilianischen Fe_2O_3-Vorkommen mit über einem Drittel höheren Eisengehalt per Schiffsfracht importiert. Dennoch setzt die voestalpine AG ihrem Hochofenprozess rund ein Viertel Siderit aus österreichischem Abbau aufgrund seiner guten Eigenschaften zu – das sind immerhin mehr als 9 000 t Erz pro Tag.

Beispiel: Berechnung des Massenanteils (ω) von Eisenerzen (Siderit vs. Magnetit)
Man braucht dazu die molaren Massen (M) der Elemente bzw. Verbindungen (also die zusammengezählten rel. Atommassen der beteiligten Elemente) und natürlich die Formeln der Verbindungen (sprich: wie oft kommt das gesuchte Element darin vor?). Beim $FeCO_3$ müsste man daher also streng genommen schreiben: $1 \cdot M(Fe) + 1 \cdot M(C) + 3 \cdot M(O)$

Multipliziert man den Massenanteil mit 100 hat man eine Prozentangabe des Gehalts:

$$\omega(Fe/FeCO_3) = \frac{M(Fe)}{M(FeCO_3)} \cdot 100 = \frac{55{,}9}{55{,}9 + 12{,}01 + 3 \cdot 16} \cdot 100 = \mathbf{48{,}2\ \%}$$

$$\omega(Fe/Fe_3O_4) = \frac{3 \cdot M(Fe)}{M(Fe_3O_4)} \cdot 100 = \frac{3 \cdot 55{,}9}{3 \cdot 55{,}9 + 4 \cdot 16} \cdot 100 = \mathbf{72{,}4\ \%}$$

1.2 Eigenschaften von Eisen

Erst durch Legieren von Eisen z. B. mit Cobalt erhält es seine gewohnten magnetischen Eigenschaften.

Eisen ist ein zähes, ziemlich weiches Metall, das bei Rotglut erweicht und in diesem Zustand schmied-, walz- und schweißbar ist. Unterhalb 768 °C ist es ferromagnetisch, d. h., es verliert seine magnetischen Eigenschaften wieder, sobald man die magnetischen Quellen entfernt.

porös = durchlässig

An feuchter Luft rostet Eisen, wobei sich Eisenoxidhydrat (FeO[OH]) bildet. In Folge von Porosität schützt Rost das Grundmetall nicht vor weiterem Angriff. Beim Glühen an der Luft entsteht eine hauptsächlich aus Fe_3O_4 bestehende Zunderschicht. Eisen ist ziemlich unedel und bildet mit verdünnten Säuren Salze.

Versuch – „Bildung von Eisen(II)-Salzen"

Versetzt man 1 g Fe-Pulver mit verdünnter Schwefelsäure, so kann man beobachten, wie sich dieses unter Bildung von Eisen(II)-Sulfat und Wasserstoff langsam auflöst. $Fe + H_2SO_4 \rightarrow FeSO_4 + H_2\uparrow$

Das Eisensulfat kann durch Zugabe von ein paar Tropfen roter Blutlaugensalzlösung nachgewiesen werden: Die Farbe „Berliner Blau" entsteht.

Gusseisener Kanaldeckel mit einem Stadtwappen

1.3 Verwendung von Eisen

- Als Gusseisen, z. B. für Maschinenteile und -fundamente (aufgrund seiner Weichheit besitzt es eine höhere Schwingungsdämpfung als Stahl),
- für Eisenkerne in Transformatoren und Elektromagneten sowie
- für Sonderlegierungen.

1.4 Thermitverfahren aus Eisenoxiden und Aluminium

Reaktionsgleichung für das Thermitverfahren

$Fe_2O_3 + 2\,Al \xrightarrow{\Delta T} 2\,Fe + Al_2O_3$

Versuch – „Eisengewinnung“

Hinweis: Dieser Versuch sollte im Freien durchgeführt werden!

30 g fertige Thermit-Mischung (besteht aus Eisen(III)-oxid und Aluminiumpulver) werden in einen kleinen Ton-Blumentopf mit Loch (das mit einem Plättchen Aluminium verschlossen wird) gegeben und darunter wird ein großes feuerfestes Gefäß mit Sand gestellt. In den Sand wird nun unterhalb des Tontopf-Auslaufs eine Mulde geformt.

Nach dem Zünden mit einem passenden Thermit-Zünder setzt die Reaktion unter heller Lichterscheinung ein. Zunder spritzt in weitem Bogen aus der offenen Mulde.

Allmählich verebbt die Reaktion und ein Nugget aus reinem Eisen kann unter der Schlackendecke herausgeschlagen werden.

Das Thermitverfahren wird unter anderem zum **Endlosverschweißen von Eisenbahnschienen** verwendet:

1 Dabei wird am Schienenstoß ein Trichter angebracht, der mit der Thermitmischung gefüllt wird.

2 Um den Aufbau platziert man eine einmal verwendbare Keramikform, die ein Auslaufen der entstehenden Metallschmelze verhindert.

3 Nach der Zündung und dem Ablauf der Reaktion (der Trichterverschluss wird aufgrund der hohen Temperatur zerstört) haben sich die Schienen durch eine frische „Eisenfüllung“ verbunden.

4 Überstehendes Eisen und Schlacke werden mit einer speziellen Trennscheibe entfernt und die Oberfläche des Schienenkopfes (Lauffläche) geebnet und poliert.

FILM AB!

Der Ablauf dieses Versuchs wird in einem Video veranschaulicht.
www.trauner.at/nawi_v2.aspx

Endlosverschweißen von Eisenbahnschienen

FILM AB!

In folgendem Video wird das Endlosverschweißen von Eisenbahnschienen anhand einer Animation erklärt.
www.trauner.at/nawi_v3.aspx

1.5 Reduktion von Eisenoxid durch Kohlenstoff

Reaktionsgleichung für die Reduktion durch Kohlenstoff

$Fe_2O_3 + 3\ C \rightarrow 2\ Fe + 3\ CO$

Versuch – „Reduktion von Eisenoxid"

Vermengt man 5 g Eisen(III)-oxid und 1 g Holzkohle in einem Porzellantiegel miteinander, so kann man, nachdem man das Gefäß etwa sieben bis zehn Minuten so heiß wie möglich mit einem Brenner erhitzt hat (z. B. mit einer Lötlampe), entstehendes Eisen beobachten. Indem man einen Magneten über den Tiegel hält, kann man nach dem Abkühlen das gebildete Eisen nachweisen.

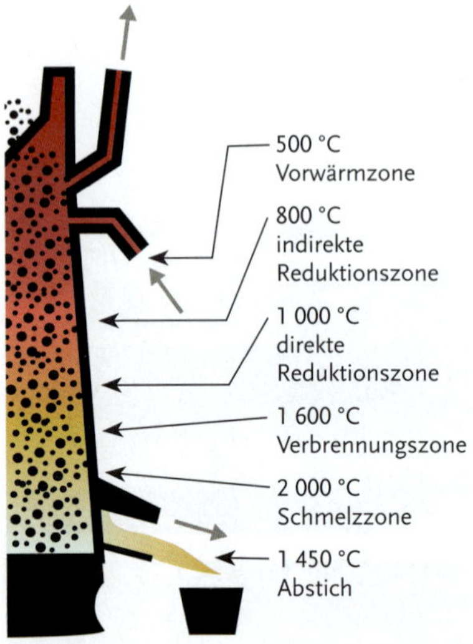

Temperaturzonen im Hochofen

1.6 Das Hochofenverfahren

Das bisher vorgestellte Verfahren zur Eisengewinnung wäre für größere Mengen viel zu teuer, daher wendet man in der Industrie andere Methoden an, um aus Eisenoxid Eisen zu gewinnen.

Eine interaktive Grafik zum Aufbau eines Hochofens finden Sie in der TRAUNER-DigiBox.

Aufbau eines Hochofens

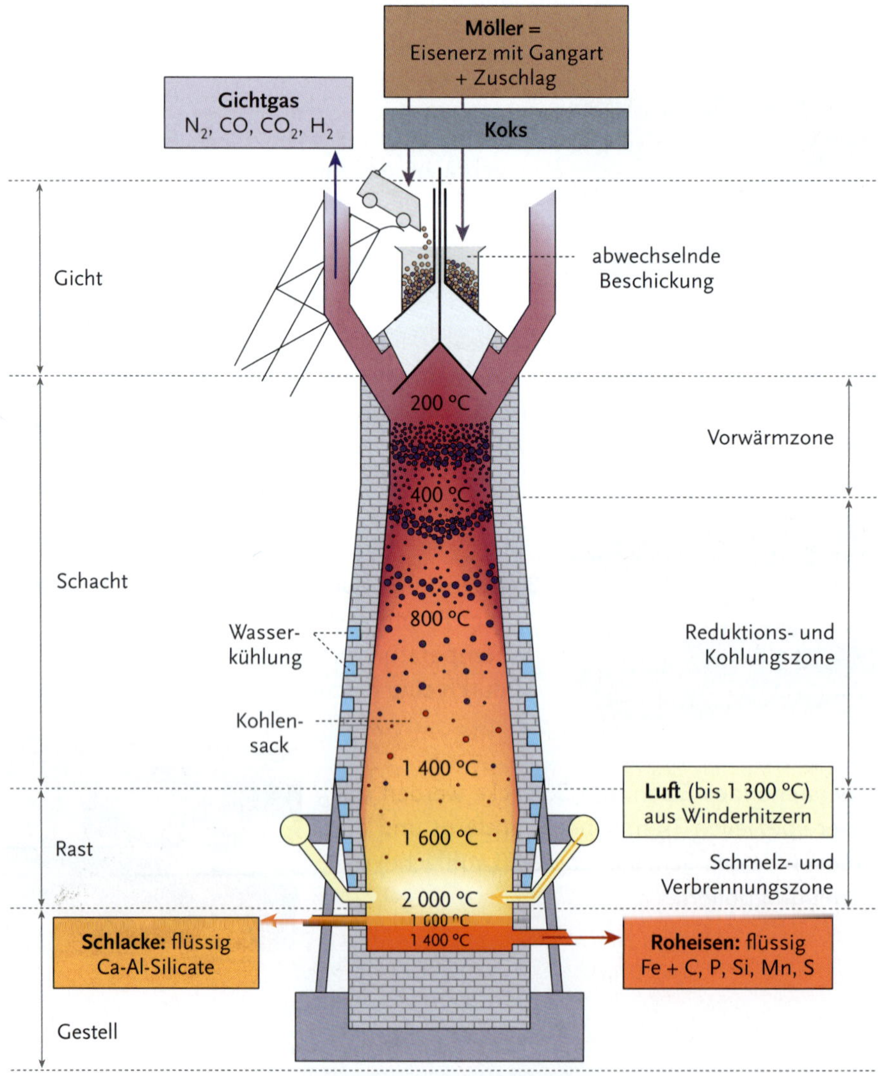

Bei der Erzeugung von Roheisen im Hochofen wird Eisenoxid in großen Mengen durch Kohlenstoffmonooxid und Kohlenstoff zu Eisen reduziert.

Die Gichtgasglocke ist ein Doppelkammerschleusensystem, das verhindert, dass Abgase beim Beschicken des Hochofens in die Umwelt gelangen.

Ablauf des Verfahrens

1. Beschickung des Ofens mit Koks, Zuschlagstoffen und Erz

Erfolgt von oben über Schrägaufzüge. Die Bestandteile sind dabei gut durchmischt, jedoch von definierter Mindestkorngröße, um ein Durchströmen des Gutes mit Gasen noch zu ermöglichen. Eine zu kleine Stückgröße würde den Ofen gasundurchlässig machen und somit „verstopfen".

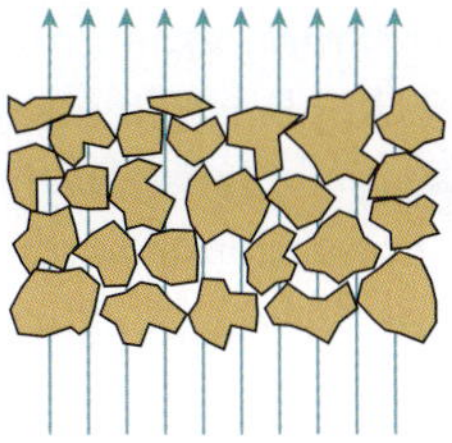

richtige Korngröße: Das Gut ist stückig und somit gasdurchlässig, weil es nicht dicht aufeinanderliegt.

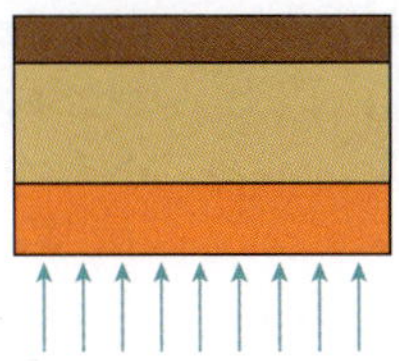

zu kleine Korngröße: Sandartige und gasundurchlässige Schichten bilden sich aus.

Die Eisenerze sind meist verunreinigt (man sagt, sie kommen mit „Gangart") und enthalten z. B. Quarz („saure Erze") oder Kalkstein („basische Erze"). Enthalten die Erze Kalkstein, wird Quarz „zugeschlagen", enthalten sie Quarz, wird hingegen Kalkstein zugegeben, um eine einheitliche neutrale Schlacke zu bilden. Die Zuschläge erleichtern das Schmelzen der Gangart und bilden mit ihr eine Aluminiumsilikatschlacke, die an der Basis des Ofens ausfließt und so das Eisen von den Verunreinigungen befreit. Diese Hochofenschlacke dient nicht nur als Zumahlstoff für Zement, sondern auch zur Gewinnung von weiteren Baustoffen.

2. Erzeugung von Kohlenstoffmonoxid

Erfolgt im unteren Teil der Schmelzzone. In Winderhitzern vorgewärmte Luft mit etwa 800 °C wird durch Windformen eingeblasen. Durch Sauerstoffmangel und hohe Temperaturen entsteht beim Verbrennen allerdings statt Kohlenstoffdioxid überwiegend Kohlenstoffmonoxid (CO). Dieses strömt nach oben.

3. Reduktion der Eisenerze

Das entstandene Kohlenstoffmonoxid strömt durch heißes Eisenoxid (Eisenerz) und nimmt dem Eisenoxid den Sauerstoff weg, um selbst zu Kohlenstoffdioxid zu werden. Reines Eisen bleibt zurück.

Diese chemischen Vorgänge passieren im Hochofen:

a) Heißluft tritt von unten in den mit Koks (C) und Eisenoxid gefüllten Ofen:
$C + \underset{\text{Luftsauerstoff}}{O_2} \rightarrow CO_2$

b) CO_2 wird durch heißen Koks zu CO reduziert: $CO_2 + C \rightleftharpoons 2\,CO$

c) CO reduziert Eisenoxid: $Fe_2O_3 + 3\,CO \rightarrow 2\,Fe + 3\,CO_2$

d) Fein verteilter Kohlenstoff, der aus Kohlenstoffmonoxid entsteht, wirkt ebenfalls als Reduktionsmittel für Eisenoxid:
$Fe_2O_3 + 3\,C \rightarrow 2\,Fe + 3\,CO$

Das oben aus dem Ofen strömende Gichtgas enthält brennbares CO und wird deshalb als Heizgas in Wärmekraftwerken und zum Vorwärmen der Heißluft im Winderhitzer verwendet.

4. Schmelzen und Abstich des Roheisens

Oberhalb 1150 °C schmilzt das kohlenstoffhaltige Eisen und sammelt sich im untersten Teil des Gestells. Der Abstich erfolgt etwa alle ein bis zwei Stunden.

5. Bildung und Abstich der Schlacke

Die Schlacke bildet sich in der Schmelzzone aus den noch vorhandenen Erzbegleitstoffen (der Gangart) und den Zuschlägen. Letztere führen die schwer schmelzbare Gangart in niedrig schmelzende Schlacke über. Die leichtere Schlacke sammelt sich im Gestell auf dem flüssigen Roheisen an. Sie fließt kontinuierlich ab oder wird von Zeit zu Zeit abgestochen.

Koks stellt man durch Erhitzen von Steinkohle unter Luftabschluss her. In der einzigen Kokerei Österreichs, der voestalpine AG, werden jährlich aus rund 1,9 Millionen Tonnen Kohle ca. 1,4 Millionen Tonnen Koks hergestellt.

Koksüberleitung mit Absaugung

Winderhitzer = ein mit wärmespeichernden feuerfesten Steinen ausgekleideter Schachtturm, der zunächst mittels nachverbranntem Gichtgas auf bis zu 1 300 °C aufgeheizt wird. Nach dem Umstellen auf Frischluftbetrieb gibt er diese gespeicherte Wärme an die zugeführte Luft ab, bevor sie in den Hochofen gelangt – das spart Energie und Kosten.

In Linz werden pro Tag pro großem Hochofen rund 2500 t Roheisen gewonnen.

Abhängig vom **Silizium-Gehalt** (durch diverse Zuschläge bedingt), wird das so gewonnene Roheisen zur **Stahlerzeugung** (geringer Si-Gehalt) oder für **Gusseisen** verwendet.

Produkte des Hochofens

Roheisen	Hochofenschlacke	Gichtgas
Enthält neben Eisen etwa 3–5 % Kohlenstoff sowie Spuren von Silizium, Mangan, Schwefel und Phosphor.	Besteht aus Calcium-Aluminium-Silikat. Wird für Straßen- und Gleisschotter, für die Betonbereitung, als Schlackenwolle zur Wärmeisolation verwendet oder abgeschreckt und gemahlen für Zement.	Besteht aus etwa 60 % Stickstoff, 30 % Kohlenstoffmonooxid und 10 % Kohlenstoffdioxid sowie viel Staub. Nach der Entstaubung wird es zur Stromerzeugung verbrannt und zum Aufheizen der Winderhitzer verwendet.

1.7 Das COREX-Verfahren

Die Herstellung von Roheisen im Hochofen ist sehr aufwändig und umweltbelastend, da Koks aus verkokbarer Steinkohle hergestellt werden muss. Das **COREX-Verfahren** ermöglicht erstmals eine Roheisenproduktion **ohne Einsatz verkokbarer Kohle.** Es ist eines der vielen Verfahren, die zur Schmelzreduktion von Eisenerzen entwickelt wurden.

Wussten Sie, dass ...
das COREX-Verfahren in einer dreijährigen gemeinsamen Forschungsarbeit von voestalpine AG und Korf Engineering GmbH entwickelt wurde?

Prozessreaktoren

- Reduktionsofen
- Einschmelzvergaser

Schema einer COREX-Anlage

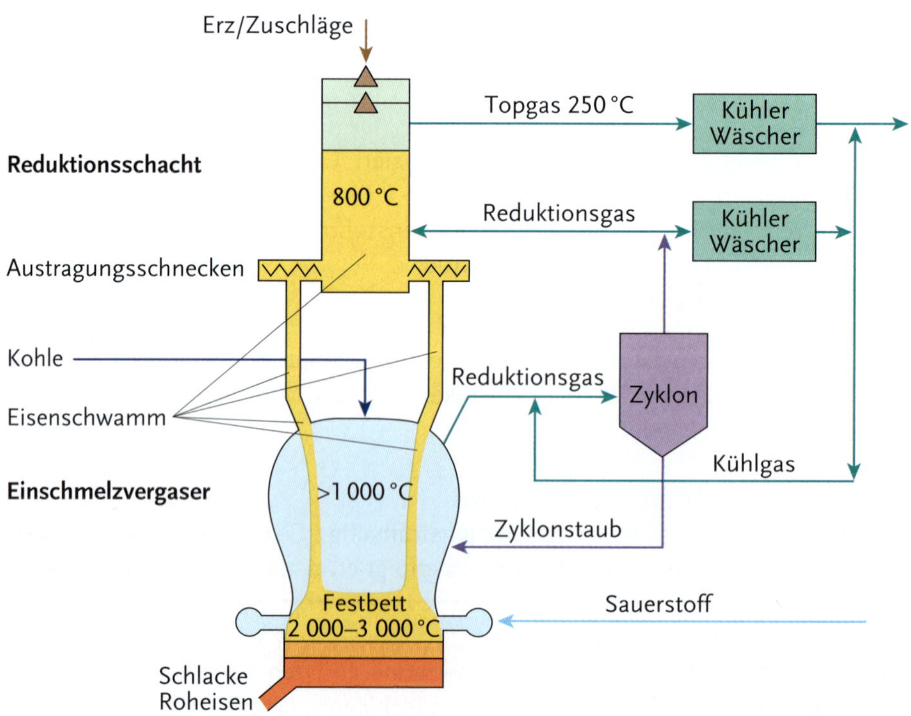

COREX-Anlage in Shanghai, China

Ablauf des Verfahrens

1. Es werden reduzierende Gase (CO) in einem **Einschmelzvergaser** erzeugt und in einem davon getrennten **Reduktionsofen** zum Einsatz gebracht.
2. Im Reduktionsofen wird das Eisenerz zu Eisenschwamm reduziert.
3. Der heiße Eisenschwamm wird über Schnecken abgezogen und fällt unter Schwerkraft in den Einschmelzvergaser, wo er aufgeschmolzen wird.
4. Der Abstich des Roheisens an der Basis erfolgt periodisch ca. alle zwei bis drei Stunden.

Oberflächlich betrachtet ähnelt das COREX-Verfahren dem Hochofenprozess, in Wirklichkeit hat es jedoch viele Besonderheiten. Aber beginnen wir von Anfang an:

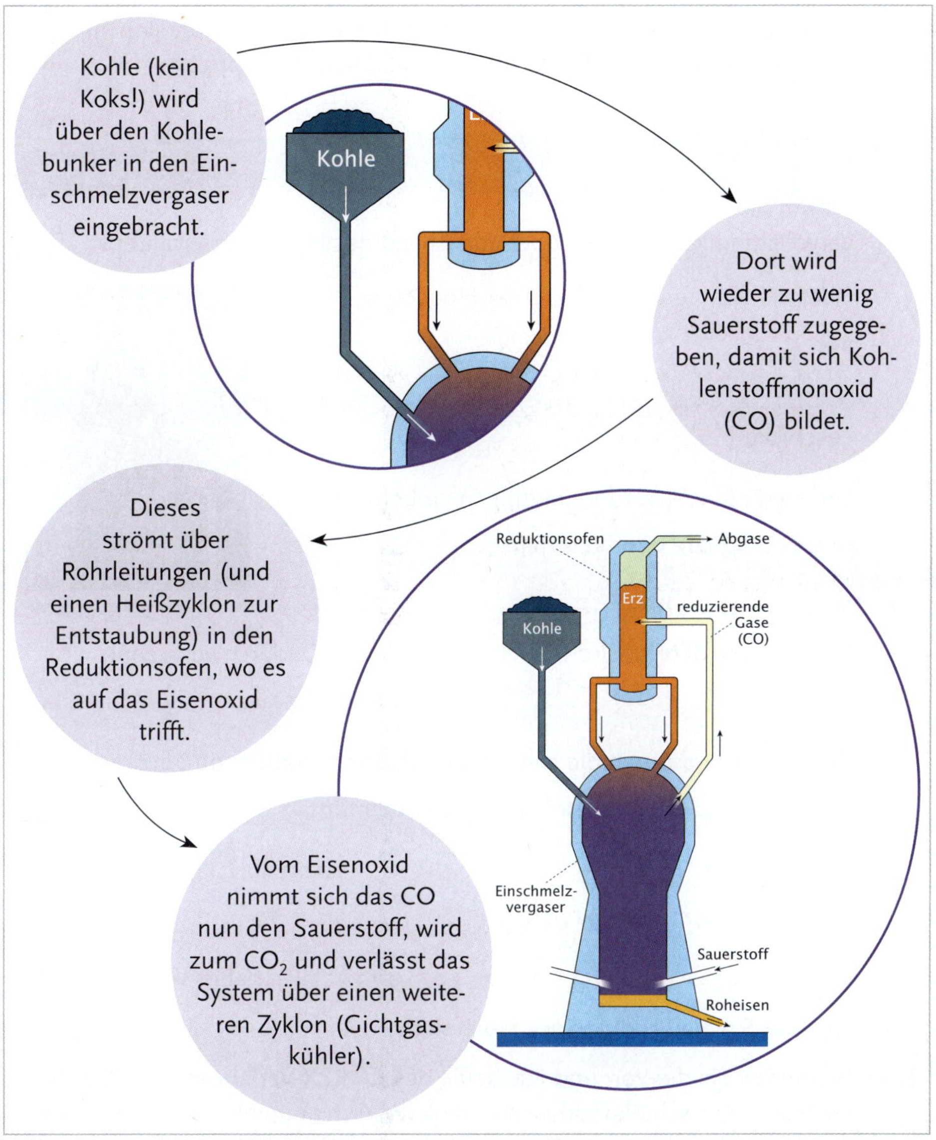

Das so entstandene Eisen aus dem Reduktionsofen wird über Schneckenförderanlagen in den heißen Einschmelzvergaser transportiert, wo es schmilzt und nach einiger Zeit abgestochen werden kann.

Vorteile des COREX-Verfahrens

- Verwertbarkeit minderwertiger Kohle und Erze,
- größere Umweltfreundlichkeit,
- Verwertung von brennbaren Abgasen zur Erzeugung elektrischer Energie.

In der Direktreduktionsanlage der voestalpine AG in Corpus Christi (Texas, USA) wird im Unterschied zum COREX-Verfahren statt Kohle Erdgas eingesetzt. Mit dieser Anlage werden jährlich rund 2 Millionen Tonnen HBI (*Hot Briquetted Iron*; Eisenschwamm) als Stahlvorprodukt erzeugt.

Auf dem Gelände der voestalpine in Linz wird in einer Forschungsanlage bereits daran gearbeitet, H_2 anstatt von CO als Reduktionsmittel einzusetzen. Dann würde als Endprodukt anstatt dem umweltschädlichen CO_2 nur H_2O (Wasserdampf) entstehen.

Einen Artikel über die Stahlproduktion mit Wasserstoff (H_2) finden Sie hier: www.trauner.at/wasserstoff.aspx

Nachteile des COREX-Verfahrens

Natürlich fallen auch beim COREX-Verfahren CO_2-Emmissionen an.

Das COREX-Verfahren wird in der Regel nur bei Neuerrichtungen von Eisenhütten eingesetzt. An historisch gewachsenen Eisen- und Stahlwerken, die bereits eine Kokerei besitzen, ist hingegen der Hochofenbetrieb lohnender.

Aufgrund des äußerst erfolgreichen Starts des COREX-Verfahrens wird ständig an seiner Verbesserung gearbeitet. Derzeit arbeitet man an einer Version mit einer Produktionsmenge von 1,1 Millionen Tonnen heißen Metalls pro Jahr.

Aufgabenstellungen – „Eisen“

1. + Vervollständigen den Text über den Ablauf des Hochofenverfahrens:

Über die Schrägaufzüge wird der Hochofen mit ______________________________

______________________________ beschickt.

Um die Erze von Verunreinigungen zu befreien, wird z. B. Quarz oder Kalkstein „______________________________“.

Im nächsten Schritt wird Heißluft eingeblasen. Dadurch verbrennt der ______________________ unvollständig zu ______________.

Den Erzen wird durch die chemischen Prozesse Sauerstoff entzogen. Das oben aus dem Ofen entströmende Gas nennt man ______________.

Das Roheisen ______________________ oberhalb 1 150 °C und sammelt sich im unteren Teil des ______________________.

Der ______________________ erfolgt alle 1,5 bis 3 Stunden.

2. + Nennen Sie die Produkte des Hochofens.

3. ++ Beurteilen Sie die Vor- und Nachteile des COREX-Verfahrens. Wäre es Ihrer Meinung nach ökonomisch und ökologisch sinnvoll, die bestehenden Hochofen-Eisenhütten in Österreich durch COREX-Anlagen zu ersetzen?

2 Stahl

Martin fragt sich, warum man Stahl herstellt und nicht Eisen alleine verwendet. Wie wird aus Eisen Stahl und was macht den Stahl so bedeutend?

Stahl ist nichts anderes als Eisen, jedoch mit einem sehr niedrigen Kohlenstoffgehalt. Also wird bei der Stahlherstellung dem Eisen lediglich ein Großteil des durch die Gewinnung im Hochofen hineingelangten Kohlenstoffs entzogen.

Ein hoher Kohlenstoffgehalt im Eisen bewirkt nämlich, dass
- die Zähigkeit sinkt,
- die Härte und Sprödigkeit steigen,
- die Schmelztemperatur sinkt,
- die Schmied-, Walz- und Schweißbarkeit sinkt,
- die Gießbarkeit steigt und
- die Magnetisierbarkeit zunimmt.

Stahl ist nichts anderes als **Eisen** jedoch mit einem geringen **Kohlenstoffgehalt (0,01–2 %).**

Dieser geringe Anteil an Kohlenstoff bewirkt, dass sich der Stahl verformen lässt (z. B. durch Schmieden) und trotzdem zäh und hart bleibt.

Das Atomium in Brüssel (Belgien) wurde als Symbol der Weltausstellung 1958 erbaut. Das 110 Meter hohe Bauwerk aus Edelstahl stellt eine 150-milliardenfache Vergrößerung der Elementarzelle eines Eisenkristalls dar.

2.1 Verwendung von Stahl

Stahl verwendet man als Baumaterial und bei der Herstellung vieler Arbeitsgeräte sowie von Fahrzeugen, Schiffen, Maschinen und Waffen.

Man unterscheidet:
- **Werkzeugstähle** mit einem Kohlenstoffgehalt von 0,4–2 %. Sie werden für Werkzeuge, Messerklingen, Federn, Seildrähte, Eisenbahnschienen etc. verwendet.
- **Baustähle** mit einem Kohlenstoffgehalt von weniger als 0,4 %. Sie werden im Maschinen-, Stahl- und Fahrzeugbau verwendet und weisen – entsprechend ihrem Aufgabengebiet – bestimmte Eigenschaften auf. So besitzen z. B. Federstähle, die für Stoßdämpfer bei Autos verwendet werden, ein großes elastisches Formänderungsvermögen.

Edelstähle sind besonders reine Stähle mit genau festgelegten Bestandteilen. Edelstahl bedeutet jedoch nicht Rostfreiheit! Ein unlegierter Edelstahl kann ebenfalls durchrosten.

Näheres zum Legieren finden Sie auf S. 87.

Aufgabenstellung – „Verwendung von Stahl"

■ + Wofür wird Stahl in Ihrer Umgebung verwendet? Suchen Sie in der Klasse, in der Schule oder zu Hause nach Gegenständen, die aus Stahl gefertigt wurden.

FILM AB!

Diese Dokumentation zeigt Ihnen den Weg vom Eisenerz zum Stahl sowie die vielfältigen Einsatzgebiete dieses Werkstoffes.
www.trauner.at/nawi_v18.aspx

2.2 Stahlerzeugung

Wenn man flüssiges Roheisen mit Sauerstoff in Berührung bringt, wird ein Teil des im Roheisen enthaltenen Kohlenstoffs zu gasförmigem Kohlenstoffmonooxid oxidiert, das entweicht. Gleichzeitig wird auch verunreinigender Schwefel und Phosphor in Form von Oxiden aus dem Eisen entfernt. Dadurch entsteht Stahl, der nur noch bis zu 2 % Kohlenstoff enthält.

Beschicken mit flüssigem Roheisen

2.2.1 Das LD-Verfahren

Bei dem in Österreich entwickelten **Linz-Donawitz-Verfahren** (LD-Verfahren) zur Stahlerzeugung wird reiner Sauerstoff auf das geschmolzene Roheisen geblasen.

Während der Oxidation der unerwünschten Begleitstoffe des Roheisens (Kohlenstoff, Schwefel, Phosphor) durch reinen Sauerstoff wird so viel Wärmeenergie frei, dass als Kühlmittel Schrott zugegeben werden muss (vergleichbar mit einem Eiswürfel in einem Getränk). Gleichzeitig wird so Alteisen als Werkstoff wiederverwertet.

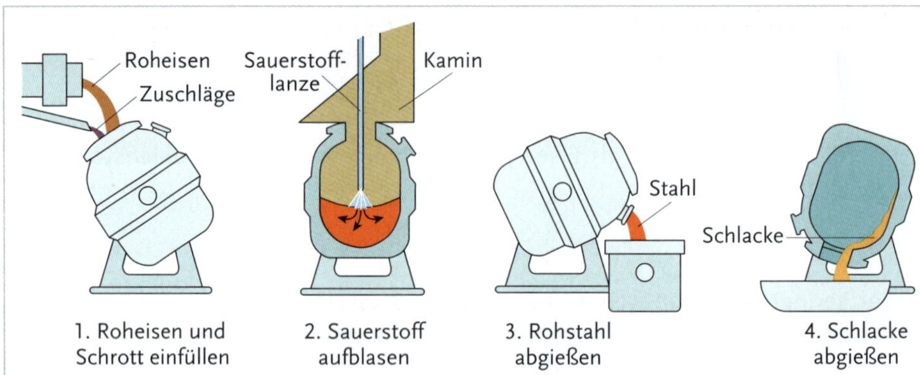

⚠ Bei der Stahlerzeugung darf der Kohlenstoff nicht ganz aus dem Eisen entfernt werden. Ein geringer Kohlenstoffgehalt gibt dem Stahl seine Elastizität und Zähigkeit. Eisen, das keinen Kohlenstoff enthält, ist weich und leicht verformbar („Weicheisen").

Ablauf des Verfahrens

1. Mit dem LD-Tiegel fängt alles an: Er ist ein einfaches, kippbares Stahlgefäß, das mit feuerfestem Material (Dolomitstein) ausgekleidet ist. In diesen Konverter füllt man das flüssige Roheisen, Kalk und Schrott.

2. Ein wassergekühltes Rohr (die Lanze) bläst nun Sauerstoff von hoher Reinheit (mindestens 99 % O_2) mit einem Druck von 100 kPa (= 10 bar) auf das Roheisen; nach einer Blaszeit von etwa 20 Minuten sind die Begleitstoffe des Roheisens auf das gewünschte Maß verringert und als Gase entwichen oder in der Schlacke gebunden – aus dem Eisen ist Stahl geworden.

3. Nun wird eine Probe gezogen und die genaue Zusammensetzung des Stahls analysiert. Sollte zu wenig Kohlenstoff enthalten sein, kann nun die gewünschte Menge zugegeben werden. Auch Legierungselemente können hinzugefügt und so Stahlsorten mit besonderen Eigenschaften erzeugt werden.

4. Jetzt ist der Stahl fertig und kann über die Abstichöffnung aus dem Konverter abgelassen werden.

2.2.2 Das OBM-Verfahren

Das **O**xygen-**B**ottom-**M**axhütte-Verfahren (OBM-Verfahren) ist dem LD-Verfahren sehr ähnlich. Lediglich die Form des Konverters (hoch) und die Art der Sauerstoffeinbringung – sie erfolgt durch gasgekühlte Bodendüsen im Konverter – unterscheiden sich.

Vorteile gegenüber dem LD-Verfahren
- Kürzere Frischezeiten
- Größere Ausbringung
- Höherer Schrottanteil

Frischezeit = Dauer des Sauerstoffaufblasens

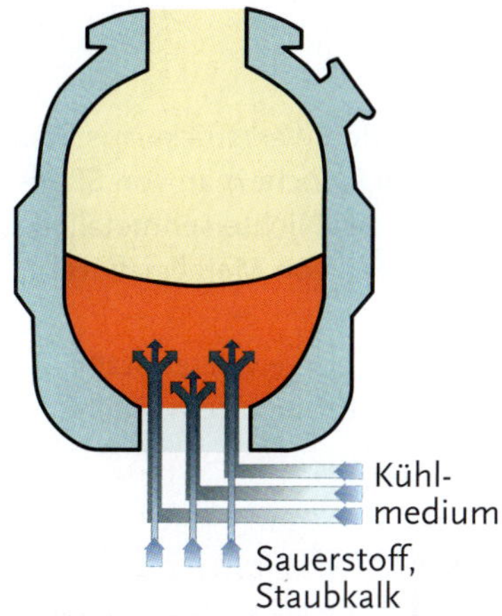

OBM-Verfahren

2.2.3 Das Elektrostahlverfahren

Während die Sauerstoffblasverfahren überwiegend der Erzeugung von unlegierten Massenstählen dienen, werden in elektrischen Lichtbogen- oder Induktionsöfen Qualitäts- und Edelstähle hergestellt, für deren Gehalt an Kohlenstoff und metallischen Bestandteilen (Chrom, Nickel, Molybdän usw.) engste Grenzen festgelegt sind.

Elektrolichtbogen

Ablauf des Verfahrens

1. In einen großen Konverter werden zunächst Ausgangsstoffe wie Stahlschrott, Eisenschwamm oder (flüssiges) weißes Roheisen eingebracht.

2. Die Ausgangsstoffe werden im Zuge des Verfahrens zunächst aufgeschmolzen. Dies geschieht elektrisch, in dem man zwischen den Kohleelektroden und dem Konverter bzw. dem Stahlschrott einen Lichtbogen mittels hoher Stromstärken erzeugt, der so die nötige Wärme (3 800 °C) für den Schmelzprozess liefert. Diese hohen Temperaturen sorgen gleichzeitig für ein unmittelbares Verbrennen aller unerwünschten Begleitstoffe. Falls notwendig, kann durch den Konverterboden Sauerstoff eingeblasen werden. Dies ist jedoch eher unüblich, meist genügt der durch den Rost auf dem Schrott eingebrachte Sauerstoff (Fe_2O_3) für den Prozess der Kohlenstoff-Anteilsverringerung. Aufgrund seiner Struktur ist dieses Verfahren also hervorragend zum Altstahlrecycling geeignet.

3. Nun gießt man noch die Schlacke ab und kann dann, wenn gewünscht, den Stahl mit diversen Zusatzstoffen versehen. So kann man beispielsweise den Kohlenstoffgehalt durch Zugabe von Kohle wieder sachte erhöhen (sollte dieser im Zuge des Verfahrens zu sehr gesunken sein) oder Stahllegierungen herstellen.

4. Der so verfeinerte Stahl ist nun fertig zum Abstich. Dabei wird die Pfanne geneigt, um ein rasches Abfließen zu ermöglichen.

Verfahrensschritte der Elektrostahlerzeugung im Wechselstrom-Lichtbogen

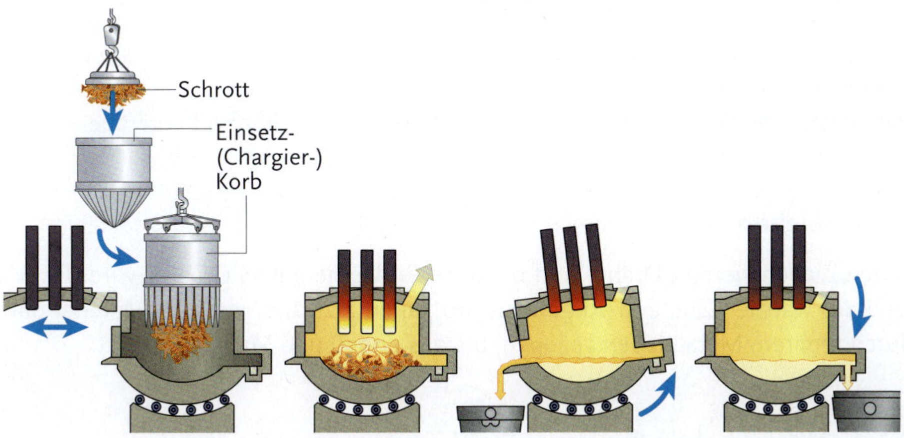

2.3 Stahlverarbeitung

Stahl wird zur primären Formgebung entweder geschmiedet, gewalzt oder gegossen.

2.3.1 Gießen

Werden Werkstücke aus Stahl gegossen, spricht man von **Stahlgießerei.** Bei Nichteisenmetallen spricht man von **Metallgießerei.**

Gießen ist ein Formgebungsverfahren u. a. für komplizierte Stücke, bei dem die Stoffe im flüssigen Zustand in Hohlräume (Formen) gegossen werden, darin erstarren und dadurch die Form annehmen. Für Metalle gibt es drei Verfahren: Blockguss, Strangguss und Formguss.

Bramme = vorgewalzter Stahlblock mit rechteckigem Querschnitt

Ein Schema einer Brammen-Stranggussanlage sowie des Formgusses finden Sie in der TRAUNER-DigiBox.

Gießverfahren bei Metallen

Blockguss	Strangguss	Formguss
Unter **Blockguss** versteht man das Gießen des Stahls in Dauerformen (Kokillen). Gegossen werden geometrisch einfache Körper (z. B. **Bramme,** Rundblock, Vierkantblock). Die Produkte sind halbfertig, d. h., sie werden erst noch weiter verarbeitet. Ihre Form dient nur der erleichterten Lagerung bzw. dem Transport.	Beim **Strangguss** wird der flüssige Stahl in eine rechteckige „Endlosform" vergossen und nach dem Erkalten auf die gewünschte Größe (Standardblöcke für Transport oder zur direkten Weiterverarbeitung) gebracht.	In einen **Hohlraum** wird geschmolzenes Metall bis zur Erstarrung abgekühlt. Da die Flüssigkeit gegenüber dem festen Gussstück ein größeres Volumen hat, muss während des Erstarrens zum Ausgleich flüssiger Werkstoff nachgespeist werden. Der Hohlraum wird mithilfe eines **Modells** des späteren Gussstücks geschaffen.

Stranggussanlage, Auslauf der Endlosform

Der Formguss liefert Fertigprodukte in bestimmten Formen.

2.3.2 Walzen

Der Werkstoff wird beim Walzen zwischen zwei oder mehrere Walzen in die erforderliche Form gebracht. Dabei wird der Querschnitt verringert und das Material wird länger.

Handwalze für Metalle

Man unterscheidet generell zwischen Warmwalzen und Kaltwalzen. Beim **Warmwalzen** wird das Material im weißglühenden Zustand verformt – so werden z. B. Eisenbahnschienen erzeugt. Im **Kaltwalzwerk** hingegen werden Profile und Bleche mit glatter Oberfläche sowie mit genauen Maßen und scharfen Kanten hergestellt.

2.3.3 Ziehen

Durch Ziehen werden Drähte und nahtlose Profile hergestellt. Dabei wird das Material im warmen Zustand vorgewalzt. Im kalten Zustand wird das Material dann durch mehrere Metalldüsen gezogen, bis das endgültige Maß erreicht ist.

Einfache Ziehbank zum Ziehen von Drähten

2.3.4 Wärmebehandlung von Stahl

Rohstahl mit 0,5–2 % Kohlenstoffgehalt ist weich und zäh, wenn die Schmelze langsam erkaltet. Bei raschem Abkühlen wird er hart und spröde, verliert jedoch an Sprödigkeit, wenn er wieder langsam erwärmt wird.

Versuch – „Wärmebehandlung von Stahl“

Sie benötigen dazu eine Rasierklinge, eine Pinzette und einen Bunsenbrenner.

1. Halten Sie eine Rasierklinge mithilfe der Pinzette in die Flamme eines Bunsenbrenners und erhitzen Sie diese bis zur Rotglut. Anschließend lassen Sie sie langsam erkalten. Versuchen Sie die Rasierklinge zu biegen. Was passiert?
2. Erhitzen Sie die Klinge nochmals. Diesmal kühlen Sie sie aber rasch in einem Wasserbad ab. Versuchen Sie Glas zu ritzen. Was können Sie feststellen?

Indem man Stahl einer gezielten **Temperaturbehandlung** unterzieht, kann man seine Eigenschaften sehr genau und umfangreich steuern. Dabei verändert sich das Gefüge des Stahls.

2.3.5 Legieren

Die Eigenschaften von Stahl können des Weiteren durch **Legieren** (Vermischen) mit anderen Metallen und Nichtmetallen verbessert werden. Diese werden noch während des Herstellungsprozesses zu der Stahlschmelze zugegeben und verändern die Eigenschaften des Stahls je nach Menge und Art der zugesetzten Stoffe beachtlich.

Man nennt diesen Vorgang auch **Stahlveredelung.**

Von einer **Legierung** spricht man dann, wenn **mindestens zwei Metalle oder Metalle und Nichtmetalle in festem Zustand ineinander gelöst sind.** Die Legierbarkeit der Metalle ist dabei von ihrer Gitterstruktur abhängig.

Beispiele für den Einfluss von Nichtmetallen auf Stahl
Kohlenstoff (C): Erhöht die Festigkeit und Härte.
Silizium (Si): Erhöht die Säurebeständigkeit und die Zugfestigkeit des Stahls.

Beispiele für den Einfluss von Legierungsmetallen auf Stahl
Nickel (Ni): Erhöht die Härte, Zugfestigkeit und Zähigkeit.
Chrom (Cr): Chrom erhöht die Härte, Zug-, Verschleiß-, Warm- und Korrosionsfestigkeit. Oberhalb 12,5 % Chromanteil ist Stahl rostbeständig.

Legierungstypen

Substitutionsmischkristalle	Einlagerungsmischkristalle	Kristallgemische
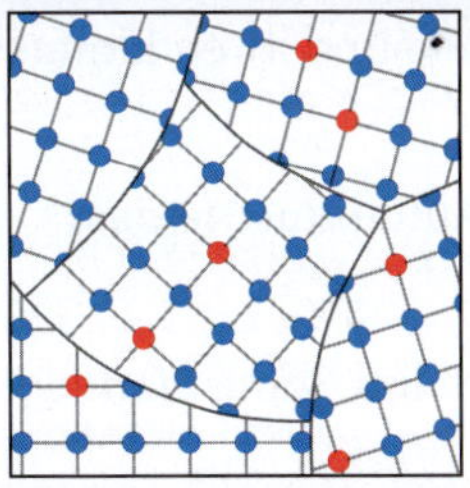	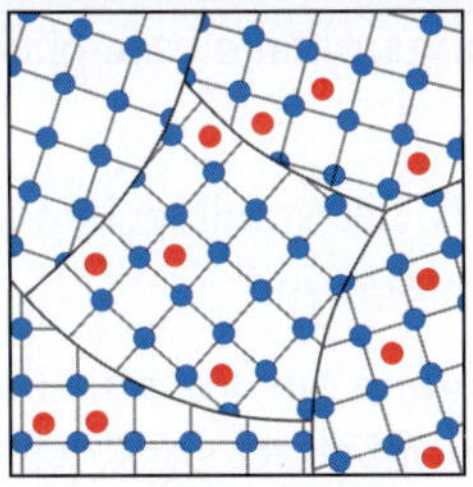	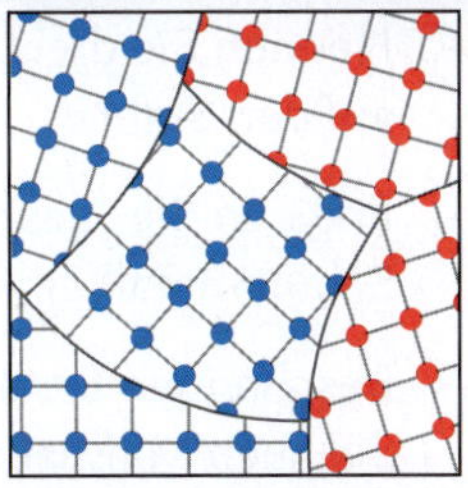
Atome ähnlicher Größe ersetzen sich gegenseitig im Gitter.	Kleine Atome werden in Gitterlücken eingelagert.	Im festen Zustand bilden sich reine Kristalle der Bestandteile in mikroskopischer Verteilung.
Beispiele Ag-Au, Ni-Cu, Fe-Cr	**Beispiele** W-C, Fe-C, Ti-H, Cu-Zn	**Beispiele** Pb-Bi, Al-Cd, Pb-Zn

Chromnickelstahl wird gerne im Küchenbereich eingesetzt.

Formen der Korrosion

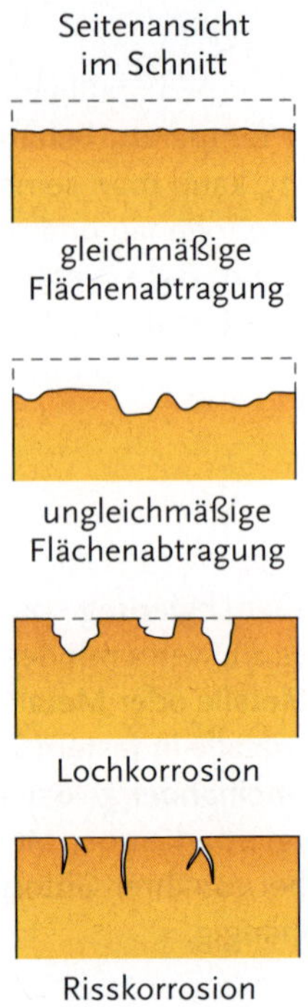

Email = Überzug aus aufgeschmolzenem gefärbtem Glas; wird z. B. im Haushalt bei Badewannen verwendet.

2.3.6 Korrosion und Rostschutz

Wie aus den Eigenschaften von Eisen zu ersehen ist, rostet es an feuchter Luft, wobei sich Eisen(III)-oxidhydrat bildet. Aufgrund der Porosität schützt Rost das Grundmetall nicht vor weiterem Angriff (wie z. B. die Oxidhaut bei Aluminium).

Versuch – „Korrosion von Stahl"

Bestreichen Sie ein Kupferrohr mit Salzwasser und wickeln Sie eine Alufolie darüber. Lassen Sie das Ganze einen Tag liegen.
Was können Sie beobachten?

Korrosion verursacht jährlich allein in Österreich Schäden in Milliardenhöhe. Besonders gefährlich sind dabei Korrosionsarten wie die Risskorrosion, da man sie mit freiem Auge nicht erkennen kann und sie daher bei tragenden und sicherheitsrelevanten Teilen leicht übersehen werden kann.

Umso wichtiger ist daher der Korrosionsschutz, der ein **Oxidieren des Stahls weitgehend verhindern** soll.

Die wichtigsten Arten des Korrosionsschutzes

- **Legieren:** Durch Zusatz diverser Metalle und Nichtmetalle zum Eisen/Stahl kann das Rosten unterbunden werden; Nachteil: teuer.
- **Überzug mit korrosionsbeständigen Schutzmetallen** (z. B. Nickel, Zink oder Chrom).
- **Nichtmetallische Überzüge:** z. B. Email, Lacke, Öle, Fette; Vorteil: billig; Nachteil: geringe Haltbarkeit bzw. hohe Empfindlichkeit der Schutzschicht (z. B. bei Email gegen Schlag).

Aufgabenstellungen – „Stahl"

1. + Was unterscheidet Stahl von Eisen? Beschreiben Sie, wie Stahl hergestellt wird.
2. + Nennen Sie drei Legierungsmetalle bzw. Nichtmetalle und ihren Einfluss auf den Stahl.
3. + Erklären Sie, weshalb z. B. bei Stahlblechen in der Autoindustrie das Schutzmetall Zink verwendet wird.
4. ++ Beschreiben Sie den Vorgang des Rostens bei Eisen und Stahl. Nennen Sie auch Maßnahmen zum Schutz vor Rost.

3 Aluminium

„Ah, war das gut!" Nina hat gerade eine Coladose ausgetrunken und geht in Richtung Mülleimer. „Halt!", ruft ihre Schwester ihr nach. „Du willst doch hoffentlich nicht ein Metall, das einmal teurer als Gold war, einfach wegwerfen, statt es zu recyceln?" Nina ist verblüfft; Aluminium soll teurer als Gold gewesen sein? Unmöglich – oder doch?

Aluminium (Al) ist erst seit Beginn des 19. Jahrhunderts bekannt. Es ist für uns also relativ neu, wenn man etwa an Eisen denkt, das schon seit über 3 000 Jahren Verwendung findet.

Von Davy und Ørsted entdeckt, gelang es dem deutschen Chemiker Friedrich Wöhler 1827, erstmals reines Aluminium aus Aluminiumchlorid und Kalium zu gewinnen. Aluminium war damals teurer als Gold. Es wurde daher als absoluter Luxus betrachtet und z. B. zu Schmuck verarbeitet.

Als aber 1886 das **Kryolith-Tonerde-Verfahren (Schmelzelektrolyse)** vom französischen Chemiker Paul Héroult und dem amerikanischen Ingenieur Charles Martin Hall erfunden wurde, sank der Preis des Metalls schlagartig um 90 %.

Friedrich Wöhler, 1800 bis 1882, deutscher Chemiker

Paul Héroult, 1863 bis 1914, französischer Chemiker

3.1 Vorkommen

Aluminium ist das dritthäufigste Element und das häufigste Metall der Erdkruste. Weil aber Aluminium äußerst **unedel** ist, kommt es **in der Natur nur gebunden,** z. B. als Silikat oder Oxid, vor. Das einzig brauchbare Erz zur Aluminiumproduktion ist das Mineral **Bauxit,** das hauptsächlich aus Aluminiumoxid (Al_2O_3) und Aluminiumhydroxid ($Al(OH)_3$) besteht.

Der französische Kaiser Napoleon III. aß sogar von Aluminiumtellern und verlieh tapferen Soldaten Orden aus Aluminium statt Gold. Auch die Spitze des Washington Monuments in den USA ist aus diesem „wertvollen" Material gefertigt.

3.2 Eigenschaften von Aluminium

Aluminium ist ein sehr unedles, silberweißes Leichtmetall, das stark glänzt. Da sich aber an der Luft rasch eine vor Korrosion schützende Oxidschicht bildet, lässt dieser Glanz bei unbehandeltem Aluminium schnell nach. Gegen Säuren und Laugen ist es wenig beständig.

Aluminium ist **weich** und sehr **dehnbar** und lässt sich somit zu sehr dünnen Folien walzen. Das Metall ist ein **guter elektrischer Leiter.**

Um die Oberflächenhärte sowie die Korrosions- und Verschleißfestigkeit von Aluminium zu erhöhen, setzt man u. a. das **Eloxal-Verfahren** ein. Dabei wird Aluminium elektrolytisch oxidiert und dadurch die natürliche Oxidschicht von 0,2 auf 25 µm verstärkt. Diese Schicht lässt sich auch sehr gut einfärben.

Bauxit

Wussten Sie, dass ...
Rubine und Saphire aus verunreinigtem Aluminiumoxid bestehen?

Eloxieren

Versuch – „Eloxieren und Färben von Aluminium“

Geben Sie in ein passendes Becherglas auf 250 ml destilliertes Wasser 10 g Oxalsäure. Nehmen Sie ein Alublech-Plättchen (oder Werkstück), entfetten Sie es und schmirgeln Sie es fein ab, bis es glänzt.

Nun hängen Sie es an einem Labornetzgerät als Anode (also am Pluspol) angeschlossen gegen ein Kupferplättchen als Kathode (Minuspol) bei 1–2 A und weniger als 12 V Gleichstrom in das Becherglas. Der Abstand der Plättchen sollte zwischen 4 und 6 cm betragen.

Das Aluminiumblech bleibt für ca. 15 Minuten in der Einheit, danach wird es für vier Minuten in eine Färbelösung aus 5 g Eriochromcyanin-R in 100 ml 70%igem Ethanol getaucht. Nun wird der Farbstoff in der Oxidschicht des Aluminiums durch kurzes Kochen des Plättchens in destilliertem H_2O fixiert.

Aluminium besitzt 62 % der elektrischen Leitfähigkeit von Kupfer.

3.3 Verwendung von Aluminium

Aluminium findet heute vielfältige Anwendung:

- Nach Erhöhung der Härte durch Legieren als **Konstruktionsmaterial** im Fahrzeug- oder Flugzeugbau. Ein Vorteil ist die Gewichtsersparnis.
- Im **Bauwesen** für Fenster- und Türrahmen sowie für Trägerkonstruktionen.
- Aufgrund seiner **guten Leitfähigkeit für Wärme und Strom** für den Motorenbau (Kolben, Zylinderköpfe, Kurbelwellen und ganze Motorblöcke) sowie für Kabel.
- In der Nahrungsmittelindustrie wegen seiner **Korrosionsbeständigkeit** für Lebensmitteltanks, Fässer, Tuben und Dosen.
- In Form von Alufolie als **Verpackungsmaterial.**

3.4 Gewinnung

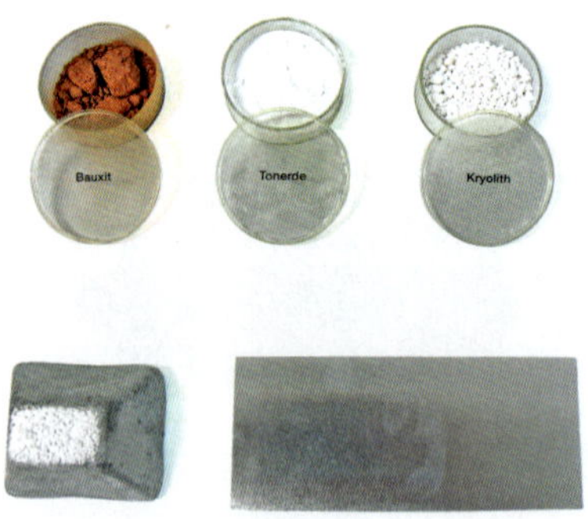

Rohstoffe (Bauxit, Tonerde, Kryolith) und Produkte (Aluminium-Barren und Blech).

Das zur Aluminiumgewinnung benötigte **Erz Bauxit** findet sich großteils in Südamerika, Westafrika sowie in Australien und Russland, wo es im Tagebau kostengünstig abgebaut wird. In Österreich kommt Bauxit in Glanegg und Großgmain (Salzburg), bei Hieflau (Steiermark), bei Dreistetten (Niederösterreich) sowie in Unterlaussa (OÖ) vor. Der Abbau wurde jedoch mangels Wirtschaftlichkeit eingestellt.

Vor dem eigentlichen Herstellungsprozess muss das rohe Erz zunächst mittels des Bayer-Verfahrens zu **reinem Aluminiumoxid** (Al_2O_3) raffiniert werden, da es nur zu rund 60 % aus Al-Verbindungen besteht. Den Rest bilden u. a. bis zu 28 % Eisen(III)-oxid (Fe_2O_3), 6 % Silizium- und 3 % Titandioxid.

Dazu wird Bauxit mit konzentrierter Natronlauge (NaOH) bei 8 bar und 180 °C mehrere Stunden gekocht. Eine aluminiumhaltige Lauge löst sich, die Verunreinigungen bleiben hingegen zurück und können abfiltriert werden.

Nach dem Abkühlen fällt dann aus dem Filtrat Aluminiumhydroxid ($Al(OH)_3$) aus. Dieses wird bei 1 200 °C gebrannt, wobei sich das gewünschte Aluminiumoxid (Al_2O_3) bildet. Das Al_2O_3 wird nun mittels Strom durch eine **Schmelzflusselektrolyse** bei ca. 5 V und bis zu 200 000 A in Aluminium und Sauerstoff gespalten.

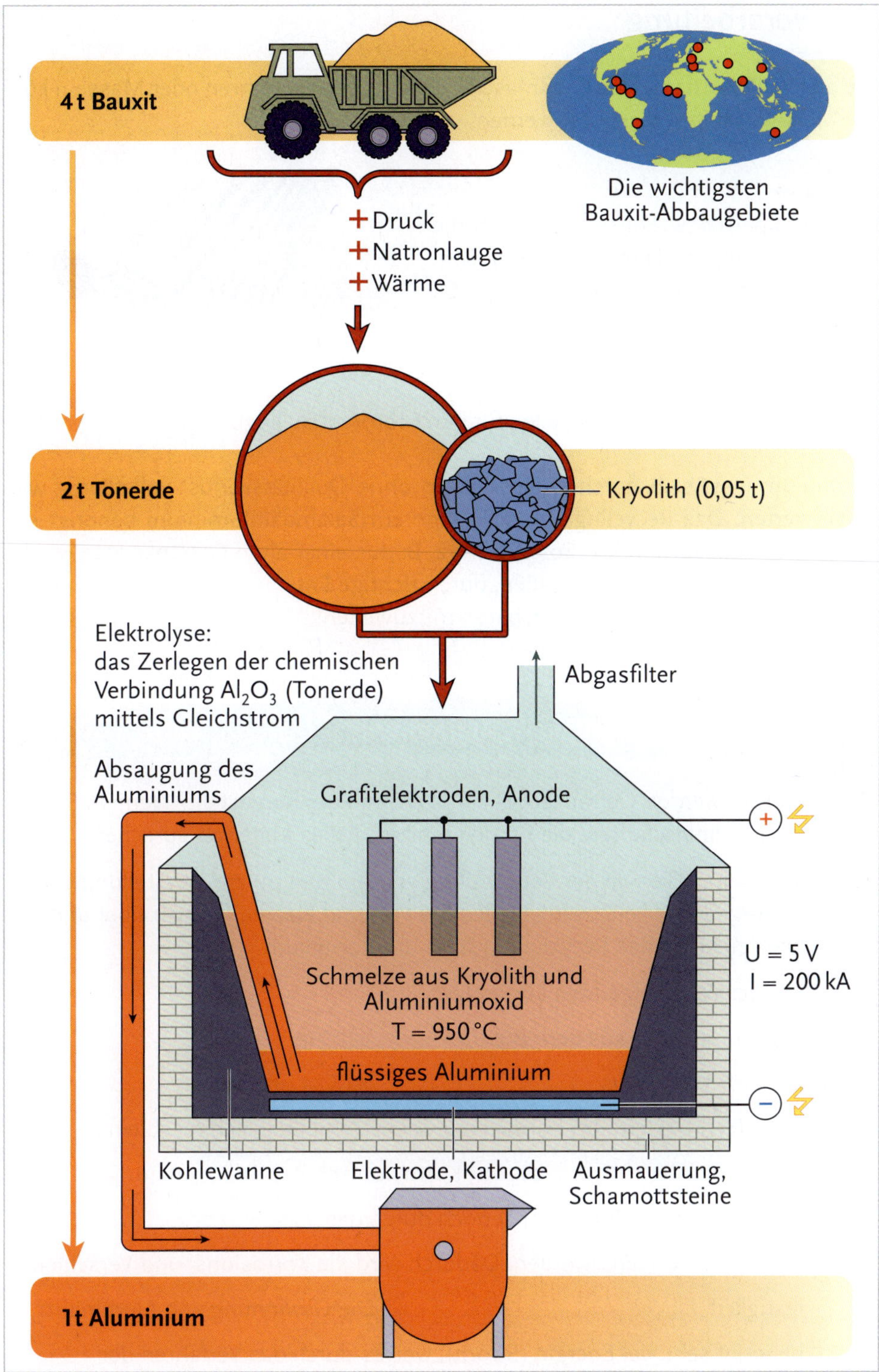

Um den Schmelzpunkt des Aluminiumoxids zu senken, wird **Kryolith** (Na_3AlF_6) beigegeben. Als Elektrodenmaterial dient Grafit. Die Kathode bildet dabei die Elektrolysewanne selbst, die mit Blöcken des leitfähigen Stoffes ausgemauert ist.

Die Anode muss hingegen ständig nachgeführt werden, da sie sich durch den entstehenden Sauerstoff unter CO- und CO_2-Bildung auflöst. Das Aluminium sammelt sich flüssig am Wannenboden an und wird abgesaugt.

Aus 4 t Bauxiterz erhält man so 2 t Aluminiumoxid und unter Einsatz von ca. 12 000 kWh Strom schließlich 1 t Aluminium.

In Österreich kommt Bauxit in Glanegg und Großgmain (Salzburg), bei Hieflau (Steiermark), bei Dreistetten (Niederösterreich) sowie in Unterlaussa (OÖ) vor. Der Abbau wurde jedoch mangels Wirtschaftlichkeit eingestellt.

Weil Aluminium so unedel ist, kann man es weder aus seiner wässrigen Lösung elektrolytisch abscheiden noch durch eine Reduktion mit Kohle gewinnen. So bleibt nur die relativ teure Schmelzflusselektrolyse (Kryolith-Tonerde-Verfahren).

Durch den hohen Stromfluss entsteht so viel Wärme, dass die Schmelze ohne Zusatzheizung flüssig bleibt.

Bei der Gewinnung von Aluminiumoxid aus Bauxit entstehen große Mengen an ätzendem Rotschlamm. Im folgenden Artikel finden Sie Informationen zu den möglichen Auswirkungen bei einem Zwischenfall: www.trauner.at/rotschlamm.aspx

Erfragen Sie bei Ihrem Energieversorgungsunternehmen (EVU) den Preis für 1 kWh Industriestrom und berechnen Sie so die Stromkosten für die Schmelzflusselektrolyse zur Gewinnung einer Tonne Aluminium.

3.5 Verarbeitung

Die aus vollautomatischen Gießmaschinen kommenden Barren oder Masseln können vielfältig weiterverarbeitet werden.

Aluminiumwalzwerk

Beispiele

- zu Bändern bzw. Folien gewalzt für die Herstellung von Dosen bzw. Alufolien
- zur Herstellung verschiedenster Profile stranggepresst
- zur Produktion von nahtlosen Drähten und Rohren gezogen
- zur Herstellung von Gussteilen für den Motorenbau gegossen

Aluminium lässt sich durch Einschmelzen ohne Qualitätsverlust **vollständig wiederverwerten.** Das Recycling von sogenanntem Sekundäraluminium benötigt nur 5 % des Energieaufwandes. So entsteht z. B. aus einer alten Getränkedose wieder eine neue. Es liegt also an uns allen, durch richtige Entsorgung von Aluminiumdosen und -behältern beim Energiesparen mitzuwirken!

Aus Alt mach Neu – informieren Sie sich, wie Sie Aluminium richtig entsorgen können!

Aufgabenstellungen – „Aluminium"

1. + Warum werden Getränkedosen aus Aluminium hergestellt? Nennen Sie einige Eigenschaften, die für den Einsatz dieses Materials sprechen.
2. ++ Was halten Sie von der Verwendung von Aluminium zur Herstellung von Einweg-Getränke-Dosen? Stellen Sie Vor- und Nachteile gegenüber und beurteilen Sie das Recycling-System für Aluminium.
3. + Ergänzen Sie folgenden Lückentext:

   Aluminium wird aus dem Erz ______________________ gewonnen, das aus ______________ (Al_2O_3) und ______________ ($Al(OH)_3$) besteht. Im Kontakt mit Sauerstoff bildet sich rasch eine ______________, die vor Korrosion schützt. Diese „natürliche" Schicht ist sehr dünn, kann jedoch durch das ______________ -Verfahren verstärkt werden. Dadurch wird die Korrosions- und Verschleißfestigkeit ______________. Die Gewinnung von Aluminium benötigt sehr viel Energie (Strom), weil es durch das Verfahren der ______________ aus Aluminiumoxid erzeugt wird.

4 Weitere Nichteisenmetalle

Neben Aluminium gibt es noch weitere **Nicht-Eisenmetalle,** kurz **NE-Metalle.** Dazu zählen alle reinen Metalle außer Eisen und Legierungen, deren Eisenanteil nicht mehr als 50 % beträgt.

Unterschiede von NE-Metallen im Gegensatz zu Eisen

- bessere Korrosionseigenschaften
- geringere Festigkeiten
- höhere Wärmedehnung
- bessere Formbarkeit

Nicht-Eisenmetalle werden nach ihrer Dichte in Schwermetalle und Leichtmetalle unterteilt.

Unterteilung der Nicht-Eisenmetalle

Schwermetalle und ihre Legierungen	Leichtmetalle und ihre Legierungen
Dichte: $\rho \geq 5$ kg/dm^3	Dichte: $\rho < 5$ kg/dm^3
Beispiele Kupfer, Nickel, Zink, Zinn, Blei, Kupfer-Zink-Gusslegierungen (Gussmessing)	**Beispiele** Aluminium, Magnesium, Titan, Aluminium-Gusslegierungen

Die im Maschinenbau und in der Elektroindustrie am häufigsten verwendeten NE-Schwermetalle sind Kupfer, Nickel, Blei, Zinn und ihre Legierungen, außerdem ihre Legierungsmetalle, wie z. B. Wolfram und Chrom, sowie die Edelmetalle Gold, Silber und Platin. Einige dieser Metalle sind in den letzten Jahrzehnten in solchen Mengen verarbeitet und verbraucht worden, dass sie Mangelwerkstoffe wurden.

NE-Schwermetalle, deren Erze meist eine bunte Färbung aufweisen, und ihre farbigen Legierungen (Messing, Bronze, Rotguss) bezeichnet man als Buntmetalle. Ausgenommen sind Eisen und die Edelmetalle.

Beispiele für Buntmetalle
Kupfer, Zink, Blei, Zinn, Cadmium, Chrom, Nickel, Kobalt, Wolfram, Mangan, Titan

4.1 Kupfer

„Schau mal, das Kirchendach ist ja ganz grün!", ruft Nina aufgeregt bei einem Bummel durch die Innenstadt. „Womit ist denn das gedeckt?" „Ich glaube mit Kupfer!", meint Martin.
„Ja, aber warum glänzt es dann nicht rot?", wundert sich Nina.

Die sich durch feuchte Luft bald bildende grüne Patina besteht hauptsächlich aus basischem Kupfercarbonat ($CuCO_3 \cdot Cu(OH)_2$) und schützt das Grundmetall gut vor weiterer Korrosion, sodass Kupferdächer nicht selten eine Lebensdauer von mehreren hundert Jahren haben.

Kupfer (Cu) gehört neben Gold, Silber und Zinn zu den ersten Metallen, die die Menschen verwendeten. Schon vor rund 10 000 Jahren wurden Gebrauchsgegenstände, Werkzeuge und Waffenteile daraus gefertigt, da es auch gediegen vorkommt sowie leicht zu formen und zu verarbeiten ist.

Später wurde es dann in großem Umfang aus **Kupfererz** (die Kupferzeit begann ab ca. 5 000 v. Chr.) gewonnen, worauf auch der Name des Metalls zurückgeht (lat. *aes cuprum* = Erz aus Zypern).

Um 2 000 v. Chr. (Bronzezeit) hatten die Menschen bereits gelernt, **Legierungen** herzustellen: **Bronze** (aus Kupfer und Zinn geschmolzen) ist wesentlich härter und widerstandsfähiger als reines Kupfer.

4.1.1 Eigenschaften von Kupfer

Schwermetalle = Metalle mit einer Dichte (ρ) von mehr als 5 g/cm^3; Kupfer liegt da deutlich drüber: $\rho(Cu) = 8{,}92\ g/cm^3$

Beim Glühen an der Luft entsteht schwarzes Kupferoxid.

Kupfer ist ein hellrotes, zähes, verhältnismäßig weiches und schmiedbares Schwermetall. Es ist sehr dehnbar und lässt sich z. B. gut zu Draht ziehen. Durch Hämmern wird es hart, durch Abschrecken aber wieder weich. Es lässt sich gut löten, aber nur schlecht schweißen oder gießen.

Da es sich um ein halbedles Metall handelt, ist Kupfer **gegen viele Chemikalien beständig** und wird nur von oxidierenden Säuren angegriffen.

4.1.2 Vorkommen

Gediegenes Kupfer

Buntkupferkies

Als halbedles Metall kommt Kupfer – wenn auch nur selten – elementar (gediegen) vor; in den reichhaltigen Erzen ist es aber als Sulfid oder Oxid gebunden:

Kupferkies (Chalkopyrit)	$CuFeS_2$
Kupferglanz	Cu_2S
Buntkupferkies (Bornit)	Cu_5FeS_4
Rotkupfererz (Cuprit)	Cu_2O
Malachit	$CuCO_3 \cdot Cu(OH)_2$

Besonders reichhaltige Lagerstätten finden sich in den USA und Kanada, in Russland, Südamerika, Zentralafrika und Spanien.

4.1.3 Gewinnung

Die Flotation ist ein Verfahren zur Trennung von feinkörnigen Stoffgemischen (vgl. I. Jahrgang).

Vor der Verhüttung müssen die meisten Kupfererze aufgrund ihres hohen Anteils an Gangart zunächst durch **Flotation** aufbereitet und so vom tauben Gestein und anderen Erzen getrennt werden.

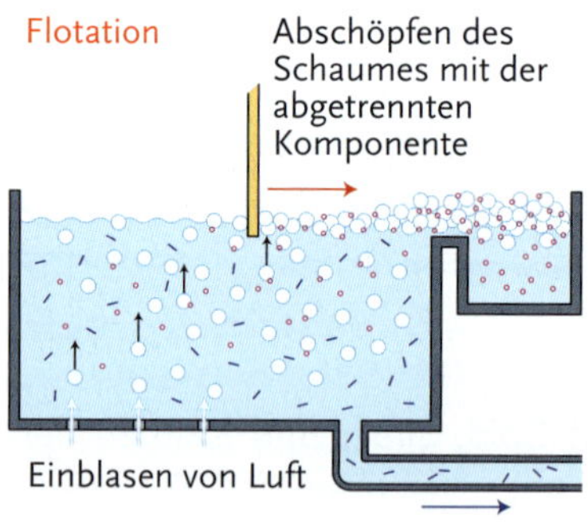

Bei der Flotation (Schwimmaufbereitung) macht man sich die unterschiedliche Benetzbarkeit der Stoffe zunutze. Erz und taubes Gestein werden in Wasser verrührt, mit Hilfsstoffen (u. a. Öle und Schaumbildner) versetzt und aufgeschäumt. Im Schaum sammelt sich ein Teil des Gemischs, die anderen Bestandteile setzen sich am Boden ab.

Je nach Erzart erfolgt die **Weiterverarbeitung** unterschiedlich. So können oxidische Erze (Cu_2O) direkt mit Koks reduziert werden und auch Kupferglanz (CuS_2) kann direkt weiterverarbeitet werden.

Der am häufigsten vorkommende **Kupferkies** muss jedoch zunächst in Schachtöfen erst zu Kupferstein umgesetzt („geröstet") werden:

$2\,CuFeS_2$	+	$4\,O_2$	$\rightarrow$	Cu_2S	+	$2\,FeO$	+	$3\,SO_2$
Kupferkies		Sauerstoff		Kupfersulfid		Eisenoxid		Schwefeldioxid
				(„Kupferstein“)				

Kupferschmelze

Durch Versetzen des Kupfersteins mit Kalk ($CaCO_3$) und Sand (SiO_2) lässt sich die bei rund 1 050 °C gebildete Eisensilikatschlacke vom Kupfersulfid trennen, da diese unten im Ofen auf der Schmelze schwimmt. Dann wird daraus durch Einblasen von Sauerstoff im Konverter Rohkupfer gewonnen.

$$Cu_2S + O_2 \rightarrow 2\,Cu + SO_2\uparrow$$

Das hier anfallende SO_2 wird übrigens mittels Rauchgasreinigungsanlagen abgetrennt und z. B. zu Schwefelsäure oder Gips (Gipskartonplatten) weiterverarbeitet.

Dieses zu ca. 97 % reine Rohkupfer wird zunächst durch das sogenannte **Raffinationsschmelzen** mit verschiedenen Schlackebildnern auf 99 % Reinheit (Garkupfer) gebracht. Danach wird es meist elektrochemisch noch zum **Elektrolytkupfer** raffiniert, wobei u. a. auch Silber, Gold und Platin als Nebenprodukte anfallen können.

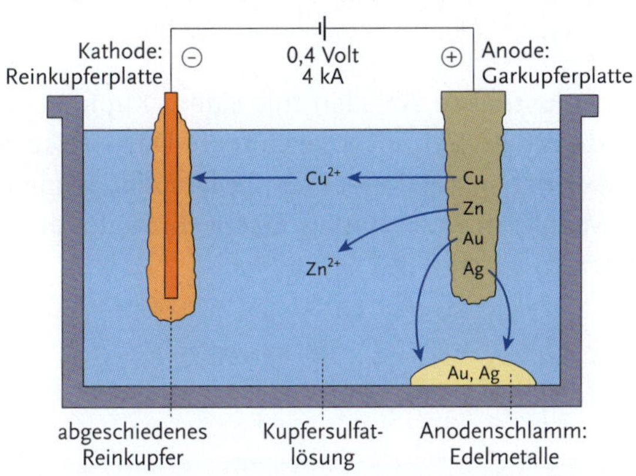

Elektrolytische Raffination von Kupfer in einer schwefelsäurehaltigen Kupfer-(II)-sulfat-Lösung: Von der Rohkupfer-Anode wandern die Cu^{2+}-Ionen zur Reinkupfer-Kathode. Alle im Vergleich zu Kupfer unedleren Metalle gehen als Kationen in Lösung, während die edleren Metalle als Anodenschlamm absinken.

Bei der industriellen elektrolytischen Kupferraffination werden nicht nur eine Kathode und eine Anode in die Lösung getaucht, sondern gleich mehrere hintereinander.

Versuch – „CuO-Reduktion mit Holzkohlestück“

Vermengen Sie in einem temperaturbeständigen Reagenzglas drei Spatel Kohlepulver und zwei Spatel Kupfer(II)-oxid-Pulver und erhitzen Sie die Mischung für einige Minuten über dem Bunsenbrenner.
Nach dem Abkühlen und Ausschütten des Reagenzglases können Sie rötliches Kupfer erkennen.

Vervollständigen Sie die Reaktionsgleichung:

$C + 2\,CuO \rightarrow CO_2 +$ ____________________

Kohlenstoff und Kupferoxid ergibt Kohlenstoffdioxid und ____________________ .

Der Sauerstoff ist dabei vom Kupfer zum ____________________ gewandert.

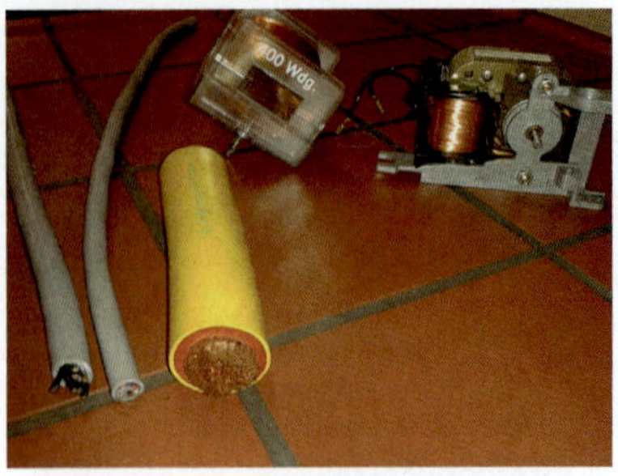

Verschiedene Anwendungsbeispiele von Kupfer: Elektrokabel für Hausinstallationen und für Starkstrom sowie Spule und Elektromotor.

4.1.4 Verwendung von Kupfer

Kupfer ist ein geschätzter **Legierungsbestandteil.** Vor allem aber ist es ein exzellenter **Strom- und Wärmeleiter** und deshalb gerade in unserer modernen Welt unverzichtbar. Es wird für verschiedenste Kabel in der Elektroinstallation und zur Datenübertragung in der Informationstechnologie, für Oberleitungen, Gas-, Wasser-, Heizungs- und Kühlrohre, Münzen, Behälter (z. B. in Brauereien), zum Dachdecken und vieles mehr verwendet.

Für Menschen, Tiere und Pflanzen ist es außerdem ein wichtiger **Mikronährstoff** – wir benötigen täglich etwa 2 mg.

Wichtige Kupferlegierungen
- **Bronze:** 80 % Kupfer, 20 % Zinn; u. a. für Glocken oder Kunstgegenstände
- **Messing:** aus 65 % Kupfer und Zink; u. a. für Sanitäranlagen, Musikinstrumente, Schmuck
- **Nordisches Gold:** Münzmetall, das für die golden aussehenden Teile der Euro- bzw. für die goldenen Centmünzen verwendet wird; aus 89 % Cu, 5 % Al, 5 % Zn, 1 % Sn

Aus alten Kabeln und Leitungen kann der Rohstoff Kupfer recycelt werden.

Kupfer lässt sich ausgezeichnet wiederverwerten – „recyceltes" Kupfer besitzt dieselbe Qualität wie frisch erzeugtes. Aufgrund seines hohen Preises ist die Rücklaufquote sehr gut.

Selbst aus diversen industriellen Abfällen mit einem Kupfergehalt von unter 2 % werden noch Produkte wie Kupferpulver gewonnen. Dazu versetzt man diese z. B. mit Schwefelsäure. Aus der so entstandenen **Kupfersulfatlösung** lässt sich schließlich durch unedlere Metalle wie z. B. mittels Eisenschrott durch „Zementation" das Kupferpulver erzeugen.

$$CuSO_4 + Fe \longrightarrow FeSO_4 + Cu$$

Da die Kupferpreise stetig steigen, kommt es immer wieder zu spektakulären Diebstählen. Hier finden Sie einen Artikel mit Hintergrundinformationen: www.trauner.at/kupfer.aspx

Aufgabenstellungen – „Kupfer"

1. \+ Versuchen Sie anhand der elektrochemischen Spannungsreihe der Metalle zu erklären, warum ein Spengler beim Arbeiten mit Kupferblech – z. B. beim Anbringen einer Dachrinne – auf eine Befestigung mit Zink- oder Eisenblechen verzichten sollte.
2. ++ Recherchieren Sie, wie viel aktuell eine Tonne Kupfer kostet. Analysieren Sie ausgehend vom Kupferpreis, wie sinnvoll bzw. notwendig Recycling für diesen Rohstoff ist.

Das elementare Kupfer oxidiert allerdings rasch und es bildet sich Schwarzkupfer.

Versuch – „Zementation"

Schütten Sie einige Milliliter konzentrierte Kupfersalzlösung auf ein Zink- oder Eisenblech. Nach einiger Zeit können Sie das gebildete elementare Kupfer auf der Platte erkennen.

4.2 Nickel

Das silberweiß glänzende Schwermetall lässt sich wie Eisen relativ gut schmieden, zu Blech walzen oder zu Draht ausziehen. Es zeichnet sich durch eine **hohe Korrosionsbeständigkeit** aus und ist sehr widerstandsfähig gegen Sauerstoff, Wasser und ätzende Substanzen. Seine reaktionsbeschleunigende Wirkung als Katalysator macht man sich unter anderem bei der Aufspaltung des Erdöls zunutze.

Nickel ist ein häufiges Element, das in seiner elementaren Form in der Natur aber nur in Meteoriten vorkommt.

Elektrolytisch raffiniertes Nickel

Nickel wird überwiegend aus Eisenerzen mit Nickel- und Kupferanteilen gewonnen. Durch unterschiedliche chemische Verfahren (z. B. Flotation, Elektrolyse) wir daraus Rohnickel gewonnen.

Verwendung von Nickel

Nickellegierungen	Hochleistungswerkstoffe
Eine Legierung mit Nickel erhöht z. B. die Festigkeit und Zähigkeit von Stahl. Stahl unter Beigabe von Nickel wird auch bei Temperaturen von –200 °C nicht brüchig, weshalb sich nickelhaltige Stähle für Kältemaschinen und Behälter zur Lagerung flüssiger Gase eignen.	Mithilfe von Legierungen aus Nickelchromeisen wurden neue Hochleistungswerkstoffe entwickelt, die in der Abwassertechnik, bei Rauchgasentschwefelungsanlagen, Gasturbinen und Reaktoren zum Einsatz kommen.

Wussten Sie, dass ...
nickelhaltige Magnete ihren Magnetismus auch unter schwierigsten Betriebsbedingungen bewahren?

4.3 Zink

Reines Zink ist ein bläulich silberglänzendes Metall. An der Luft überzieht es sich mit einer festhaftenden **Schutzschicht aus Zinkkarbonat,** die es für die übliche Umweltbelastung korrosionsfest macht. Dennoch ist die Korrosionsbeständigkeit gegenüber Säuren und Salzlösungen eher gering. Sogar mit Wasser gibt es Zinkverbindungen.

Zinkblende

Zink kommt **niemals gediegen** vor. Zinkmineralien sind weltweit verbreitet.

Beispiele für Zinkmineralien
Kieselzinkerz (Kieselgalmei), Rotzinkerz, Zinkblende und Zinkspat (edler Galmei).

Die wichtigsten europäischen Zinkvorkommen findet man in Frankreich, Belgien und Polen. Hauptförderländer sind die USA, die GUS, Kanada und China.

Der größte Anteil des produzierten Zinks dient zum **Verzinken von Eisenblech** für Dachrinnen, Eimer und Rohre.

Zinkdach

Recycling spielt bei Zink eine große Rolle. Über 30 % der weltweiten Zinkerzeugung werden aus recyceltem Zink hergestellt. Aufgrund der langen Lebensdauer vieler Zinkprodukte – in manchen Fällen mehr als 100 Jahre – ist ein großer Teil des in der Vergangenheit verarbeiteten Zinks noch immer in seiner ersten Anwendung im Gebrauch.

Zink kann unbegrenzt recycelt werden, ohne dabei seine physikalischen oder chemischen Eigenschaften zu verlieren. Daher ist es eine wertvolle und nachhaltige Ressource für kommende Generationen.

4.4 Zinn

Zinn ist ein silberweiß glänzendes und relativ weiches Schwermetall. Es lässt sich mit dem Messer leicht ritzen und zu hauchdünnen Folien auswalzen (früher Stanniol). Zinn ist aber nicht ganz so weich wie Blei. Beim Verbiegen einer Zinnstange kommt es zu einem knirschenden Geräusch, dem sogenannten Zinngeschrei.

Wussten Sie, dass ...
Alphazinn die unangenehme Eigenschaft hat, bei niedrigen Temperaturen allmählich zu einem grauen Pulver zu zerfallen? Diese Erscheinung, die häufig an alten Orgelpfeifen zu beobachten ist, wird auch als **Zinnpest** bezeichnet.

Modifikationen von Zinn

Alphazinn	Betazinn	Gammazinn
bis 13,25 °	13,25 °C bis 162 °C	ab 162 °C wird Zinn spröde und kann zu einem grauen Pulver zerrieben werden

Reines Zinn hat einen relativ **niedrigen Schmelzpunkt,** weshalb man es bereits mit einer Kerzenflamme schmelzen kann.

Zinnerze werden zuerst zerkleinert und dann durch Aufschlämmung, Flotation und durch magnetische und elektrostatische Scheidung angereichert. Dann werden Verunreinigungen wie Arsen und Schwefel durch **Rösten** entfernt. Die Gewinnung des Metalls aus dem Erz erfolgt schließlich durch eine **Reduktion mit Kohlenstoff.** Das erhaltene Rohzinn besitzt einen Reinheitsgrad von 97 bis 99 %.

Die Reinigung von den restlichen Verunreinigungen wie Eisen, Kupfer und Antimon erfolgt durch **Seigerung:** Das Rohzinn wird in einer schiefen Ebene knapp über seine Schmelztemperatur erhitzt. Das flüssige Zinn läuft ab und das schwer schmelzbare Eisen bleibt in der Schlacke zurück.

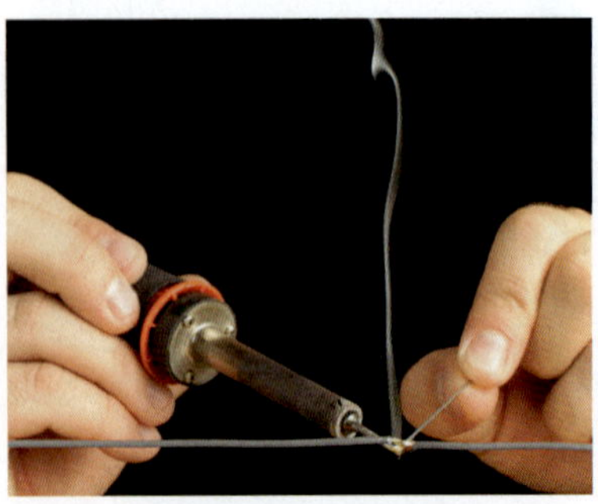
Löten von Lötzinn

Verwendung von Zinn

Weißblech	Lötzinn	Elektronik und Maschinenbau	Fungizide
Verzinntes Eisenblech z. B. für die Herstellung von Konservendosen.	Dächer, Dachrinnen und Außenwandverkleidungen	Hoher Zinnanteil ermöglicht gute Gleiteigenschaften von Legierungen.	Teil pilzbekämpfender Mittel in der Landwirtschaft

Mehr als ein Drittel des heute verwendeten Zinns wird übrigens durch Recycling aus Altmetall gewonnen.

4.5 Blei

Blei ist ein bläulich graues, sehr gut dehnbares Schwermetall, das sich leicht verbiegen lässt. Es ist so weich, dass man es mit einem Fingernagel ritzen kann. An der Luft läuft es infolge von Oxidation grau an.

Das Metall wird hauptsächlich aus **Bleiglanz** gewonnen. Dabei kommen zwei Verfahren zum Einsatz.

Bleiglanz = Trivialname für Galenit (sulfidisches Bleimineral)

Verfahren zur Bleigewinnung aus Bleiglanz

Röstreduktionsverfahren	Röstreaktionsverfahren
Dabei wird klein gemahlenes Bleierz im Luftstrom bei 1 000 °C geröstet bzw. oxidiert. Anschließend wird das erhaltene Bleioxid in einem Schachtofen mit Koks bzw. mit Kohlenstoffmonooxid reduziert, wobei noch Kalk als Flussmittel hinzugegeben wird. Das noch unreine Blei sammelt sich im unteren Teil, während die leichtere Schlacke über dem Blei schwimmt.	Bei diesem Verfahren wird nur ein Teil des Bleisulfids geröstet. Ein Teil des entstehenden Bleioxids dient zur Reduktion des Bleisulfids.

Wussten Sie, dass ...
man früher zur Herstellung von Bleistiften tatsächlich Blei verwendete?

Das bei beiden Verfahren entstehende Rohblei enthält **noch 2–3 % Verunreinigungen** mit anderen Metallen. Die Reinigung erfolgt durch verschiedene Verfahren, wie z. B. durch die elektrolytische Raffination.

Werden an Ihrer Schule Metallverpackungen gesammelt? Diskutieren Sie die Notwendigkeit dieser Verpackungsmaterialien.

Blei ist eines der wichtigsten Gebrauchsmetalle und dient vor allem zur Herstellung von Legierungen.

Beispiele für Anwendungen von Blei und Bleilegierungen
- Hartblei (90 % Blei, 10 % Antimon): Akkumulatoren
- Schriftmetalle (z. B. 80 % Blei, 12 % Antimon, 5 % Zinn, Rest Kupfer und Nickel): Buchdruckplatten
- Die chemische Industrie verwendet Blei als Rohrmaterial für Säuren und aggressive Flüssigkeiten.
- Dicke Bleiplatten eignen sich als Strahlenschutzmaterial, z. B. beim Röntgen.

Bleierne Müdigkeit – Redewendung mit ernstem Hintergrund
Blei und seine chemischen Verbindungen sind giftig. Das Einatmen von Bleistäuben kann zu Erbrechen, Koliken und zu Kreislaufversagen führen. Heimtückisch wirkt die langfristige Aufnahme kleiner Mengen von Bleisalzen, z. B. durch das Trinken von Wasser aus bleihaltigen Wasserrohren oder aus Gefäßen mit einer Bleilasur. Das Blei lagert sich in den Knochen ein und führt zur Bleikrankheit, die sich in Müdigkeit, Appetitlosigkeit, Kopfschmerzen, Hautblässe oder Muskelschwäche äußert. Typisch für eine chronische Bleivergiftung sind auch schwarze Ränder von Bleisulfid am Zahnfleischsaum.

4.6 Magnesium

Taucher mit einer Magnesiumfackel unter Wasser

Reines Magnesium ist ein silberweiß glänzendes Leichtmetall, das leicht zu bearbeiten ist. An der Luft läuft es infolge von **Oxidation** grau an. Die entstehende Oxidschicht schützt das Metall vor weiterer Korrosion.

Magnesium hat einen relativ **niedrigen Schmelz- und Siedepunkt.** Beim Erhitzen verbrennt es oberhalb von 500 °C mit blendend weißer Flamme zu Magnesiumoxid und Magnesiumnitrid. Magnesium brennt auch in anderen Medien, in denen Sauerstoff chemisch gebunden ist, z. B. in Kohlenstoffdioxid oder Schwefeldioxid.

Aufgrund dieser Eigenschaft brennen Magnesiumfackeln auch unter Wasser und können als **Unterwasserlicht** bei Tauchgängen eingesetzt werden.

Ein Magnesiumband verbrennt mit sehr heller, weißer Flamme.

Brennendes Magnesium erreicht Temperaturen von mehr als 2 500 °C. Magnesiumbrände dürfen nicht mit Wasser gelöscht werden. Das Wasser wird dabei teilweise zersetzt und es erfolgt eine fast explosionsartige Reaktion, da Wasserstoff entsteht. Zum Löschen verwendet man am besten Sand. In siedendem Wasser löst sich Magnesiumpulver unter Bildung von Magnesiumhydroxid und Wasserstoff auf.

Magnesium ist ein relativ häufiges Element, in elementarer Form kommt es in der Natur allerdings nicht vor sondern nur in Verbindungen.

Silicat (SiO_4) = Salz der Kieselsäure

Beispiele für Magnesiumverbindungen

- Silicate, wie etwa Olivin ($Mg_2[SiO_4]$) oder Serpentin ($Mg_6Si_4O_{10}[OH]_8$)
- Das Mineral Dolomit, aus dem die Dolomiten gebildet sind, ist ein Calcium-Magnesium-Carbonat.
- Das wichtigste Magnesiumerz ist der Magnesit (Magnesium-Carbonat).

Da Magnesium ein Bauteil des Chlorophylls ist, macht sich ein Magnesiummangel bei Pflanzen durch weniger grüne Blätter bemerkbar.

In den Meeren machen die **Magnesiumsalze,** z. B. Magnesiumchlorid, etwa 15 % des Salzgehalts aus. Manche Mineralquellen enthalten Bittersalz, ein gelöstes Magnesiumsalz. Magnesiumsalze spielen vor allem bei den Pflanzen im Stoffwechsel eine bedeutende Rolle; sie dienen zum Aufbau des Chlorophylls und ermöglichen so die Fotosynthese.

Zur Herstellung von reinem Magnesium sind zwei Verfahren von Bedeutung:

- Durch die **Schmelzflusselektrolyse** wird aus Meerwasser Magnesiumchlorid gewonnen. Durch Zugabe von Kalkmilch fällt aus dem Meerwasser unlösliches Magnesiumhydroxid aus, das mit Salzsäure zu Magnesiumchlorid umgewandelt wird.
- Die **Reduktion von Magnesiumoxid** findet in Elektroöfen bei ca. 2 000 °C statt. Als Reduktionsmittel eignen sich Koks und Kalziumcarbid.

Ein Teil des benötigten Magnesiums kann auch durch **Recycling aus Altmetallschrott** gewonnen werden. Das Recyclingmagnesium kommt in Presszylindern oder Barren in den Handel.

Verwendung von Magnesium

Maschinenbau	Feuerwerkskörper	Reduktionsmittel
Magnesiumlegierungen, z. B. mit Aluminium, zeichnen sich durch ihre geringe Dichte, ihre hohe Festigkeit und ihre Korrosionsbeständigkeit aus. Daher werden sie zum Bau von Kraftfahrzeugen, Flugzeugen, Schiffen und Maschinenbauteilen häufig eingesetzt.	Früher diente Magnesiumpulver in einem Gemisch mit Kaliumpermanganat zur Herstellung von Blitzlichtpulver. Heute wird es noch in Feuerwerkskörpern und in Leuchtmunition zur Erzeugung von sehr hellem, weißem Licht eingesetzt.	Magnesium eignet sich in besonderem Maße als Reduktionsmittel zur Herstellung von Metallen aus ihren Oxiden oder Halogeniden, wie z. B. von **Titan** oder Uran.

Magnesium wird zur Erzeugung von Feuerwerkskörpern benötigt

Aufgabenstellungen – „Weitere Nichteisenmetalle"

1. + Ordnen Sie die folgenden NE-Metalle der passenden Kategorie zu.

	Schwermetall	Leichtmetall
Aluminium		
Wolfram		
Kupfer		
Magnesium		
Zinn		
Cadmium		

2. + Beschreiben Sie Vorkommen, Gewinnung und Eigenschaften von reinem Kupfer und gehen Sie auf die wichtigsten Legierungen ein.

3. ++ Nennen Sie Verwendungszwecke und die biologische Bedeutung von Nickel.

4. ++ Bei der Aufnahme von Blei und Bleiverbindungen können gesundheitliche Probleme auftreten. Geben Sie einen Überblick über Symptome und Gegenmaßnahmen einer Bleivergiftung.

5 Edelmetalle

Königswasser = Gemisch aus Salpeter- und Salzsäure

Unter dem **Begriff Edelmetall** werden all jene Metalle zusammengefasst, die **besonders widerstandsfähig gegen Säuren, Basen und Salze** sind. So wird Gold lediglich von Königswasser und Chlorwasser, Silber nur von oxidierenden Säuren (Salpeter- und Schwefelsäure) gelöst.

Edelmetalle bilden mit Ausnahme von Silber an der Luft keine Oxide und sind verhältnismäßig weich und dehnbar. Sie lassen sich daher sehr gut verformen und bearbeiten. Durch Legierungszusätze lassen sich Edelmetalle gezielt härten. Die Berührung mit diesen Metallen ist angenehm.

Wussten Sie, dass ...
im Mittelalter die Alchimisten (leider erfolglos) versuchten, Gold durch Umwandlung anderer Stoffe künstlich herzustellen? Sie hielten Zinnober und Quecksilber für eine Vorstufe des sogenannten Steines der Weisen. Darunter stellte man sich einen magischen Stoff vor, welcher die Fähigkeit besaß, aus wertlosen Metallen Gold zu erzeugen.

Angesichts des hohen Wertes von Edelmetallen ist die Rückgewinnung auch kleinster Mengen wirtschaftlich lohnend. Als Quellen bei Gold kommen Schmuckgegenstände, elektronische Bauteile oder Zahnersatz und -füllungen in Frage. Silber wird außerdem aus Altfilmen und Fotopapieren der Fotoindustrie zurückgewonnen, Platin vor allem aus dem Einschmelzen von Abgaskatalysatoren.

Da die Edelmetalle in aller Regel nicht rein, sondern in Verbindung mit anderen Metallen bzw. als Legierungskomponenten verwendet werden, ist ein zum Teil hochkomplexer Aufbereitungs- und Scheideprozess erforderlich, um sie zurückzugewinnen. Dennoch liegt die produktbezogene **Recyclingrate bei über 90 %.**

5.1 Gold

Wussten Sie, dass ...
sich aus 1 g Gold ein 3 km langer Draht ziehen lässt?

Gediegenes Gold

Gold ist ein gelb glänzendes Edelmetall, das eine **sehr hohe Dichte** besitzt.

- Es ist das dehnbarste aller Metalle. Gold kann wie kein anderes Metall zu sehr dünnen Drähten und Folien (Blattgold) von fast $\frac{1}{10\,000}$ Millimeter ausgewalzt oder gehämmert werden.
- Gold lässt sich mit anderen Metallen legieren, mit Quecksilber erhält man Amalgam.
- Neben Silber und Kupfer zählt Gold zu den drei besten Leitern von Wärme und elektrischem Strom.
- Gold ist ein sehr edles und korrosionsbeständiges Metall, das von Luft, Wasser und Säuren nicht angegriffen wird. Nur Chlorwasser oder Königswasser vermag Gold zu lösen.

Vorkommen

Gold gehört zu den seltenen Elementen und steht an 75. Stelle der Elementhäufigkeit. In der Natur kommt es hauptsächlich in gediegenem Zustand vor. Gold ist aber fast immer mit Silber und anderen Metallen verunreinigt.

Gewinnung

Die Goldgewinnung erfolgt nur noch selten durch Goldwäscherei. Bei diesem Verfahren wird Flusssand in einer industriellen Anlage oder nur mit einer einfachen Waschpfanne aufgeschlämmt, sodass sich die Goldnuggets oder Goldplättchen aufgrund ihrer hohen Dichte am Boden oder am Rand der Waschpfanne absetzen.

Die wichtigsten industriellen Verfahren zur Goldgewinnung	
Amalgamierung	Dabei wird das goldhaltige Gestein in Mühlen zermahlen und mit Wasser und Quecksilber vermischt. Das Gold bildet mit dem Quecksilber eine Legierung **(Amalgam),** aus der durch Destillation bei 600 °C das Quecksilber abgesondert werden kann. Das verdampfte Quecksilber wird zurückgewonnen und wieder eingesetzt. Durch das Verfahren können etwa zwei Drittel des Goldes aus dem Gestein herausgelöst werden.
Cyanidlaugerei	Sie nutzt die Eigenschaft des Natriumcyanids, mit Sauerstoff Edelmetalle zu lösen. Verwendet wird dieses Verfahren bei Golderzen mit Goldgehalten, die für die Amalgamierung nicht mehr rentabel sind. Der Erzschlamm wird in großen Stahlbehältern unter ständiger Luftzufuhr mit Natriumcyanidlösung ausgelaugt. Nach 10–16 Stunden kann die Lösung filtriert und mit Aluminium- oder Zinkstaub ausgefällt werden. Das Zink wird dann mit verdünnter Schwefelsäure herausgelöst. Das auf diese Weise gewonnene Rohgold hat bereits einen Feingehalt von ca. 900 ‰ (siehe Randspalte unten).
Elektrolytische Goldscheidung	Reines Gold kann nur elektrolytisch gewonnen werden. Das in der elektrolytischen Goldscheidung gewonnene Gold hat einen Feingehalt von 999,9 ‰ (Reinstgold).
Anodenschlamm bei der Kupferraffination	Daraus können durch Aufarbeitung ebenfalls erhebliche Goldmengen gewonnen werden.

Mit Cyaniden belastete Abwässer aus der Goldgewinnung werden zwar durch chemische Oxidation entgiftet, es werden aber nach wie vor toxische Verbindungen freigesetzt. In einem neu entwickelten biotechnologischen Verfahren werden anstelle der chemischen Behandlung Mikroorganismen eingesetzt, die zum Abbau von Cyaniden fähig sind.

Eine weitere Möglichkeit zur Gewinnung ist das **Recycling** von Gold aus Schrott in den Gold- und Silberscheideanstalten (in Österreich z. B. in der Ögussa).

Ögussa = **Ö**sterreichische **G**old- und **S**ilber**s**cheide**a**nstalt

Verwendung

Gold war lange Zeit ein wichtiges Währungsmetall und noch immer lagern etwa zwei Drittel der Goldreserven in staatlichen Depots als **Währungsreserven.**

Eine bedeutende Rolle spielt Gold in der Zahnmedizin als Dentalgold, in der Elektronik zur Herstellung von Schaltkontakten und bei der Herstellung optischer Geräte wie hochwertiger Spiegel, Sonnenschutzgläser und Reflektoren für Satelliten.

Reines Gold ist für die Herstellung von Gebrauchsgegenständen zu weich. Deshalb wird es **mit anderen Metallen legiert.** Zum Legieren nimmt man in der Regel die sogenannten Buntmetalle wie Kupfer, Nickel etc. Der Feingoldgehalt bestimmt den Wert; er ist auf dem Goldgegenstand durch eine Punzierung angezeigt.

Durch die Beimischung anderer Metalle erhält man Legierungen, die eine höhere Härte besitzen und preiswerter sind.

Das **galvanische Vergolden** von Gegenständen zum Schutz vor Korrosion hat vor allem in der Weltraumfahrt eine gewisse Bedeutung. Das 0,1 μm dicke **Blattgold** wird zum Verzieren von Gegenständen oder bei der Restauration von Kunstgegenständen eingesetzt. Auch zum Färben von Glas und Porzellan wurde Gold verwendet. Derartige Gläser färben sich kräftig rubinrot.

Punzierung = in Metall eingestanzter Garantiestempel.

Der Feingehalt des Goldes wird in Karat (24 Gewichtsanteilen) angegeben:

24 Karat = 24/24 Gewichtsanteile Gold (ohne Verunreinigung)

1 Karat = nur einer von 24 Gewichtsanteilen ist Gold, 23 Teile sind andere Stoffe

Aufgabenstellung – „Gold“

■ + Nennen Sie die Verfahren zur industriellen Goldgewinnung. Bei welchem Verfahren erhält man das reinste Gold?

5.2 Silber

Wussten Sie, dass ...
der Name „Silber“ aus dem altnordischen Sprachraum kommt und licht, hell, weiß bedeutet?

Silber ist ein **weiß glänzendes und weiches Edelmetall.**

- Es ist nach Gold das dehnbarste Metall und kann zu feinen, blaugrün durchscheinenden Folien von Blattsilber ausgewalzt werden.
- Silber besitzt die beste elektrische und thermische Leitfähigkeit aller Metalle.
- Es wird mit den meisten anderen Metallen (außer Eisen und Cobalt) legiert.
- Silber besitzt von allen Substanzen der Erde das höchste Reflexionsvermögen für Licht. Dies erklärt den strahlend weißen Metallglanz.
- Silber läuft bei längerem Kontakt mit Schwefelverbindungen schwarz an (Reaktion zu Silbersulfid). Dies erklärt die Schwarzfärbung von Silberbesteck, wenn man damit Eier (enthalten Schwefelverbindungen) isst.

Vorkommen

Gediegenes Silber

In der Natur kommt Silber gediegen in Form von Körnern, Blättchen, Drähten oder Locken vor. Es kristallisiert wie Gold und Platin in der kubischen Kristallform. Von den über 100 bekannten Silbererzmineralien ist der Silberglanz (Silbersulfid) am bedeutendsten. Die Hauptvorkommen an Silbererzen liegen in den USA (Nevada), Kanada, Mexiko, Peru, Bolivien, Russland und Australien.

Gewinnung

Silbrelegierungen

Sterlingsilber:	$^{925}/_{1\,000}$ Ag
Münzsilber:	$^{900}/_{1\,000}$ Ag
Arbeitssilber:	$^{800–835}/_{1\,000}$ Ag

„$^{925}/_{1\,000}$ Ag“ bedeutet, dass in der Legierung 925 von 1 000 Gewichtsanteilen Silber sind, der Rest andere Stoffe.

- Etwa die Hälfte des genutzten Silbers fällt bei der Rohstoffgewinnung von Kupfer, Zink und vor allem bei der Bleigewinnung aus silberhaltigem Bleiglanz an,
- ein Viertel der Gewinnung stammt aus Silbererzen,
- ein weiteres Viertel aus dem Recycling von Altmetallen.

Die Herstellung aus den Silbererzen erfolgt wie beim Gold mithilfe der **Cyanidlaugerei.** Das Produkt wird durch Filterpressen abgetrennt und geschmolzen, sodass man etwa 95%iges Rohsilber erhält. Die weitere Reinigung (Anreicherung) erfolgt elektrolytisch. Die Anoden bestehen aus 1 cm dicken Rohsilberplatten, die Kathoden aus dünnem Feinsilberblech. Das reine Silber kommt vor allem in Form von Barren, Blechen oder Drähten in den Handel.

Verwendung

Silber ist heute das meistgebrauchte Edelmetall. Sein Preis liegt derzeit jedoch deutlich unter dem von Gold, Platin oder Palladium. Die frühere Bedeutung als Münzmetall hat Silber weitgehend verloren.

- Silber dient aufgrund seiner hohen elektrischen Leitfähigkeit zur Herstellung von elektrischen Kontakten, von Elektroden oder elektronischen Bauteilen.
- Silber ist ein beliebtes Material für Schmuck und Tischgeschirr. Zur Erhöhung der Härte wird es meist mit anderen Metallen legiert.
- Eine Legierung aus Quecksilber und Silber (Amalgam) wird für Zahnfüllungen verwendet, was aufgrund der der Giftigkeit des Quecksilbers allerdings umstritten ist.
- Silberverbindungen wie Silberchlorid werden aufgrund ihrer Lichtempfindlichkeit für hochwertige Fotopapiere verwendet.
- Aufgrund seiner Bakterien tötenden Wirkung ist Silberpulver auch Bestandteil von Salben.

5.3 Platin

Platin ist ein silbrig glänzendes, sehr zähes und relativ **weiches Schwermetall.**

- Es ist stabiler als Gold und wird für Fassungen von teuren Edelsteinen verwendet.
- Es lässt sich gut zu feinen Drähten und Folien verarbeiten.
- Nach Osmium und Iridium besitzt Platin die drittgrößte Dichte aller Elemente.
- Platin kann große Mengen an Wasserstoff sowie Sauerstoff anziehen und spielt daher eine bedeutende Rolle als Katalysator.

Platin = span. *platina*, bedeutet „kleines Silber".

Würfelförmiger Platinkristall

Vorkommen

Natürliches Platin kommt meist zusammen mit anderen **Platinmetallen** gediegen vor (z. B. mit Palladium, Rhodium, Iridium, Osmium, Ruthenium). Die wichtigsten Vorkommen finden sich in der Republik Südafrika, in Kanada und in den USA.

Gewinnung

Die Platinmetalle werden nach einem anfänglichen Reinigungsprozess mit Königswasser versetzt. Dabei gehen Platin, Palladium und Gold in Lösung, während die anderen Platinmetalle im Rückstand verbleiben. Das Gold wird mit Eisenchlorid und das Palladium mit Ammoniumchlorid abgetrennt. Die dabei entstehende Platinverbindung wandelt sich durch Glühen in reines, 99,9 %iges Platin um. Ein Teil des Platins wird auch aus Abfällen und Altmaterialien wiedergewonnen.

Zur **Platingruppe** zählen darüber hinaus die Metalle Ruthenium, Rhodium, Osmium, Iridium, Palladium und auch Quecksilber.

Verwendung

- Platine dienen zur Herstellung von Katalysatoren. Diese ermöglichen zahlreiche chemische Prozesse. Beim Dreiwegekatalysator ist Platin ein wichtiger Bestandteil zur Umwandlung der Autoabgase.
- Große Mengen an Platin werden auch zur Herstellung von elektrischen Schaltkontakten, Heizleitern oder Thermoelementen verarbeitet.
- Aufgrund seiner hohen Schmelztemperatur und Korrosionsbeständigkeit wird es zum Bau von medizinischen und technischen Geräten verwendet.
- Eichmaße (z. B. das Urkilogramm) bestehen aus einer Platinlegierung.
- Schmuckplatin ist eine Legierung mit 4 % Kupfer bzw. auch 10 % Palladium.

Platinschmuck

5.4 Quecksilber

Quecksilber ist ein silberweiß glänzendes, bei Raumtemperatur **flüssiges Schwermetall.** Es dehnt sich beim Erwärmen stark aus und besitzt eine große Oberflächenspannung. Es bildet leicht Tröpfchen und benetzt andere Substanzen nicht.

Quecksilber = lat. *hydrargyrum*, bedeutet „flüssiges Silber".

Schon bei Zimmertemperatur verdampfen ständig geringe Mengen an Quecksilber. Dieser Dampf sendet beim Anlegen einer Hochspannung intensives UV-Licht aus. Thermische und elektrische Leitfähigkeit von flüssigem Quecksilber sind nicht besonders gut. Bei –38,89 °C erstarrt es zu einem festen Metall, das sehr weich und gut dehnbar ist.

Quecksilber besitzt eine hohe Oberflächenspannung

Vorkommen

Quecksilber ist ein relativ **seltenes Element,** in kleinen Mengen ist es aber überall auf der Erde verteilt, z. B. im Meerwasser oder in den Gasen von Vulkanen. Abbauwürdige Erzvorkommen sind jedoch relativ selten.

Das wichtigste Quecksilbererz ist der **Zinnober** (Quecksilbersulfid). Auf dem Zinnobererz finden sich manchmal kleine Kügelchen aus elementarem Quecksilber.

Amalgamfüllungen sind in Verruf geraten, da mit der Zunahme der Zahl der Amalgamfüllungen das Risiko einer Erkrankung ansteigt. Die Quecksilberkonzentration im Speichel nach dem Kauen ist besonders dann viel höher, wenn Amalgamfüllungen vorhanden sind.

Erste Hilfe nach Kontakt mit Quecksilber oder Quecksilbersalzen

- **Nach Hautkontakt:** sofort mit Wasser und Seife abwaschen.
- **Nach Augenkontakt:** mindestens 15 Minuten bei geöffnetem Lidspalt mit Wasser ausspülen – Augenarzt aufsuchen.
- **Nach Einatmen:** sofort an die frische Luft. Arzt!
- **Nach Verschlucken:** Mund mit frischem Wasser spülen. Arzt!
- **Nach Kleidungskontakt:** benetzte Kleidung sofort ausziehen.

Einen Artikel zu einer Quecksilber-Vergiftung mit einer wohl nicht gerade alltäglichen Quecksilberquelle finden Sie hier: www.trauner.at/hg.aspx

Gewinnung

Die Herstellung erfolgt durch das Erhitzen von **Zinnobererz** in Öfen unter Luftstrom bei Temperaturen über 400 °C. Das gasförmige Quecksilber entweicht und wird in wassergekühlten Röhren kondensiert und in eisernen Behältern gesammelt. Man erhält relativ reines Quecksilber (Reinheitsgrad von ca. 99,9 %).

Verwendung

- Die Hauptmenge des gewonnenen flüssigen Quecksilbers dient zur Gewinnung des Chlors aus Steinsalz.
- Quecksilberdampflampen bestehen aus einem luftdicht gepumpten Quarzrohr, das eine geringe Menge eines Edelgases und etwas Quecksilber enthält. Die Lampen werden in Solarien und für UV-Lampen verwendet.
- Quecksilber wird zum Herauslösen von Edelmetallen aus Sand und für die Herstellung von **Amalgam** als Füllmaterial für defekte Zähne verwendet.
- Quecksilber dient auch zur Herstellung anderer Quecksilberverbindungen für Initialsprengstoff und Quecksilberbatterien.
- Als Füllmaterial für Thermometer, Barometer oder Blutdruckmesser wird es heute aufgrund der **Giftigkeit** nur noch im wissenschaftlichen Bereich eingesetzt, wenn sehr genaue Messungen vorgenommen werden sollen.

Quecksilber und seine Wirkung auf den menschlichen Körper

Quecksilber und seine Salze haben für den Menschen massive negative Auswirkungen. Problematisch sind vor allem die schon bei Zimmertemperatur entstehenden, extrem giftigen Quecksilberdämpfe. Auch die Aufnahme über das Trinkwasser oder die Nahrung stellt eine Gefahrenquelle dar.

Akute Vergiftungen äußern sich durch Kopfschmerzen, Schwindel, Zittern, Seh- und Hörstörungen, Schleimhautentzündungen, Metallgeschmack im Mund, blutigen Durchfall, Erbrechen, Nierenversagen, Blutdruckabfall und Kreislaufzusammenbruch. Tödlich wirkt eine Dosis von ca. 150 bis 300 mg Quecksilber.

Problematischer sind **chronische Vergiftungen** bei länger andauernder Aufnahme von kleinen Mengen an Quecksilber. Zerbricht ein Fieberthermometer mit Quecksilberfüllung, verteilen sich die kleinen Kügelchen sogar in engste Ritzen. Das Quecksilber verdampft über Jahre hinweg und wird in kleinen Mengen regelmäßig eingeatmet. Chronische Vergiftungen können bis hin zum Tod führen.

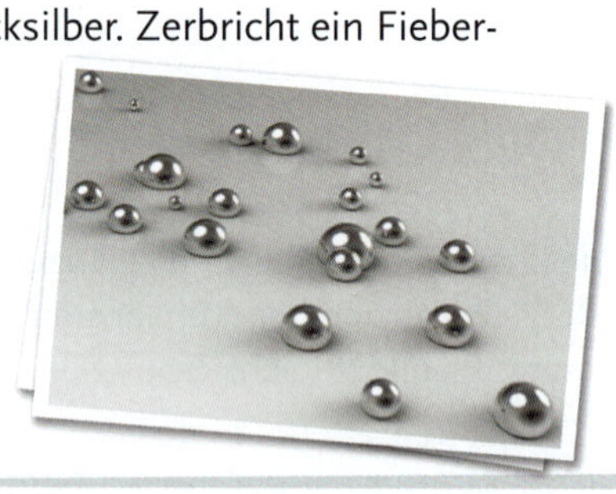

Aufgabenstellung – „Edelmetalle“

- \+ Nennen Sie sowohl gemeinsame Eigenschaften als auch die Unterschiede der Ihnen bekannten Edelmetalle (Gold, Silber, Platin, Quecksilber).

KOMPETENZ-ERWERB

Ziele erreicht? – „Metalle“

1. + Geben Sie das Ergebnis der Reaktionsgleichung an und erklären Sie den Vorgang zur Eisengewinnung. Reduktion durch Kohlenstoff:

$Fe_2O_3 + 3\,C \xrightarrow{\Delta T}$ ______

2. + Betrachten Sie die folgenden Gegenstände. Welche besonderen Eigenschaften muss Stahl haben, um für den jeweiligen Einsatz geeignet zu sein?

3. + Ordnen Sie der Skizze die verschiedenen Temperaturbereiche zu.

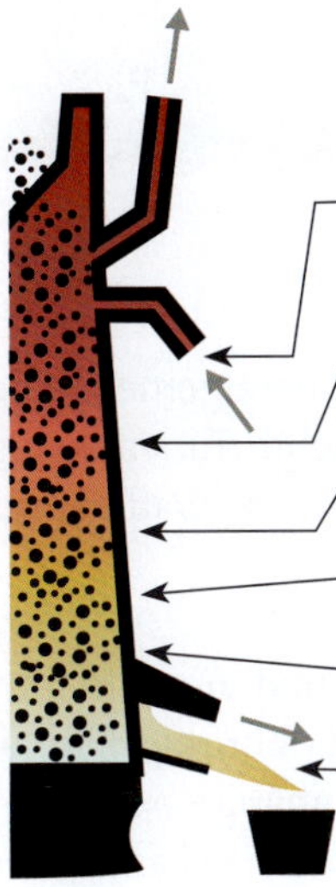

Schmelzzone ■ indirekte Reduktionszone ■ Abstich ■ Vorwärmzon ■ direkte Reduktionszone ■ Verbrennungszone

4. + Beschreiben Sie, was man unter einer Legierung versteht und welche Vorteile für Stahl dadurch erreicht werden können.

5. + Erklären Sie den Weg vom Bauxit über die Tonerde und die Schmelzflusselektrolyse hin zum Aluminium.

6. ++ Nennen Sie Gründe, warum das Recycling gerade bei Aluminium besonders sinnvoll ist.

7. + Beschreiben Sie den Stellenwert, den das Recycling von Edelmetallen einnimmt. Recherchieren Sie, welche Stoffe dafür als Hauptquellen dienen.

8. + Erklären Sie Vorkommen und Gewinnung von Gold bzw. Silber. Nennen Sie darüber hinaus auch Verwendungen dieser Edelmetalle.

9. ++ Erörtern Sie die Wirkung von Quecksilber auf den menschlichen Körper.

10. + Beschreiben Sie die Eigenschaften, Verwendungsmöglichkeiten und das Recycling von Zink und Zinn.

11. + Nennen Sie Verwendungsmöglichkeiten des NE-Metalls Magnesium und begründen Sie, warum gerade dieses Metall dort Verwendung findet.

Einen interaktiven **Safety-Check** finden Sie in der TRAUNER-DigiBox.

Mineralien und Gesteine

Aus Malachit (hier in geschliffener Form) werden schon seit langer Zeit Schmuck, Statuen und andere Kunstobjekte hergestellt.

Schon in vorgeschichtlicher Zeit wurden Mineralien und Mineralgemenge genutzt. Kupfer, Gold und Silber sowie zahlreiche Edelsteine (Malachit, Türkis, Lapislazuli, Opal, Achat) wurden um 3500 v. Chr. in Vorderasien zu Schmuck, Waffen und anderen Gebrauchsgegenständen verarbeitet.

Die Fähigkeit, metallische Elemente im Gestein zu finden und aus ihm zu gewinnen, beruhte in der frühen Antike auf Beobachtung und Erfahrung. Eine wissenschaftliche Betrachtungsweise mineralogischer Zusammenhänge existierte nicht. Die erste wissenschaftliche Veröffentlichung über die damals bekannte Welt der Mineralien schrieb der griechische Philosoph Aristoteles (384 bis 322 v. Chr.). Sein Mineralsystem hatte bis ins 16. Jahrhundert Gültigkeit.

Meine Ziele

Nach Bearbeitung dieses Kapitels kann ich

- Struktur und Aufbau von Mineralien beschreiben;
- Eigenschaften von Gesteinen und Mineralien nennen und bestimmen;
- Entstehung und Vorkommen von Schmuckmaterialien beschreiben;
- Techniken der Veredelung und Bearbeitung der Mineralien nennen;
- die Bewertung von Edelsteinen (besonders Diamanten) nachvollziehen.

Durch das Zusammenwirken der Disziplinen Physik und Chemie mit der Mineralienkunde entwickelte sich schließlich die Wissenschaft von den Mineralien, die **Mineralogie.**

Mineralogische Grundbegriffe

Stein	Gestein	Mineral	Kristall
Ein kompaktes Objekt aus einem Mineral oder Gestein, das (nach DIN 4022) zwischen 6,3 cm und 20 cm Korngröße aufweist. Schutt und Geröll sind freiliegende Steine (Bruchsteine, Rundling).	Ist ein natürliches Gemenge aus einem oder verschiedenen Mineralien, das einen kompakten Feststoff bildet (z. B. Granit). Die Wissenschaft von den Gesteinen heißt **Petrologie** oder **Petrografie.**	Ist ein stofflich (d. h. chemisch und strukturell) homogener, natürlicher Bestandteil der Erdkruste oder eines Himmelskörpers. Die meisten Mineralien haben bestimmte Kristallformen. Die Wissenschaft von den Mineralien heißt **Mineralogie.**	Ist ein Festkörper mit regelmäßiger, dreidimensionaler Anordnung der Materiebausteine (Atome, Moleküle, Ionen) in einem sogenannten Kristallgitter. Die Wissenschaft von den Kristallen heißt **Kristallografie.**

Die **Namen der Mineralien** nehmen Bezug auf

- Orte,
- Personen,
- hervorstechende Eigenschaften,
- okkult-mystische Kräfte.

Sie gehen auf verschiedene Sprachen zurück (Latein, Griechisch, germanische oder orientalische Sprachen). Daher gibt es unterschiedliche Schreibweisen.

Kristalle sind die kleinste Einheit. Aus ihnen sind die Mineralien aufgebaut und diese wiederum bilden das Gestein.

1 Aufbau und Erscheinungsformen der Mineralien

Mineralien haben eine ganz bestimmte stoffliche Zusammensetzung, die durch eine chemische Formel dargestellt werden kann. Diese Formel berücksichtigt aber nur die Hauptbestandteile des Minerals. Kleinste natürliche Beimengungen und Verunreinigungen bleiben unberücksichtigt, obwohl sie Verfärbungen oder sogar Farbänderungen hervorrufen.

Modifikationen sind Mineralien, die die gleiche chemische Zusammensetzung, aber verschiedenartige Kristallgitter aufweisen. Kohlenstoff beispielsweise erscheint in den Modifikationen Grafit und Diamant.

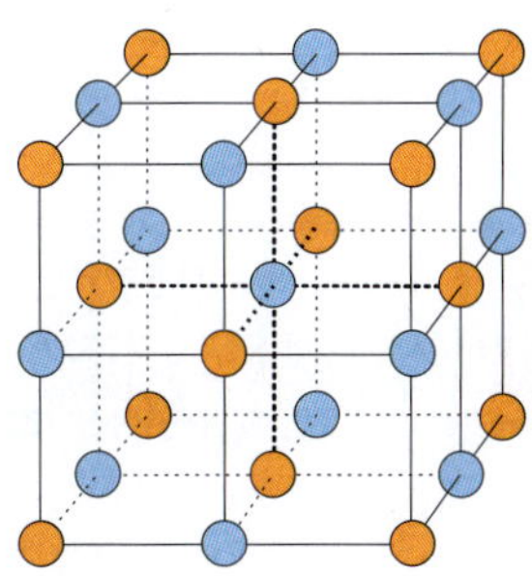

Schematische Darstellung des Kristallgitters von Steinsalz (NaCl)
Beimengungen:
Natriumion – orange
Chlorion – blau

Die äußere Erscheinungsform und die physikalischen Eigenschaften eines Minerals sind abhängig von seinem inneren Aufbau, das heißt von der Anordnung der kleinsten Bauteilchen, der Atome, Ionen oder Moleküle. Sind diese Bauteilchen gesetzmäßig angeordnet, sprechen wir von einem **Raum- oder Kristallgitter.**

Ein **Kristall** wird von Flächen, Kanten und Ecken gebildet, deren Beziehungen (Winkel) zueinander konstant sind. Diese übereinstimmende Symmetrie tritt bei allen Kristallen des gleichen Typs auf. Die äußere Symmetrie wird durch Symmetrieelemente (Drehungsachsen, Spiegelebenen) festgelegt. Die Kombination dieser Symmetrieelemente ergibt **sieben Kristallsysteme.**

Kristallsysteme und Kristallformen

Kubisches System
Alle drei Achsen sind gleich lang und stehen senkrecht zueinander.

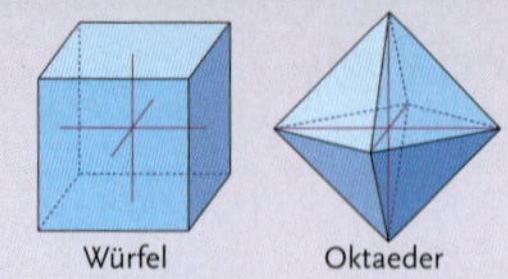

Tetragonales System
Die drei Achsen stehen senkrecht zueinander; zwei sind gleich lang und liegen in einer Ebene, die dritte (Hauptachse) ist länger oder kürzer.

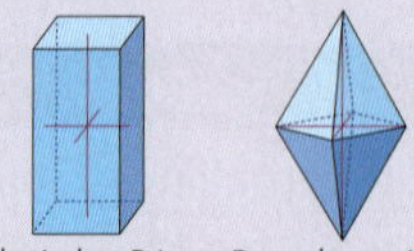

Hexagonales System
Drei von vier Achsen liegen in einer Ebene, sind gleich lang und schneiden sich in Winkeln von 120°, die vierte Achse (Hauptachse) steht senkrecht dazu. Der Querschnitt der prismatischen Grundform ist sechseckig.

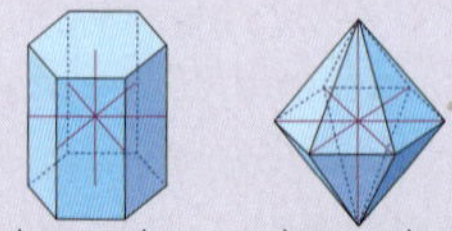

Trigonales System
Drei von vier Achsen liegen in einer Ebene, sind gleich lang und schneiden sich in Winkeln von 120°, die vierte Achse (Hauptachse) steht senkrecht dazu. Achsen und Winkel entsprechen denen des hexagonalen Systems. Der Querschnitt der prismatischen Grundform ist dreieckig.

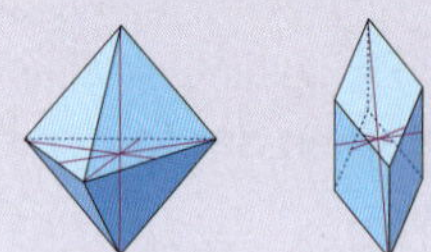

Rhombisches System
Drei verschieden lange Achsen stehen senkrecht zueinander.

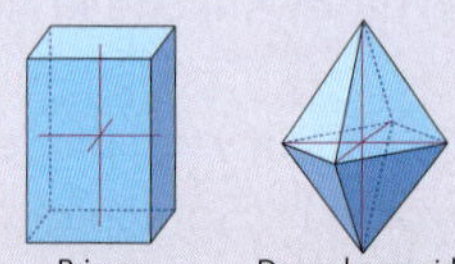

Monoklines System
Von drei verschieden langen Achsen stehen zwei senkrecht zueinander, die dritte steht schief.

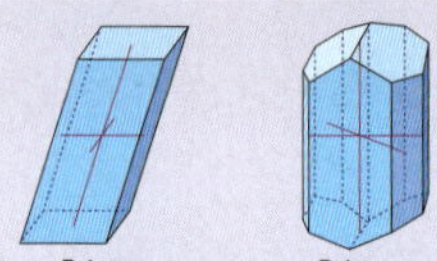

Triklines System
Alle drei Achsen sind ungleich lang und gegeneinander geneigt

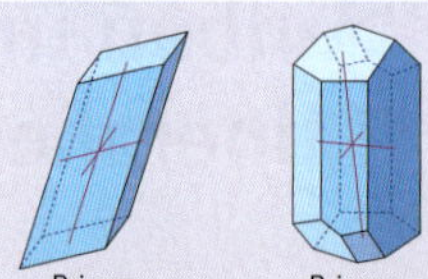

⚠ Kupfersulfat ist giftig und schädlich für das Grundwasser. Achten Sie auf jeden Fall auf eine entsprechende Entsorgung!

Versuch – „Prozess der Kristallisation"

In ein 100-ml-Becherglas werden 60 ml destilliertes Wasser gegeben und auf dem Dreifuß mit der nicht leuchtenden Flamme des Brenners auf genau 60 °C erhitzt.

Im heißen Wasser werden 20 ml Kupfersulfat (30 g) oder 10 ml Alaun (12 g) unter ständigem Umrühren gelöst. Es darf kein ungelöstes Salz in der Lösung schwimmen!

Die heiße Lösung wird in ein zweites, sauberes Becherglas filtriert.

Das Filtrat wird in eine Petrischale gegeben und für mehrere Tage an einen kühlen und ruhigen Ort gestellt.

Opale sind amorph

Mineralien mit einem Kristallgitter werden **kristallin** genannt. Mineralien ohne Kristallstruktur, d. h. ohne innere gesetzmäßige Ordnung der kleinsten Bauteilchen, sind **amorph** (z. B. Opal).

2 Eigenschaften der Mineralien

Mineralien lassen sich nur selten nach der Kristallform sicher identifizieren. Meist müssen die **physikalischen Eigenschaften** untersucht werden, die sowohl für die Erkennung als auch für die Gewinnung, Bearbeitung und Verwendung von Bedeutung sind.

Farbe und Strich

Nur wenige Mineralien haben eine einzige charakteristische Farbe **(Eigenfarbe).**

Beispiele für Mineralien mit Eigenfarbe
Malachit (grün), Azurit (blau), Zinnober (rot), Schwefel (gelb)

Azurit mit blauem Strich auf einer Strichtafel

Die meisten Mineralien treten in verschiedenen Farben auf. Die unterschiedliche Farbgebung wird im Allgemeinen durch geringe **Spuren von Fremdmaterial** oder durch **Störungen im Kristallgitter** verursacht. Sie stellt also eine **Fremdfarbe** dar. Die Farbe kann daher kaum als Bestimmungshilfe dienen.

Beispiele für farbgebendes Fremdmaterial in Mineralien
- Rubin – rot durch Chromoxidspuren
- Smaragd – grün durch Chromspuren
- Saphir – blau durch Eisen- und Titanspuren

Der **Strich** (Strichfarbe, Pulverfarbe) ist dagegen ein objektives Bestimmungsmittel für Mineralien. Er gibt die stets gleiche und einmalige Eigenfarbe der ganzen Mineralart wieder.

Ist beim Reiben auf der Strichtafel kein Strich zu erkennen, sagt man, der Strich ist farblos oder weiß.

Beispiel für eine Strichfarbe
Beim Fluorit ist die Strichfarbe immer weiß, ganz gleich, ob er gelb, blau, grün oder schwarz aussieht.

Versuch – „Bestimmung der Strichfarbe"

Nehmen Sie dazu ein Stück Pyrit (Katzengold) und reiben Sie es mit einer Ecke an einer unlasierten Porzellanfläche (Porzellantäfelchen, Unterseite von Porzellantellern, elektrischen Sicherungen usw.).
Vergleichen Sie die Strichfarbe von Pyrit mit der von z. B. Eisen.

Härte

Unter Härte versteht man die Größe des Widerstandes, den ein Mineral einer beliebigen mechanischen äußeren Einwirkung entgegensetzt. Die Härte der Mineralien ist allerding nicht auf allen Kristallflächen gleich.

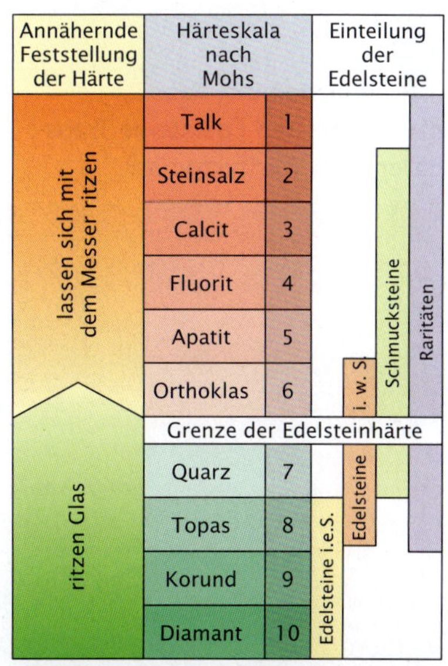

Die **Mohs'sche Härteskala** ist eine Vergleichsskala zur Härte von Mineralien, die auf der ganzen Welt gültig ist.

Beispiel für unterschiedliche Härten auf verschiedenen Kristallflächen
Die Härte von Grafit beträgt auf der Basisfläche nur 1, senkrecht dazu erreicht sie aber (theoretisch) fast Diamanthärte.

Kristallchemisch hängt die Härte der Mineralien vom Gitterbau, von den Atom- bzw. Ionenradien und von der Festigkeit der Bindung ab.

Spaltbarkeit

Neben der Härte wird auch die Spaltbarkeit eines Minerals maßgeblich vom **inneren Zusammenhalt der Kristalle** bestimmt. Wird der Zusammenhalt durch äußere Einwirkung gestört, kann der Kristall zerreißen.

Betrachten Sie die Kristallstruktur von Salz in der Darstellung auf S. 105. Diskutieren Sie, welche Art von Zerreisflächen sich bei der Spaltung eines Salzkristalls bilden würde.

Arten von Zerreißflächen bei Mineralien

Bruch	Spaltflächen
Unregelmäßig muschelige oder splittrig unebene Zerreißflächen.	Mehr oder weniger ebene bzw. glatte Zerreißflächen

Ob ein Mineral spaltbar ist oder nicht, hängt vom Gitterbau des Kristalls ab. Liegen die Atome, Ionen oder Moleküle so zueinander, dass man ebene Flächen durch das Kristallgitter schieben könnte, dann lässt sich das Mineral spalten, andernfalls entsteht ein Bruch.

Glanz

Bergkristall (Quarz) mit typischem Glasglanz

Gut entwickelte Kristalle, Spaltstücke und ebene Bruchflächen glänzen im schräg reflektierten Licht sehr verschieden. Der Glanz – darunter versteht man **das Ausmaß und die Art der Lichtreflexion** – ist abhängig von der Oberflächenbeschaffenheit, der Höhe der Lichtbrechung und der Absorption des Lichtes.

Durchsichtigkeit (Transparenz)

Die Lichtdurchlässigkeit (Transparenz) ist abhängig von der Mineralfarbe, vom Brechungsindex, Dicke, der Korngröße bei Mineralaggregaten sowie der Art und Anzahl der Fremdeinschlüsse.

Wussten Sie, dass ...
für die meisten Edelsteine Transparenz ein Wertfaktor ist?

Grade an Transparenz

Durchsichtig	Halb durchsichtig	Durchscheinend	Undurchsichtig
Man kann eine Schrift lesen.	Man erkennt Gegenstände bzw. Schrift nur undeutlich.	Durch dünne Kristalle oder an den Kanten kann Licht durchscheinen.	Das Mineral lässt auch im dünnsten Plättchen kein Licht durch.
Beispiel Bergkristall	**Beispiel** Hornblende	**Beispiel** Feldspat	**Beispiel** Grafit

Dichte von Mineralien

Je höher die Dichte von Mineralien, desto härter sind sie. So haben metallische Mineralien sowie Erze eine durchwegs höhere Dichte als gesteinsbildende Mineralien.

Innerhalb eines Kristalls ist die Dichte eines Minerals in allen Richtungen gleich. Der Wert der Dichte kann auch dazu herangezogen werden, um ein Mineral zu bestimmen.

Fluoreszenz

Viele Mineralien leuchten, wenn man sie mit ultraviolettem Licht (UV-Strahlen) bestrahlt. Einige wenige fluoreszieren sogar von Natur aus, also ohne zusätzliche Bestrahlung.

Da Beimengungen zu einem Mineral dessen chemische Struktur teilweise verändern, haben diese auch Einfluss auf die Fluoreszenz. Eine Untersuchung unter dem UV-Licht kann also Aufschluss darüber bringen, wie rein ein Mineral vorliegt.

Unter UV-Licht fluoreszieren hier Quarzkristalle grün und Calcitkristalle rot.

Flammenfärbung

So manche Mineralien haben einen färbenden Einfluss auf Flammen. Dies macht man sich beim Nachweis von bestimmten chemischen Elementen in Gesteinen nutzbar.

Elemente und ihre Auswirkungen auf die Flammenfärbung

Calcium (Ca)	Natrium (Na)	Bor (B)	Kalium (K)
färbt Flammen ziegelrot	färbt Flammen dottergelb	färbt Flammen hellgrün	färbt Flammen violett
Beispielmineralien Calcit, Fluorit	**Beispielmineral** Kryolith	**Beispielmineral** Sassolin	**Beispielmineralien** Sylvin, Kainit

Magnetismus

Magnetische Eigenschaften besitzen nur wenige Mineralien, z. B. das Mineral mit dem passenden Namen Magnetit. Je nach dem Anteil an ferromagnetischen Materialien im Mineral schwankt der Magnetismus stark.

Barytkristalle ($Ba[SO]_4$) lassen sich nur in Schwefelsäure lösen.

Löslichkeit in Säuren

Je nachdem, ob und wie sich Mineralien in Säuren lösen, kann man Rückschlüsse auf die Bestandteile des zu untersuchenden Minerals ziehen.

Beispiel: Klassifikation von Mineralien mithilfe der Löslichkeit in Säuren
Das Mineral Baryt (Bariumsulfat, $Ba[SO]_4$) ist derart beständig, dass es lediglich in konzentrierter Schwefelsäure löslich ist – und selbst da nur äußerst langsam.

Wirtschaftlich interessante Eigenschaften von Mineralien

Mineralien mit besonderen, gut ausgeprägten Eigenschaften (Härte, Leitfähigkeit, Dichte, Schmelzpunkt, chemischer Beständigkeit, elektrischen Eigenschaften) werden bergbaulich gewonnen und industriell verarbeitet (sogenannte **Industriemineralien**).

Beispiele für Industriemineralien und ihre Eigenschaften
- Magnetit – Magnetismus
- Schwefel – Isolator
- Grafit – elektrischer Leiter

Mit der Gewinnung, Anwendung und Qualitätskontrolle dieser Industriemineralien beschäftigt sich ein relativ junger Forschungszweig der Mineralogie, die sogenannte angewandte und technische Mineralogie.

3 Entstehung von Mineralien und Gesteinen

Dringt das Magma in die unteren Teile der Erdkruste ein, entstehen nach langsamer Abkühlung die **Plutonite.**
Ergießt sich magmatisches Material unmittelbar auf die Erdoberfläche, bilden sich bei relativ schneller Abkühlung die **Vulkanite.**

Magmatische Entstehung – Magmatite

Ausgangsmaterial für die Magmatite ist die zäh- und glutflüssige Schmelze des Erdinneren, das Magma.

Bei der Abkühlung einer Schmelze bilden sich immer wieder **Hohlräume,** in denen Mineralien und Kristalle wachsen können. Gelangt aufsteigendes heißes Wasser in einen Hohlraum, kristallisieren die im Wasser gelösten Mineralstoffe aus. Je langsamer, je länger und je ungestörter das mineralstoffreiche Wasser in einer Kluft zirkuliert, umso größer und regelmäßiger entwickeln sich die Kristalle.

Sedimentäre Entstehung – Sedimentite

Sie entstehen an der Erdoberfläche aus **Verwitterungsmaterialien** anderer Gesteine.

Normalerweise liegt zwischen dem Ort des Ursprungsgesteins und der Ablagerungsstelle der Verwitterungsprodukte ein mehr oder weniger langer **Transportweg.** Auf diesem Weg werden die durch Wasser, Eis, Wind und Schwerkraft mitgeführten Gesteinsreste und die in Lösung gehaltenen Bestandteile durchmischt oder chemisch so verändert, dass sich am Ablagerungsort ein völlig neues Gestein entwickelt.

Durch den Aufbau von kalkigen Schalen oder kieseligen Skeletten aus gelösten Salzen tragen auch zahlreiche Organismen zur Mineralbildung bei.

Beispiel für Sedimentite
In niederschlagsarmen, warmen Gegenden entstehen in Salzseen durch Verdunstung und chemische Fällung Salzmineralien.

Metamorphe Entstehung – Metamorphite

Metamorphose = Umwandlung

Die magmatisch, sedimentär oder metamorph entstandenen Gesteine werden im Verlauf der Erdgeschichte immer wieder in tiefere Schichten der Erdkruste geschoben. Unter dem erhöhten Druck und der erhöhten Temperatur in den tiefen Schichten vollziehen die Gesteine eine Metamorphose.

Durch Metamorphose entsteht z. B. Marmor aus Kalk.

Der Kreislauf der Gesteine

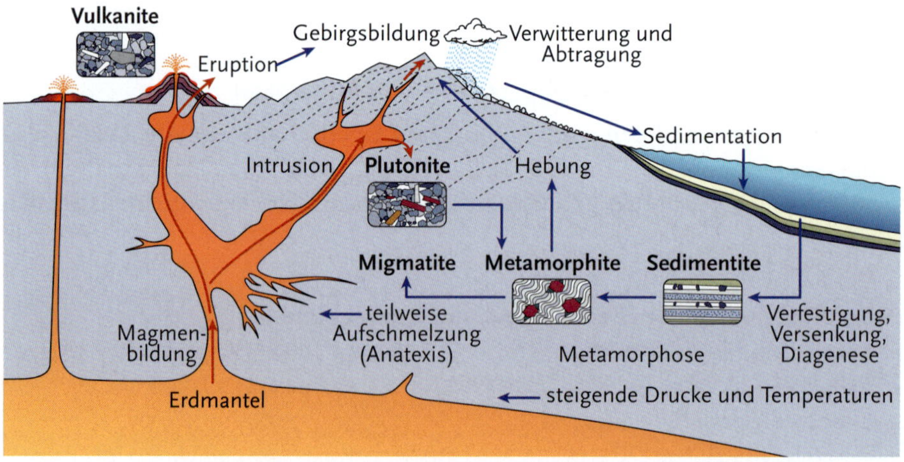

4 Schmuck- und Edelsteine

Als **Edelsteine** galten in historischer Zeit Steine, die den Menschen vor allem durch ihr außergewöhnliches Aussehen, ihren Glanz, ihre Farbe, Durchsichtigkeit, Widerstandsfähigkeit oder ihre Seltenheit fesselten. Später wurden hier auch Steine eingeordnet, denen einige dieser Eigenschaften völlig fehlen. Sie entsprachen lediglich der Mode oder wurden als geheimnisvoll angesehen.

Eine heute weit verbreitete Klassifikation unterscheidet:
- Edelsteine im eigentlichen Sinn
- Edelsteine im weiteren Sinn
- Schmucksteine
- Synthetische Edelsteine

4.1 Schmuckmineralien

Schmuckmineralien treten im Allgemeinen in jedem Gestein auf. Am häufigsten sind sie in Sedimenten zu finden. Anfangs wurden Schmuckmineralien nur frei an der Erdoberfläche gesammelt, mit fortschreitenden technischen Möglichkeiten und dem verstärkten Interesse an Edelsteinen begann der Untertageabbau.

Bei Achat handelt es sich um ein Quarzmineral (SiO_2), das aus dünnen Schichten mit wechselnder Struktur und Färbung besteht.

Arten von Edelsteinen

Edelsteine im engeren Sinn	Edelsteine im weiteren Sinn	Schmucksteine
Beispiele Diamanten, Rubine, Saphire, Smaragde, Topas, Turmaline und Opale	**Beispiele** Quarze wie der Bergkristall, der Rauchquarz oder Augenquarze	**Beispiele** Onyx, Achat oder Mondstein

4.1.1 Veredelung von Schmuckmineralien

Die Veredelung ist ein Prozess, bei dem es ohne Veränderungen der ursprünglichen chemischen Zusammensetzung bzw. ohne grundsätzliche Eingriffe in die physikalischen Eigenschaften zu einer Aufwertung des Erscheinungsbildes des Schmuckminerals kommt. Meistens wird die Farbe des Steins hervorgehoben oder abgeschwächt oder es werden Mängel wie Sprünge, Poren u. a. retuschiert.

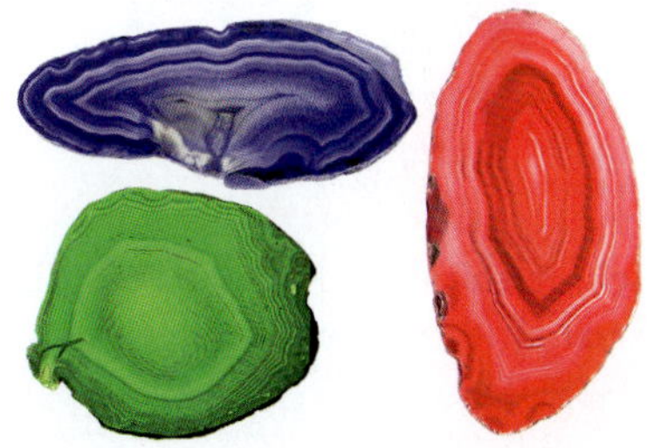

Unterschiedlich gefärbte Achatscheiben

Beispiele für Veredelungen
- Geeignete poröse Steine werden mit **Farbstoffen** getränkt.
- Intensivierung (Aquamarin, Saphir), Abschwächung (Rauchquarz) oder Veränderung (Turmalin) der Farbe kann durch **direkte Wärmebehandlung** auftreten.
- Intensivierung der Farben von Edelsteinen durch **radioaktive Strahlung** (Diamant, Aquamarin, Amethyst, Rauchquarz u. a.).
- Bruchstücke und Splitter einiger Edelsteine werden unter Druck und Wärmeeinwirkung homogenisiert. Man spricht von **rekonstruierten Steinen.**
- Mithilfe des Lasers werden Einschlüsse beseitigt (Diamant). Der dabei entstandene Kanal wird mit stark brechendem Spezialglas ausgefüllt.

Homogenisierung = Gleichmäßige Vermischung unterschiedlicher Bestandteile zu einem neuen Produkt.

Wusssten Sie, dass ...
nur die runde Form des Diamanten, wenn sie 57 Facetten aufweist, Brillantschliff genannt werden darf?

Brillantschliff

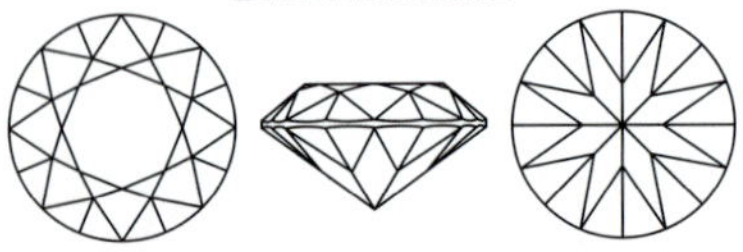

Die Gewichtseinheit Karat (ct) für Edelsteine hat nichts mit der Karatzahl (Kt) für Gold zu tun.
Der Name und die Gewichtseinheit stammen vermutlich vom Fruchtkern des Johannisbrotbaums (griech. *keration*). Diese Kerne wiegen mit nur geringen Abweichungen 200 mg und wurden als Gegengewichte für Balkenwaagen verwendet.

Schmelzbirne und daraus geschliffener synthetischer Edelstein

4.1.2 Bearbeitung

Zu den Grundtechniken der Bearbeitung von Schmucksteinen gehören das **Spalten, Gravieren** und **Schneiden.** Durch das **Schleifen** der Steine werden die Kristallflächen nachgeahmt. **Facettenschliffe** nutzen die optischen Effekte der Steine aus.

Je nach Form, Art und weiteren Eigenschaften des Rohsteines können Edelsteine in vielfältige Formen geschliffen, um mit möglichst wenig Schleifverlust das Optimum an Wirkung und Wert zu erreichen.

Die Art und Weise der **Identifikation von Edelsteinen** weist Besonderheiten auf. Das hängt damit zusammen, dass man den meisten Edelsteinen in bearbeiteter Form begegnet. Die Prüfung auf Echtheit (z. B. durch Messung des Brechungsindex, Bestimmung der Fluoreszenz in UV-Licht, Untersuchung auf Magnetismus, Härtebestimmung, Dichtemessung oder Messung der Radioaktivität) erfolgt mit Testinstrumenten (z. B. Refraktometer, Spektroskop oder Chelsea Filter) und ist Fachleuten oder Gemmologen vorbehalten.

Das Gewicht der Edelsteine wird immer in **Karat (ct)** angegeben. Dies ist seit der Antike die Gewichtseinheit im Edelsteinhandel. 1907 wurde es als metrisches Karat mit 200 mg (0,2 g) eingeführt. Davor waren die Gewichte an den einzelnen Handelsplätzen unterschiedlich.

Die Hauptgefahr für Edelsteine sind heftige Stöße, Abrieb oder **extreme Bedingungen** (Hitze, Kälte, Sonneneinstrahlung und aggressive Chemikalien). Um ein bleibendes effektvolles Aussehen der Steine zu sichern, müssen sie der Steinart entsprechend mit Wasser, Seifenwasser, Dampf oder Ultraschall gereinigt werden.

4.1.3 Imitationen

Der hohe Preis und vor allem ihre begrenzte Menge haben dazu geführt, dass man Edelsteine zu imitieren begann.

Synthetische Edelsteine
Dem französischen Chemiker Auguste Verneuil gelang es Ende des 19. Jahrhunderts, erste wirtschaftlich nutzbare synthetische Rubine zu züchten. Bis heute wird das Schmelz-Tropf-Verfahren in großem Umfang angewandt. Das Endprodukt ist ein birnenförmiger Körper von etwa 1,5 cm Durchmesser und einer Länge bis zu 7 cm. Dieser Kunststein entspricht nach Kristallstruktur, chemischer Zusammensetzung und physikalischen Eigenschaften völlig dem Original.

Aufgabenstellungen – „Schmuckmineralien “

1. + Nennen Sie die Verfahren zur Veredelung von Schmuckmineralien und geben Sie jeweils Beispiele an, wo diese Verfahren angewendet werden.

2. + Beschreiben Sie die Herstellung von synthetischen Edelsteinen.

4.2 Diamanten

Damit sich Diamanten aus Kohlenstoff (C) im Erdmantel bilden, sind ein enorm hoher Druck und Temperaturen von mehr als 1 000 °C nötig. Damit ist Nina auch klar, warum Diamanten so selten und teuer sind. Trotzdem hätte sie natürlich gerne so einen glänzenden und harten Edelstein.

In griechischen Schriften aus dem 8. Jh. v. Chr. findet man zum ersten Mal das Wort *adamas* in seiner Anwendung für den Begriff „unüberwindlich, unbezwingbar".

Außergewöhnliche Härte, besonderer Glanz, sein Feuer und seine Seltenheit reservieren seit vielen Jahrhunderten dem Diamanten seine Sonderstellung unter den Edelsteinen.

Diamanten entstanden unter hohem Druck und hoher Temperatur in den Schloten urzeitlicher Vulkane. Der so kristallisierte reine Kohlenstoff ist extrem hart. Zu den bedeutendsten Förderstaaten der Welt gehört die Republik Südafrika. Weitere bedeutende Diamantenförderstaaten sind China, Brasilien und Indien.

Diamantbewertung

Cut (Schliff)

Ein gut geschliffener Diamant, gleich welcher Form, reflektiert das einfallende Licht besser.

Gleichgültig, in welchem Land der Erde man sich befindet, wird die Qualität der Diamanten nach den **4 Cs** bestimmt. Diese sind:

C*ut* = Schliff
C*olour* = Farbe
C*arat* = Gewicht
C*larity* = Reinheit

Carat (Gewicht)

Wirkliche Größe (Durchmesser) und Gewicht von Diamanten mit Brillantvollschliff

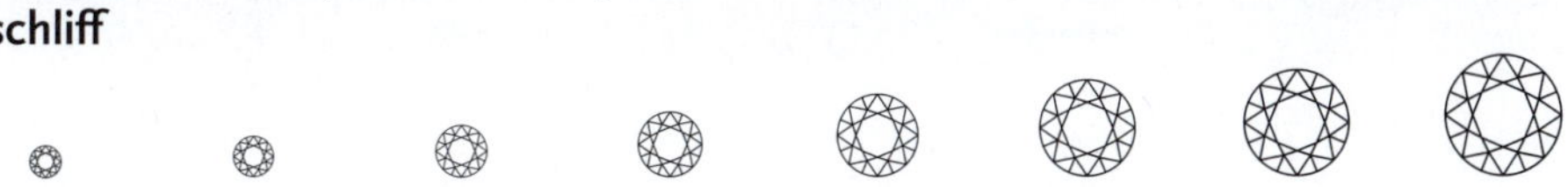

2,58 mm	3,25 mm	4,10 mm	5,15 mm	6,50 mm	7,50 mm	8,20 mm	9,35 mm
0,10 ct	0,20 ct	0,25 ct	0,50 ct	1,00 ct	1,50 ct	2,00 ct	3,00 ct

Colour (Farbe)

Für einen Diamanten ist die völlige Farblosigkeit am besten. In diesem Fall durchdringt weißes Licht den Stein und tritt in den Regenbogenfarben wieder aus. Diamanten kommen häufig in den natürlichen Farben Gelb, Hellbraun bis Dunkelbraun vor. Seltener sind Diamanten im Farbbereich Hell- bis Dunkelrosa.

Verschiedenfarbige Diamanten

Clarity (Reinheit)

Die meisten Diamanten haben sehr kleine natürliche Merkmale, die als Einschlüsse bezeichnet werden. Je weniger und je kleiner diese Einschlüsse sind, umso besser kann das Licht den Stein durchdringen.

Bernstein mit Insekteneinschluss

Bernstein wird **zu Steinen oder Kugeln geschliffen** und für Ziergegenstände verwendet.

Die **echte Perle** wächst ohne menschliche Einflussnahme. Sie besteht aus vielen einzelnen Schichten von echtem Perlmutt. Durch die dichte und vielschichtige Perlmuttmasse kann der Schmuck über Generationen getragen werden.

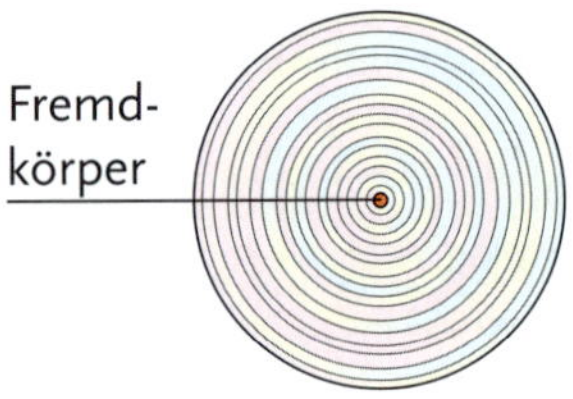

Schematischer Aufbau einer Naturperle

Die **Zuchtperle** entsteht, wenn ein künstlicher Perlmuttkern oder fremdes Gewebe in die Auster eingepflanzt wird. Die Absonderung der perlmuttartigen Schichten erfolgt dann wie bei Naturperlen durch den Stoffwechsel der Auster.

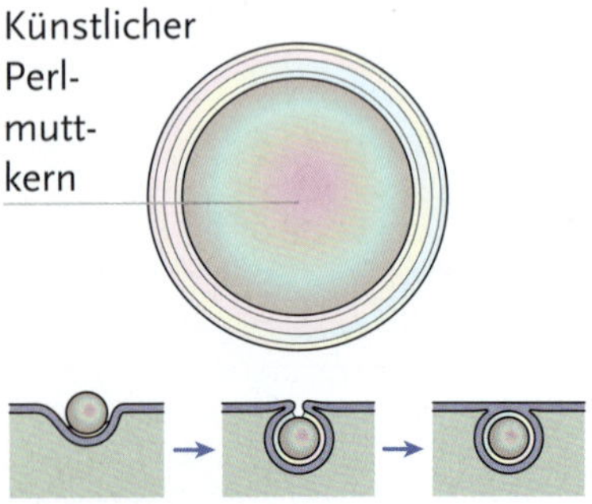

Schematischer Aufbau einer Zuchtperle

4.3 Schmuckmaterialien organischer Herkunft

4.3.1 Bernstein

Aus archäologischen Funden (Amuletten in alten Grabstätten) geht hervor, dass die Menschen Bernstein schon seit der Steinzeit kennen. Er diente in dieser Zeit sogar als **Zahlungsmittel.** Es wurde ihm auch Heilkraft bei der Behandlung von Ohren-, Augen-, Magen- und Zahnleiden zugeschrieben.

Bernstein entsteht bei der **Versteinerung von Baumharzen.** Wenn Bernstein brennt, riecht er angenehm und war deshalb von alters her Bestandteil aromatisch duftender Gemische. Bernstein ist wärmeempfindlich, brennbar, reagiert mit Chemikalien (Säuren, Alkohol), altert und verliert an Glanz. Er muss vor Schweiß und Sonnenlicht geschützt werden.

4.3.2 Perlen

Es ist anzunehmen, dass die Menschen Perlen schon seit 6 000 Jahren kennen. Bereits 2200 v. Chr. gab es in China einen regen Perlenhandel. Perlen bilden sich in zahlreichen **Muscheln,** in **Schnecken** und **Kopffüßern** wie Tintenfischen.

Sie entstehen als **Reaktion auf einen Fremdkörper,** der in das Innere des Mantels oder zwischen Muschelschale und Mantel eingedrungen ist. Die äußere Haut des Mantels umschließt sofort alle Fremdkörper in diesem Bereich und kapselt sie durch Perlmutt ab.

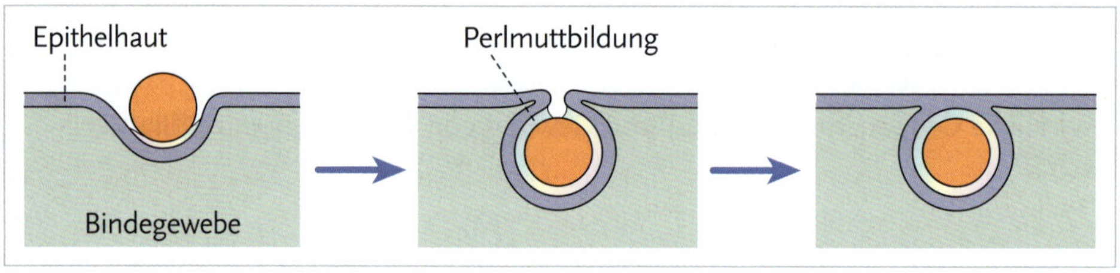

Perlen sind wärmeempfindlich und dürfen weder mit Ultraschall noch mit Dampf, sondern nur mit lauwarmem Seifenwasser gereinigt werden. Sie reagieren mit Säuren und können durch Kosmetika sowie Hautschweiß Schaden erleiden.

4.3.3 Korallen

Korallen entstehen, wenn **Meerespolypen mit Außenskelett** in Tiefen von 3 bis 200 m Kolonien bilden. Derzeit sind etwa 6 000 Korallenarten bekannt. Stellenweise bilden sie große Kolonien, sogenannte Bänke und Riffe. Korallen wachsen in allen warmen und sauberen Meeren und Ozeanen. In historischer Zeit kamen sie auch im Mittelmeer vor.

Korallen sind hitzeempfindlich. Sie können mit Seifenwasser gereinigt werden, sind aber empfindlich gegen Säuren, Kosmetika und Hautschweiß. Durch Alterung verblassen Korallen.

Imitationen werden hergestellt aus Porzellan, Zelluloid, Plastikmaterialien oder Glas; außerdem gibt es noch sogenannte gepresste Korallen (aus Korallensplitt).

Ziele erreicht? – „Mineralien und Gesteine“

KOMPETENZ-ERWERB

1. + Nennen Sie unterschiedliche Arten der Bearbeitung von Edelsteinen und wie ein bleibendes effektvolles Aussehen erreicht werden kann.

2. + Erklären Sie die „4 Cs“ in Zusammenhang mit der Bewertung von Diamanten. Wofür stehen die „4 Cs“ und inwiefern beeinflussen die einzelnen C-Eigenschaften die Bewertung eines Diamanten?

3. + Zählen Sie die verschiedenen Schmuckmaterialien organischer Herkunft auf und beschreiben Sie deren Eigenschaften sowie die Entstehung bzw. das Wachstum.

4. + Beschreiben Sie die Bildung von Perlen. Unterscheiden Sie dabei auch zwischen echten Perlen und Zuchtperlen.

5. + Beschreiben Sie den Aufbau und die Erscheinungsformen von Mineralien.

6. + Erörtern Sie die Entstehung der Mineralien und Gesteine im Inneren der Erde.

7. + Nennen Sie die Formen und die Systeme folgender Kristalle.

	Kristallform	Kristallsystem
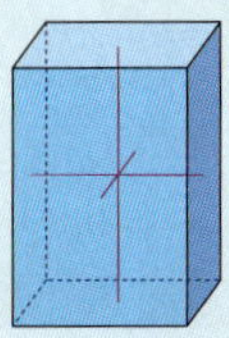		
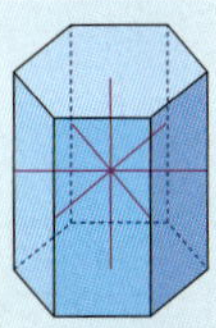		
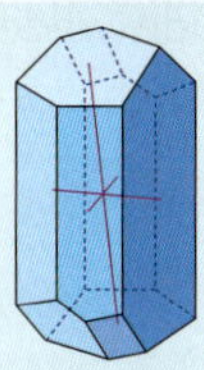		
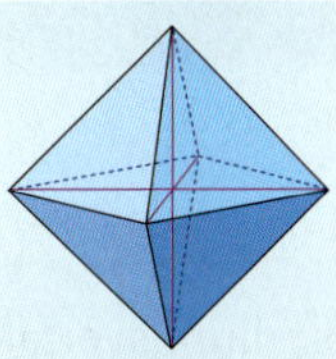		
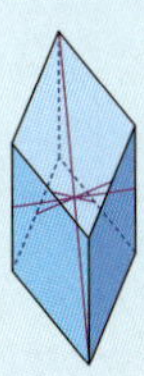		

8. ++ Sie haben je einen Stein der vier Mineralien Fluorit, Grafit, Bergkristall und Zinnober vor sich. Stellen Sie dar, wie Sie deren Eigenschaften analysieren könnten, sodass Sie jeden dieser Steine eindeutig dem jeweiligen Mineral zuordnen können.

Einen interaktiven **Safety-Check** finden Sie in der TRAUNER-DigiBox.

Glas und Tonwaren

Egal ob kilometerhoher Wolkenkratzer, talüberspannende Brücke, gebirgslanger Tunnel oder mehrstöckiges Einfamilienhaus: Ohne die Vielzahl an modernen Baustoffen wie (Stahl-)Beton oder Glas könnten alle diese Gebäude weder so hoch, noch so weit, so stabil, so architektonisch interessant oder so lichtdurchflutet errichtet werden, wie es heute bei modernen Bauwerken üblich ist.

KOMPETENZ-ERWERB

Meine Ziele

Nach Bearbeitung dieses Kapitels kann ich

- die Rohstoffe zur Glasherstellung nennen;
- zumindest drei verschiedene Glasprodukte und ihre Herstellungsverfahren beschreiben;
- Glasrecycling erklären;
- die Rohstoffe zur Zementherstellung nennen;
- die Ausgangsstoffe für Beton nennen;
- den Unterschied zwischen „amorph" und kristallin erklären;
- die Vorgänge beim Abbindeprozess von Beton erklären und analysieren;
- die Rohstoffe von Tonwaren aufzählen;
- die Herstellung von Keramik beschreiben.

1 Glas

„Unglaublich!" Nina ist überrascht, dass Glasfasern zur Datenübertragung z. B. bei Computern verwendet werden. So verbindet etwa ein Unterseeglasfaserkabel Europa und die USA. Nina hat nicht gewusst, dass dieses Material so vielfältig eingesetzt werden kann. Umso erstaunlicher ist das, wenn man bedenkt, dass die ersten Glasgefäße bereits etwa 1500 v. Chr. im alten Ägypten hergestellt wurden …

Welche Einsatzgebiete für Glas kennen Sie aus Ihrem Alltag? Überlegen Sie, welche Vorteile Glas gegenüber anderen Materialien hat. Diskutieren Sie mit Ihren Mitschülerinnen und Mitschülern.

1.1 Eigenschaften von Glas

Glas ist ein anorganisches Schmelzprodukt, das ohne merklich zu kristallisieren abkühlt und erstarrt.

Glas ist **amorph (gestaltlos)**, d. h., es besitzt keine oder nur kleine Bereiche mit beschränkter Ordnung der Moleküle. Man spricht daher auch von einer unterkühlten Flüssigkeit – ein Beweis dafür ist z. B. die Querschnittsvergrößerung am Fuß alter Fenster: Nach etwa 30 Jahren senkrechter Lagerung kann man diese bei Fensterscheiben bereits mit freiem Auge erkennen. Solche Stoffe weisen auch keinen fixen Schmelzpunkt auf, sondern erweichen allmählich.

Ein weiteres Merkmal der amorphen Struktur ist die ungleichmäßige Kraftverteilung im Inneren. Kristalline Stoffe „leiten" Kräfte dagegen entlang ihrer Gitter.

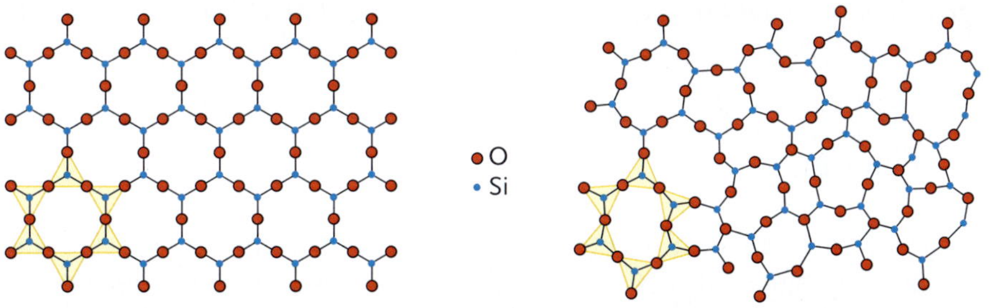

regelmäßige Vernetzung im Bergkristall unter Bildung von Sechsecken

unregelmäßige Vernetzung im Kieselglas

SiO_2 in drei verschiedenen Erscheinungsformen: als Bergkristall, als Stein und als Quarzsand (v. l. n. r.)

Chemische Eigenschaften von Glas

Glas ist sehr widerstandsfähig; die meisten Säuren und Basen können Glas nichts anhaben.

Für die Aufbewahrung von Lebensmitteln ist Glas besonders geeignet, da es, anders als Kunststoff oder Metall, keine Stoffe an das aufzubewahrende Gut abgibt. Man sagt: „Glas ist ein (weitgehend) inerter Stoff."

inert = unbeteiligt, träge

Färben von Glas: Durch Zusatz diverser Verbindungen (meist Metalloxide) zur Glasschmelze können unterschiedliche Farben für das Endprodukt erzielt werden.

1.2 Herstellungsverfahren

Je nach Glastyp werden zunächst die verschiedenen Einsatzstoffe zusammengemischt und homogenisiert. Ein Standardglas (wie z. B. Fensterglas) besteht aus

- 75 % gereinigtem Quarzsand (SiO_2),
- 10 % Kalk ($CaCO_3$) und
- 15 % Natriumcarbonat (= Soda, Na_2CO_3; zum Senken der Schmelztemperatur) bzw. entsprechenden Anteilen an Recyclingglas (Altglas).

Die Glasschmelze erfolgt bei Massengläsern meist kontinuierlich in sogenannten Wannenöfen in drei Hauptschritten:

- **Rauschmelzen:** Silikatbildung bei ca. 950 °C; Glasbildung bei 1 200 °C
- **Feinschmelzen (Läutern):** Entfernung von Gasblasen (z. B. CO_2) und anderen Fremdstoffen bei 1 500 °C
- **Abkühlen auf Gießtemperatur (1 200 °C)**

Die Wände des Ofens bestehen aus Spezialziegeln, deren Fugen durch die Glasschmelze selbst abgedichtet werden. Der Prozess ist kontinuierlich, d. h., die Rohstoffe werden am Kopf der Anlage zugegeben, gleichzeitig wird das Produkt am Ende abgezogen. Während dieser drei Schritte läuft folgende Reaktion ab, durch die aus den Ausgangsstoffen Glas wird:

$CaCO_3 + SiO_2 \rightarrow CaSiO_3 + CO_2 \uparrow$

Je nach gewünschtem Endprodukt stehen folgende Verfahren der Formgebung zur Verfügung:

- Pressen
- Gießen
- Blasen
- Walzen
- Ziehen
- kalte Formgebung

Manchmal sind Spannungen im Glas jedoch erwünscht. Das sogenannte Securit®-Glas für Autoseitenscheiben wird in einem Temperaturprogramm rasch abgekühlt, um es in Spannung zu versetzen. Bei einem Unfall zerbricht das Glas in kleinste, aber ungefährliche Splitter.

Um Spannungen auszugleichen, wird das Produkt noch „spannungsarm geglüht". Darunter versteht man ein vorsichtiges Erwärmen (Spannungen können durch Diffusion ausgeglichen werden) und anschließend ein langsames Erkalten des Glases. Die Temperaturen müssen dabei unterhalb des Transformationspunktes liegen; im Allgemeinen wird der Prozess – je nach Glasart – bei 400–600 °C durchgeführt.

1.3 Flachglas

Flachglas wird bereits seit über 1 000 Jahren zur Verglasung von Fenstern hergestellt. Bis zum Beginn des 20. Jahrhunderts musste man sich allerdings mangels passender Technologie mit qualitativ sehr mangelhaftem Glas (die Oberfläche war wellig und oft voller Blasen) zufrieden geben.

Mit der heute üblichen Qualität (konstante Dicke, keine Einschlüsse etc.) kann man Flachglas aber erst seit 1962 mithilfe des sogenannten **Floatverfahrens** herstellen.

Ein mit Floatglas verkleidetes Hochhaus

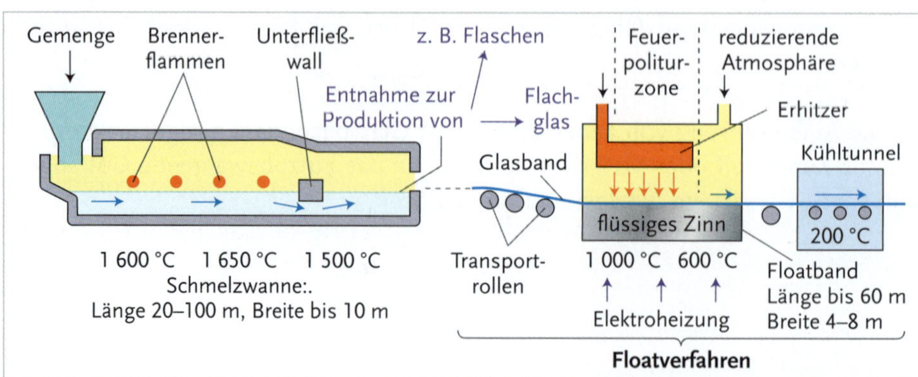

- In einer Wanne befindet sich eine Metallschmelze (meist Zinn). Der Schmelzpunkt des Metalls muss niedriger als der des Glases sein. Die Oberfläche ist völlig plan (Sie kennen das ja bereits aus der Physik: Oberflächen von Flüssigkeiten im Gravitationsfeld sind immer völlig eben).
- Nun wird auf die Oberfläche des flüssigen Metalls das geschmolzene Glas geleitet, welches sich nun darauf gleichmäßig verteilt.
- Senkt man nun durch diverse apparative Maßnahmen die Temperatur der Metallschmelze (= Untergrund des Glases) kontinuierlich bis zum Ende der Anlage ab, so kann das Glas aufgrund der nunmehr erhöhten Oberflächenhärte (dennoch ist es im Kern noch zähflüssig und somit biegsam) mühelos von der Metallschmelze abgezogen und weiter gekühlt werden.
- Das so entstandene Glas besitzt Spiegelglasqualität und wird nun mittels Diamantschneidern auf die gewünschte Größe gebracht.

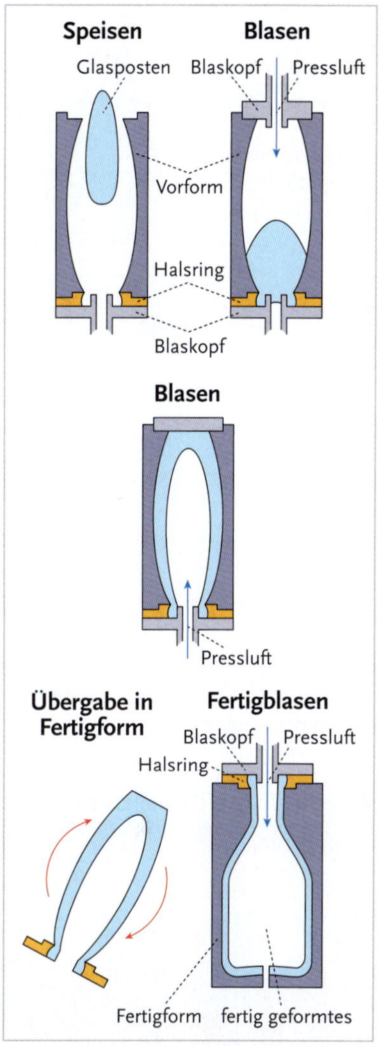

Fertigungsablauf bei der Herstellung von Hohlglaserzeugnissen nach dem Blas-Blas-Verfahren.

1.4 Hohlglas

Hohlgläser aller Art werden seit etwa 1 700 Jahren in größeren Mengen hergestellt. Heute gibt es verschiedene Verfahren zur Herstellung von Hohlgläsern, z. B. das Blas-Blas-Verfahren.

Blas-Blas-Verfahren

Der Prozess verläuft zweistufig über Vor- und Hauptform. Diese bestehen aus je zwei Hälften, um sie zur Produktentnahme öffnen zu können. Zwischen den beiden Arbeitsschritten muss die Temperatur genau gleich bleiben (zur Vermeidung von Rissen im Glas). Die Dauer beider Vorgänge beträgt etwa fünf Sekunden.

Press-Blas-Verfahren

Dieses Verfahren ist nur für Gläser mit großer Wandstärke geeignet, die sich nach oben erweitern, wie z. B. Blumenvasen und Aschenbecher. Dünne Gläser würden zu rasch abkühlen und der Pressvorgang wäre nicht mehr durchführbar.

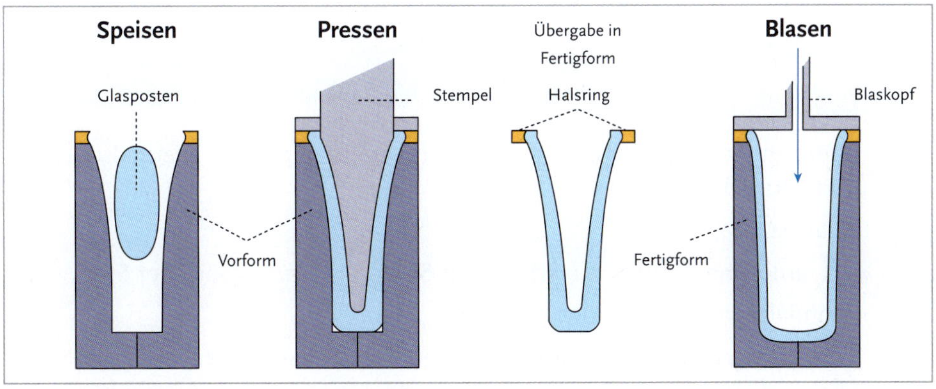

Mit dem Press-Blas-Verfahren werden u. a. dünnwandige Glasflaschen gefertigt.

1.5 Glasfasern

Sie werden hauptsächlich zur **Datenübertragung** (Computer, Telefon), in der Medizin als **Lichtleiter** (Endoskopie), als **Isolationsmaterial** oder für glasfaserverstärkte Kunststoffe verwendet. Glasfasern haben einige Vorteile gegenüber Kupferleitungen. Signale können z. B. nahezu ohne Verluste über weite Strecken transportiert werden. Allerdings ist dieses Material teurer als Kupfer.

Weitere Verfahren zur Herstellung von Hohlglas werden Ihnen in einer Präsentation vermittelt, die Sie in der TRAUNER-DigiBox abrufen können.

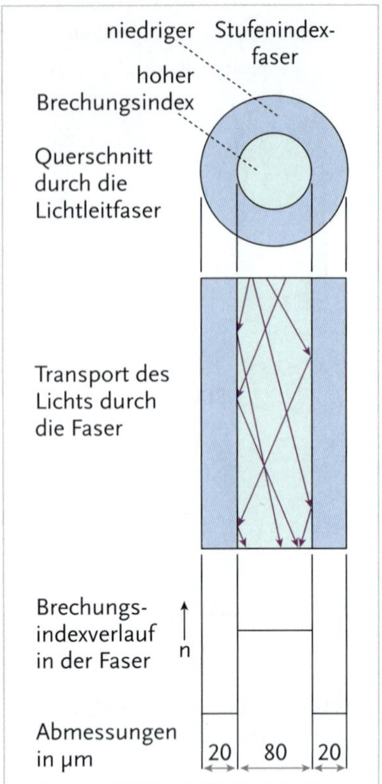

Aufbau eines Lichtwellenleiters

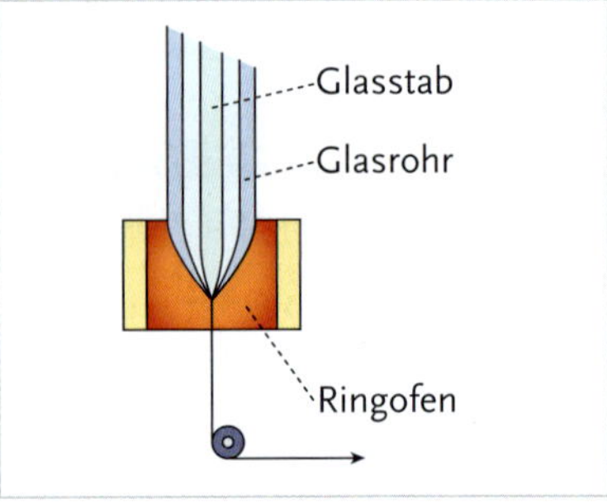

Im Ringofen lassen sich aus ineinander gestecktem Glasrohr und Glasstab Fasern schmelzen.

Bei Lichtwellenleitern, zu denen Glasfasern zählen, werden **elektrische Impulse in Lichtsignale** umgewandelt. Diese Signale können über weite Strecken transportiert und anschließend wieder in elektrische Signale umgewandelt werden.

Glasfasern funktionieren nach folgendem Prinzip: Die Innenfaser hat einen höheren Brechungsindex als die Mantelfaser. Das bewirkt, dass ein eingespeister Lichtstrahl quasi „eingesperrt" bleibt und stets von der Mantelschicht hin und her reflektiert wird, während er sich in Ausbreitungsrichtung fortbewegt.

1.6 Glaskeramik

Glas ist **amorph.** Es besteht jedoch die Möglichkeit, Glas bewusst zu kristallisieren, indem man spezielle Gemenge herstellt (je 25 % Al- und Li-Oxid sowie 50 % SiO_2) und der Schmelze Keimbildner, wie z. B. Titandioxid (TiO_2), zugibt. Ein besonderes Temperaturprogramm begünstigt überdies die Kristallisation. Die Glaskeramik dehnt sich bei Wärme nur gering aus und ist chemisch sehr beständig. Sie wird beispielsweise für Elektroherdplatten verwendet.

1.7 Glasfehler

Mögliche Fehler bzw. Fehlerquellen im Glas

- **Gasblasen:** entstehen bei zu geringer Läuterzeit.
- **Steinchen:** rühren entweder von nicht vollständig geschmolzenem Rohmaterial oder von abgesprungenem Ofenmaterial her.
- **Entglasung:** Kristallinwerden des Glases durch Kristallisationskeime und falsche Temperaturprogramme.
- **Rohstoffverunreinigungen**

Aufgabenstellung – „Glas"

■ + Kreuzen Sie die richtigen Antworten an. Achtung, es kann mehr als eine Antwort richtig sein!

Glas ist ein...

☐ amorpher Stoff. ☐ kristalliner Stoff. ☐ anorganischer Stoff.

Standardglas besteht vorwiegend aus...

☐ Quarzsand. ☐ Feldspat. ☐ Natriumcarbonat.

Spannungsarm Glühen bedeutet, dass...

☐ Glas vorsichtig erhitzt und rasch abgekühlt wird.
☐ Glas vorsichtig erhitzt und langsam abgekühlt wird.
☐ Glas rasch erhitzt und rasch abgekühlt wird.

Durch das Floatverfahren wird...

☐ Flachglas hergestellt.
☐ Hohlglas hergestellt.
☐ Glas veredelt.

2 Zement und Beton

Zement wurde am Beginn des 19. Jahrhunderts erstmals erzeugt und verwendet. Allerdings kannten bereits die Römer ca. 500 v. Chr. hydraulischen Kalk als Baustoff, der ebenfalls über eine sehr gute Festigkeit und Haltbarkeit verfügte, und verwendeten ab ca. 100 v. Chr. sogar *caementitium*, eine dem modernen Zement schon sehr ähnliche Substanz aus Steinen, Sand, gebranntem Kalk und gemahlenem Vulkangestein unter anderem für den Bau des Kolosseums in Rom.

Die Entwicklung des modernen Zements fand vor allem in Portland (Vereinigtes Königreich) statt; daher wurde eine wichtige Zementsorte danach benannt (Portlandzement). **Zement dient zur Herstellung der festen Baustoffe Mörtel und Beton.**

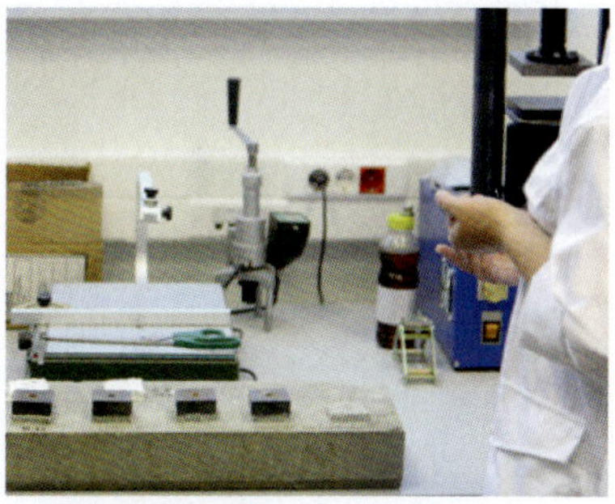

Im Zementlabor erfolgt die genaue Bestimmung der Zusammensetzung der Rohstoffe, sodass die Qualität des Produktes immer gesichert bleibt.

2.1 Herstellungsverfahren

Zement ist ein fein gemahlenes hydraulisches Bindemittel für Mörtel und Beton, das im Wesentlichen aus Verbindungen wie Sand (SiO_2), Kalk ($CaCO_3$), Al_2O_3 und Fe_2O_3 besteht, die durch Sintern und Schmelzen entstanden sind.

hydraulisch = bedeutet bei Bindemitteln, dass sie zum Abbinden mit Wasser angerührt werden müssen. Nach dem Aushärten durch chemische Reaktionen mit dem Anmachwasser bleiben sie auch unter Wasser beständig.

Er härtet unter Luft oder Wasser und muss eine Druckfestigkeit von mindestens 25 N/mm^2 nach 28 Tagen besitzen.

Die Rohstoffe werden so vermischt, dass sich eine optimale Rohstoffzusammensetzung ergibt. Folgende Stoffe dienen als Rohstoffquellen:

- **Kalk** ($CaCO_3$)
- **Ton:** Ist ein Aluminiumsilicat, das jedoch oft mit Eisen, Gips, Kalk etc. verunreinigt ist; dies stört die weitere Verarbeitung jedoch nicht.
- **Mergel** (kalkhaltiger Ton): Ist ein Gemenge aus Ton und Kalk. Etwaige Überschüsse an Kalk bzw. Ton müssen durch Zusatz des entsprechend anderen Stoffes ausgeglichen werden.
- **Eisen(III)oxid** (Fe_2O_3): Das Eisenerz dient als Eisenlieferant für den Zement.

FILM AB!

Die Herstellung von Zement wird in einem einfachen Erklärvideo beschrieben.
www.trauner.at/nawi_v4.aspx

Das von der Sprengung gewonnene Material wird zerkleinert und anschließend als Rohmehl **gemahlen**. Die Endkorngröße beträgt dann weniger als 100 µm.

Ein Standard-Portlandzement besteht aus:

- 61–69 % $CaCO_3$ (Kalk)
- 18–24 % SiO_2
- 4– 8 % Al_2O_3
- 1– 8 % Fe_2O_3
- < 5 % MgO und $CaSO_4$ (Gips)

Im Anschluss daran wird eine nochmalige Homogenisierung durchgeführt. Dabei wird durch ein Silo (Inhalt: jeweils etwa 100 Tonnen Gemisch) Pressluft geblasen und die **Durchmischung** so optimiert.

Energieträger für den Brennprozess in Drehrohröfen sind Gas, Öl, Raffinerierückstände und (seltener) Kohle. Je nach vorherrschender Temperatur unterscheidet man in den Öfen **Vorwärm-, Brenn- und Kühlzone.**

Ein vier bis acht Meter langer Bereich des Drehrohrofens mit einer Temperatur von 1 450 °C bildet die Brennzone. In ihr verläuft folgende Reaktion:

$$3\ CaO + 2\ SiO_2 + Al_2O_3 \longrightarrow 2\ (CaO \cdot SiO_2) + CaO \cdot Al_2O_3$$

Ein Punkt in der Formel (·) zwischen zwei Verbindungen wird als „mit“ gesprochen.

Der entstandene Zement wird nun in Kugelmühlen fein gemahlen und mit **Zuschlagstoffen** versetzt.

Wichtige Zusatzstoffe und ihre Wirkungen

Gips	Flugstaub/Hüttensande
Verzögert das Abbinden.	Beide haben latent hydraulische Eigenschaften; d. h., sie sind nur mit anderen Bindemitteln bindungsfähig.

2.2 Abbinden des Zements

exotherm = unter Freiwerden von Wärme ablaufend; vgl. S. 34 f.

Das Abbinden erfolgt durch Hydratation (Einbau von Wasser) bzw. Kristallisation. Unter **Hydratation** (Hydratisierung) des Zements versteht man, dass dieser im Zuge der chemischen Abbindereaktion das beigemischte Wasser aufnimmt und selbst unter Wasser steinartig erhärtet. Nach dem Aushärten ist der Zement wasserbeständig. Der Vorgang ist exotherm. Die Abbindezeit hängt von der Zementart (Zusammensetzung), der Mahlfeinheit und von den Zumahlstoffen ab. Wird zu wenig Wasser zugemischt, kann der Zement nicht abbinden, bei zu viel Wasser bilden sich Hohlräume.

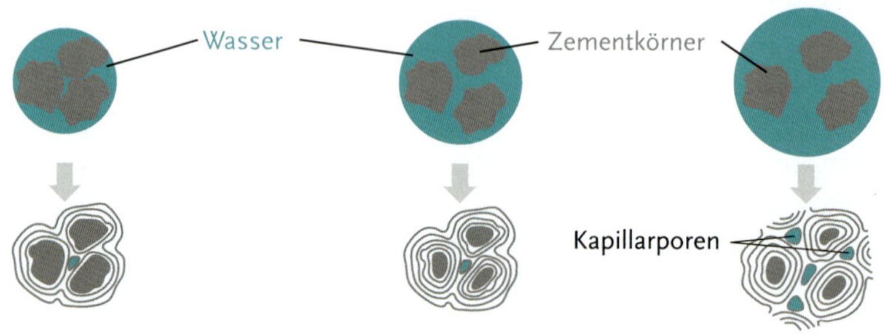

Beispiel für eine Abbindereaktion

$3\,CaO \cdot Al_2O_3 + 6\,H_2O \rightarrow 3\,CaO \cdot Al_2O_3 \cdot 6\,H_2O$

Da diese Reaktion zu rasch abbinden würde (und das wäre, außer für Schnellbindezement, nicht sinnvoll), gibt man Gips zu, der den Prozess verlangsamt:

$3\,CaO \cdot Al_2O_3 + 3\,CaSO_4 \cdot 2\,H_2O + 26\,H_2O \rightarrow 3\,CaO \cdot Al_2O_3 \cdot 3\,CaSO_4 \cdot 32\,H_2O$

Aufgabenstellungen – „Zement und Beton"

1. + Erklären Sie, was Zement ist und aus welchen Rohstoffen er besteht.
2. + Beschreiben Sie, wie die Ausgangsstoffe von Zement zerkleinert werden.
3. + Nennen Sie mindestens drei Zementsorten und deren Eigenschaften.

Stahlbeton

Wichtige Zementprodukte (außer Portlandzement) sind:

- **Eternit:** Ursprünglich mit Asbestfasern verstärkter Zement. Heute wird allerdings statt dem Krebs erregenden Asbest mit Zellulosefasern verstärkt.
- **Zementmörtel:** Zement mit Sand und Wasser.
- **Beton:** Zementmörtel mit grobem Kies und Steinsplitt.
- **Stahlbeton:** Beton, der Stahlstäbe, -bleche, -gitter enthält, die ihm noch eine gewisse Zugfestigkeit geben und den Beton so allgemein belastbarer machen.

3 Keramik

Wieder einmal ist Martin eine Kaffeetasse auf den Boden gefallen und zerbrochen. Aber nicht nur Geschirr und Gefäße werden aus Keramik hergestellt. Auch Ziergegenstände, Ziegel, Ofenkacheln oder Waschbecken werden aus dem Werkstoff Keramik gefertigt.

Bereits bei frühen Kulturen (Mesopotamiern, Etruskern, Kretern, Römern, Chinesen und Japanern) spiegelte sich ihr hoher Entwicklungsstand in ihren Keramiken wider. Nur ganz wenige Kulturen, wie zum Beispiel die Inuit (Grönland), kannten vor dem Kontakt mit Kolonialmächten keine Keramiken.

3.1 Rohstoffe von Tonwaren

Plastische Rohstoffe (Tone)

Ton ist ein geschmeidiger (bildsamer) Stoff; seine Haupteigenschaft, die **Plastizität,** ermöglicht es, dass er beim Modellieren eine gegebene Form hält. Tonmassen bestehen in der Hauptsache aus den Mineralien Tonerde, Kieselerde, Quarz und aus geringen Mengen Mineralien.

Gebrannt wird die Tonmasse im **Brennofen** bei festgelegter Temperatur. Dabei durchläuft die Masse chemische Veränderungen und wird beim Abkühlen hart und fest.

Oft findet man Ton ganz dicht unter der Erdoberfläche. Er erscheint als flözartiges Lager, glatt und kompakt im Vergleich zu umliegenden Erd- und Gesteinsschichten.

Der für die Keramikindustrie wichtigste Ton ist der **Kaolin.** Er ist sehr rein, aber aufgrund seiner großkörnigen Struktur unplastisch. Er eignet sich daher im Naturzustand nicht zum Modellieren und wird nur als Zusatz in Tonmassen verwendet. Die häufigsten Naturtone sind rot brennende Tone. Diese enthalten Verunreinigungen, die u. a. ihre Farbe beeinflussen. Meist wird Naturton mit anderen keramischen Rohstoffen vermengt, um bestimmte Eigenschaften zu erreichen.

Nicht plastische Rohstoffe

Die Gruppe der nicht plastischen Rohstoffe ist sehr groß. Häufig wird in der Keramik von **Magerungsmitteln** und **Flussmitteln** gesprochen, wobei diese Bezeichnungen den Einfluss auf die Plastizität und das Brennverhalten beschreiben.

Unter dem Begriff Keramik versteht man übrigens neben den Endprodukten auch die Werkstoffe zur Herstellung sowie die Aufbereitung.

Gebrannten Ton nennt man Scherben

Wussten Sie, dass ...
formbarer Kaolin nur in China vorkommt? Er bildet wegen der weißen Farbe und wegen der Festigkeit, die er der Masse gibt, den Hauptbestandteil bei Porzellanmassen.

Abbau von Ton

Als Magerungsmittel dienen z. B. Kalk oder Schamotte. Schamotte ist ein synthetisches feuerfestes Material, das bis zu 45 % aus Aluminiumoxid (Al_2O_3) besteht.

Nicht plastische Rohstoffe

Magerungsmittel	Flussmittel
Bei Erzeugnissen mit dickwandigen Scherben besteht die Gefahr, dass sie sich beim Trocknen und Brennen verziehen oder Risse bilden. Daher müssen sie aus einer Masse hergestellt werden, die keine große Trockenschwindung aufweist, sondern eher mager ist.	Die Hitze beim Brennvorgang löst komplizierte Schmelzvorgänge aus. Flussmittel (v. a. Feldspate), deren Schmelzpunkt unterhalb jener des Tons liegt, schmelzen beim Brennen zuerst auf. Sie füllen die Zwischenräume zwischen den Tonmineralien und anderen Bestandteilen.

3.2 Herstellung von Tonwaren

Die Tonmasse muss vor der Verarbeitung noch aufbereitet werden, d. h., sie muss mit Wasser vermengt und durchgeknetet werden.

Fließschema der Keramikherstellung

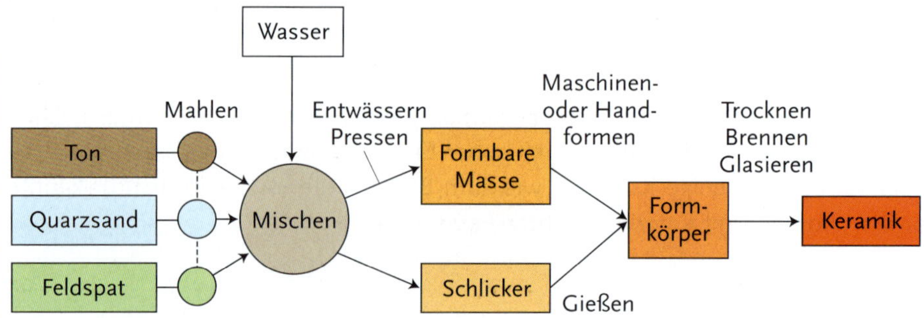

FILM AB!

Die Herstellung von Keramik mit allen Schritten wird in einem Video erklärt.
www.trauner.at/nawi_v5.aspx

Formgebung

Die klassischen Formgebungsverfahren der Keramik sind die plastische Verformung und das Schlickergießen. Auch das Pressen ist schon lange gebräuchlich, hat aber viele neue Varianten.

Freidrehen auf der Töpferscheibe

Die bekannteste Form der plastischen Verformung ist sicherlich das Freidrehen **auf der Töpferscheibe** bzw. auf **Drehautomaten.** Diese Formgebung eignet sich besonders zur Herstellung von flachen Tonwaren (z. B. Tellern, Schüsseln).

Trocknen

Die nach der Formgebung in den Massen enthaltene Feuchtigkeit muss vor dem Brennen entfernt werden.

Das Trocknen erfolgt am besten in eigens dafür klimatisierten Räumen, um ein perfekt auf die jeweilige Masse abgestimmtes Trocknungsklima zu schaffen.

In den keramischen Massen ist die in den Räumen zwischen den Feststoffteilchen enthaltene Flüssigkeit relativ frei beweglich. Mit der Abgabe des Wassers rücken die Teilchen näher zusammen, es findet eine Volumenabnahme, die **Trockenschwindung,** statt.

Durch das Trocknen werden Rissbildungen während des Brennens weitgehend vermieden. Eine vollständige Trocknung wird erst erreicht, wenn man den Scherben bis 150 °C trocknet.

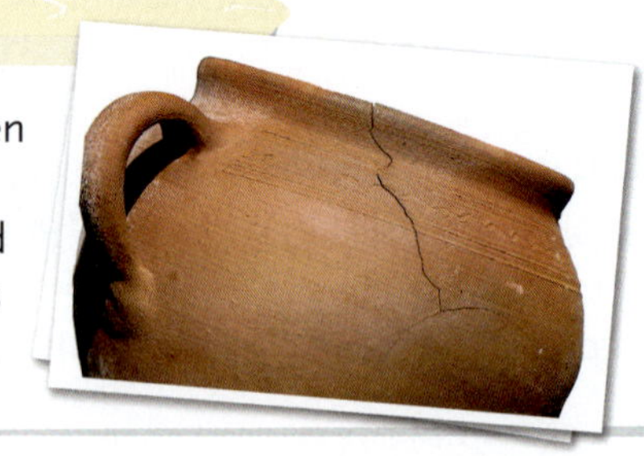

Brennen

Nach dem Formen und Trocknen ist die Festigkeit nur gering. Erst durch den Brennprozess wird ein besserer Verbund der einzelnen Teilchen erreicht.

Zwei Brenngänge

Schrühbrand (Vorbrand)	Glattbrand (Glasurbrand)
Darunter versteht man das erste Brennen, das Vorbrennen der Ware vor dem Glasieren. Der Schrühbrand verändert die chemische Zusammensetzung des Tons und lässt einen festen, porösen Scherben entstehen, auf dem die Glasur gut haftet.	Dabei verbindet sich die Glasur voll mit der Masse. Gleichzeitig läuft in der Glasur eine chemische Reaktion ab, wodurch die Farbe der Ware mitbestimmt wird.

In so einem Brennofen werden Tonwaren bei bis zu 1 400 °C gebrannt.

In manchen Fällen werden Schrüh- und Glattbrand zu einem einzigen Arbeitsgang zusammengefasst. Dies trifft hauptsächlich auf Steinzeug einfacher Art zu.

Glasuren

Eine Glasur ist ein spezielles Glas, das chemisch so aufgebaut ist, dass es an der Tonoberfläche haftet und beim Brand mit ihr verschmilzt. Bei Gebrauchsgeschirr hat die Glasur die Aufgabe, die Ware wasserdicht, haltbar und leicht abwaschbar zu machen. Die Glasur kann transparent oder trüb, farblos oder farbig sein.

Glasuren machen Geschirr wasserdicht.

Beispiel: Herstellungsvorgang von Ziegeln
Geeigneter Lehm oder Ton wird im Tagebau abgebaut, zerkleinert und mit Sägespänen versetzt (damit die Struktur noch poröser wird). Das Material wird durch das Mundstück einer Strangpresse gedrückt. Dadurch erhält der Ziegel sein Format und sein Lochbild **(Formgebung).** Der Endlosstrang wird in Stücke geschnitten und **getrocknet.** Anschließend fahren die Stücke durch einen etwa 150 m langen Tunnelofen, in dem sie bei 900 bis 1 000 °C **gebrannt** werden. Hochwertige Ziegel werden noch auf eine Genauigkeit von 0,5 mm plan geschliffen.

3.3 Verwendung von Keramiken

Je nach Keramikart werden die Tonerzeugnisse in den verschiedensten Bereichen eingesetzt. Klassische Produkte aus Keramik sind Töpferwaren, Geschirr und Ziegel.

Doch auch in der Industrie werden **Sonderkeramiken** mit unterschiedlichen Anforderungen gebraucht.

Beispiele für industrielle Anwendungen von Sonderkeramiken

- Feuerfestkeramik für den Transport von flüssigem Roheisen
- Hochleistungskeramik in der Luftfahrttechnik
- Sogenannte Hitzekacheln aus Keramik sorgen für den Schutz von Weltraumkapseln beim Wiedereintritt in die Erdatmosphäre vor Temperaturen bis zu 1 600 °C.

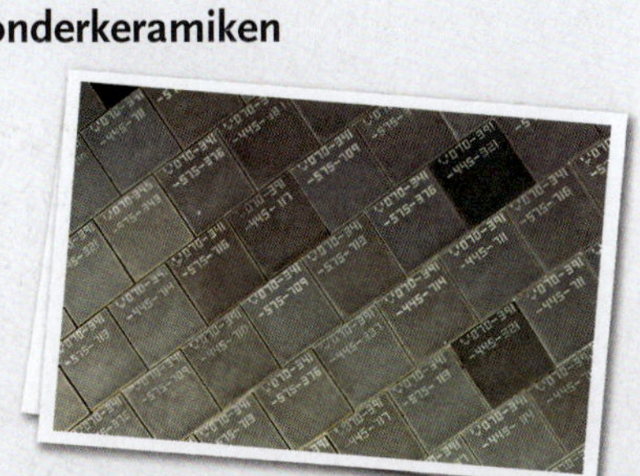

Das aus dem Hochofen strömende Roheisen wird in eine Rohrpfanne, die mit einer Feuerfestkeramik ausgekleidet ist, gefüllt und in dieser transportiert.

Ziele erreicht? – „Glas und Tonwaren“

KOMPETENZ-ERWERB

1. + Vervollständigen Sie die Tabelle mit den Einsatzstoffen für Standardglas (z. B. Fensterglas):

Stoff	chemische Formel	Anteil an der Mischung (%)
Quarzsand		
		10 %
	Na_2CO_3	

2. ++ Beschreiben Sie den Aufbau eines Glasfaserkabels und erklären Sie, wie darin Daten bzw. Licht übertragen werden können.

3. + Ergänzen Sie die folgende chemische Reaktionsgleichung zum Brennprozess von Zement:

$3\,CaO + 2\,SiO_2 + Al_2O_3 \rightarrow 2\,(\_\_\_\_\_ \cdot \_\_\_\_\_) + \_\_\_\_\_ \cdot \_\_\_\_\_$

4. + Was geschieht beim Abbinden des Zements? Beschreiben Sie kurz in eigenen Worten, warum dieser hart wird, und bilden Sie die chemische Reaktionsgleichung dazu.

5. + Nennen Sie Ihnen bekannte Tonarten und deren Eigenschaften.

6. + Beschreiben Sie die Herstellung von Tonwaren. Erklären Sie dabei auch die Vorgänge Trocknung und Brennen.

7. ++ Recherchieren Sie, warum Stahlbeton basisch ist und was dieser Umstand mit sich bringt.

8. ++ Zählen Sie verschiedene Anwendungsbeispiele von Keramik aus Haushalt und Industrie auf. Nennen Sie die dafür jeweils benötigten Eigenschaften.

Einen interaktiven **Safety-Check** finden Sie in der TRAUNER-DigiBox.

Going international

Now let's use the basics of the chapter "Anorganische Rohstoffe" in English!

Exercise 1

Match the descriptions with the types of metal.

❶ lead ❷ aluminium ❸ copper
❹ mercury ❺ platinum ❻ gold

	is liquid at standard conditions for temperature and pressure
	is resistant to most acids, though it does dissolve in aqua regia
	is a neurotoxin that damages the nervous system
	a common use of this heavy metal is as a catalyst in chemical reactions
	occurs in nature in directly usable metallic form (native metal)
	the most common ore of this metal is bauxite

Exercise 2

Read the following article about the early production of steel and answer the questions below.

Iron Age tool marks move to steel

A tiny Iron Age tool found in Holland is one of the oldest objects unearthed in Europe made from the alloy steel.

The 6cm-long punch has a carbon content (2 %) rarely seen in iron-based objects from the region at the time. The 4th Century AD tool, which may have been used as a nail, was probably made using the process of furnace smelting.

The very first iron production may have occurred by chance, perhaps with iron ore rocks in a camp fire. At some stage, humans learnt how to improve the quality of this basic metal product by raising temperatures, reducing impurities and controlling the content of carbon – to make the resilient alloy known as steel (which generally has a carbon content of less than 2 %).

The origins of ultra-high carbon steel production are traditionally thought to lie in Asia. In India, the production of a type of cast iron known as crucible steel can be traced to the 3rd Century BC. And Romans were demonstrating knowledge of cast iron manufacture by the 5th or 6th Centuries AD.

The steel punch was probably not made using iron casting, but with the traditional bloomery furnace smelting process used throughout Iron Age Europe. This involved tapping molten slag out of the side of the bloomery furnace. In the furnace, an iron "bloom" would form, which would then be removed.

The punch's 2 % carbon content is at the limit of what can be produced using the furnace smelting process.

Paul Rincon, BBC News Online

a) What is the steel punch made of?
b) How was the basic metal production improved by humans?
c) How was the steel punch mentioned most likely produced?

Only one of these metals is liquid at standard conditions

Aqua regia is a mixture of nitric acid and hydrochloric acid („Königswasser“).

The tiny steel punch from Holland

Write down the words that you need to look up below.

limestone
Kalkstein

anhydrous
ohne Kristallwasser

Exercise 3

Fill in the missing words.

water – clay – calcium silicates – hardening

Portland cement is manufactured by burning and grinding a mixture of limestone and __________. It was named for a limestone from the Isle of Portland. When mixed with water, the anhydrous __________ and other constituents in the Portland cement react chemically with the __________, combining with it and decomposing in it and __________ and developing strength.

III Organische Chemie

Bei der organischen Chemie handelt es sich um jenes Teilgebiet der Chemie, das sich mit den Verbindungen von Kohlenstoff (C) beschäftigt.

Sie ist die Grundlage für eine Vielzahl von organischen technischen Produkten, u. a. Kunststoffen, Treibstoffen, Lacken bis hin zu Medikamenten. Sie sehen also: Die organische Chemie hat unseren Alltag vollkommen durchdrungen und spielt sich nicht nur im Labor ab.

Grundlagen der organischen Chemie

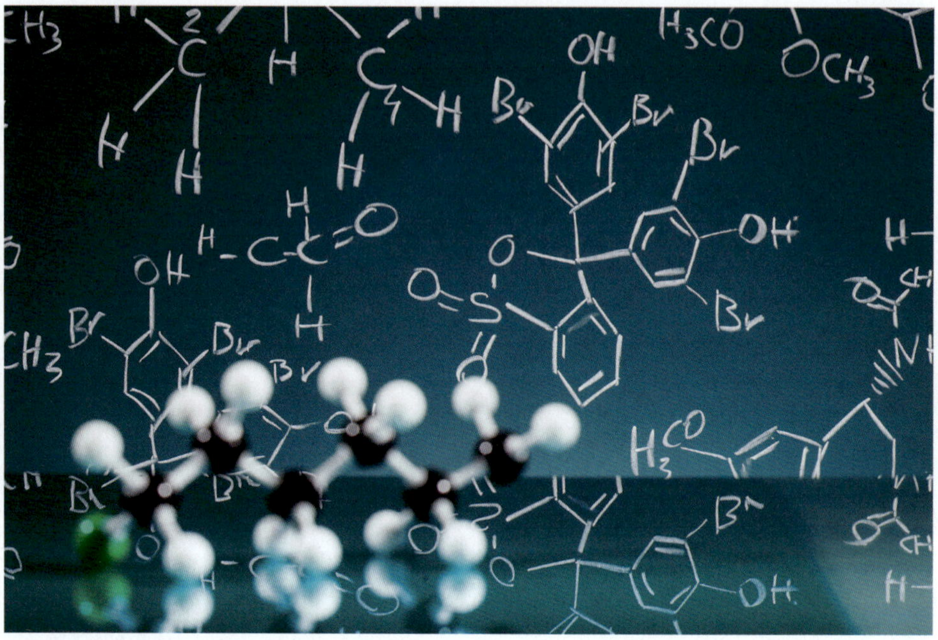

Friedrich Wöhler, 1800 bis 1882, deutscher Chemiker

Bis ins 19. Jahrhundert herrschte die Meinung vor, dass organische Substanzen nur von Lebewesen stammen und nicht aus anorganischen Bestandteilen aufgebaut werden können.

Friedrich Wöhler gelang es 1828, die organische Verbindung **Harnstoff** (CH_4N_2O) aus einem anorganischen Salz zu synthetisieren. Dies war die erste künstliche Bildung eines organischen Stoffs.

Trotz der Entdeckung, dass organische Verbindungen ihren Ausgangspunkt nicht nur in belebten Dingen haben, blieb der Begriff **organische Chemie.** Bestandteil aller organischen Substanzen sind **Verbindungen des Elements Kohlenstoff (C).**

Aus historischen Gründen werden jedoch das Element Kohlenstoff selbst und einige wenige C-Verbindungen der anorganischen Chemie zugezählt (z. B. die Oxide, Kohlensäure und Carbonate).

Kompetenzerwerb

Meine Ziele

Nach Bearbeitung dieses Kapitels kann ich

- Kohlenstoffverbindungen in unterschiedlichen Schreibweisen richtig darstellen;
- Kohlenstoffverbindungen nach der IUPAC-Nomenklatur benennen;
- organische Verbindungen in funktionelle Gruppen einteilen;
- Isomerie bei organischen Verbindungen erklären.

1 Kohlenstoffverbindungen als Ausgangspunkt der organischen Chemie

Kohlenstoff ist ein Element der 4. Hauptgruppe des Periodensystems, damit besitzt es vier Valenzelektronen und ist bevorzugt vierbindig. So ist eine große Vielfalt garantiert.

Die organische Chemie befasst sich zwar „nur“ mit dem Kohlenstoff selbst und Verbindungen, u. a. mit Wasserstoff (H), Sauerstoff (O), Stickstoff (N), Schwefel (S) und den Halogenen; dennoch ergibt dieser Umstand eine Anzahl von derzeit ca. 35 Millionen möglichen Verbindungen. Und täglich kommen neue organische Verbindungen hinzu.

Im Vergleich dazu umfasst die anorganische Chemie gerade einmal ca. 450 000 Verbindungen.

Beispiele: Wichtige organische Verbindungen
- Von Lebewesen im Stoffwechsel gebildet: Glucose, Cellulose, Aminosäuren (Grundlagen für Proteine)
- Technisch hergestellt: Kunststoffe, Kraftstoffe, Farbstoffe

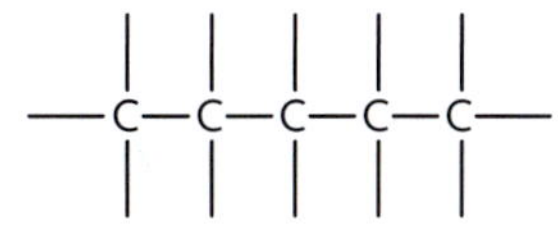
Kette von C-Atomen

Verbindungen mit Kohlenstoff sind meist komplexe Gebilde aus mehreren Molekülen. Kohlenstoffatome binden sich gerne aneinander. Auf diese Weise können **Ketten** oder **Ringe** gebildet werden. Das kleine Kohlenstoffatom kann auch problemlos **Doppel- oder Dreifachbindungen** eingehen.

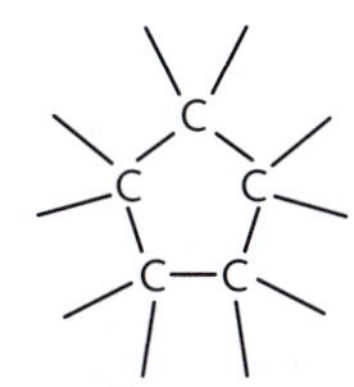
Ringbildung von C-Atomen

Verbindungen ohne Mehrfachbindung werden **gesättigt** genannt, solche mit Mehrfachbindungen **ungesättigt.**

Doppel- bzw. Dreifachbindung zwischen zwei C-Atomen

Neben dem Kohlenstoff spielen in der organischen Chemie noch weitere Elemente eine Rolle. In fallender Wichtigkeit sind dies vor allem Wasserstoff (H), Sauerstoff (O), Stickstoff (N), Schwefel (S) und Halogene.

Bei der **Schreibweise** von organischen Verbindungen ist es meist notwendig, die Struktur – vor allem die Bindungen zwischen den Kohlenstoffatomen – darzustellen.

Beispiel: Pentan

Die ausführliche Strukturformel 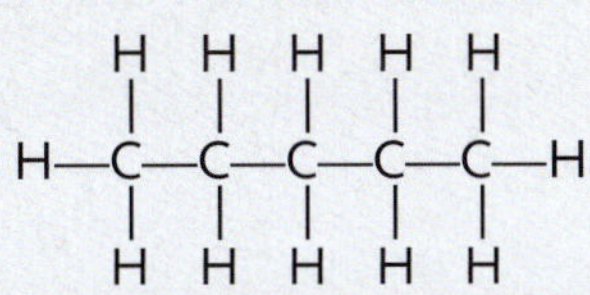 wird selten verwendet.

Kürzer ist die Halbstrukturformel $CH_3–CH_2–CH_2–CH_2–CH_3$, aus der jedoch die Bindungen zwischen den C-Atomen nicht ersichtlich sind.

Oder man beschränkt sich überhaupt auf die Gerüstformel ,

bei der man nur die Bindungen zwischen den C-Atomen darstellt. Jeder Anfang, jeder Knick und jedes Ende eines Strichs bedeutet ein C-Atom. Die Anzahl der H-Atome ergibt sich aus der Vierbindigkeit des Kohlenstoffs.
Die Summenformel C_5H_{12} ist zu wenig aussagekräftig, weil dafür auch andere Strukturen als die gezeigte möglich sind (Isomerie).

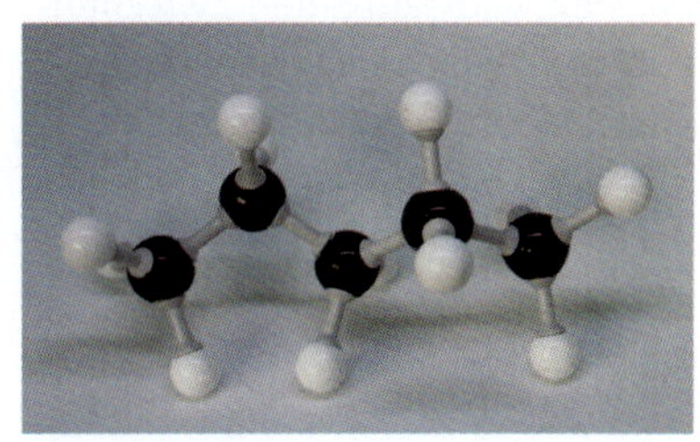
Stäbchenmodell von Pentan (zeigt gut die Bindungen und den räumlichen Bau)

Kalottenmodell von Pentan (zeigt die Raumerfüllung der Atome)

Isomere Verbindungen besitzen die gleiche Summenformel, weisen allerdings unterschiedliche Anordnungen der Kohlenstoffkette und somit auch andere physikalische sowie chemische Eigenschaften auf.

Einen Versuch zum Nachweis von Kohlenstoff in einer organischen Verbindung finden Sie in der TRAUNER-DigiBox.

Genau genommen handelt es sich hier um eine Stellungsisomerie (die funktionelle Gruppe liegt an verschiedenen Positionen). Manchmal unterscheiden sich Isomere lediglich durch die räumliche Anordnung der Atome.

Beispiel für isomere Verbindungen und deren unterschiedliche Eigenschaften
Sowohl 1-Butanol als auch 2-Butanol haben dieselbe Summenformel $C_4H_{10}O$, die OH-Gruppen sind jedoch an unterschiedlichen Stellen gebunden (am ersten bzw. am zweiten C-Atom). 1-Butanol hat z. B. einen höheren Schmelzpunkt (–89 °C) als 2-Butanol (–115 °C).

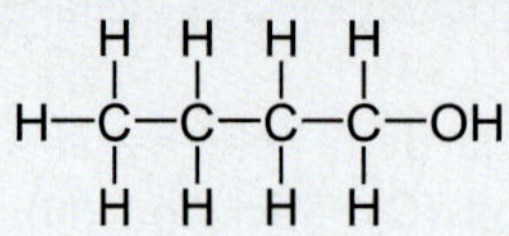

1-Butanol

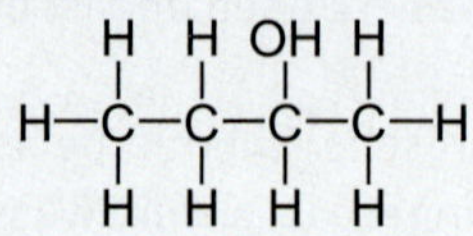

2-Butanol

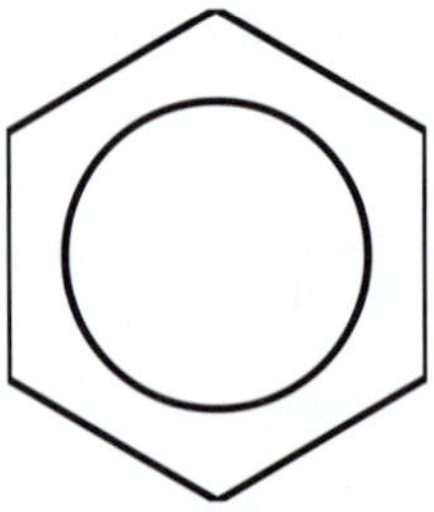

Für das letzte Beispiel der ringförmigen Verbindungen (Benzen [Benzol]) verwendet man aus Gründen der Anschaulichkeit in der chemischen Zeichensprache meist weiterhin die sogenannte Kekulé-Formel (vgl. S. 151 f.), da diese in den meisten Fällen den Anforderungen genügt.

Einteilung organischer Verbindungen nach dem Gerüst

Kettenförmige Verbindungen

Beispiele

Propan

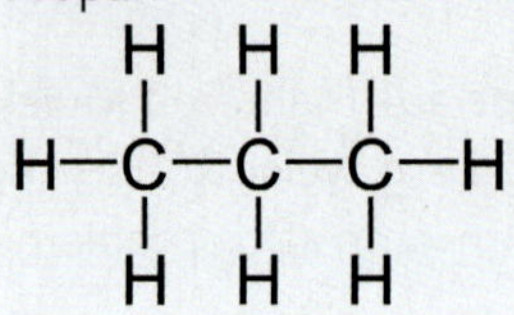

Isopren (2-Methylbuta-1,3-dien)

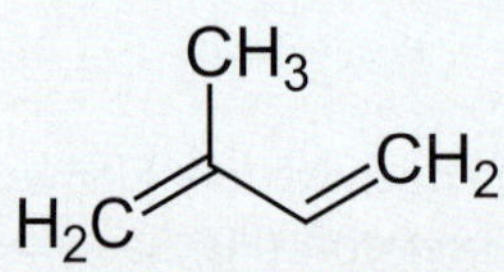

Ringförmige Verbindungen

Beispiele

Cyclohexen

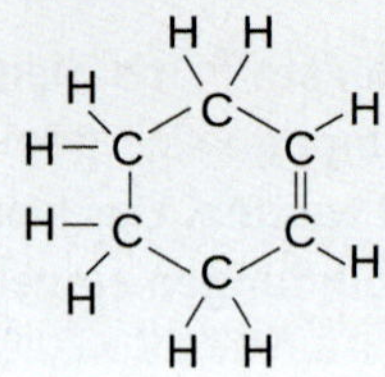

Benzen

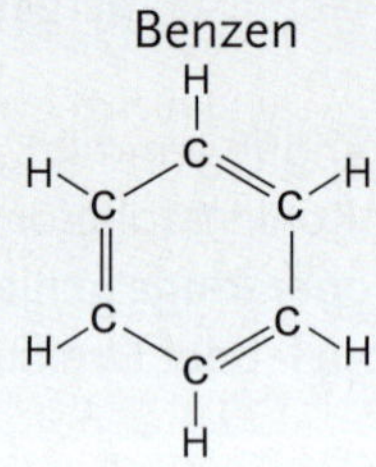

Koffein

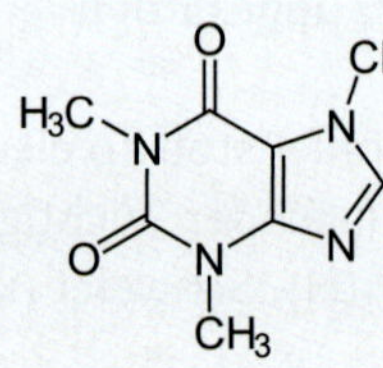

Ein Kreis in der Ringstruktur signalisiert ein mesomeriestabilisiertes Ringsystem: Man spricht von einer **aromatischen Verbindung.** Wenn Atome wie N, O oder S als Ringglieder fungieren, spricht man von einer **heterocyclischen Verbindung** (vgl. Koffein).

Mesomerie (Resonanz) bedeutet, dass ein Molekül einen Zwischenzustand zwischen darstellbaren Grenzstrukturen einnimmt. Der Zwischenzustand ist stabiler als die Grenzstrukturen.
Vgl. Aromaten auf S. 151 ff.

IUPAC = ***I****nternational* ***U****nion of* ***P****ure and* ***A****pplied* ***C****hemistry*

Stammnamen einfacher Kohlenwasserstoffe

Zahl der C-Atome	Stammname
1	Meth-
2	Eth-
3	Prop-
4	But-
5	Pent-
6	Hex-
7	Hept-
8	Oct-
9	Non-
10	Dec-

2 Nomenklatur organischer Verbindungen

Summenformel und Strukturformel sind Nina schon bekannt. Allerdings sind für die eindeutige Bezeichnung einer organischen Verbindung noch weitere Informationen im Namen nötig.

Es gibt **zwei Systeme der Namensgebung.** Erstens jenes mit althergebrachten **Trivialnamen,** bei dem Rückschlüsse auf den Bau der Moleküle kaum möglich sind. Zweitens jenes der systematischen **IUPAC-Nomenklatur,** bei dem der Name baukastenartig zusammengesetzt wird. Trivialnamen sind üblicherweise kürzer und werden meist vom Vorkommen oder von der Entstehung abgeleitet. IUPAC-Namen geben den räumlichen Aufbau (die Struktur) an.

Ein IUPAC-Name besteht zumindest aus einem Stammnamen, der das Gerüst angibt, und einer oder zwei Endungen **(Suffixe),** die Bindungen zwischen C-Atomen angeben oder funktionelle Gruppen anzeigen. Vielfach sind auch noch Vorworte **(Präfixe)** für Gerüst oder funktionelle Gruppen notwendig.

Falls notwendig, geben **Lokanten** (Stellungsziffern) die Position von Strukturelementen oder Gruppen an. **Numerische Präfixe** wie „di-", „tri-" usw. zeigen an, dass ein Merkmal mehrfach vorliegt.

Beispiele für die Verwendung von Suffixen

- $CH_3–CH_2–CH_2–CH_2–CH_3$ (oder:) wird **Pentan** genannt.
  Der Stammname „Pent-" zeigt an, dass fünf C-Atome zusammenhängen. Die Endsilbe „-an" gibt an, dass zwischen den C-Atomen nur Einfachbindungen vorliegen.
- $CH_3–CH{=}CH_2$ (oder:) heißt **Propen.**
  Der Stammname „Prop-" zeigt an, dass drei C-Atome zusammenhängen, das „-en" weist auf eine Doppelbindung hin. Diese kann rechts oder links geschrieben werden.

Bei Notwendigkeit von **Lokanten** denkt man sich die Stammkette durchnummeriert; dies erfolgt von jener Seite her, die möglichst niedrige Zahlen für die Lokanten ergibt. Die Suffixe für zwei, drei bzw. vier Doppelbindungen lauten „-dien", „-trien" bzw. „-tetraen".

Beispiele für die Verwendung von Lokanten

- $\overset{5}{C}H_3–\overset{4}{C}H_2–\overset{3}{C}H{=}\overset{2}{C}H–\overset{1}{C}H_3$ (oder:) ist **Pent-2-en.**
  Der Lokant „2" vor der Silbe „-en" ist notwendig, um die Position der Doppelbindung (vom 2. zum 3. C-Atom) anzugeben.
- $\overset{1}{C}H_2{=}\overset{2}{C}H–\overset{3}{C}H{=}\overset{4}{C}H_2$ (oder:) wird **Buta-1,3-dien** genannt.
  Der Stammname „But-" zeigt an, dass vier C-Atome zusammenhängen, das eingefügte „a" dient der besseren Sprechbarkeit. Die Lokanten zeigen an, dass eine Doppelbindung vom ersten (zum zweiten) C-Atom ausgeht, die andere vom dritten (zum vierten).

Beispiel: Benennung einer komplexen organischen Verbindung

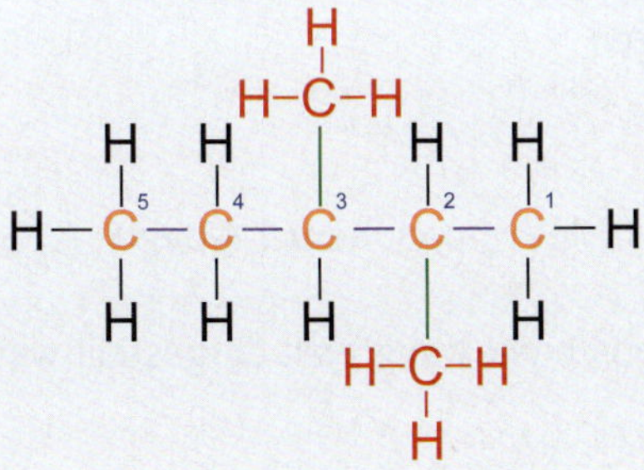

Der IUPAC-Name 2,3-Dimethyl-pentan gibt an, dass fünf (**„pent"**) durch Einfachbindung (**„an"**) verknüpfte C-Atome vorliegen und dass zwei (**„di"**) CH_3-Gruppen (**„methyl"**) vorkommen, die sich an Position 2 und 3 (**„2, 3-"**) der Kohlenstoffkette befinden.

Mehrfachangabe von Bindungen, Atomen, Atomgruppen etc.:

„di-"	zwei
„tri-"	drei
„tetra-"	vier
„penta-"	fünf

Wichtigstes **Präfix:** „cyclo-" = für ringförmige Verbindungen

Suffixe

„-an"	nur C-C-Einfachbindungen
„-en"	eine Doppelbindung
„-in"	eine Dreifachbindung
„-dien"	zwei Doppelbindungen
„-yl"	einbindiger Substituent

⚠ 2- ≠ di-
„2-" ist eine Positionsangabe
„di-" ist eine Mehrfachangabe

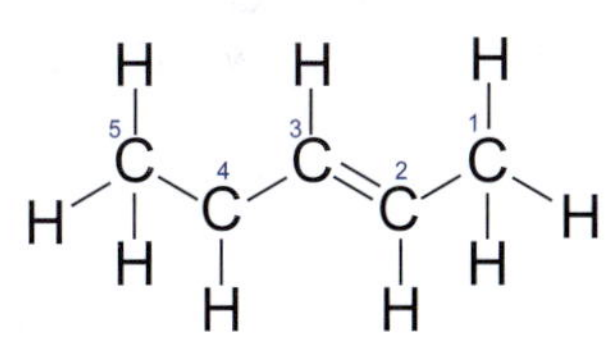

Strukturformel von Pent-2-en mit Nummerierung der Lokanten

Aufgabenstellungen – „Nomenklatur"

1. \+ Geben Sie die Formel von Pent-1-en an.
2. ++ Stellen Sie anhand des oben angeführten Beispiels von Pent-2-en fest, ob es den IUPAC-Namen Pent-3-en geben kann. Begründen Sie Ihr Ergebnis mit den Regeln der IUPAC-Nomenklatur.
3. \+ Erklären Sie, warum es keine Verbindung mit dem Namen Methen gibt.

Wenn für eine bestimmte Summenformel mehrere Strukturen (d. h. verschiedene Verbindungen) möglich sind, spricht man von Isomerie. Verbindungen derselben Summenformel mit unterschiedlicher Struktur nennt man **Isomere.**

Der Name einer **Seitenkette** wird (inklusive Suffix „-yl") vor den Stammnamen geschrieben.

Butan

Methylpropan

Beispiel für Isomere

Für die Summenformel C_4H_{10} ist einerseits die nebenstehende Struktur (= **Butan**) denkbar. Es existiert für C_4H_{10} aber auch eine verzweigte Struktur:

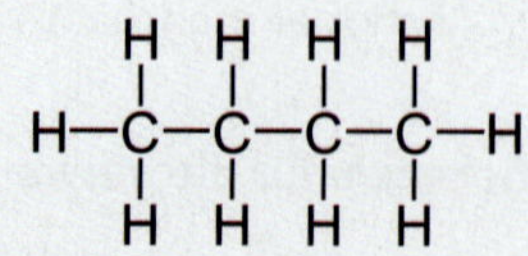

$CH_3—CH—CH_3$ (mit CH_3 am mittleren C) (oder: 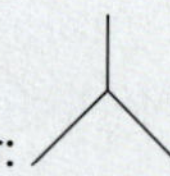)

Name: **Methylpropan** (früher „Isobutan" bzw. „i-Butan" genannt).

Aufgabenstellung – „Isomerie"

- ++ Im IUPAC-Namen Methylpropan findet sich kein Lokant.

  Erklären Sie, warum für die Meythlgruppe hier kein Lokant angegeben werden muss.

Wenn es der Klarheit dient, dürfen Bindestriche auch vermehrt eingesetzt werden; z. B. 2-Methyl-pentan.

Beispiel: Isomere für C_6H_{14}

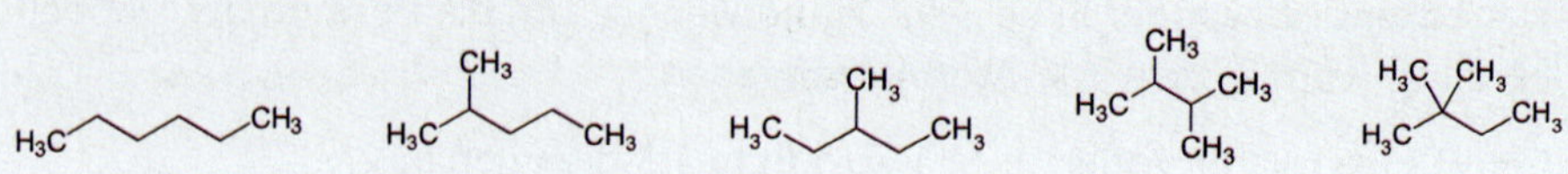

Die IUPAC-Namen lauten:
Hexan, 2-Methylpentan, 3-Methylpentan, 2,3-Dimethylbutan, 2,2-Dimethylbutan

Mehrfachbindungen sind wichtiger als Methylgruppen, daher soll die Zählung so angesetzt werden, dass Mehrfachbindungen niedrigere Lokanten haben.

Beispiel für die Zählung bei Mehrfachbindungen

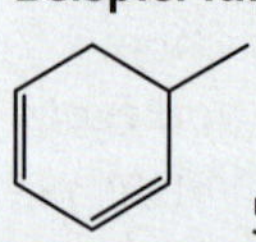

5-Methyl-cyclohexa-1,3-dien (nicht: 1-Methyl-cyclohexa-2,4-dien)

Die längste durchgehende C-Kette muss übrigens nicht waagrecht dargestellt werden.

Beispiel für die nicht waagrechte Darstellung der C-Kette

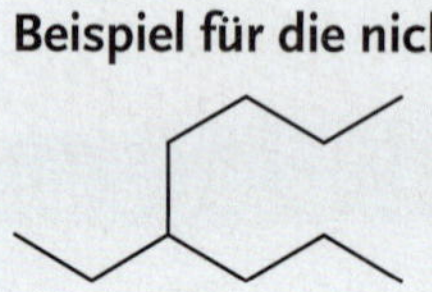

4-Ethyl-octan (nicht: 3-Butyl-hexan)

3 Funktionelle Gruppen organischer Verbindungen

Martin erfährt im Unterricht, dass eine Gruppe von organischen Verbindungen Alkohole genannt wird. „Jede Gruppe wird wohl einen speziellen chemischen Aufbau und auch eigene chemische Eigenschaften besitzen", denkt er sich.

Wussten Sie, dass ... wenn vom Alkohol in alkoholischen Getränken die Rede ist, immer Ethanol (CH_3–CH_2–OH) gemeint ist?

Funktionelle Gruppen sind Atome oder Atomgruppen, die weitgehend das physikalische und chemische Verhalten der Verbindungen bestimmen.

Nähere Informationen zu den Alkoholen erhalten Sie auf S. 152 ff.

Beispiele: Funktionelle Gruppen organischer Verbindungen

Alkohole (–OH-Gruppe)

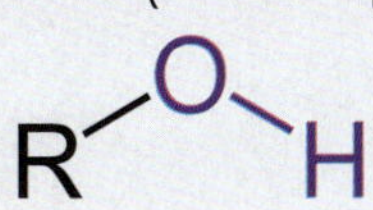

Carbonsäuren (–COOH-Gruppe)

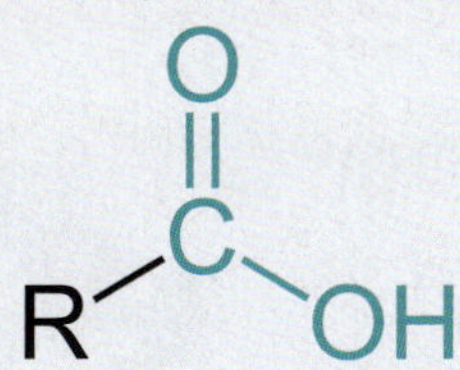

„R–" steht für Rest und bezeichnet allgemein einen Stamm, der durch Verlust eines H-Atoms einbindig ist.

einbindig = eine einzelne Bindung eingehend; die Bindigkeit drückt aus, wie viele Atombindungen ein Atom in einem Molekül eingeht (z. B. eine, zwei, drei oder vier)

Die Tabelle auf der folgenden Seite zeigt die absteigende **Wichtigkeit (Priorität)** der Gruppen. Bei mehreren Gruppen im Molekül wird die **wichtigere mit dem Suffix,** die **weniger wichtige mit dem Präfix** benannt. Auch die Nummerierung für Lokanten geht von der wichtigsten Gruppe aus.

Beispiel für die Priorität funktioneller Gruppen

In der Verbindung **HO**–CH_2–CH_2–CH_2–**COOH** ist die **Säurefunktion** wichtiger als die **Alkoholfunktion.** Die Nummerierung muss von der Carboxygruppe **(–COOH)** ausgehen. Der korrekte IUPAC-Name lautet daher 4-Hydroxy-butansäure.

Bei einem **mehrfachen Auftreten einer funktionellen Gruppe** wird dies mit einem Zahlwort vor dem Präfix oder Suffix deutlich gemacht.

Beispiel für eine mehrfach auftretende funktionelle Gruppe

Der als Lösungsmittel dienende **zweifache** Alkohol **HO**–CH_2–CH_2–**OH**–CH_2–CH_3 hat den IUPAC-Namen Butan-1,2-**di**ol.

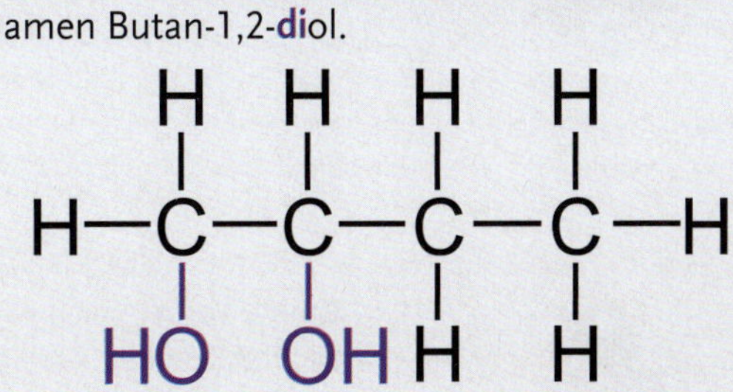

Die Alkoholgruppen (–OH) sind hier farbig markiert. Da es zwei sind, wird vor dem Suffix das Zahlwort **„di"** eingefügt.

Nun folgt eine tabellarische Übersicht über die funktionellen Gruppen organischer Verbindungen.

Substanzklasse	Funktionelle Gruppe	IUPAC-Nomenklatur	Beispiel
Carbonsäuren R–COOH	Carboxygruppe 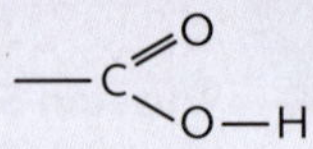	Suffix: „-säure" Präfix: „Carboxy-" Ethansäure CH_3–COOH 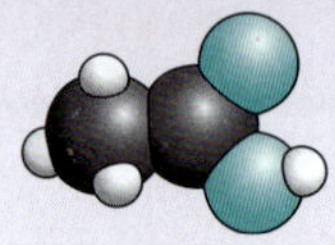	Speiseessig 
Sulfonsäuren R–SO_3H	Sulfogruppe 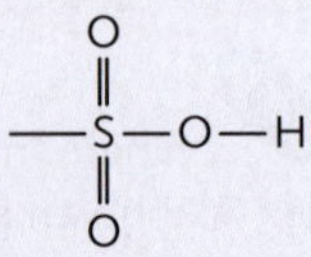	Suffix: „-sulfonsäure" Präfix: „Sulfo-" 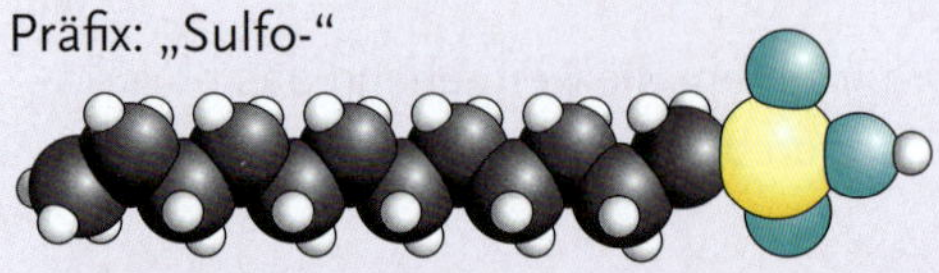 Dodecansulfonsäure $C_{12}H_{25}$–SO_3H	Waschmittel enthalten Salze von Sulfonsäuren 
Carbonsäure-ester R–CO–O–R	Estergruppe 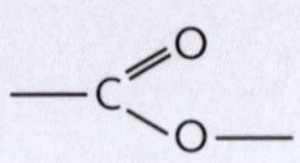	Suffix: „-oat" Präfix: „-oxycarbonyl-" Ethylethanoat CH_3–CO–O–CH_2–CH_3 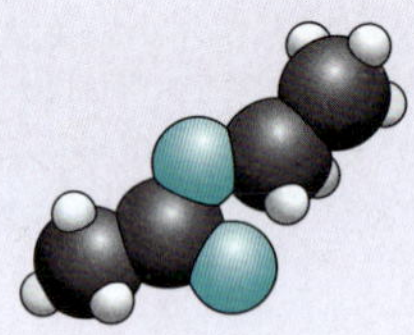	Aromastoffe sind Ester 
Aldehyde R–CO–H	Aldehydgruppe 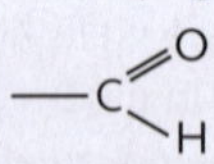	Suffix: „-al" Präfix: „Oxo-" Ethanal CH_3–CO–H 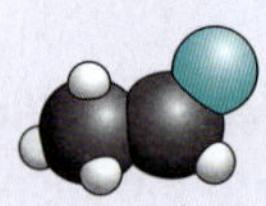	Methanal ist eine Komponente für das Bindemittel in Spanplatten 
Ketone R–CO–R	Ketogruppe 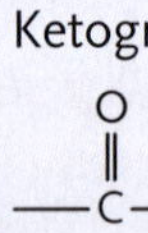	Suffix: „-on" Präfix: „Oxo-" Propanon CH_3–CO–CH_3 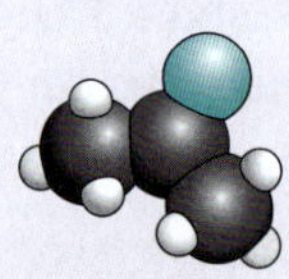	Propanon (Aceton) ist ein Keton, das als Lösungsmittel für Lacke dient 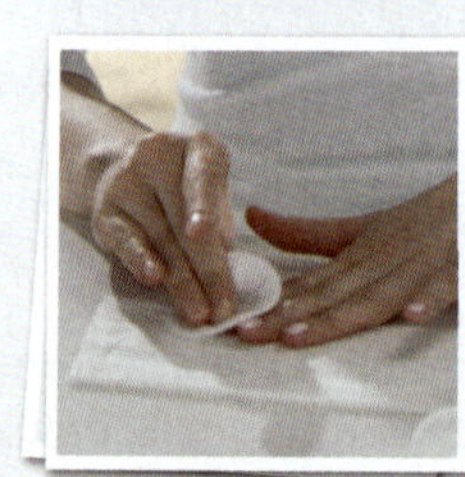
Alkohole R–OH	Hydroxygruppe 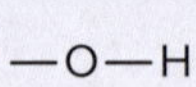	Suffix: „-ol" Präfix: „Hydroxy-" Ethanol CH_3–CH_2–OH 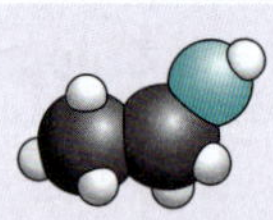	Alkoholika 
Amine R–NH_2 (auch R–NH–R etc.)	Aminogruppe 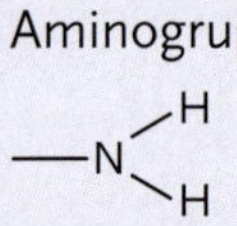	Suffix: „-amin" Präfix: „Amino-" Methanamin CH_3–NH_2 	Amine verursachen den Fischgeruch 

Gruppen oder Atome wie $-CH_3$ (Methyl-), $-NO_2$ (Nitro-), $-Cl$ (Chlor) u. a. gelten laut IUPAC **nicht als funktionelle Gruppen.** Sie haben keine Suffixe, sondern werden **immer als Präfixe** (in alphabetischer Reihenfolge) dem Stammnamen vorangestellt.

Bei der alphabetischen Reihenfolge werden Zahlworte wie „di", „tri" etc. nicht berücksichtigt.

Ether (Sauerstoffbrücken) zählen nicht zu den funktionellen Gruppen, z. B. $CH_3-CH_2-O-CH_2-CH_3$ Ethoxyethan (älterer Name: Diethylether).

Beispiel für eine nicht funktionelle Gruppe

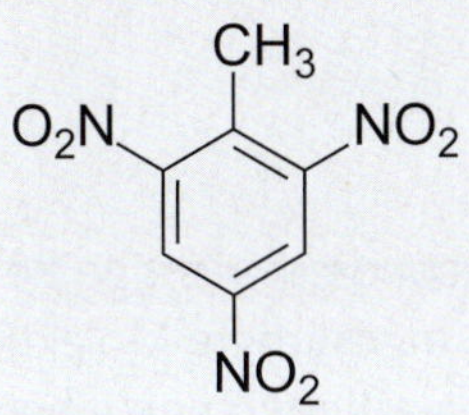

2,4,6-Trinitrotoluen (TNT)

4 Organische Reaktionstypen

Durch unterschiedliche Reaktionen von organischen Verbindungen untereinander lassen sich viele Stoffe mit bestimmten Eigenschaften herstellen. Das spielt in vielen Bereichen, z. B. in der pharmazeutischen Chemie, eine große Rolle.

Organische Reaktionstypen nennt man auch Reaktionsmechanismen.

Beispiel: Reaktion zweier organischer Verbindungen
Buttersäure riecht unangenehm nach Schweißfüßen. Wenn man diese schwache Säure mit dem giftigen Alkohol Methanol verknüpft, entsteht ein nach Ananas duftender Geruchsstoff für die Lebensmittelindustrie.

Wenn man statt planloser Versuche gezielt vorgehen will, muss man zuvor die **Reaktionsmechanismen** (die während der Reaktion ablaufenden Schritte) verstanden haben. Es werden im Folgenden nur wichtige Beispiele behandelt, die auch für andere in diesem Buch behandelte Bereiche (z. B. die Bildung von Kunststoffen) relevant sind.

4.1 Addition

Mehrfachbindungen können leicht zahlreiche andere Moleküle wie Säuren, Halogene und unter Wirkung von Katalysatoren auch Wasser und Wasserstoff addieren.

Unter einer Additionsreaktion versteht man die Anlagerung von Molekülen an eine Mehrfachbindung. Diese werden an die Kohlenstoffverbindung chemisch gebunden.

Unter einer Additionsreaktion versteht man die **Anlagerung von Atomen oder Atomgruppen an eine Mehrfachbindung.** Diese werden an die Kohlenstoffverbindung chemisch gebunden.

Addition von Wasser an Ethen

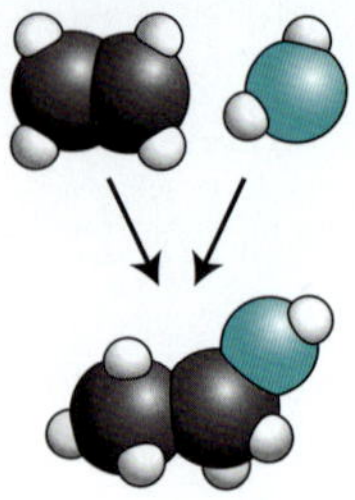

Ethanol

Beispiel: Addition von Wasserstoff

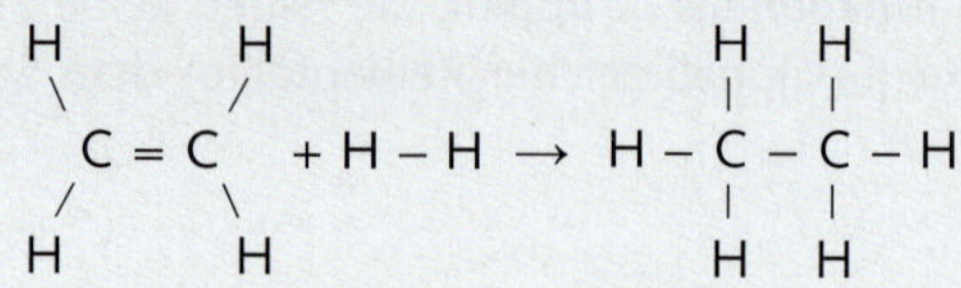

$$C_2H_4 + H_2 \rightarrow C_2H_6$$

Die Doppelbindung im Ethen (C_2H_4) wird aufgespalten und dann wird jeweils ein H-Atom an je ein C-Atom angelagert. Bei der Addition wird Ethan (C_2H_6) gebildet.

4.2 Polymerisation

Eine Sonderform der Addition ist die Polymerisation, eine besonders wichtige Reaktion ungesättigter Verbindungen. Dabei lagern sich andere ungesättigte Moleküle an die Doppelbindung eines Alkens, sodass makromolekulare Ketten entstehen (Kunststoffe).

Näheres zu den Kunststoffen erfahren Sie auf S. 205 ff.

Unter Polymerisation versteht man die Zusammenlagerung von kleinen, ungesättigten Molekülen (Monomeren) zu langen Molekülketten (Polymeren).

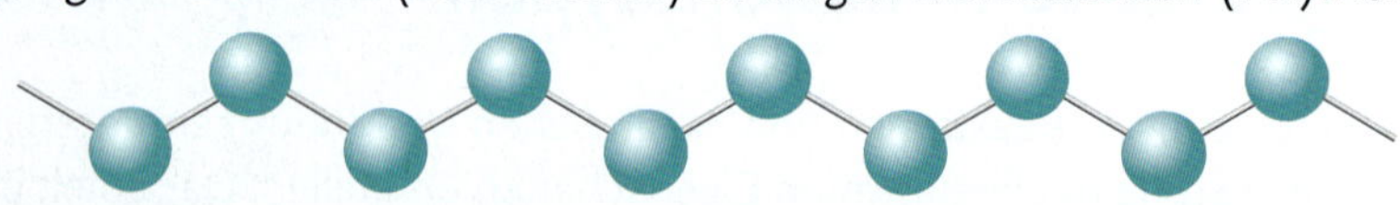

Polymerisation von Ethen

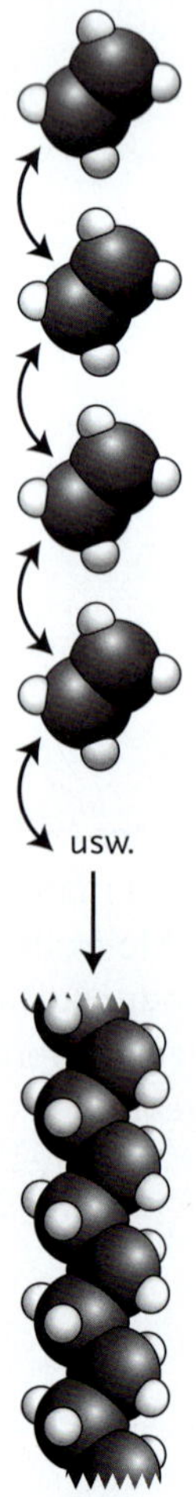

Polyethen
(= Polyethylen)

Beispiel: Polymerisation von Ethen zu Polyethen

- Mehrere Ethen-Moleküle befinden sich nebeneinander.

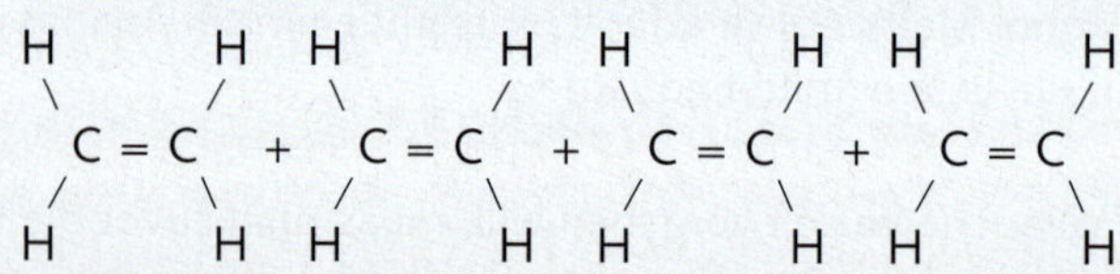

- Die Doppelbindung bei den Ethen-Molekülen wird aufgebrochen.

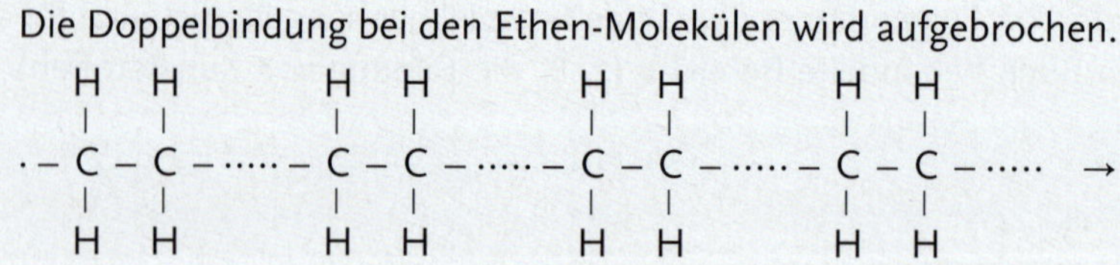

- Die Ethen-Moleküle verbinden sich zu langen Molekülketten.

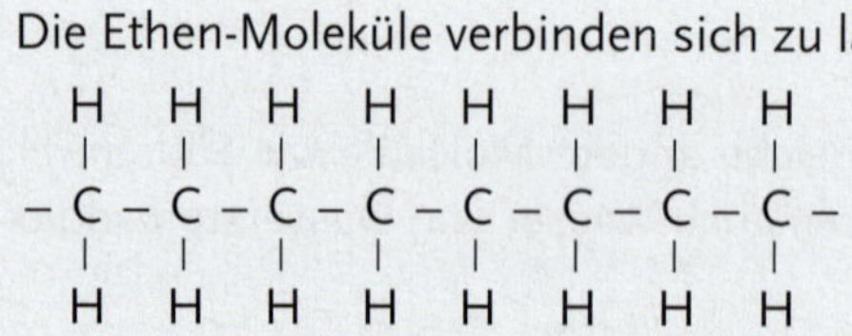

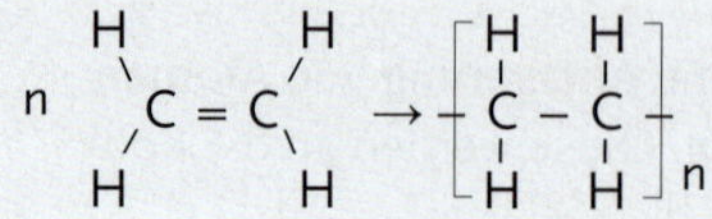

4.3 Elimination

Eliminationen (Eliminierungen) sind die **zu den Additionen gegenteiligen Reaktionen.**

Dadurch gelingt die gezielte Einführung von Mehrfachbindungen, wenn von zwei benachbarten Kohlenstoffatomen Atome oder Atomgruppen abgespalten werden, ohne dass gleichzeitig neue Atome oder Atomgruppen angelagert werden.

Beispiel: Elimination
Abspaltung von Wasser aus Propan-2-ol ergibt Propen:

```
    H   OH H          H         H
    |   |  |           \        |
H - C - C - C - H  →    C = C - C - H + H2O
    |   |  |           /    |   |
    H   H  H          H     H   H
```

Elimination bei Propan-2-ol

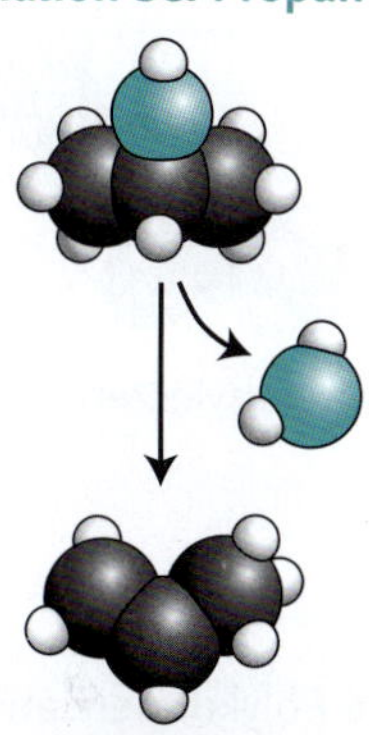

Propen
Drei C-Atome und drei H-Atome liegen in einer Ebene

4.4 Substitution

Unter einer Substitutionsreaktion versteht man den **Austausch von Atomen oder Atomgruppen.** Das Kohlenstoffgerüst der Verbindung bleibt dabei unverändert.

Der **Austausch (Substitution) von Halogenen** ist eine Schlüsselreaktion in der chemischen Industrie, da durch sie Alkane in Verbindungen überführt werden, aus denen sich eine Vielzahl anderer Stoffe synthetisieren lässt.

Ein direkter Umsatz der Alkane mit Halogenen gelingt allerdings nur mit elementarem Chlor oder Brom, da Fluor mit den Alkanen explosiv, Iod zu langsam reagiert. Daher wird z. B. der Kunststoff Polytetrafluorethen (PTFE; Teflon; $[C_2F_4]_{2n}$) über Zwischenprodukte hergestellt.

Beispiel: Substitution von Methan mit Chlor
$CH_4 + Cl_2 \rightarrow CH_3Cl + HCl$

Bei diesem direkten Umsatz wird ein Wasserstoffatom des Methanmoleküls durch ein Chloratom ersetzt (substituiert).

Die direkte Chlorierung des Methans in der Gasphase führt unter stufenweiser Substitution zu nachstehenden Verbindungen:

CH_4	+	Cl_2	→	CH_3Cl	+	HCl	Monochlormethan
CH_3Cl	+	Cl_2	→	CH_2Cl_2	+	HCl	Dichlormethan
CH_2Cl_2	+	Cl_2	→	$CHCl_3$	+	HCl	Trichlormethan
$CHCl_3$	+	Cl_2	→	CCl_4	+	HCl	Tetrachlormethan

Entsprechend lassen sich auch höhere Alkane mit Chlor und Brom umsetzen.

Chlorierung von Methan

Monochlormethan

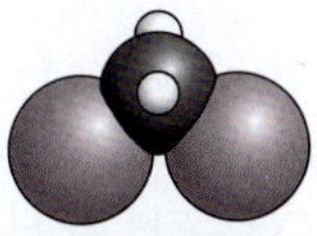

Dichlormethan

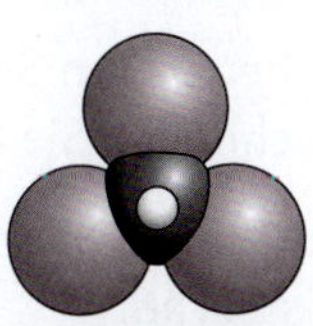

Trichlormethan

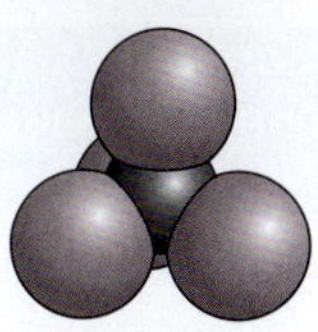

Tetrachlormethan

4.5 Kondensation

Kondensationen sind eine **Sonderform der Substitutionen.**

Unter **Abspaltung eines kleinen Moleküls** (z. B. Wasser) werden zwei Moleküle miteinander verknüpft.

Säuren haben Sie bereits auf S. 53 ff. kennengelernt. Alkohole werden im Detail noch auf S. 152 ff. behandelt, Sie sind den Alkoholen aber bereits bei den funktionellen Gruppen auf S. 139 f. begegnet.

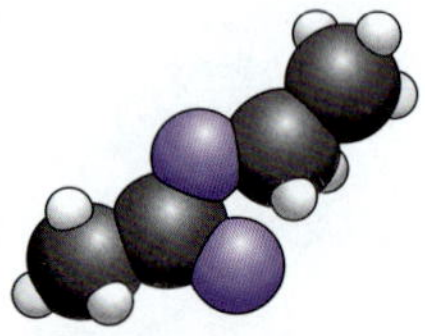

Ethansäureethylester

Beispiel: Esterbildung
Eine Reaktion zwischen Säure und Alkohol ist eine langsam verlaufende Reaktion von Molekülen, die zu einem Gleichgewicht führt (Kondensation).

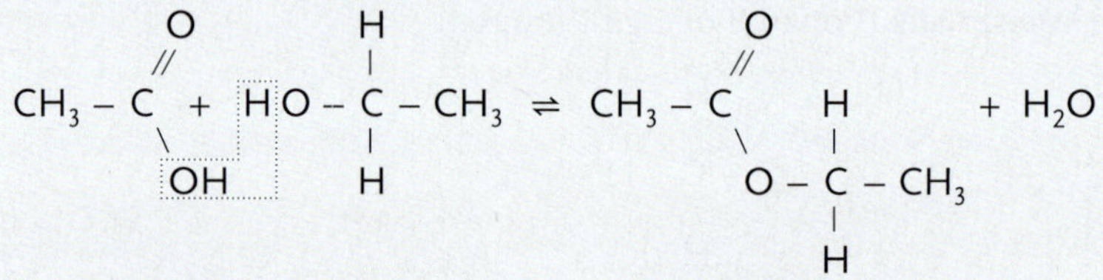

$$CH_3COOH + C_2H_5OH \rightleftharpoons CH_3COOC_2H_5 + H_2O$$

Essigsäure Ethanol Essigsäureethylester Wasser

Die Polykondensation wird Ihnen bei den Kunststoffen wieder begegnen (vgl. S. 207).

Polykondensation ist die Bildung von Makromolekülen aus artgleichen oder artverschiedenen Monomeren mit mindestens zwei reaktionsfähigen Gruppen. Dabei werden kleine Moleküle, meist Wasser, abgespalten. Es entstehen Polykondensate.

Ziele erreicht? – „Grundlagen der organischen Chemie"

KOMPETENZ-ERWERB

1. + Geben Sie die Summenformel von Propin an und zeichnen Sie die ausführliche Strukturformel auf.

2. ++ Finden Sie zu folgenden Halbstrukturformeln die korrekten Bezeichnungen nach der Nomenklatur organischer Verbindungen inklusive der Lokanten.

a) $CH_3–CH_2–CH=CH=CH_2$

b) $CH_2=CH–CH_2–CH_2–CH_3$

3. ++ Recherchieren Sie zur Verbindung Propandiol und dessen Summenformel. Beschreiben Sie anhand dessen den Begriff Isomerie.

4. + Nennen Sie die funktionellen Gruppen organischer Verbindungen und geben Sie jeweils ein Beispiel an.

5. + Stellen Sie die Reaktionsgleichung für eine Addition von Ethen und Salzsäure auf.

Einen interaktiven **Safety-Check** finden Sie in der TRAUNER-DigiBox.

Kohlenwasserstoffe

Bei den Kohlenwasserstoffen handelt es sich, wie der Name schon sagt, um eine Gruppe von Verbindungen, die nur aus den **Elementen C und H** bestehen. Bei den bereits angeführten Beispielen für die Nomenklatur haben Sie schon einige Vertreter dieser Klasse kennengelernt (z. B. Propen, Methan, Butan).

Die Stoffgruppe der Kohlenwasserstoffe hat eine riesige Bedeutung für Wirtschaft und Technik, werden sie doch als fossile Brennstoffe verwendet und auch zur Synthese von Kunststoffen und vielem anderen mehr herangezogen.

Die **Verbrennung** ist überhaupt die wichtigste Reaktion (RedOx-Reaktion) in Zusammenhang mit den Kohlenwasserstoffen:

$$CH_4 + 2\ O_2 \rightarrow CO_2 + 2\ H_2O$$

Kohlenwasserstoffe verbrennen zu CO_2 und H_2O.

Meine Ziele

KOMPETENZ-ERWERB

Nach Bearbeitung dieses Kapitels kann ich

- verschiedene Kohlenwasserstoffe beschreiben und nach ihrer Struktur unterscheiden;
- die Benzenformel erklären;
- Halogenkohlenwasserstoffe charakterisieren und Einsatzgebiete nennen;
- anhand der Ringsysteme von Aromaten deren Bindungsordnungen aufstellen.

Unterscheidung von Kohlenwasserstoffen

Alkane	Alkene	Alkine
▪ Kohlenwasserstoffe mit durchwegs **Einfachbindungen zwischen den C-Atomen (gesättigt);** ▪ Name endet auf **„-an“;** ▪ Allgemeine Summenformel lautet C_nH_{2n+2}	▪ **Ungesättigte Kohlenwasserstoffe** mit einer **Doppelbindung zwischen zwei C-Atomen** (ansonsten Einfachbindungen); ▪ Name endet auf **„-en“;** ▪ Allgemeine Summenformel lautet C_nH_{2n}	▪ **Ungesättigte Kohlenwasserstoffe** mit einer **Dreifachbindung zwischen zwei C-Atomen;** ▪ Name endet auf **„-in“;** ▪ Allgemeine Summenformel lautet C_nH_{2n-2}

1 Alkane (gesättigte Kohlenwasserstoffe)

Die einfachste stabile Kohlenwasserstoffverbindung ist das **Methan (CH_4).** In so einem Methanmolekül verbindet sich ein Kohlenstoffatom mit vier Wasserstoffatomen. Die vier Bindungen an jedem Kohlenstoffatom sind tetraedisch angeordnet (vgl. Abbildung in der Randspalte).

Struktur von Methan (CH_4): Die vier H-Atome erstrecken sich in gleichen Abständen voneinander in den Raum rund um das C-Atom.

> Methan ist der Hauptbestandteil von Erdgas und entsteht außerdem bei der Verdauung in Mägen von Wiederkäuern (z. B. Hausrind). In erster Linie wird es als Heizgas verwendet, aber es bildet in der Petrochemie auch die Grundlage vieler Produkte.

Wussten Sie, dass ...
Methan einen erheblichen Einfluss auf den Treibhauseffekt (21-mal höhere Wirkung als CO_2) hat? Aus diesem Grund gilt die Massenrinderhaltung auch als eine der Ursachen für die globale Erwärmung.

Methan stellt die **Stammverbindung der kettenförmigen Verbindungen** dar.

Sind mehrere Kohlenstoffatome durch einfache Atombindungen kettenförmig miteinander verknüpft und die restlichen Valenzen durch Wasserstoffatome abgesättigt, so besitzen diese Kohlenwasserstoffe **an den Enden der Kette je drei** und **an allen übrigen Kohlenstoffatomen je zwei Wasserstoffatome.**

Beispiel

Propan ($CH_3-CH_2-CH_3$)

```
  H H H
  | | |
H-C-C-C-H
  | | |
  H H H
```

n-Butan ($CH_3-CH_2-CH_2-CH_3$)

```
  H H H H
  | | | |
H-C-C-C-C-H
  | | | |
  H H H H
```

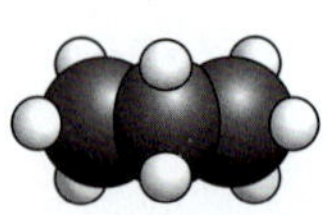

Propan

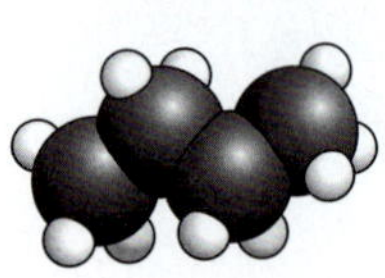

n-Butan

Die Alkane sind relativ **reaktionsträge.** Unter bestimmten Reaktionsbedingungen sind sie jedoch einigen Reaktionen zugänglich. Die wichtigste ist die **Umsetzung mit Sauerstoff** (vgl. Reaktionsgleichung auf der vorgergehenden Seite).

2 Alkene und Alkine (ungesättigte Kohlenwasserstoffe)

Alkene und Alkine sind **ungesättigte Kohlenwasserstoffe.** Sie besitzen entweder zwei oder vier Wasserstoffatome weniger als gesättigte Kohlenwasserstoffe mit derselben Anzahl von C-Atomen, da zwei Kohlenstoffatome durch eine **Doppelbindung** (Alkene) oder eine **Dreifachbindung** (Alkine) miteinander verbunden sind.

2.1 Ethen

Ethen hat die Summenformel C_2H_4 und weist zwischen den beiden Kohlenstoffatomen eine **Doppelbindung** vor.

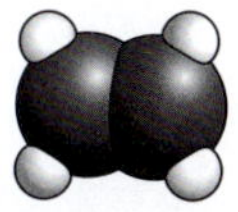

Alle sechs Atome liegen in einer Ebene.

Der Nachweis von Doppelbindungen erfolgt meist durch Addition von Brom unter milden Bedingungen. Die Farbe des Broms verschwindet dabei.

$CH_2{=}CH_2$ + Br_2 → $CH_2Br{-}CH_2Br$ (1,2-Dibromethan)
farblos rotbraun farblos

Wussten Sie, dass ...
Bananen und andere Früchte unreif gepflückt werden, damit sie besser transportiert werden können und besser vor Schimmelpilzbefall geschützt sind? Um später appetitlich reif auszusehen, werden sie mit Ethen begast, wodurch sie künstlich reifen.

Ethen ist Ausgangspunkt für eine Vielzahl von Synthesen. Einen kleinen Teil der **aus Ethen erzeugten Zwischen- und Endprodukte** zeigt die folgende Übersicht:

Beispiele: Was aus Ethen (C_2H_4) gewonnen werden kann
- Ethanol (C_2H_5–OH)
- Ethansäure (C_2H_3–COOH)
- Kunststoffe
- Ethan-1,2-diol (Glycol; C_2H_2OH– C_2H_2OH)

Von Ethen leiten sich drei der vier wichtigsten Kunststoffe ab:
- PE = Polyethen (Polyethylen)
- PVC = Polychlorethen (Polyvinylchlorid)
- PS = Polystyren (Polystyrol)

Mehr zu den Kunststoffen erfahren Sie auf S. 205 ff.

2.2 Ethin

Ethin (Acetylen; C_2H_2) wird großtechnisch mit einem Katalysator bei hohen Temperaturen aus Methan hergestellt:

$$2\,CH_4 \rightarrow C_2H_2 + 3\,H_2$$

Früher erzeugte man Ethin in zwei Stufen: Erhitzen von gebranntem Kalk mit Kohle liefert Calciumcarbid CaC_2; dieses ergibt mit Wasser Ethin.

In **Ethin** sind die **Kohlenstoffatome linear gebunden.**

H–C≡C–H
Struktur von Ethin

Bindungen bei Ethin

Eine sp-sp-σ-Bindung	Zwei s-sp-σ-Bindungen	Zwei p-p-π-Bindungen
Zwischen den beiden Kohlenstoffatomen	Zwischen den Kohlenstoff- und den Wasserstoffatomen	Zwischen den beiden Kohlenstoffatomen

Im Ethinmolekül ist also eine **Dreifachbindung zwischen den Kohlenstoffatomen** vorhanden, und zwar eine σ-Bindung und zwei π-Bindungen.

Die Bindungsenergie der Dreifachbindung ist wesentlich niedriger als das Dreifache der Bindungsenergie einer Einfachbindung.

Darstellung der Orbitalbindungen beim Ethinmolekül

H – C ≡ C – H

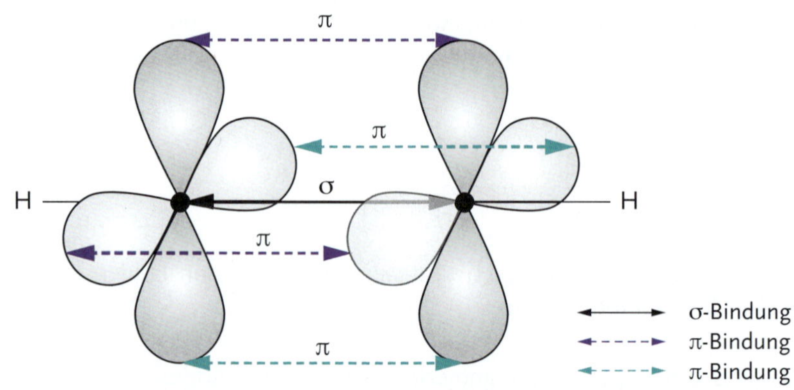

Aufgrund der Dreifachbindung CH≡CH ist Ethin **sehr reaktionsfähig.** Es verbrennt mit sehr heißer und heller Flamme. Ethin-Luft-Gemische sind hochexplosiv.

Carbidlampen waren als Grubenlampen in Verwendung.

Beispiel für die Verwendung von Ethin
Übliches Schweißgas (kastanienbraune Kennzeichnung der Druckgasflaschen)

Versuch – „Erzeugung von Ethin"

Streuen Sie auf eine Platte ein wenig Calciumcarbid, bespritzen Sie es mit Wasser und zünden Sie die Gasblasen mit einem brennenden Span an.

3 Diene – Gummi

Diene (Alkadiene) sind ungesättigte Kohlenwasserstoffe mit zwei Doppelbindungen zwischen C-Atomen. Die allgemeine Summenformel lautet C_nH_{2n-2}.

Das wichtigste Dien ist das **Buta-1,3-dien** $CH_2{=}CH{-}CH{=}CH_2$ und es ist das einfachste konjugierte Dien. Der Begriff **konjugiert** bedeutet, dass sich zwischen zwei Doppelbindungen formal genau eine Einfachbindung befindet. Im Unterschied dazu sind **kumulierte Doppelbindungen** benachbart. **Isolierte Doppelbindungen** sind durch mehr als eine Einfachbindung getrennt.

═ — ═ konjugiert
═ ═ kumuliert
═ ...... ═ isoliert

Das in der Natur von vielen Pflanzen (besonders vom brasilianischen Gummibaum) produzierte Isopren $CH_2{=}C(CH_3){-}CH{=}CH_2$ polymerisiert leicht. Das Polymerisat heißt **Kautschuk,** der Rohstoff für Gummi.

Den Naturkautschuk und den daraus hergestellten Naturgummi (NR; *natural rubber*) lernen Sie noch auf S. 214 kennen.

4 Aromatische Kohlenwasserstoffe

Einige bekannte Verbindungen, deren Moleküle einen stark ungesättigten Ring enthalten (z. B. Vanillin), riechen sehr angenehm. Die Chemie definiert **aromatisch** heute aber nicht als wohlriechend, sondern es ist dies eine Bezeichnung für **mesomeriestabilisierte Ringsysteme.**

4.1 Benzen

Benzen (alter Name: Benzol) ist die wichtigste aromatische Verbindung. Für seine Summenformel C_6H_6 könnte man 157 Isomere formulieren. Aber von diesen ist nur das Benzen eine stabile Substanz.

Die Entdeckung der **Benzenformel** wird dem deutschen Chemiker AUGUST KEKULÉ zugeschrieben (Kekulé-Formel). Tatsächlich gebührt aber dem Österreicher JOSEPH LOSCHMIDT die Ehre, die Struktur des Benzens 1861 als Erster erkannt zu haben.

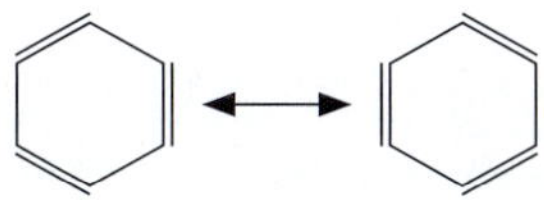

Die Messung der Elektronendichte ergibt jedoch, dass sich nicht etwa Doppel- und Einfachbindungen abwechseln, sondern dass durchgehende Eineinhalbfachbindungen vorliegen. **Benzen ist mesomer.**

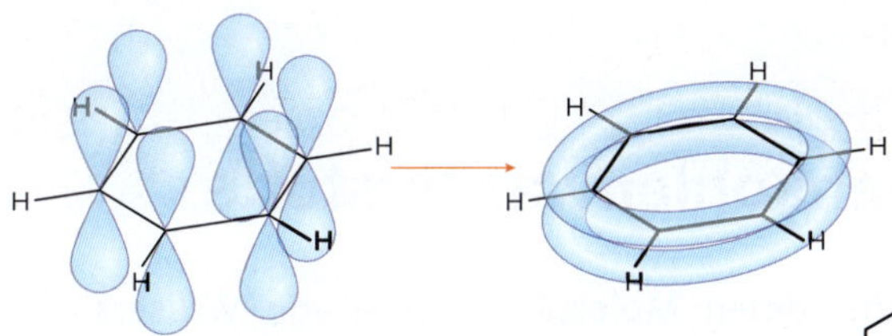

Seit dieser Erkenntnis verwendet man meist folgende Formel:

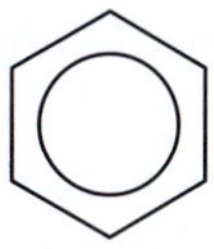

Benzen ist eine farblose, benzinähnlich riechende, giftige und krebserregende Flüssigkeit (Siedepunkt = 80 °C, r = 0,88 g/cm³). Obwohl Benzen gesundheitlich bedenklich ist, darf zur Erhöhung der Klopffestigkeit (vgl. S. 201) in Benzin 1 % Benzen enthalten sein. Hingegen sind mehr als 0,2 % Benzen als Lösungsmittel in Lacken verboten.

FRIEDRICH AUGUST KEKULÉ, 1829 BIS 1896, DEUTSCHER CHEMIKER

4.2 Mehrkernige aromatische Kohlenwasserstoffe

Der aromatische Ring wird auch als **Kern** bezeichnet. Mehrkernige Verbindungen findet man u. a. im Erdöl.

Die für Aromaten verwendete Bezeichnung „Kern“ hat nichts mit dem Atomkern zu tun.

Beispiel für einen mehrkernigen Aromat
Triphenylmethan (ein Grundgerüst für Farbstoffe) ist dreikernig.

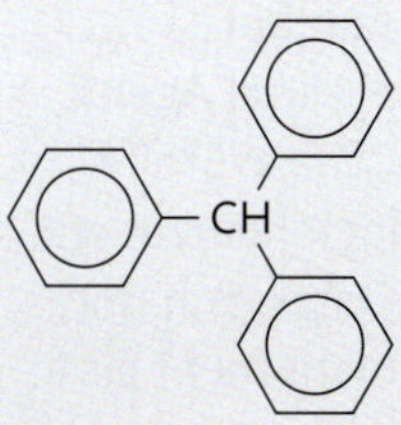

Phenyl ist (historisch bedingt) die Bezeichnung für den Benzenrest C_6H_5–, während **Benzyl** den Rest C_6H_5–CH_2– bezeichnet. Eine systematische Nomenklatur der mehrkernigen Aromaten hat sich bis jetzt noch nicht durchgesetzt.

Kondensierte Ringsysteme

Miteinander verbundene Ringe besitzen mehrere gemeinsame Kohlenstoffatome.

Beispiel für ein zweikerniges, kondensiertes System: Naphtalen

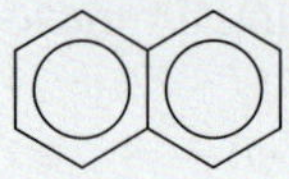 oder 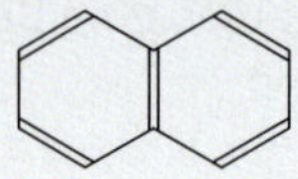

Höher kondensierte Aromaten kommen in Tabakrauch und Dieselruß vor. Sie sind stark krebserregende Substanzen.

Wenn drei Ringe aneinander kondensiert werden, gibt es zwei Möglichkeiten der Anordnung.

Beispiele für dreikernige, kondensierte Systeme

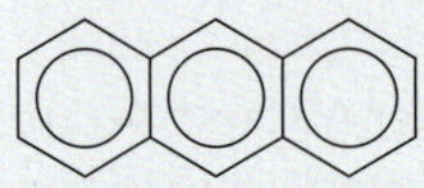
Anthracen

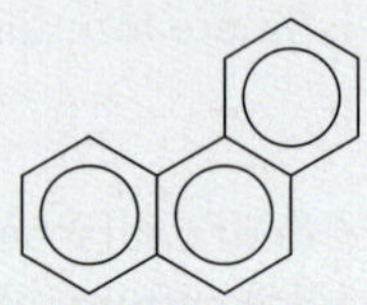
Phenanthren

Aufgabenstellung – „Mehrkernige Aromaten"

■ + Geben Sie die Summenformeln für Naphthalen und Anthracen an.

5 Halogenkohlenwasserstoffe

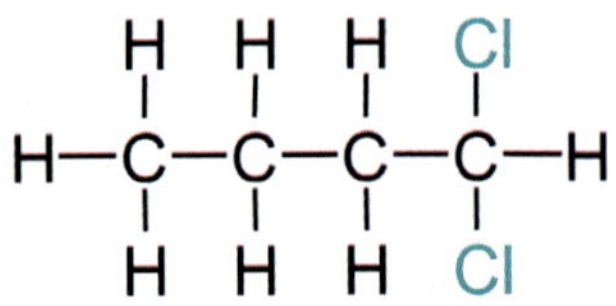
Beispiel für einen Halogenkohlenwasserstoff: 1,1-Dichlorbutan

Kohlenwasserstoffe, deren Moleküle anstelle von Wasserstoffatomen Halogenatome (Fluor, Chlor, Brom oder Iod) enthalten, bezeichnet man als **Halogenkohlenwasserstoffe.** Diese Verbindungen wurden wegen ihrer positiven Eigenschaften vielfältig hergestellt und waren weit verbreitet. Ihre negativen Eigenschaften machten sie erst nach und nach zu Problemstoffen.

Einsatzgebiete für Halogenkohlenwasserstoffe

Lösungsmittel	Narkosemittel	Pestizide
Aufgrund ihrer Giftigkeit werden heute keine Halogenkohlenwasserstoffe mehr zur chemischen Textilreinigung eingesetzt.	Zur Durchführung von schmerzfreien operativen Eingriffen werden heute leicht flüchtige Flurane in Kombination mit anderen Narkosemitteln eingesetzt. Sie dienen zur Aufrechterhaltung der Bewusstlosigkeit des Patienten, sind leicht verdampfbar, unbrennbar und haben nur geringe Nebenwirkungen.	Eine chlorhaltige Verbindung war z. B. das im Vietnamkrieg eingesetzte Entlaubungsmittel **Agent Orange.** Diese Stoffe sind jedoch heutzutage z. B. in Österreich und der EU nicht mehr als Pflanzenschutzmittel zugelassen.

Eigenschaften von Halogenkohlenwasserstoffen

- Die meisten sind bei Raumtemperatur flüssig.
- Schwach polar, in Wasser nicht löslich.
- Gute Lösungsmittel für organische Stoffe.
- Schwer bis gar nicht entflammbar.
- Sehr stabil, in der Natur schlecht abbaubar.
- Viele sind giftig (leberschädigend), manche krebserregend.
- Die meisten haben ein starkes Ozon zerstörendes Potenzial und fördern somit die Bildung des Ozonlochs.

Fluorchlorkohlenwasserstoffe (FCKW)

FCKW sind eine Gruppe von Halogenkohlenwasserstoffen mit einem oder zwei C-Atomen, bei denen die **H-Atome durch Fluor und Chlor teilweise bzw. vollständig ersetzt** werden.

Gemäß IUPAC-Nomenklatur nennt man sie Chlorfluorkohlenwasserstoffe (CFKW). Sind alle Wasserstoffatome durch Halogenatome ersetzt, so heißen sie Chlorfluorkohlenstoffe (CFK).

Halone sind bromhältige Halogenkohlenwasserstoffe, die in Feuerlöschern und automatischen Löschanlagen verwendet wurden. Sie sind wegen ihrer Ozon zerstörenden Wirkung ebenfalls weitgehend verboten.

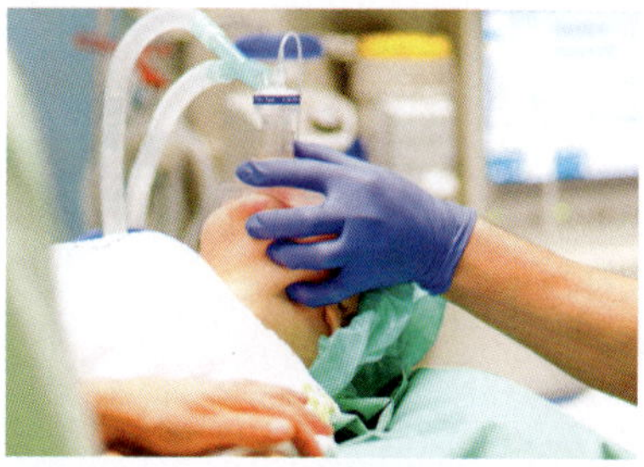

Flurane sind Narkosemittel, die inhaliert werden. Sie dienen der Herbeiführung eines Zustands der Empfindungslosigkeit (Anästhesie) bei operativen Eingriffen.

Ziele erreicht? – „Kohlenwasserstoffe"

KOMPETENZ-ERWERB

1. \+ Nennen Sie verschiedene Kohlenwasserstoffe und deren Eigenschaften bzw. Verwendungen.
2. ++ Diese Verbindung kann nicht existieren. Begründen Sie, warum das so ist.

3. \+ Beschreiben Sie die Besonderheit von Fluorchlorkohlenwasserstoffen und zählen Sie Einsatzgebiete sowie Gefahren dieser Stoffe auf.
4. ++ Recherchieren Sie im Internet, woher die Bezeichnung *Agent Orange* kommt und warum die US-Soldaten des Vietnamkrieges sowie die vietnamesische Bevölkerung bis heute an den Spätfolgen leiden.
5. ++ Recherchieren Sie Quellen für Methan sowie Möglichkeiten zur Reduzierung des Methanausstoßes. Diskutieren Sie Ihre Suchergebnisse in der Klasse.

Einen interaktiven **Safety-Check** finden Sie in der TRAUNER-DigiBox.

Alkohole

Alkohole haben Sie bereits als funktionelle Gruppe der organischen Chemie kennengelernt (vgl. S. 139 ff.). Hier wird noch im Detail auf diese wichtige Gruppe eingegangen.

Ethanol hat die Summenformel C_2H_5OH.

Der Begriff Alkohol geht auf das arabische Wort *al-kuhl* (auch *al kuhul* bzw. *al ghawl*) zurück und bedeutete ursprünglich eine aus Antimonpulver zubereitete Augenschminke.

Außerdem verwendete man den Begriff für etwas besonders Feines im Sinne eines Auszugs oder einer Essenz. Die Alchemisten übernahmen ihn für Produkte der Destillation.

Reiner Alkohol (Ethanol) wurde erstmals etwa um 900 n. Chr. durch **Destillation** von Wein hergestellt. In der Alltagssprache bezeichnet man als Alkohol ausschließlich Ethanol oder Weingeist.

Meine Ziele

Nach Bearbeitung dieses Kapitels kann ich

- Alkohole nach ihrer Wertigkeit unterscheiden;
- physikalische und chemische Eigenschaften von Alkoholen in Experimenten überprüfen;
- die Eigenschaften von Methanol und Ethanol nennen sowie deren technische Anwendungen aufzählen;
- Auswirkungen von Ethanol auf den menschlichen Körper nachvollziehen und Alkoholkonsum kritisch beurteilen.

1 Einteilung der Alkohole

Sie werden nach zwei Gesichtspunkten eingeteilt: nach der **Anzahl der OH-Gruppen,** die im Molekül vorhanden sind, und nach der **Stellung der OH-Gruppen.**

Wertigkeit der Alkohole (Anzahl der OH-Gruppen)

Einwertige Alkohole: z. B. CH_3-CH_2-**OH** Ethanol

Zweiwertige Alkohole: z. B. **HO**$-CH_2-CH_2-$**OH** Ethan-1,2-diol

Dreiwertige Alkohole: z. B.

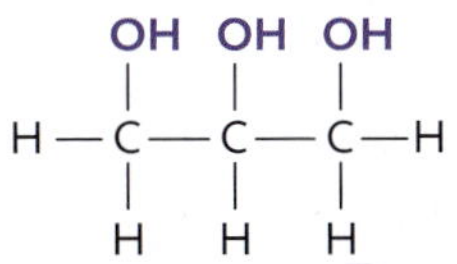

Propan-1,2,3-triol

Sechswertige Alkohole: z. B.

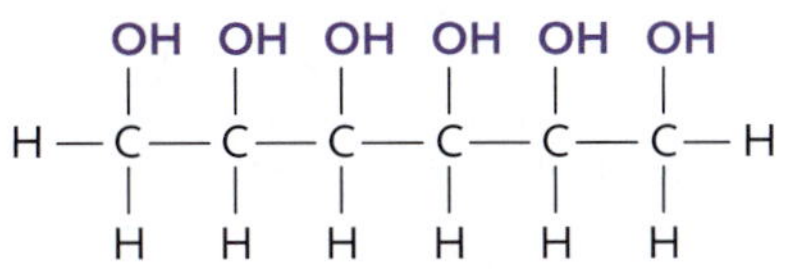

Hexan-1,2,3,4,5,6-hexol

Stellung der OH-Gruppe

Primärer Alkohol

$CH_3-CH_2-CH_2-OH$

Propan-1-ol

Sekundärer Alkohol

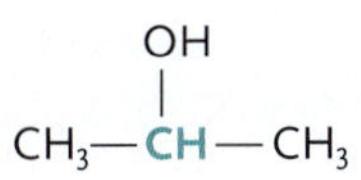

Propan-2-ol

Tertiärer Alkohol

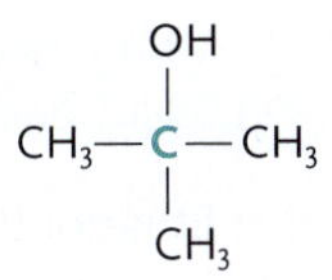

Methyl-propan-2-ol

Ab den zweiwertigen Alkoholen bezeichnet man diese als **mehrwertige Alkohole.**

Bei primären Alkoholen hat das mit der OH-Gruppe verbundene C-Atom zwei Wasserstoffnachbarn (CH_2), bei sekundären Alkoholen einen (CH) und bei tertiären Alkoholen keinen (C).

2 Physikalische Eigenschaften

Sie sind stark von der Kettenlänge und von der Wertigkeit des Alkohols abhängig. Aufgrund der hohen Elektronegativität des Sauerstoffs entsteht ein Dipol, der zu Wasserstoffbrücken und somit zu einer starken Anziehung zwischen Alkoholmolekülen führt.

Das Alkoholmolekül besteht aus einem hydrophoben Kohlenwasserstoffrest R und der stark hydrophilen OH-Gruppe. Je nach Länge von R bzw. Anzahl der OH-Gruppen ist der Alkohol gut oder schlecht wasserlöslich. Kurze und minderwertige Alkohole sind gut wasserlöslich.

hydrophob = Wasser meidend bzw. nicht mit Wasser mischbar

hydrophil = Wasser liebend bzw. stark mit Wasser reagierend

$\overset{\delta^-}{}\ \overset{\delta^+}{}$
$R-O-H$ (δ⁻ am O, δ⁺ am H)

Dipol der OH-Gruppe

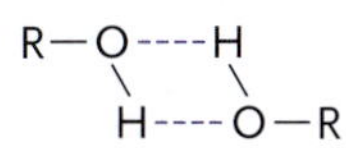

Wasserstoffbrücken zwischen zwei Alkoholmolekülen

Versuch – „Siedepunkte von Wasser und Ethanol"

Füllen Sie je ein Reagenzglas einige Zentimeter hoch mit Ethanol (96 %) bzw. mit Wasser. Stellen Sie beide Reagenzgläser in ein Wasserbad und erhitzen Sie das Wasser mit einer Heizplatte. Messen Sie mit Thermometern die Temperatur in den beiden Flüssigkeiten, wenn sie zu sieden beginnen.

Wasser besitzt einen Siedepunkt um 100 °C. Ethanol hingegen siedet schon bei 78 °C. Beachten Sie, dass die Siedepunkte vom jeweiligen Luftdruck abhängen und somit leicht variieren können.

Für diesen Versuch benötigen Sie ein geeignetes Thermometer. Es sollte eine Skala von über 100 °C besitzen, ansonsten droht es, zu zerplatzen!

FILM AB!

Ein Video zeigt Ihnen den Versuch zur unterschiedlichen Brennbarkeit von Alkoholen.
www.trauner.at/nawi_v64.aspx

Um die Flamme sichtbar (orange) zu machen, wird Kochsalz (NaCl) hinzugegeben. Alternativ können auch andere, die Flamme tiefrotfärbende Salze (z. B. Lithiumnitrat) benutzt werden.

Vorsicht bei diesem Versuch! Um die Brandgefahr zu minimieren, sollte dieser Versuch unter einem Abzug durchgeführt werden.

3 Chemische Eigenschaften

Kurzkettige Alkohole wie Methanol und Ethanol sind leicht entzündlich und reagieren beim Verbrennen mit dem Luftsauerstoff zu CO_2 und H_2O. Auch Alkoholgemische mit Wasser sind ab einer Alkoholkonzentration von etwa 50 Vol.-% gut brennbar.

Versuch – „Brennbarkeit von Alkoholen"

Zünden Sie vorsichtig jeweils eine kleine Probe von Methanol, Ethanol und Propanol an.

Unterscheiden Sie die Flammen nach ihrer Gelbfärbung und der Rußbildung.

Darüber hinaus bilden Alkohole mit anorganischen Säuren und Carbonsäuren unter Wasserabspaltung **Ester bzw. Carbonsäureester**.

Versuch – „Feuerfestes Papier"

Mischen Sie Ethanol (96 %ig) und Wasser im Verhältnis 1 : 1 in einer Schale und geben Sie festes Natriumchlorid dazu.

In diese Mischung wird ein Stück Papier (oder ein Taschentuch) eingetaucht. Wenn es sich vollgesogen hat, wird es mit einer Zange wieder herausgenommen.

Stellen Sie die Schale nun in sicherer Entfernung beiseite!

Zünden Sie nun das Papier an der unteren Ecke an. Das Feuer flammt hell auf. Nach einigen Sekunden erlischt die Flamme. Das Stück Papier bleibt unversehrt zurück.

4 Wichtige Alkohole

Bei Alkohol denkt man sofort an Wein, Bier, Schnaps und anderen Trinkalkohol. Dass es nicht nur Ethanol gibt, das hat Martin bereits erfahren. Er wundert sich nur, für welche Zwecke Alkohole in der Industrie und im Alltag eingesetzt werden.

Alkohole sind in den verschiedensten Bereichen der Technik im Einsatz. Vor allem als Lösungsmittel werden sie in der Industrie und auch im Haushalt verwendet.

Jährlich werden weltweit über 6 Mio. Tonnen dieser alkoholischen Lösungsmittel verbraucht. Die mengenmäßig bedeutendsten Alkohole sind Methanol und das auch als Trinkalkohol bekannte Ethanol.

4.1 Methanol (CH_3–OH)

Methanol (Siedepunkt: 65 °C) ist eine farblose, typisch riechende und stark giftige Flüssigkeit. Da sie im Körper u. a. zu giftigem Formaldehyd (Methanal) verstoffwechselt wird, kann sie zu Erblindung und Tod führen.

In der Technik wird es aus Kohlenstoffmonoxid und Wasserstoff hergestellt und ist unentbehrlicher Grundstoff für zahlreiche Synthesen (Herstellung von Kunststoffen, Lösungsmittel für Lacke und Farben, Ethansäure [Essigsäure] etc.).

$CO + 2\,H_2 \rightleftharpoons CH_3OH$

Für eine wirtschaftliche Produktion ist es erforderlich, das chemische Gleichgewicht in Richtung Produkt zu verschieben. Es wird möglichst hoher Druck angewendet und eine Temperatur von 380 °C nicht überschritten. Zusätzlich werden Katalysatoren verwendet.

4.1.1 Technische Bedeutung von Methanol

Beispiele für die Einsatzmöglichkeiten von Methanol

- Sehr wichtiger Chemierohstoff (zur Herstellung von Methanal, Ethansäure, Chlormethan, Methanamin)
- Energieträger (als Kraftstoff oder Kraftstoffzusatz)
- In bestimmten Brennstoffzellen (Methanol-Brennstoffzellen) als Wasserstofflieferant

Die größten Verbraucher des Methanol-Produktes **Methanal (Formaldehyd)** und dessen Harzen sind die Bau- sowie die Holzindustrie. Bei der Herstellung von Produkten aus Holz werden Formaldehydharze z. B. als Bindemittel für Spanplatten verwendet.

Als Zusatz für **Kraftstoffe** ist Methanol heute schon in Verwendung. Reiner Methanol-Kraftstoff (M 100) sowie 85 %iger Methanol-Kraftstoff (M 85) wurden bereits getestet und haben sich dabei durch eine hohe Leistung und einen hohen Wirkungsgrad ausgezeichnet. Auch aufgrund des Umstandes, dass Methanol äußerst giftig ist, sind hochkonzentrierte Methanol-Kraftstoffe derzeit an den Tankstellen nicht üblich.

4.1.2 Methanol und seine toxischen Eigenschaften

Bereits einige wenige Gramm Methanol können nach dem Einnehmen zur Erblindung führen, die tödliche Dosis für einen Menschen beträgt ca. 25 g. Die toxische Wirkung beruht auf der Oxidation zu Methanal und der Weiterverarbeitung dessen zu Methansäure (Ameisensäure; CH_2O_2).

Zur Behandlung einer Vergiftung mit Methanol wird der Abbau des Methanols im menschlichen Körper gehemmt. Somit kommt es auch zu keiner Bildung der giftigen Stoffwechselprodukte.

Da vom Körper Trinkalkohol (Ethanol) gegenüber Methanol bevorzugt abgebaut wird, wird bei einer Vergiftung Ethanol verabreicht. Allerdings muss der Ethanolspiegel im Körper dabei teilweise über Tage hochgehalten werden.

Wussten Sie, dass ...
Methanol auch Holzgeist genannt wird? Der Name kommt von der Herstellung des Methanols durch Pyrolyse (Brechen von chemischen Bindungen bei hohen Temperaturen) von Holz.

Eigenschaften von Methanol

- Farblose, alkoholisch riechende Flüssigkeit
- Sdp. = 65 °C
- Giftig, der Konsum von Methanol führt zu Sehstörungen bis hin zum Erblinden, bei größeren Mengen kommt es (ohne Gegenbehandlung) zum Atemstillstand.

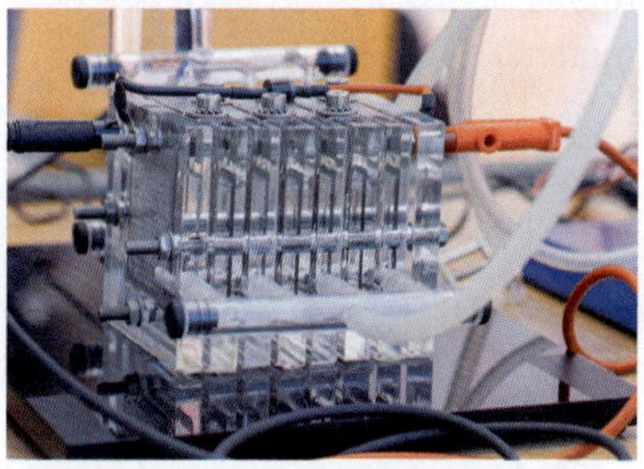

In Brennstoffzellen liefert die Verbindung von Wasserstoff und Sauerstoff zu H_2O Energie. Den dafür benötigten Wasserstoff gewinnt man z. B. aus der Spaltung von Methanol zu Wasserstoff und Kohlenstoffdioxid.

Bei einer Methanolvergiftung hilft man dem Körper also mit einem starken „Dauerrausch", damit das Methanol nicht verarbeitet, sondern langsam ausgeschieden wird.

Eigenschaften von Ethanol

- Farblose, charakteristisch riechende Flüssigkeit
- Sdp. = 78,3 °C
- Giftig, der Konsum von Ethanol verursacht schon in geringen Dosen physiologische Effekte wie eine Hemmung der Erregung (Muskelerschlaffung), erschwertes Sprechen, Unsicherheit im Gehen und Stehen.

Als sogenannter Biokraftstoff gilt normaler Kraftstoff mit einer Beimischung von 85 % Ethanol (E 85). E 10 hingegen hat nur einen Ethanol-Anteil von 10 %. Auch dem Standard-Ottokraftstoff Super 95 sind in Österreich übrigens bis zu 5 % Ethanol beigemischt.

Näheres zu den Kraftstoffen erfahren Sie auf S. 201.

Weitere Versuche zu und mit Ethanol finden Sie in der TRAUNER-DigiBox.

4.2 Ethanol (CH_3–CH_2–OH)

Ethanol wird durch Gärung von zuckerhaltigen Lösungen aus Naturstoffen gewonnen. Dabei kann eine Lösung mit etwa 17 Vol.-% erhalten werden. Bei dieser Konzentration stellen die meisten Hefen die Alkoholproduktion ein. Durch Destillation erreicht man 96 %igen Alkohol („Weingeist"). Technisches Ethanol wird durch Wasseranlagerung an Ethen gewonnen.

Erzeugung von technischem Ethanol

$$\underbrace{CH_2{=}CH_2}_{\text{Ethen}} + \underbrace{H_2O}_{\text{Wasser}} \rightarrow \underbrace{CH_3{-}CH_2{-}OH}_{\text{Ethanol}}$$

4.2.1 Technische Bedeutung von Ethanol

Einsatzmöglichkeiten von Ethanol

- Lösungsmittel im Haushalt (Kosmetik-, Reinigungsmittel)
- Technisches Lösungsmittel
- Desinfektionsmittel
- Zur Herstellung von Essigsäure
- Energieträger (in verschiedenen Kraftstoffen)

Versuch – „Löslichkeit von Alkohol"

Füllen Sie ein Reagenzglas mit 10 ml Wasser. Geben Sie 2 ml reinen Ethyl-Alkohol hinzu und schütteln Sie das Reagenzglas. Wiederholen Sie den Vorgang nun mit 2 ml vergälltem Alkohol.

Skizzieren und erklären Sie Ihre Beobachtungen.

Vergällungsmittel werden eingesetzt, damit Alkohol als Lebensmittel ungenießbar wird. Somit ist er dann auch von gewissen Steuern befreit. Je nach Einsatzzweck sind unterschiedliche Vergällungsmittel üblich.

Beispiele für Vergällungsmittel

- Bitrex (Denatoniumbenzoat), die bitterste bekannte Chemikalie, wird bei der Vergällung von Brennspiritus verwendet. Außerdem wird es dazu genutzt, toxische Haushaltsprodukte (z. B. Reinigungsmittel oder Rattengift) für Kinder ungenießbar zu machen und sie so vor einer Vergiftung zu schützen.
- Zur Herstellung von Essig wird Alkohol mit Ethansäure (Essigsäure) vergällt.

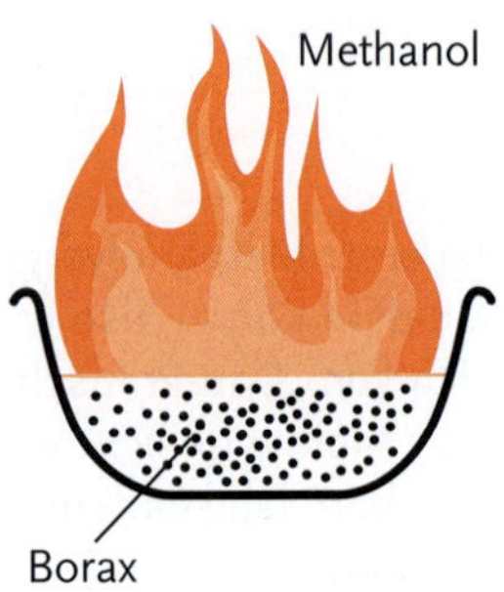

Versuch – „Unterscheidung von Methanol und Ethanol"

In einem Abzug platziert man vier Abdampfschalen. In zwei davon gibt man einige Milliliter Ethanol, in die anderen beiden einige Milliliter Methanol. In je eine mit Methanol gefüllte und eine mit Ethanol gefüllte Abdampfschale gibt man einen Spatel Borsäure.

Die Lösungen werden mit einem brennenden Holzspan entzündet. Der Versuch kommt am besten bei einem verdunkelten Raum zur Geltung.

Methanol bildet Borsäuremethylester, der die Flamme grün färbt, Ethanol nicht.

4.2.2 Ethanol als Genussmittel und Droge

Nina trinkt hin und wieder ein Glas Bier. Auf Partys greift auch Martin hin und wieder zu Alkopops. Manche Jugendliche und auch sehr viele Erwachsene kennen jedoch oft keine Limits beim Alkohol. Alkohol ist nämlich sowohl ein Arznei- und Genuss- als auch ein Rausch- und Suchtmittel.

Alkohol ist in Österreich eine „Volksdroge".

Überwiegend gelangt Alkohol über die Schleimhäute des Dünndarms in den Blutkreislauf, nur ein kleiner Teil über den Magen. Wie viel Alkohol vom Körper aufgenommen wird, hängt von der Alkoholmenge, der Trinkgeschwindigkeit, dem Körpergewicht und dem Geschlecht ab.

Berechnung der Blutalkoholkonzentration (BAK) nach Widmark

$$\text{BAK in ‰} = \frac{\text{m (Ethanol in g)}}{\text{m (Körpergewicht in kg)} \cdot x}$$

Reduktionsfaktor x: $x_{Männer} = 0{,}70$ $x_{Frauen} = x_{Jugendliche} = 0{,}60$

Eine 0,5 l-Flasche Bier mit 5 Vol.-% enthält rund 20 g Alkohol:

$V = 500\ ml \cdot 0{,}05 = 25\ ml$ $\rho = 0{,}8\ kg/l$ $m = \rho \cdot V = \frac{800\ g}{l} \cdot 0{,}025\ l = 20\ g$

Ein 80 kg schwerer Mann hat somit eine BAK von $\frac{20\ g}{80\ kg \cdot 0{,}7} = \frac{20\ g}{56\ kg} \approx 0{,}36$ ‰.

Frauen haben einen geringeren Körperwasseranteil als Männer, was dazu führt, dass die Blutalkoholkonzentration schneller ansteigt.

Der **dreistufige Abbau** erfolgt bis zu 95 % in der Leber und dort hauptsächlich durch das Enzym Alkoholdehydrogenase, ADH.

1. Ethanol wird mit ADH in Ethanal umgewandelt, das für den Körper wenig verträglich ist und die sogenannten Katersymptome (Kopfschmerzen, Unwohlsein) hervorruft.
2. Im zweiten Schritt wird Ethanal enzymatisch mit Aldehyddehydrogenase (ALDH) in Essigsäure umgewandelt.
3. Diese spaltet der Körper im dritten Schritt mit einer Reihe von Enzymen zu Kohlenstoffdioxid und Wasser auf.

In verdünnter Form findet **Essigsäure** im Haushalt als Essig oder als Reinigungs- bzw. Entkalkungsmittel Anwendung. In konzentrierter Form ist Essigsäure jedoch stark ätzend!

Die **Abbaugeschwindigkeit** beträgt konstant zwischen 0,1 und 0,2 ‰ pro Stunde und ist nicht durch Nahrungsmittel, Kaffee oder Medikamente beeinflussbar. Etwa 5 % des aufgenommenen Alkohols werden nicht verstoffwechselt, sondern über Urin, Atem und Schweiß direkt ausgeschieden.

‰ = Promille; ein Tausendstel

4.2.3 Wirkung von Ethanol auf den menschlichen Körper

Alkohol verteilt sich über die Blutbahn im ganzen Körper und erreicht schon nach wenigen Minuten das Gehirn. Dort wird eine Reihe von Transmittersystemen beeinflusst, unter anderem wird **Dopamin** freigesetzt. Dieser Neurotransmitter spielt für das Belohnungssystem im Gehirn eine wichtige Rolle.

Neurotransmitter = körpereigene biochemische Botenstoffe, die Informationen von einer Nervenzelle zur anderen über die Kontaktstelle der Nervenzellen, die Synapse, weitergeben.

Gleichzeitig wird Angst gelindert und der Körper wird beruhigt. Die Gefäße werden erweitert, dadurch wird die Durchblutung verbessert.

⚠ Durch die Erweiterung der Gefäße hat man das Gefühl, dass Alkohol wärmt, tatsächlich strahlt der Körper mehr Wärme ab – was in Einzelfällen zum Erfrieren führen kann.

> Die individuell gespürte Wirkung von Alkohol hängt in erster Linie von der Menge ab, aber auch von der körperlichen und seelischen Verfassung sowie der Gewöhnung. Bei identischer Blutalkoholkonzentration kann der Rauschzustand daher variieren.

In geringen Mengen hat Alkohol typischerweise eine enthemmende Wirkung. Die Stimmung verbessert sich und die Kontaktfreudigkeit nimmt meist zu. Größere Mengen Alkohol führen jedoch zu massiven **Wahrnehmungs- und Aufmerksamkeitsstörungen.** Die Koordinationsfähigkeit und Sprache werden zunehmend beeinträchtigt. Schließlich stellen sich Müdigkeit und Benommenheit ein, die bei großen Mengen Alkohol in Bewusstlosigkeit mündet.

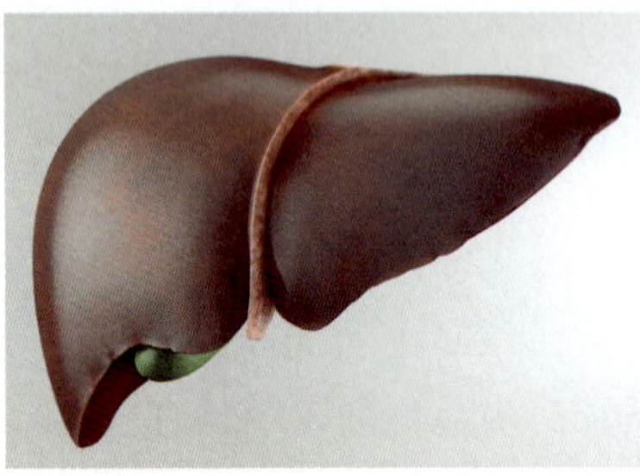
Gesunde Leber

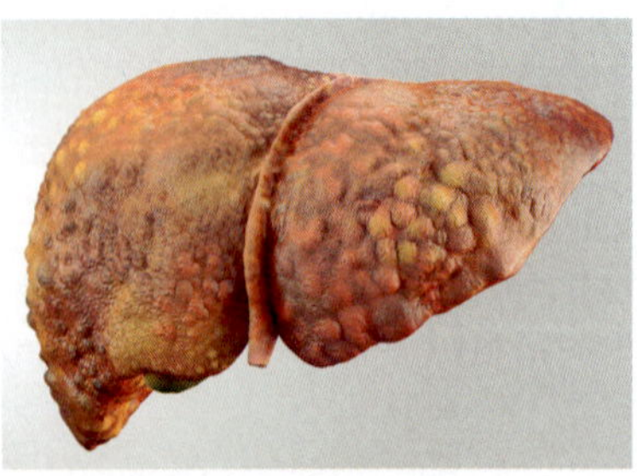
Leber mit Zirrhose aufgrund von chronischem Alkoholkonsum

Auswirkungen von Alkoholkonsum (Beispiele)

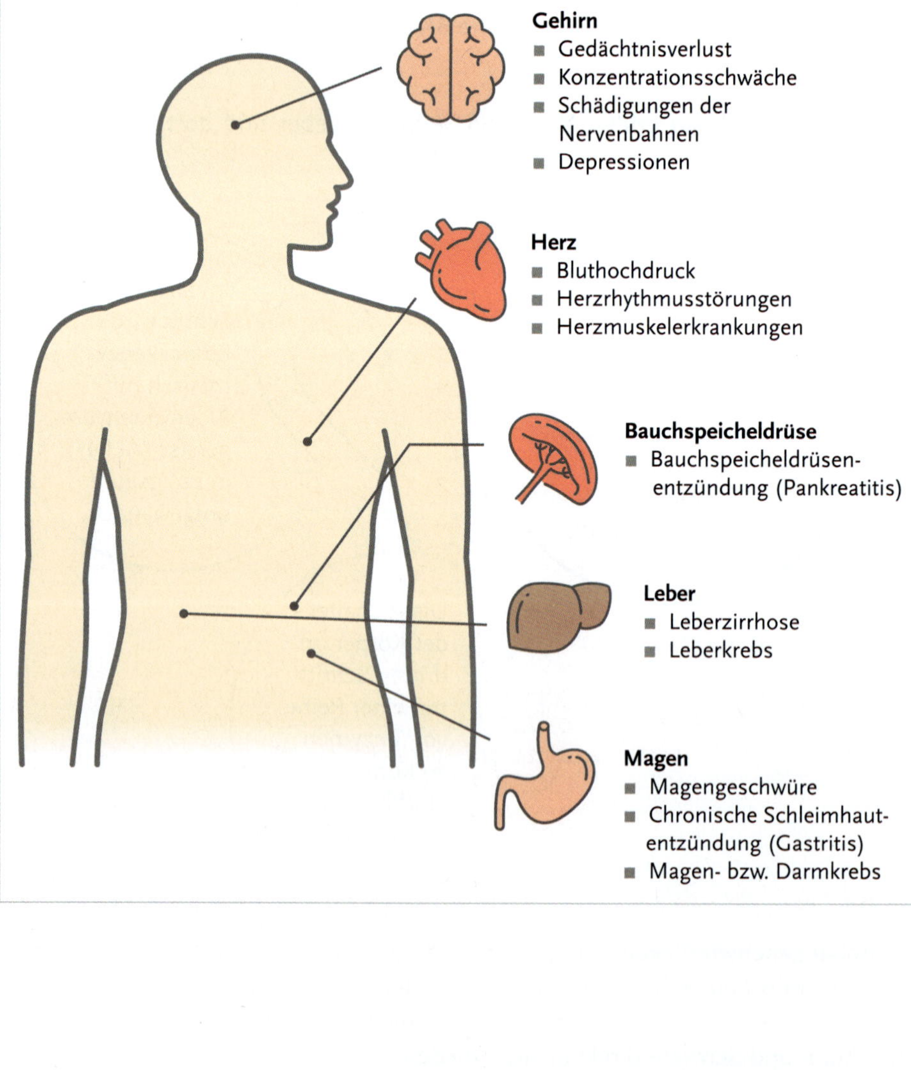

Durch den Konsum von Alkohol können sämtliche körperlichen Entwicklungsprozesse eines Jugendlichen beeinträchtigt werden, weil noch nicht vollständig ausgereifte Organe viel anfälliger für das als Zellgift wirkende Ethanol und seine Abbauprodukte sind. Die vollständige Reifung des Gehirns beispielsweise ist erst nach dem 20. Lebensjahr abgeschlossen! Regelmäßiger Alkoholkonsum kann zudem die psychosoziale Entwicklung stören, was auch zu Problemen in der Schule und/oder in der Arbeitswelt führen kann. Die Versuchung ist groß, auch in belastenden Momenten und Situationen der Unsicherheit zu diesem „Mittel" zu greifen. Wird Alkohol allerdings konsumiert, um sich besser zu fühlen, um abzuschalten oder um Sorgen zu vergessen, ist die Gefahr, eine Abhängigkeit zu entwickeln, groß!

FILM AB!

Ein interessantes Video zeigt Ihnen, wie Alkohol auf den menschlichen Körper wirkt und wie Alkohol im Körper abgebaut wird.
www.trauner.at/nawi_v91.aspx

Die extreme Form des Rauschtrinkens wird umgangssprachlich auch als **Komasaufen** bezeichnet. Damit wird aber auch eine drohende Gefahr des exzessiven Alkoholmissbrauchs bereits genannt: Ab einer Blutalkoholkonzentration von etwa 3 ‰ droht Bewusstlosigkeit! Der Körper unterkühlt sehr schnell und Schutzreflexe werden ausgeschaltet. Schließlich kann sich ein lebensgefährlicher Atemstillstand einstellen, wenn nicht umgehend Notfallmaßnahmen eingeleitet werden.

Versuch – „Einfacher Alkomat"

Lösen Sie eine Spatelspitze Kalium(di)chromat in ca. 2 ml konzentrierter Schwefelsäure. Mit dieser Lösung tränken Sie dann das grobe Kieselgel (z. B. von Trockenhaltepackungen für Elektronikgeräte).

Füllen Sie die Mischung in ein Glasrohr und verschließen Sie es auf beiden Seiten mit Glaswolle. Ein sauberes Stück Schlauch wird als Mundstück an einem Ende befestigt.

Zur Probe des Alkoholgehalts der Atemluft pusten Sie via Mundstück durch das Glasrohr. Um Alkoholdampf in den Atem zu bekommen, müssen Sie nicht unbedingt Alkohol (z. B. ein Stück alkoholhaltige Schokolade) zu sich nehmen. Sie können auch lediglich eine **Gaswaschflasche** mit Alkohol dazwischenschalten.

Der Inhalt des Glasrohres färbt sich grün, wenn in der Atemluft Alkohol vorhanden ist.

Moderne Handmessgeräte messen den Alkoholgehalt im Atem auf elektrochemischem Weg.

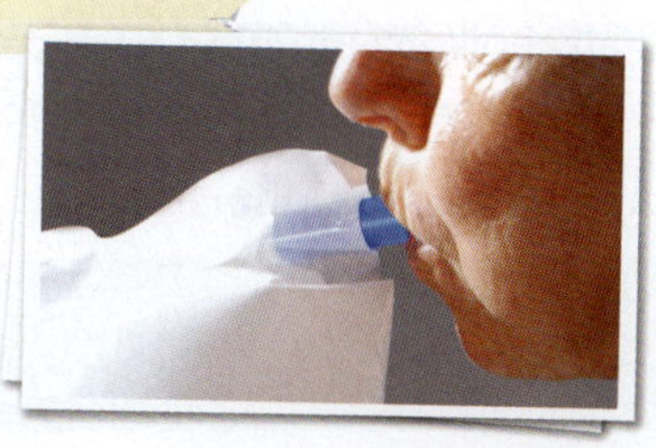

Die gleiche chemische Reaktion findet in den sogenannten **Blasröhrchen,** über die ein Ballon aufgeblasen wird, statt. Lange Zeit dienten sie zur Kontrolle des Alkoholgehalts in der Atemluft.

4.3 Propanol

Von Propanol (C_3H_7OH) gibt es zwei Isomere.

An den deutlich unterschiedlichen Siedepunkten lässt sich erkennen, welch bedeutenden Einfluss die Stellung von Atomen bzw. Atomgruppen in einem von der Summenformel her gleichen Molekül hat.

Isomerie von Propanol

1-Propanol	2-Propanol
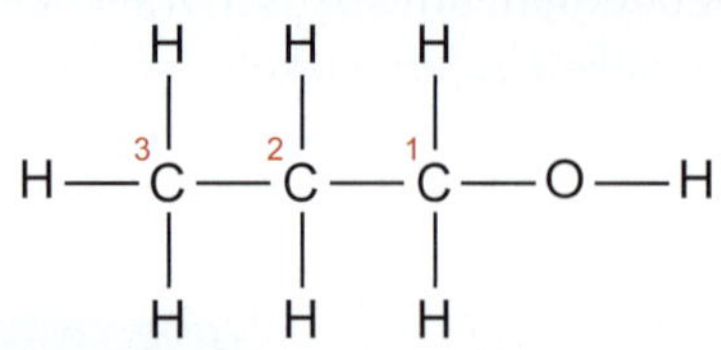	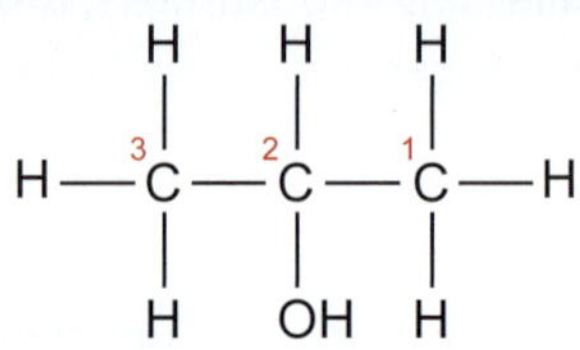
n- oder 1-Propanol (Propan-1-ol), „normal-Propylalkohol“ $CH_3–CH_2–CH_2OH$ Siedepunkt: 97,2 °C	Isopropylalkohol (Propan-2-ol), Isopropanol $CH_3–CHOH–CH_3$ Siedepunkt: 80,4 °C

Beispiele für die Anwendung von Propanol
Isopropanol ist giftig, jedoch ein beliebtes – weil günstiges – Lösungs-, Desinfektions- und Frostschutzmittel. Sie kennen seinen typischen Geruch sicher vom (meist blau eingefärbten) frostsicheren Auto-Scheibenwaschmittel.

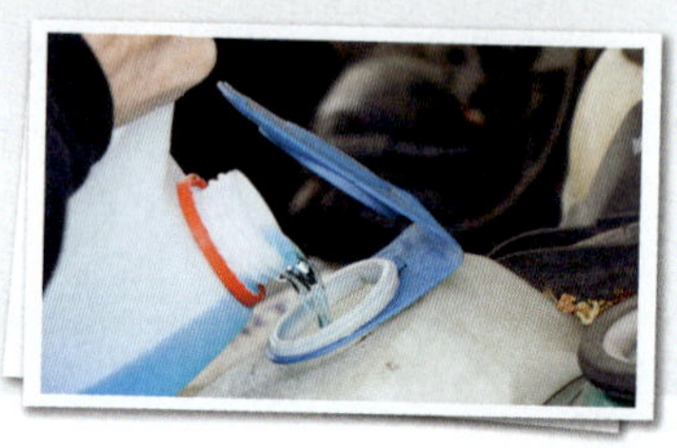

Ziele erreicht? – „Alkohole“

KOMPETENZ-ERWERB

1. \+ Formulieren Sie die Reaktionsgleichung der Verbrennung von Ethanol. Um welche Art von Reaktion handelt es sich hier?
   $C_2H_5OH + 3\ O_2 \rightarrow$ ______________ + ______________
2. \+ Erklären Sie, warum es zwischen Alkoholmolekülen zu einer so starken Anziehung kommt.
3. ++ Geben Sie die Reaktion einer alkoholischen Gärung an. Beschreiben Sie auch, wie man eine solche Gärung geregelt ablaufen lassen kann.
4. ++ Erklären Sie die toxische Wirkung von Methanol und wie sich eine Vergiftung behandeln lässt.
5. ++ Beschreiben Sie die Wirkungen von Ethanol auf den menschlichen Körper und auf das Verhalten.
6. \+ Berechnen Sie Ihre theoretische Blutalkoholkonzentration nach dem Konsum von Wein in Schritten von 1/8 l. Eine 0,75 l-Flasche mit 12 Vol.-% enthält ca. 72 g Alkohol.
7. \+ Beschreiben Sie den unterschiedlichen Aufbau von primären, sekundären und tertiären Alkoholen.

Einen interaktiven **Safety-Check** finden Sie in der TRAUNER-DigiBox.

Seifen, Reinigungsmittel und Kosmetika

Die Geschichte der Sauberkeit (Wäsche und Körperpflege) ist mit der Menschheitsgeschichte eng verbunden. Kulturen, Riten, Religionen sowie die Erkenntnisse der Medizin und Hygiene, aber auch die Ergebnisse in Chemie und Technik haben die wechselnden Normen und Einstellungen der Menschen zur Sauberkeit (Wohlbefinden, Gesundheit, sozialer und psychohygienischer Stellenwert) geprägt.

Die meisten Menschen pflegen sich heute sehr bewusst und benutzen eine Vielzahl von Körperpflegemitteln, um die unterschiedlichsten Wirkungen zu erzielen. Wer sich pflegt, ist offensichtlich mit sich und der Welt zufrieden. Eines darf dabei jedoch nicht übersehen werden: Körperpflege dient auch der Gesundheitsvorsorge!

Bei Kindern kommt es immer wieder vor, dass diese Seifen bzw. Seifenschaum verschlucken oder einatmen. Gängige Seifen sind zum Glück kaum oder nicht toxisch. Es kann jedoch zu Schleimhautreizungen, Übelkeit und Erbrechen kommen. Damit Seife im Magen nicht zum Schäumen beginnt, gibt es spezielle Entschäumungsmittel. Auch die Verdünnung mit stillem Wasser hilft.
Kommt Schaum in die Atemwege, führt das zu Hustenreiz und/oder Atemnot.

Meine Ziele

KOMPETENZERWERB

Nach Bearbeitung dieses Kapitels kann ich

- die wichtigsten Produkte zur Körperpflege benennen;
- die Eigenschaften und die Verwendung von Tensiden beschreiben;
- die Vorgänge beim Waschen erklären;
- beurteilen, welche Waschmittel bzw. Waschkomponenten für welche Anforderungen infrage kommen.

1 Seifen und Waschmittel

Da sie bei ihrem Fahrrad die Kette gewechselt hat, sind Ninas Hände mit Öl und Dreck verschmiert. Mit Wasser spült sie zwar etwas davon weg, sauber und fettfrei werden ihre Hände aber erst, als sie zum Waschen Seife verwendet.

Wasser ist als Waschmittel sicher unentbehrlich, kann aber die in unseren Tagen sehr hoch gewordenen Ansprüche an Hygiene und Sauberkeit alleine nicht erfüllen. Seifen und Waschmittel als zusätzliche waschaktive Substanzen werden benötigt.

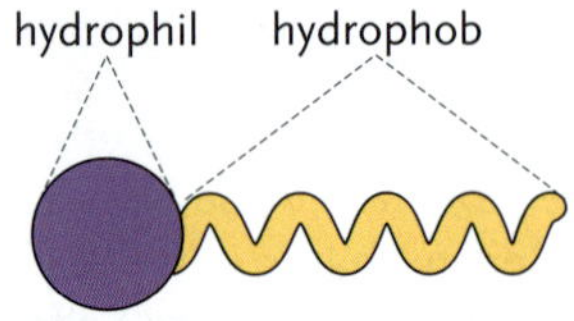

Aufbau eines Tensidmoleküls

1.1 Tenside

Für die Reinigung sowohl von Wäsche als auch von Geschirr und Haut verantwortlich sind **Tenside.** Dabei handelt es sich um Verbindungen, die einen unpolaren, **hydrophoben** (wasserfeindlichen) und einen polaren, **hydrophilen** (wasserfreundlichen) Molekülteil besitzen. Der hydrophobe Teil ist zumeist ein Kohlenwasserstoffrest, der zehn bis 20 Kohlenstoffatome umfasst. Der hydrophile Teil ist je nach Tensidart unterschiedlich aufgebaut.

Wussten Sie, dass ...
in vielen Kosmetikprodukten (z. B. Hautcremes) ebenfalls Tenside enthalten sind? Sie sorgen dafür, dass sowohl Fett als auch Wasser in die Haut einziehen.

Vermischt man Tensidmoleküle mit Wasser, treten verschiedene Effekte auf: An der Grenzfläche zwischen Luft und Wasser reichern sich die Tenside an und setzen die Oberflächenspannung des Wassers stark herab. Im Wasser bilden Tenside kugelförmige und stäbchenförmige Aggregate – sogenannte **Mizellen.**

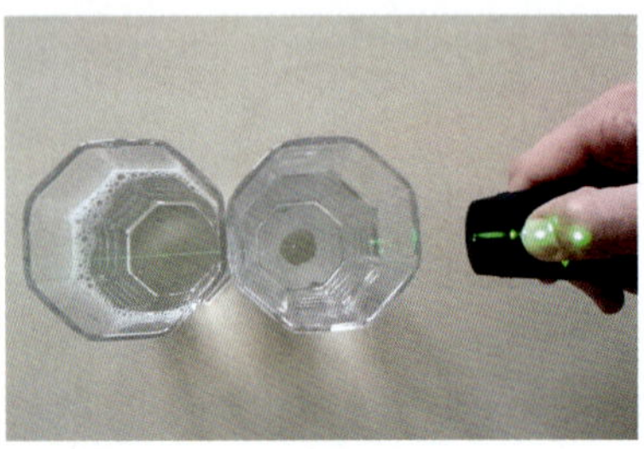
Tyndalleffekt: Streuung eines Lichtstrahls (Laserpointer) an den Mizellen einer Seifenlösung

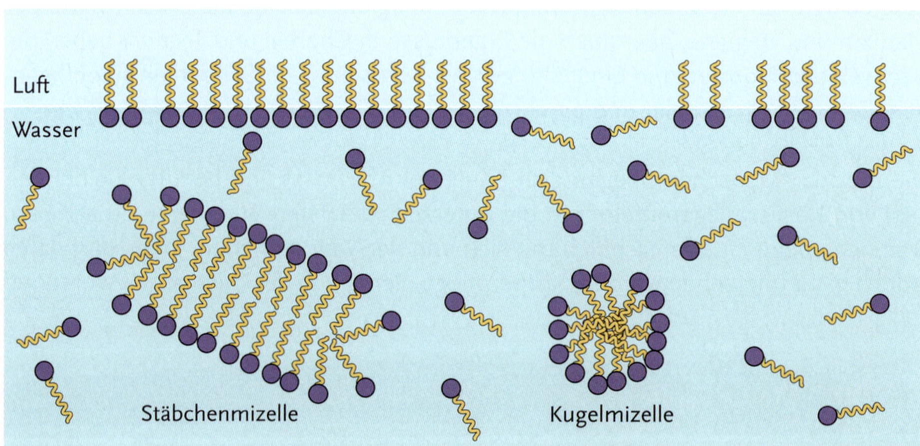

FILM AB!
Im Video ist der Tyndalleffekt deutlich zu erkennen.
www.trauner.at/nawi_v6.aspx

Mizellen haben eine Größe von wenigen Nanometern. Daher sind Tensidlösungen im Unterschied zu echten Lösungen nicht völlig klar, sondern leicht trüb. Tritt ein Lichtstrahl durch eine Tensidlösung, wird er an den Mizellen gestreut **(Tyndalleffekt).**

In der TRAUNER-DigiBox befindet sich ein Versuch zur Schaumbildung.

Beim Vermischen einer Tensidlösung mit Gas (z. B. Luft) kommt es zur typischen **Schaumbildung.** Tenside ermöglichen durch die Verringerung der Grenzflächenspannung diese starke Vergrößerung der Oberfläche. Die sehr dünne Haut einer **Schaumblase** – Lamelle genannt – besteht aus Wasser und wird durch Tensidmoleküle stabilisiert.

Tensidarten

Tenside werden in erster Linie durch den hydrophilen Molekülteil unterschieden. Der hydrophobe Teil ist zumeist ein linearer Kohlenwasserstoffrest.

Tensidarten

Anionische Tenside	Kationische Tenside	Amphotere Tenside	Nichtionische Tenside
Der hydrophile Molekülteil ist negativ geladen.	Der hydrophile Molekülteil ist positiv geladen.	Tragen im hydrophilen Teil sowohl eine positive als auch eine negativ geladene funktionelle Gruppe.	Der hydrophile Teil ist ungeladen.

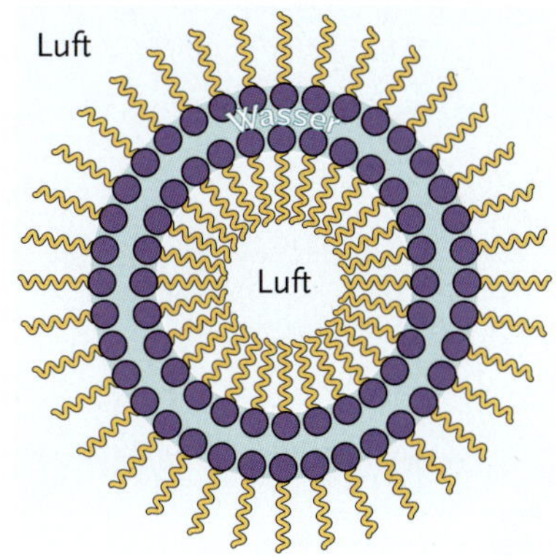

Lamellenbildung einer Schaumblase

Wäschewaschen mit Seife und Waschbrett

1.2 Waschvorgang

Schmutz besteht aus wasserlöslichen, leicht entfernbaren Bestandteilen (Salzen, Harnstoff) und aus wasserunlöslichen, schwer entfernbaren Teilchen (Eiweiß, Kohlenhydraten, Fett, Ruß). Früher erfolgte die Schmutzablösung durch eine starke mechanische Bearbeitung der Wäsche (z. B. Waschbrett). Heute erledigt das Waschmittel die Hauptarbeit der Reinigung.

Versuch – „Geschirrspüler“

Sie benötigen eine Glasplatte, ein Papiertuch, Salatöl und eine Tensid-Lösung (z. B. Geschirrspülmittel).

Tauchen Sie das Papiertuch in Salatöl und reiben Sie damit über die Glasplatte. Stellen Sie diese am besten schräg auf, sodass die mit Öl bestrichene Seite nach oben schaut.

Tropfen Sie mit einer Pipette zunächst Wasser auf die Glasplatte. Wiederholen Sie das Ganze mit der Tensid-Lösung. Was fällt Ihnen auf?

Probieren Sie im Anschluss, das Öl auf der Platte unter fließendem Wasser ohne Tenside abzuspülen. Verteilen Sie die Tensid-Lösung auf der Glasplatte und vergleichen Sie die beiden Abspül-Versuche.

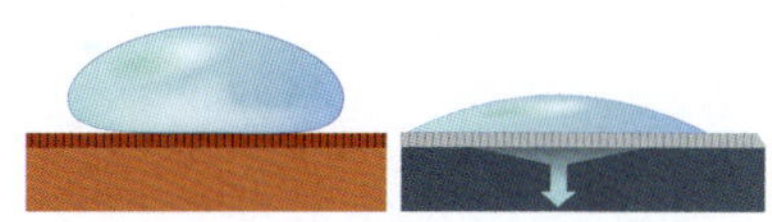
Links: Wassertropfen auf Gewebe, rechts: Benetzung durch Tenside

⚠ Sollte Seife oder eine Tensid-Lösung in die Augen gelangen, spülen Sie sie unbedingt sorgfältig mit Wasser aus und suchen Sie sicherheitshalber ärztliche Hilfe auf.

Die Waschwirkung von Seifen und Tensiden beruht auf der Grenzflächenaktivität und der Anionenaktivität. Unter der **Grenzflächenaktivität** versteht man die Eigenschaft der Tenside, sich beim Lösevorgang im Wasser nicht gleichmäßig zu verteilen, sondern an den Grenzflächen anzusammeln.

Phasen des Waschvorganges beim Wäschewaschen

- Herabsetzen der Oberflächenspannung des Wassers
- Benetzung des Gewebes
- Ablösen des Schmutzes vom Gewebe
- Zerteilen des Schmutzes in feinste Teilchen (Emulgieren und Dispergieren)
- Ausspülen der Waschlauge

Wussten Sie, dass ...
der gesamte Waschvorgang in einer Waschmaschine durch die Bewegung der Wäsche und die entsprechende Temperatur der Waschlauge unterstützt wird?

Tenside entspannen das Wasser, das somit die Stoffe leichter benetzen kann. Nebenbei bilden sie Schaum, verteilen unlösliche nicht kristalline Stoffe und zerstreuen Öl- und Schmutzteilchen. Sie drängen sich in kleine Spalten zwischen Schmutz und Haut oder Gewebe und trennen so den Schmutz ab.

Ablösung des Schmutzes von einer Faser

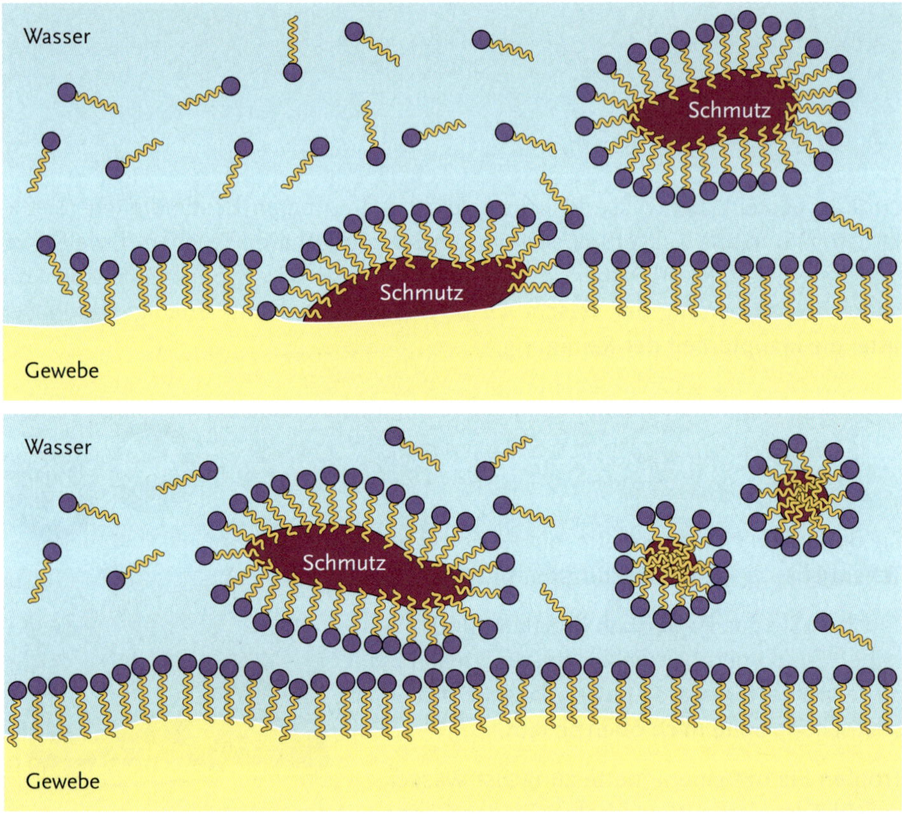

Die **Anionenaktivität** beruht auf der Erkenntnis, dass Faser und Schmutz in wässriger Lösung schwach elektrisch geladen sind. Durch die Zugabe von Tensiden wird die Aufladung erhöht, wodurch abstoßende Kräfte wirksam werden. Die anionaktiven Teilchen haften fest an den abgelösten Schmutz- und Fettteilchen und verhindern somit, dass sie sich zusammenballen und wieder auf der Faser absetzen. Das „Schmutztragevermögen" wird dadurch erhöht.

Bestandteile eines Vollwaschmittels	
Tenside	Sie sind die waschaktiven Stoffe und lösen den Schmutz vom Gewebe.
Wasserenthärter	Bindet Ca^{2+}- und Mg^{2+}-Ionen des Wassers durch Ionenaustausch gegen Na^{+}-Ionen. Verhindert Kalkablagerungen und die Waschkraft der Tenside bleibt erhalten.
Waschalkalien	Durch die Erhöhung des pH-Wertes der Waschlauge quellen die Gewebefasern auf und der Schmutz löst sich besser.
Bleichmittel	Durch Bleichmittel (z. B. Sauerstoffbleiche) werden unerwünschte Färbungen entfernt, indem sie aufgehellt werden. Der Nachteil ist, dass alle Farben gebleicht werden.
Enzyme	Temperaturempfindliche Eiweiße, die Stärke, Eiweiß und Fette aus chemischen Verbindungen zerlegen. So können sie dann von Tensiden gelöst werden.
Optische Aufheller	Wandeln nicht sichtbares UV-Licht in sichtbares blaues Licht um. Dadurch erscheint die Wäsche „strahlend" weiß.
Schauminhibitoren	Verhindern eine übermäßige Schaumproduktion besonders bei wenig beladenen Waschgängen.
Vergrauungsinhibitoren	Sorgen dafür, dass sich Schmutz nicht erneut auf den Fasern ablagert und diese vergrauen.
Duftstoffe	Für einen angenehmen und frischen Geruch werden Duftstoffe beigesetzt. Diese können allerdings auch Allergien auslösen.
Farbstoffe	Dienen der Farbgebung von Flüssigwaschmitteln.
Stellmittel	Um es rieselfähig zu halten, wird pulverförmigem Waschmittel Natriumsulfat beigemengt.

Alles hat sein Für und Wider...
Waschmittel tragen entscheidend zur Verbesserung der hygienischen Verhältnisse bei. Andererseits gelangen Waschmittelinhaltsstoffe über die häuslichen Abwässer in die Kanalisation und in die Gewässer. Sie müssen daher biologisch abbaubar sein, um störende Schaumbildung auf Flüssen und Seen zu vermeiden.

Gesetzlich vorgeschrieben ist auch eine Minimierung der Phosphate (Komplexbildner), weil diese in ruhenden oder langsam fließenden Gewässern ein starkes Algenwachstum bewirken. Sauerstoffmangel und ein Kippen der Gewässer sind die Folge.

Schaumbildung an einem Flussufer

1.3 Seifen

Die Herstellung von Seifen gehört zu den ältesten bekannten chemischen Verfahren. Erste Hinweise finden sich 2500 v. Chr. bei den Sumerern, später sollen die Ägypter und Phönizier Öl und Fette mit Laugen verkocht haben. Vom griechisch-römischen Arzt Galenos von Pergamon (2. Jh. n. Chr.) stammt ein Rezept für ein Heil- und Reinigungsmittel, das aus Fett, Aschenlauge und Kalk hergestellt wurde. Die Germanen und Gallier stellten aus Ziegentalg und Holzasche Seife her, die allerdings nur für kosmetische Zwecke diente.

Damals wie heute führt die gleiche chemische Reaktion, das **Seifensieden,** zum gewünschten Endprodukt. Bei dieser Reaktion entstehen aus Ölen und Fetten durch Kochen mit Natrium- oder Kalilauge Glyzerin und Seife.

Im Handel erhältliche Seife enthält noch einige Zusätze wie Farbstoffe, Duftstoffe, rückfettende Substanzen, Desinfektionsmittel etc.

Handgemachte Kernseife

Seifenherstellung (Seifensieden)

Geeignete Öle und Fette werden mit Natronlauge bzw. Sodalösung gekocht.

Die entstehende Emulsion (Seifenleim) wird mit Kochsalz versetzt.

Durch dieses Aussalzen teilt sich der Seifenleim in den Seifenkern und die Unterlauge.

Nach dem Abtrennen der Unterlauge und einem Reinigungsschritt mit Wasser erhält man Kernseife.

Bei Verwendung von Kalilauge erhält man pastöse Schmierseife.

FILM AB!

Die Herstellung von Seifen sowie auch die Wirkung von Tensiden werden in einem Video erklärt. www.trauner.at/nawi_v7.aspx

Neutralfette

Verseifung mit Natronlauge	Verseifung mit Kalilauge

Natriumsalze der Fettsäuren	Kaliumsalze der Fettsäuren
Beispiele Kernseife, feste Seife	**Beispiele** Schmierseife flüssige, pastöse Seife

Wie unterschiedlich Seifen sind, zeigt Ihnen ein Versuch zum Seifenvergleich, den Sie in der TRAUNER-DigiBox finden können.

Versuch – „Seifensieden“

Sie benötigen 30 ml Natronlauge, 100 ml Kochsalz-Lösung, 10 ml Ethanol (96 %), destilliertes Wasser und 10 g Pflanzenfett (z. B. Kokosfett).

Mischen Sie das Pflanzenfett mit dem Ethanol in einem geeigneten Becherglas und erhitzen Sie diese Mischung. Zu der köchelnden Fett-Alkohol-Mischung geben Sie nun die Natronlauge schrittweise hinzu.

Unter ständigem Rühren soll die Mischung warm bleiben. Ersetzen Sie verdampfende Flüssigkeit immer mit destilliertem Wasser. Verwenden Sie dazu am besten eine Spritzflasche und geben Sie damit das Wasser am Rand des Gefäßes hinzu.

Nach ca. 15 Minuten können Sie die Mischung abkühlen lassen und schließlich mit der Kochsalz-Lösung vermischen.

Die ausgeflockte Seife kann nun abgeschöpft werden und muss vorerst kühl gelagert werden.

Schließlich wird die Seife noch einmal kurz verflüssigt (nicht zu stark erhitzen!). In diesem Zustand können Duft- und Farbstoffe hinzugefügt werden. Anschließend wird sie in Formen gedrückt und erneut kalt gestellt.

Die Kochsalz-Lösung können Sie auch einfach selbst herstellen, indem Sie ca. 40 g Natriumchlorid in 100 ml Wasser lösen.

Zum Erhitzen ist es ratsam, keinen Bunsenbrenner zu verwenden, da hiermit die Gefahr einer zu starken Erhitzung gegeben ist.

Eigenschaften von Seifen

- **Vorteil:** sehr gut biologisch abbaubar
- **Nachteile:**
  - Seifenlösungen sind stark alkalisch (können Hautreizungen auslösen, führen zum Verfilzen von Wolle).
  - Bei hartem Wasser bilden sich unlösliche Ca^{2+}- und Mg^{2+}-Salze der Fettsäuren (Kalkseifen), die sich auf der Wäsche als Grauschleier ablagern.
  - In saurem Milieu bilden sich freie Fettsäuremoleküle (Verringerung der Waschaktivität und Fleckenbildung auf der Wäsche).
  - Seifenlösungen schäumen sehr stark (nachteilig in der Waschmaschine).

Aufgabenstellungen – „Seifen und Waschmittel“

1. + Erklären Sie, warum sich Tenside bevorzugt an der Wasseroberfläche anreichern.

2. + Diskutieren Sie in Kleingruppen, ob die Kombination von kationischen mit anionischen Tensiden eine Steigerung, ein Sinken oder ein Gleichbleiben der Waschwirkung mit sich bringt. Begründen Sie Ihre Meinung und stellen Sie die Ergebnisse der Kleingruppen in der Klasse vor.

3. + Beschreiben Sie den Aufbau einer Seifenblase und erklären Sie, warum Seifenblasen instabil sind.

1.4 Ökologische Reinigungsmittel

Die Liste ÖkoRein veröffentlicht ausschließlich positiv bewertete Produkte und versieht diese mit ihrem Gütezeichen.

Damit man als Konsument/in einen Überblick über die Auswirkungen von Reinigungs- und Waschmitteln auf die Gesundheit sowie die Umwelt hat, gibt es einige Datenbanken, die ökologische Reinigungsmittel anhand von wissenschaftlichen Kriterien bewerten und auflisten.

So haben Privatpersonen als auch Unternehmen oder öffentliche Institutionen die Möglichkeit, die ökologischen Auswirkungen der von ihnen verwendeten Reinigungsmittel zu erkennen.

Andere Umweltzeichen (z. B. für Veranstaltungen, Messen oder Tourismusbetriebe) werden auch nur dann vergeben, wenn die Veranstalter bzw. Betreiber die Verwendung ökologischer Reinigungsmittel nachweisen können.

2 Kosmetika

Kosmetik = Körper- und Schönheitspflege

Flüssigseife, Hautlotion, Handcreme, Nagellack, Haarspray etc. Martin steht verblüfft vor dem endlos erscheinenden Regal eines Supermarktes in der Kosmetikabteilung und wundert sich über die vielen unterschiedlichen Produkte zur Körperpflege.

2.1 Hautpflege

Tägliches Waschen, regelmäßiges Duschen, richtige Ernährung, viel Aufenthalt in frischer Luft, Wechselbäder und Saunabesuche fördern die Widerstandskraft der Haut.

Zu den Reinigungsprodukten zählt man die verschiedenen Handelsformen von **Seifen.** Zum Teil enthalten sie Überfettungszusätze (z. B. Fettsäuren, Lanolin, pflanzliche Öle), die zu einer Rückfettung der gereinigten Haut führen sollen. Zur Schonung des Säureschutzmantels der Haut, besonders wenn er bereits angegriffen ist, gibt es Reinigungsprodukte mit einem pH-Wert, der dem des natürlichen Hautsäuremantels entspricht (zwischen 4,5 und 7). In diesem Fall spricht man von **pH-neutralen (hautneutralen) Reinigungsprodukten.**

Wussten Sie, dass ...
es bereits 1700 v. Chr. im Palast von Knossos (Kreta) Badezimmer gab? Überreste römischer Thermen zeugen von der ausgeprägten Badekultur der Römer. In späteren Jahrhunderten wurde es still um die öffentlichen Bäder. Aus historischen Quellen weiß man, dass man der Körperpflege erst wieder ab dem 13. Jhdt. frönte. Bis zur hygienisch einwandfreien Körperpflege im heutigen Sinne war es allerdings noch ein weiter Weg.

Badepräparate sollen neben der Reinigung das Bedürfnis nach Entspannung und Behaglichkeit bzw. Erfrischung stillen. Dazu enthalten sie neben den reinigenden Grundstoffen Zusatzstoffe wie Schaumstabilisatoren, Verdickungsmittel, Rückfetter, ätherische Öle, Pflanzenextrakte und Sauerstoff abgebende Stoffe. Badepräparate sind als Schaum- und Duschbäder, Badeöle, Cremebäder und Badesalze im Handel. Schaum- und Duschbäder sind zähflüssige Tenside, die sich unter mehr oder weniger starker Schaumbildung in Wasser lösen.

Cremen und Lotionen bestehen aus drei Hauptbestandteilen: Ölphase, Wasserphase und Emulgator. Je nach Löslichkeit enthalten Öl- und Wasserphase verschiedene Additive (Zusatzstoffe und Wirkstoffe).

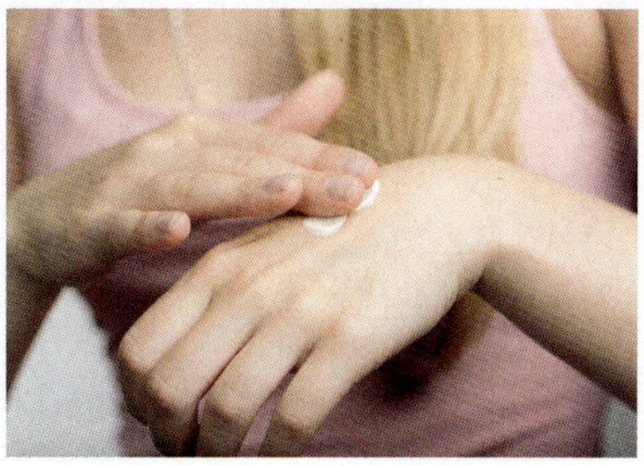

Cremen und Lotionen sind Emulsionen aus Öl und Wasser. Je nachdem, ob der ölige Bestandteil in die wässrige Phase verteilt wird oder umgekehrt, sind die Cremen bzw. Lotionen abwaschbar bzw. wasserfest.

Additive bei Cremen und Lotionen

Zusatzstoffe	Wirkstoffe
▪ Konservierungsmittel ▪ Parfumöle ▪ Färbemittel	▪ Vitamine: pflegend, heilend ▪ Schwefelverbindungen: gegen Akne, Schuppen ▪ Menthol: durchblutungsfördernd ▪ Allantoin: Zellregeneration, Vernarbung ▪ Azulen (als Kamille): entzündungshemmend

Vorrangige Ziele der Hautpflege mit Cremen und Lotionen sind die Regulierung und Unterstützung der natürlichen Hautfunktionen und die Verhinderung vorzeitigen Hautalterns.

Neben der pflegenden Kosmetik nimmt die **dekorative Kosmetik** einen großen Stellenwert ein. Gesichtspuder, Pudercremen, Eyeliner, Lidschatten, Wimperntusche, Rouge, Lippenstift, Nagellack etc. sollen unser **äußeres Erscheinungsbild** ins rechte Licht zu rücken.

Abgerundet wird die dekorative Kosmetik mit einem persönlichen **Parfum.** Die meisten Parfums bestehen aus einer Mischung ätherischer Pflanzenöle, von denen jedes seinen eigenen Geruch und eine besondere Wirkung entfaltet.

2.2 Haarkosmetik

Shampoos sollen viele Anforderungen erfüllen und bestehen daher teilweise aus bis zu 20 verschiedenen Rezepturbestandteilen. Im Handel findet man Shampoos für Babyhaare, für fette und trockene Haare, für schuppige und strapazierte Haare etc. Grundsätzlich sind jedoch alle Shampoos nach demselben Schema aufgebaut.

Inhaltsstoffe eines Shampoos

Reinigungsstoffe	Wirkstoffe	Pflegestoffe
Tenside	Kräuterextrakt, Spezialwirkstoffe (z. B. gegen Schuppen)	Kamillenextrakt, Lecithine, Eiweißhydrolysate

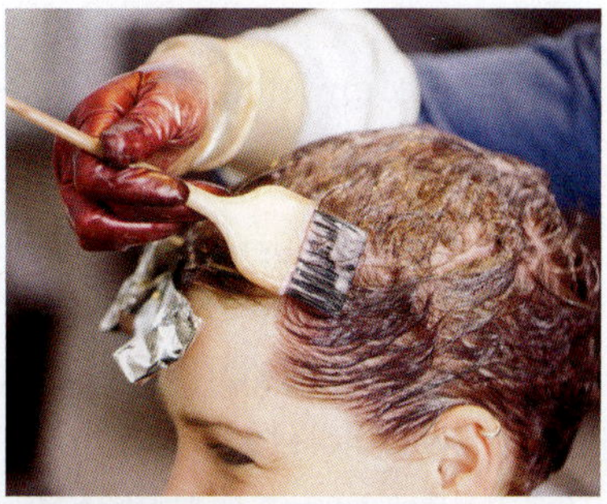

Mit Haarfarben können dem Haupthaar grundsätzlich alle möglichen Farben verliehen werden.

Weitere Pflegeprodukte für Haare

- **Haarkuren** für stark strapaziertes, dauergewelltes, gefärbtes oder blondiertes Haar. Sie führen trockenem und sprödem Haar Feuchtigkeit zu.
- **Haarwässer** pflegen die Kopfhaut, dienen der Haltbarkeit der Frisur und unterstützen Shampoos bei der Schuppenbekämpfung.
- **Frisiercremen, Haarfestiger** und **Haarsprays** sorgen für besseren Halt.

Eine weitere Gruppe bilden die **Haarfärbemittel.** Diese Produkte werden nach der Methode eingeteilt.

Methoden	Geeignet für	Prozess der Farbveränderung	Farbveränderung
Blondieren	Leichte bis starke Aufhellung der Haare	Oxidative Aufhellung von Haarpigmenten	▪ Dauerhaft ▪ Pflege nötig
Färben	▪ Aufhellung ▪ Gänzlich neuer Farbton ▪ 100-prozentige Abdeckung von grauen Haaren	1. Faserschicht des Haares quillt durch Ammoniak auf. 2. Naturpigmente werden oxidativ aufgehellt. 3. Sauerstoff bewirkt die Oxidation der Farbbildner zur Farbentwicklung.	▪ Dauerhaft ▪ Pflege nötig ▪ Nachwuchs nach ca. drei Wochen sichtbar
Tönen	▪ Belebung der Naturfarbe ▪ Farbige Reflexe ▪ Teilweise Abdeckung von grauen Haaren	Farbstoffe, die eine gewisse Verwandtschaft haben, ummanteln das Haar.	Wird durch fünf bis zehn Haarwäschen wieder rückgängig gemacht.

Ziele erreicht? – „Seifen, Reinigungsmittel und Kosmetika“

KOMPETENZ-ERWERB

1. + Beschreiben Sie den allgemeinen Aufbau eines Tensidmoleküls.

2. ++ Nehmen Sie ein Gefäß mit hartem Wasser und eines mit weichem Wasser zur Hand. Finden Sie eine Möglichkeit, die beiden Wasser typen mithilfe von Waschmitteln/Seifenlösungen zu unterscheiden.

Tipp: Weitere Informationen zur Wasserhärte erhalten Sie in der TRAUNER-DigiBox.

3. + Nennen Sie die wichtigsten Bestandteile eines Vollwaschmittels und deren Aufgaben.

4. + Zählen Sie übliche Inhaltsstoffe sowie mögliche Zusatzstoffe für pflegende Hautreinigungsprodukte sowie deren Wirkungen auf.

5. + Beschreiben Sie, wie man Seifen herstellen kann.

6. ++ Recherchieren Sie, welche Bedeutung die Verwendung von Waschmitteln für die Natur hat. Welche Fortschritte hat es diesbezüglich bei der Produktion von Waschmitteln bereits gegeben?

7. ++ Legen Sie ein Aluminiumblech vorsichtig auf eine Wasseroberfläche. Erklären Sie, warum es schwimmt. Geben Sie zum Wasser nun Tenside hinzu. Beschreiben und begründen Sie, was nun mit dem Aluminiumblech passiert.

8. ++ Auch im menschlichen Körper gibt es grenzflächenaktive Stoffe, so z. B. in der Lunge. Recherchieren Sie, inwiefern diese Stoffe bei der Atmung von Vorteil sein könnten.

9. ++ Nennen Sie Produkte der pflegenden Kosmetik und beschreiben Sie deren Wirkung.

10. ++ Beschreiben Sie die Wirkungsweise der unterschiedlichen Haarfärbemittel. Für welche Art der Farbgebung sind sie jeweils geeignet?

11. ++ Recherchieren Sie, welche Kosmetikprodukte Aluminium sowie Aluminiumverbindungen enthalten, wozu diese Inhaltsstoffe dienen und welche Gesundheitsproblematik damit zusammenhängt.

Bewerten Sie Nutzen und Gefahren des Einsatzes von Aluminium(-verbindungen) in Kosmetika.

Erkundigen Sie sich auch darüber, in welchen ihrer eigenen Kosmetikprodukte Aluminium sowie Aluminiumverbindungen enthalten sind.

Einen interaktiven **Safety-Check** finden Sie in der TRAUNER-DigiBox.

Going international

Now let's use the basics of the chapter "Organische Chemie" in English!

Exercise 1

Match the functional groups of organic chemistry with the matching structural formulas.

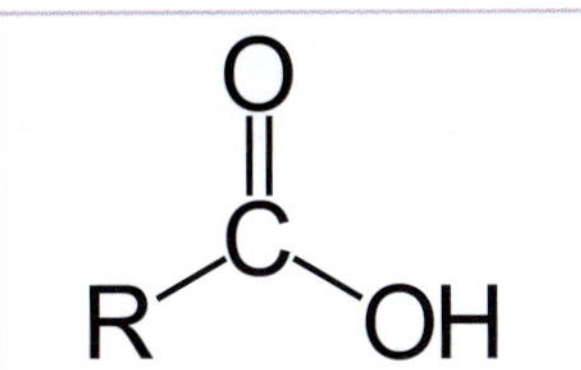	alcohols
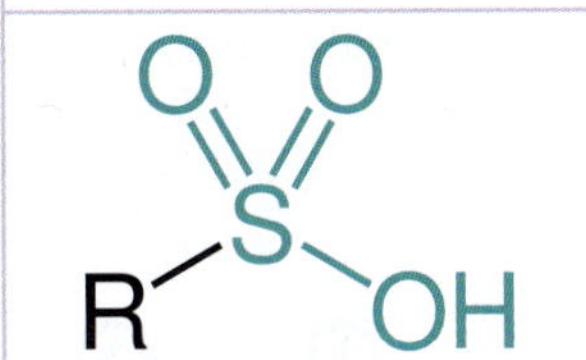	ketones
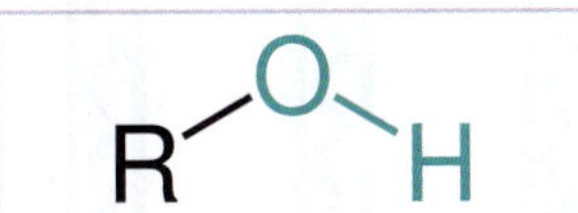	sulfonic acid
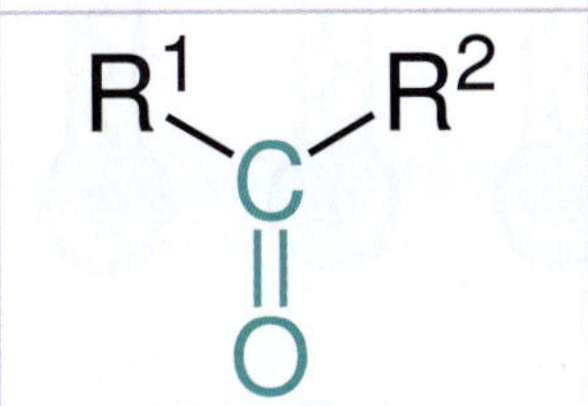	carboxylic acid

Exercise 2

Read the following article about benzene and answer the questions below.

Characteristics of benzene

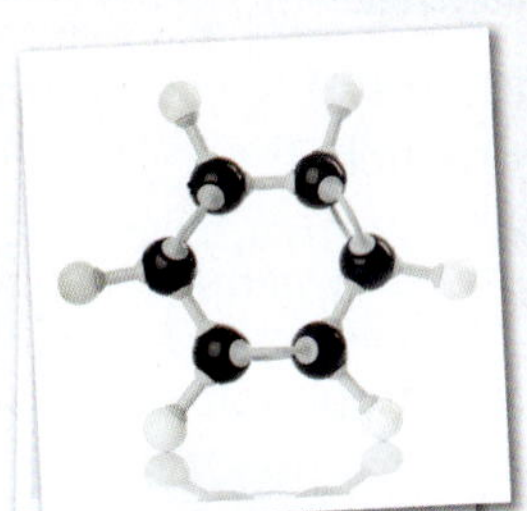

Modern bonding models explain the structure and stability of benzene in terms of the delocalisation of six of its electrons, where in this case delocalisation refers to the attraction of an electron by all six carbons on the ring instead of just one or two of them. This delocalisation causes the electrons to be more strongly held, making benzene more stable and less reactive than expected for an unsaturated hydrocarbon. Most of benzene's reactions belong to a class called electrophilic aromatic substitution which leaves the ring itself intact but replaces one of the attached hydrogens. These reactions are versatile and widely used to prepare derivatives of benzene.

a) What is the special characteristic of a benzene molecule?

b) How would you describe the state called delocalisation?

c) What kind of effect does the characteristic of the benzene molecule have on its chemical reactions?

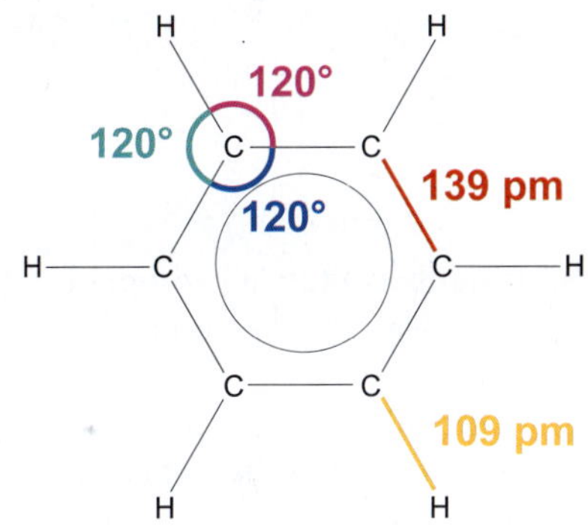

Geometry of a benzene molecule

Write down the words that you need to look up below.

Methanol is used as fuel for certain special types of vehicles such as race cars or monster trucks.

surfactant
Tensid

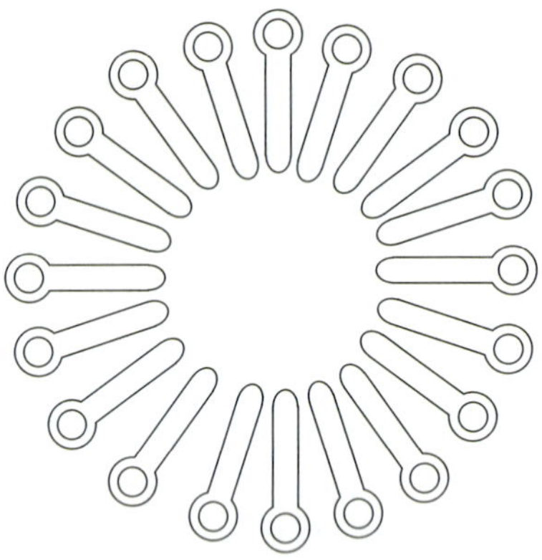

Surfactants contain a hydrophobic group as well as a hydrophilic group.
Mark the different groups in the figure above with different colours and describe the composition of surfactants presented.

Exercise 3

Find out if the following substances are alcohols, aldehydes, ketones or carboxylic acids.

	alcohol	aldehyde	ketone	carboxylic acid
butanoic acid				
propanol				
butanon				
methanol				
ethanal				

Exercise 4

Look the following graphic regarding surfactants and decide whether the statements below are true or false.

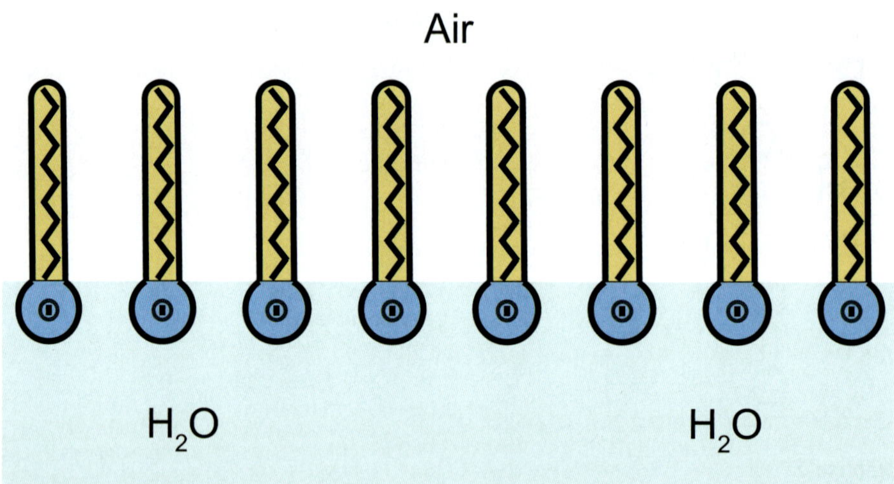

statement	true	false
The parts of the surfactant that are marked blue are hydrophobic.		
Surfactants can form aggregates called micelles.		
The hydrophobic part of a surfactant is usually composed of hydrocarbon.		
The hydrophilic part always consists of the same chemical compound in every surfactant.		

IV Organische Rohstoffe

Die organischen Waren, also Verbindungen mit Kohlenstoffen (C), sind seit jeher wichtig für den Menschen.

Dieser Warenkategorie sind unter anderem Baustoffe (Holz) oder das für Industrie und Handel wichtige Erdöl und die daraus hergestellten Kunststoffe sowie das Papier, auf das dieses Buch gedruckt ist, zuzuordnen.

So vielfältig, wie die Natur im Allgemeinen ist, so unterschiedlich sind auch die organischen Verbindungen und die daraus gewonnenen Rohstoffe bzw. Endprodukte.

Textilien

Im Laufe der Entwicklung hin zur modernen Industriegesellschaft mit hohem Lebensstandard und gestiegener Lebensqualität wird neben dem Bedarf an vielfältigen textilen Gütern mit entsprechenden Eigenschaften auch eine steigende Menge an Bekleidungstextilien konsumiert.

KOMPETENZ-ERWERB

Meine Ziele

Nach Bearbeitung dieses Kapitels kann ich

- naturwissenschaftliche, wirtschaftliche, ökologische und gesellschaftliche Aspekte von Textilien erfassen und in der entsprechenden Fachsprache beschreiben und erläutern;
- Textilproben mithilfe einfacher Methoden untersuchen und dadurch deren Eigenschaften und Qualitäten ermitteln;
- das Marktangebot von Textilien aus Sicht von Produzent/in, Handel und Konsument/in beurteilen und mein eigenes Marktverhalten analysieren.

1 Textilfasern

Fasern für die Herstellung von Textilien werden entweder von der Natur geliefert oder in der chemischen Industrie hergestellt.

Textilfasern

Naturfasern		Chemiefasern		
Pflanzenfasern	**Tierische Fasern**	**Natürliche Polymere**	**Synthetische Polymere**	**Anorganische Fasern**
Cellulose	Eiweiß	Cellulose, Eiweiß etc.	Erdöl, Steinkohle etc.	
Beispiele	**Beispiele**	**Beispiele**	**Beispiele**	**Beispiele**
▪ Baumwolle	▪ Wolle	▪ Viskose	▪ Polyester	▪ Glas
▪ Flachs/Leinen	▪ Alpaka	▪ Modal	▪ Polyamid	▪ Metall
▪ Hanf	▪ Kamelhaar	▪ Cupro	▪ Polyacrylnitril	▪ Kohlenstoff
▪ Jute	▪ Angorawolle	▪ Lyocell	▪ Elastan	
▪ Manilafaser	▪ Kaschmir	▪ Celluloseacetat	▪ Polypropylen	
▪ Kokos	▪ Seide		▪ Polyvinylchlorid	

Die **Eigenschaften textiler Faserstoffe** haben Einfluss auf die Verarbeitung, die Veredelung und den Gebrauchswert der Textilien.

Stoffeigenschaften	
Faserlänge	Auswirkung auf Feinheit, Reißfestigkeit und Gleichmäßigkeit des Garns bzw. des Gewebes
Faserfeinheit	Grob-, Fein-, Feinst- und Mikrofasern
Kräuselung	Verantwortlich für Elastizität und Dehnung wie auch Wärmerückhaltevermögen, Garne aus gekräuselten Fasern sind voluminöser und bauschiger und leichter als glatte.
Farbe	Naturfasern haben Eigenfarbe, Chemiefasern werden bereits in unterschiedlichen Farben hergestellt
Feuchtigkeitsaufnahme und Saugfähigkeit	Naturfasern nehmen Feuchtigkeit auf, quellen, geben sie wieder langsam ab. Synthesefasern nehmen kauf Feuchtigkeit auf und trocknen schneller.
Dehnung und Elastizität	Formbeständigkeit und Knitterverhalten von Textilien werden entscheidend von der Elastizität der Fasern beeinflusst.
Reißfestigkeit	Für die Verarbeitung und den Gebrauchswert (Verschleiß) bedeutsam
Wärmerückhaltevermögen	In Hohlräume eingeschlossene Luft wirkt isolierend
Luftdurchlässigkeit	Je poröser und dünner Textilien sind, desto höher ist die Luftdurchlässigkeit, umso schneller kann Wärme oder Feuchtigkeit vom Körper weg nach außen geleitet werden.
Schädlingsanfälligkeit	Anfälligkeit von Textilien für Mikroorganismen wie Schimmelpilze oder Insektenfraß
Elektrostatische Aufladung	Starke Reibung und geringe Luftfeuchtigkeit fördern die Aufladung
Verhalten gegenüber Säuren und Laugen	Chemikalienbeständigkeit ist bedeutsam für Verarbeitungs- und Veredelungsprozesse sowie die Pflege

Naturfasern können den Weltbedarf an Textilfasern alleine nicht decken. Chemiefasern schließen die Bedarfslücke.

Baumwolle

Gewinnung von Schafwolle durch Scheren

Wussten Sie, dass …
Textilien aus Glasfasern unbrennbar sind und deshalb u. a. für Schutzbekleidung verwendet werden?

2 Garne

Garn ist ein Sammelbegriff für linienförmige Gebilde, die aus textilen Faserstoffen hergestellt sind.

Zwirndrehung: S-Draht und Z-Draht

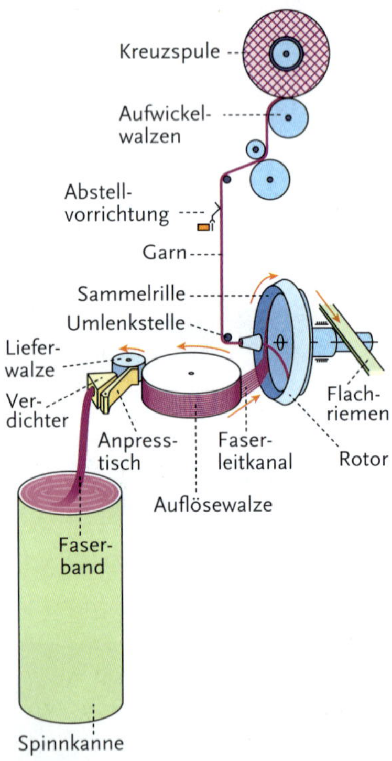

Prinzip einer Open-End-Rotor-spinnmaschine

Faserstoffe

Naturfasern	Chemiefasern
Spinnfasern, z. B. aus Baumwolle, Flachs, Wolle, Schappeseide, stapellangen Chemiefasern	Endlosfasern (Filamente), z. B. aus Chemiefasern
mechanisches Spinnen	auf chemisch-technischem Wege ersponnen

Spinnfasergarn		Filamentgarn	
	Gefachtes Garn ■ zweifach ■ mehrfach	monofil	multifil
Effektgarn	**Zwirn** ■ einstufig ■ mehrstufig	glatt	texturiert
Beispiele ■ Ringgarn ■ Streichgarn ■ Kammgarn ■ Rotorgarn	**Beispiele** ■ Glattzwirn ■ Effektzwirn	**Beispiel** ■ Zwirn	**Beispiel** ■ Zwirn

Herstellung von Garnen	
Karde (Krempel)	Gelockertes Fasergut bis zur Einzelfaser aufgelöst, parallel gerichtet und zu einem Kardenband (Krempelband) zusammengefasst und in einer Spinnkanne abgelegt.
Kämmen (nur für gekämmte Fasern)	Kurze Fasern werden mithilfe eines Systems rotierender Kämme heraus gekämmt.
Vorgarnbildung	Kardenbänder zusammengeführt (Doppeln) und verstreckt, um die Fasern parallel zu richten (Verziehen, Verstrecken).
Vorspinnmaschine (Flyer oder Flügelspinnmaschine)	Faserbänder oder Lunten mithilfe von Streckwerken verfeinert und erhalten durch die umlaufenden Flügel eine leichte Drehung.
Ringspinnmaschine	Feinspinnen von Baumwoll- und Wollgarnen. Das Vorgarn wird im Streckwerk 10- bis 50-fach verzogen. Die Spindel bewegt sich mit hoher Drehzahl (bis zu 18 000 Umdrehungen/Minute).
Rotorspinnmaschine	Open-End-Rotorspinnverfahren. Bedeutendstes Feinspinnverfahren neben dem Ringspinnen. Wesentlicher Unterschied: Trennung von Drehungserteilung und Aufwinden des Garnes.
Zwirnen	Zusammendrehen einfacher Garne und/oder Zwirne.

Aufgabenstellungen – „Textilfasern und Garne“

1. + Geben Sie eine Übersicht über die verschiedenen Textilfasern und Garne.
2. + Untersuchen Sie Ihre Kleidung. Darin finden Sie eine entsprechende Kennzeichnung der Zusammensetzung Ihrer Kleidungsstücke. Woraus bestehen sie? Welche Textilfasern tragen Sie besonders gerne?

3 Gewebe

Gewebe entstehen aus zwei oder mehreren Fadensystemen, die sich rechtwinkelig verkreuzen.

Wichtige Gewebearten

Leinwandbindung	Köperbindung	Atlasbindung

Festes, stumpfes Gewebe, körniger Griff, gute Luftdurchlässigkeit, bei dicken Garnen sehr haltbar.	Durch mögliche dichtere Verarbeitung sehr feste und strapazierfähige Ware bei mittlerer Garnqualität.	Feine Garne schieben sich eng zusammen; Gewebe sind dicht, glänzend, weich, gleitfähig und haben einen guten Fall.
Beispiele ■ Jute ■ Batist ■ Hahnentritt ■ Popeline ■ Taft	**Beispiele** ■ Fischgrät ■ Jeansstoffe ■ Schottenstoffe	**Beispiel** ■ Satin

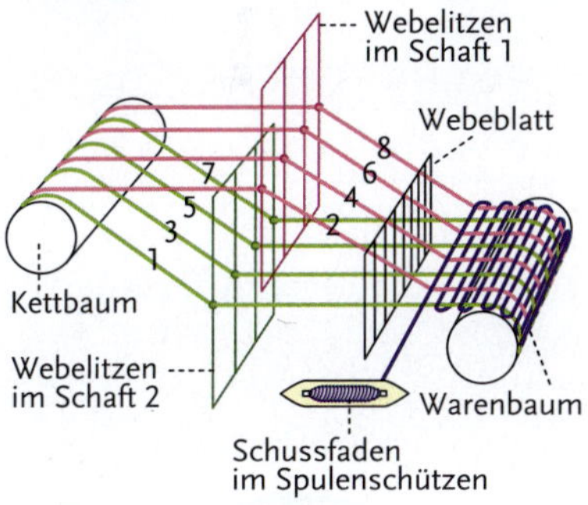

Prinzip des Webvorgangs

Allerdings werden nicht alle Textilien gewebt. Viele Textilarten sind sogenannte **Maschenwaren** (durch Maschenbildung hergestellt). Vorteil der Maschenwaren sind die höhere Elastizität, das größere Volumen und damit die bessere Luftspeicherfähigkeit (z. B. warme Pullover). Maschenwaren können auch rundverarbeitet werden (daher nahtlos). Nachteil ist die geringere Formbeständigkeit.

Verbundstoffe wie Filze, Vliese oder auch mehrschichtige Textilien (z. B. **Lederimitate)** sind ebenfalls bedeutende Textilien. Darüber hinaus gibt es noch **Textilien mit Membranen,** die Wind und Wasser abweisen, die Körperfeuchtigkeit aber nach außen durchlassen. Bekannt sind diese unter den Markennamen GORETEX® oder SYMPATEX®.

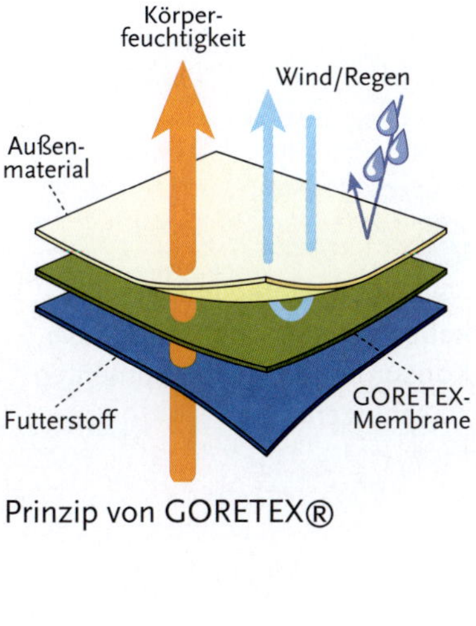

Prinzip von GORETEX®

4 Kennzeichnung von Textilien

„Schön und gut, dass ich nun die vielen Textilien kennengelernt habe. Aber", fragt sich Martin, „woher weiß ich eigentlich aus welcher Faser das Kleidungsstück besteht, das ich im Handel kaufe?"
Um das herauszufinden muss er nur einen Blick auf das Etikett werfen. Dort sind neben der Textilkennzeichnung auch Hinweise zu Pflege und Reinigung zu finden.

Sie finden eine Übersicht zu den Kennzeichnungen und Textilpflegesymbolen in der TRAUNER-DigiBox.

Beim Kauf von Textilien soll ersichtlich sein, aus welchen textilen Rohstoffen ein Erzeugnis besteht. Die **Rohstoffgehaltsangabe** muss für Endverbraucher/innen deutlich erkennbar eingewebt oder an dem Textilgut angebracht sein. Auch muss sie leicht lesbar sein und ein einheitliches Schriftbild aufweisen. Das Gesetz schreibt vor, welche Bezeichnungen für die verschiedenen Faserarten zu verwenden sind.

Um die Textilpflege zu vereinfachen, sind seit 1961 in den meisten Textilien Etiketten mit **Symbolen für die richtige Wasch- und Pflegebehandlung** eingenäht. Fehlt bei dieser Pflegekennzeichnung ein Symbol, so ist die entsprechende Behandlung nicht üblich oder nicht erforderlich. Ist anderseits ein Symbol durchkreuzt, sollte die betreffende Pflegeart nicht angewendet werden.

Aufgabenstellungen – „Kennzeichnung von Textilien"

1. + Untersuchen Sie Ihre Kleidung. Darin finden Sie eine entsprechende Textilpflegekennzeichnung. Beschreiben Sie, wie Sie Ihre Kleidung zu pflegen haben.

2. ++ Recherchieren Sie im Internet nach Ökokennzeichen für Textilien. Finden Sie diese in Ihren Kleidungsstücken? Diskutieren Sie mit Ihren Mitschülern/Mitschülerinnen die Bedeutung der Ökokennzeichen. Vergleichen Sie die verschiedenen Kennzeichen nach Vertrauenswürdigkeit, aber auch danach, ob sie die Produktion, die Wirkung der Textilien auf den Menschen oder die Entsorgung der Textilien bewerten.

3. ++ Die beiden wichtigsten Ökokennzeichen sind ÖTN 100 und Öko-Tex-Standard 100. Finden Sie heraus, welche Kriterien für die Vergabe dieser Zeichen gelten.

TEXTILES VERTRAUEN
Geprüft auf Schadstoffe
nach Oeko-Tex® Standard 100
00000000 Hohenstein

Das Kennzeichen Öko-Tex-Standard 100

5 Untersuchung von Textilien

Diese Untersuchungen haben vor allem den Zweck, die Konsumentinnen/Konsumenten zu schützen.

Textilien werden laufend auf ihre Qualität hin kontrolliert. Besonders aufmerksam werden die Analysen stets dann verfolgt, z. B. wenn in Markenkleidung Rückstände von Weichmachern oder anderen Schadstoffen gefunden werden.

Anhand von einfachen Untersuchungen werden Sie im Folgenden immerhin zu einer Einteilung von Textilien kommen und vorgeführt bekommen, wie mit chemischen Mitteln Textilien verändert bzw. beeinflusst werden.

Versuch – „Untersuchung von Textilien“

Sie benötigen Textilfasern unterschiedlichen Materials.

Untersuchen Sie eine Faser nach der anderen zuerst mithilfe der **Brennprobe.** Halten Sie dazu Fasern mit einer Pinzette in eine Flamme und notieren Sie Brennverhalten, Geruch und Rückstand der Fasern in einer Tabelle.

Im Anschluss daran betrachten Sie die unterschiedlichen Textilien **unter dem Mikroskop.** Legen Sie dazu möglichst einzelne Textilfasern auf einen sauberen Objektträger, geben einen Tropfen Wasser drauf und schließlich ein Deckglas. Beginnen Sie Ihre Untersuchung mit der schwächsten Vergrößerung.

Welche Unterschiede bei den einzelnen Fasern sind zu erkennen? Welche Rückschlüsse können Sie von Aussehen und Form der Fasern auf die Eigenschaften machen?

Verbinden Sie Ihre Ergebnisse aus der Brennprobe und der Beobachtung unter dem Mikroskop. Können Sie aus Ihren Untersuchungen eine Theorie über die Eigenschaften der Textilien ableiten?

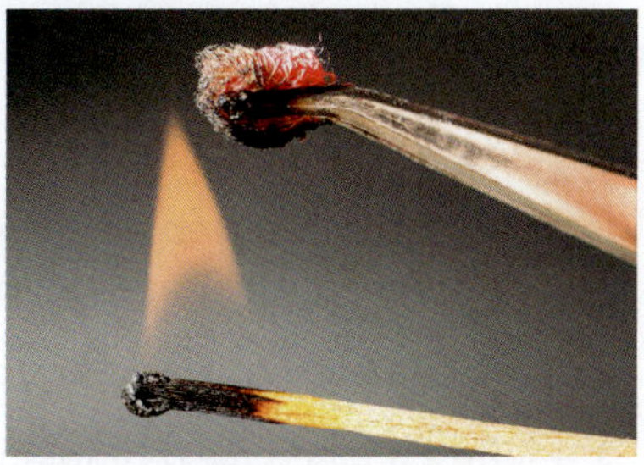

Brennprobe von Textilien

Versuch – „Reaktion mit Wasserstoffperoxid“

Vorsicht bei diesem Versuch!

Legen Sie Stoffrestchen verschiedener Textilien in verdünntes Wasserstoffperoxid (H_2O_2).

Beobachten Sie, was passiert und erklären Sie, wozu Wasserstoffperoxid in Zusammenhang mit Textilien verwendet werden könnte.

6 Marktangebot von Textilprodukten

Im Laufe der Entwicklung der Gesellschaft zur modernen Industriegesellschaft mit hohem Lebensstandard und gestiegener Lebensqualität wird eine steigende Menge an Bekleidungstextilien konsumiert.

In Mitteleuropa werden ca. 5,7 % des Monatseinkommens für Bekleidung und textilen Hausrat ausgegeben. Untersuchungen haben ergeben, dass 10–15 % der gekauften Kleidungsstücke allerdings nie oder nur einmal getragen werden.

Aufgabenstellungen – „Marktangebot von Textilprodukten“

1. ++ Geben Sie einen Überblick über den Textilmarkt. Wozu werden Textilien verwendet? Recherchieren Sie dazu auch im Internet.
2. + Vergleichen Sie Textilprodukte in Versandkatalogen oder Werbeprospekten. Welche Informationen über das Produkt erhalten Sie?

Ziele erreicht? – „Textilien“

KOMPETENZ-ERWERB

1. + Sprechen Sie mit einer Partnerin/einem Partner über verschiedene Textilfasern. Welche haben Sie sehr gern in Ihren Kleidungsstücken, welche weniger. Begründen Sie Ihre Vorlieben. Liegt es am Aussehen, am Tragekomfort, an der einfachen Pflege?

2. + Recherchieren Sie wofür Fasern aus Glas, Metall oder Kohlenstoff verwendet werden.

3. + Beschreiben Sie das Spinnen (mechanisches Spinnen und chemische Spinnverfahren) sowie das Herstellungsverfahren von Gewebe.

4. ++ Beurteilen Sie die Notwendigkeit der Textilkennzeichnung. Welche Vorteile haben Sie als Konsument/in aus der Kennzeichnungspflicht? Welchen Vorteil könnte eventuell der Produzent oder der Handel haben? Vergleichen Sie zusätzlich die verschiedenen Ökokennzeichen für Textilien nach ihrer Vertrauenswürdigkeit aber auch danach, ob sie die Produktion, die Wirkung der Textilien auf den Menschen oder die Entsorgung bewerten.

5. ++ Beurteilen Sie die Notwendigkeit der Textilpflegekennzeichnung. Welcher Vorteil ergibt sich daraus für den Konsumenten, den Produzenten und den Handel?

6. ++ Formulieren Sie Fragen, die Ausgangspunkt für eine Textiluntersuchung sein könnten. Planen Sie Wege/Methoden, die Fragen zu beantworten. Führen Sie Ihre Untersuchung durch. Dokumentieren Sie den Lösungsweg und erläutern Sie die Lösung(smöglichkeiten).

7. + Recherchieren Sie (z. B. im Internet) nach Textilprodukten, die speziell für industrielle Zwecke gefertigt werden. Beschreiben Sie, aus welchen Fasern sie hergestellt werden.

8. ++ Beschreiben Sie ökologische und ökonomische Probleme im Zusammenhang mit der Textilproduktion. Suchen Sie nach Wegen, wie Sie zu fairen Produkten kommen können. Vergleichen Sie die Preise fairer und „weniger fairer“ Produkte. Gibt es außer dem Preis weitere Gründe, vielleicht doch eher zum „weniger fairen“ Produkt zu greifen?

Als Grundlage für Ihre Untersuchungen können Sie sich folgendes Video ansehen: www.trauner.at/textil.aspx

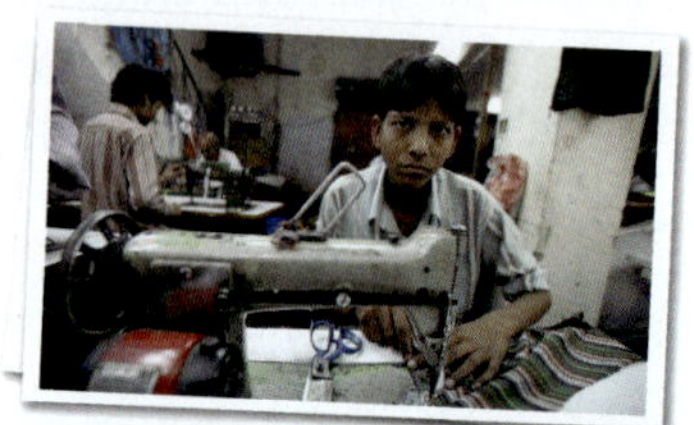

Einen interaktiven **Safety-Check** finden Sie in der TRAUNER-DigiBox.

Holz

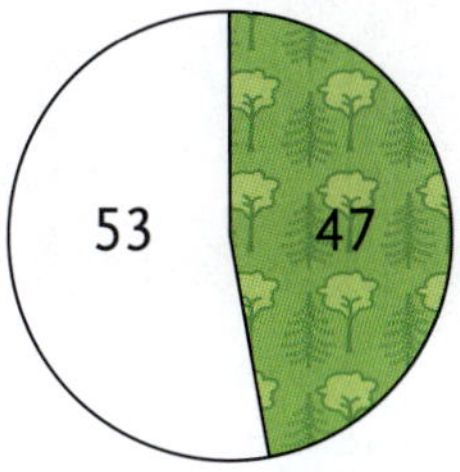

Waldfläche in Prozent der Gesamtfläche Österreichs

Im Waldland Österreich ist die Holzindustrie ein bedeutender Wirtschaftsfaktor.

Holz ist ein besonderer Stoff. Die Bäume in unseren Wäldern produzieren durch ihr spezielles Wachstum Holz verschiedener Art. Einige Baumarten haben schweres Holz, wie die Eiche oder die Buche, andere leichtes, z. B. die Pappel.

Festigkeit, Oberflächenhärte, Bearbeitbarkeit, Struktur und Farbe sind sehr unterschiedlich. Holz eignet sich daher für verschiedenste Zwecke. Es ist fest und dennoch leicht bearbeitbar. Holz wirkt warm und lebendig, ist natürlich und haltbar.

Meine Ziele

KOMPETENZ-ERWERB

Nach Bearbeitung dieses Kapitels kann ich

- naturwissenschaftliche, wirtschaftliche, ökologische und gesellschaftliche Aspekte von Holz erfassen und in der entsprechenden Fachsprache beschreiben und erläutern;
- Holzproben mithilfe einfacher Methoden untersuchen und dadurch deren Eigenschaften und Qualitäten ermitteln;
- unterschiedliche Verwendungen für den Rohstoff Holz beschreiben;
- das Marktangebot von Holzprodukten aus Sicht von Produzent/in, Handel und Konsument/in beurteilen.

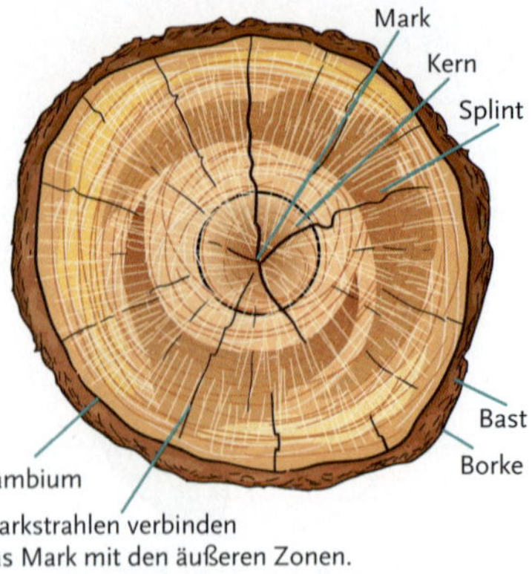

Stammquerschnitt durch einen Kernholzbaum

Im **Kambium,** das den Holzteil vom Bastteil trennt, wächst der Baum in die Breite. Da sich im **Sommer und im Winter unterschiedliche Holzzellen** ausbilden, kommt es zur **Bildung von Jahresringen.**

Die Wissenschaft der Bestimmung des Alters von Bäumen anhand der Jahresringe nennt man **Dendrochronologie.**

Bei Eichen verzweigt sich der Stamm zu kräftigen Seitenästen.

1 Holzbildung

Holz ist ein **dauerhaftes Gewebe aus Zellen mit verholzten Zellwänden,** wie es nur bei Nacktsamern und zweikeimblättrigen Bedecktsamern vorkommt. Im Gegensatz zu anderen Pflanzenarten ist bei den verholzten Pflanzen im Gewebe sogenanntes **Lignin** eingelagert. Dieses verfestigt die Zellwand. Lignin ist ein farbloser, fester Stoff, der neben der **Cellulose** der wichtigste Bestandteil des Holzes ist.

Aufbau des Baumstammes	
Borke	Schützt den Baum vor Umwelteinflüssen, wie z. B. Kälte und Hitze.
Bast	Enthält wichtige Versorgungsleitungen des Baumes, in denen die Produkte der Fotosynthese (Traubenzucker, Stärke) von den Blättern bis zu den Wurzeln transportiert werden. Die äußeren Bastschichten sterben ab und verwandeln sich zur Borke.
Kambium	Wachstumszone, die dünne Zellschicht bildet nach innen Holzzellen, nach außen Bastzellen.
Splintholz	Junges Holz, in dessen Gefäßen der Baum Wasser und Nährsalze/Mineralstoffe von den Wurzeln in die Baumkrone transportiert. Dadurch hat Splintholz eine hohe Feuchtigkeit.
Kernholz	Reifes, wasserarmes Holz.
Mark	Im Zentrum des Kerns; hat eine lockere, weiche Beschaffenheit.

2 Der Baum

Einfluss der Umwelt auf die Gestalt eines Baumes

Freistehender Baum

Freistehende Bäume treiben schon an der Basis des Stammes Seitenäste aus, die bis zum Boden reichen können.

Dichter Wald

Im dichten Wald erhalten die unteren Äste wenig Licht und sterben früh ab.

Manche Baumarten besitzen zwei oder mehr Hauptstämme. Im Allgemeinen bildet jedoch ein **Hauptstamm** die zentrale Achse, von der aus sich Seitenäste verzweigen und die Baumkrone bilden. Solche Bäume zeigen eine **pyramiden- oder kegelförmige Gestalt.**

Bei Eichen oder Linden wächst der Hauptstamm nicht bis zur Spitze der Krone, sondern geht in **mehrere kräftige Zweige** über.

3 Holzarten

Kernholz hebt sich im Stammquerschnitt als dunkler Kern vom helleren Splintholz deutlich ab.

Der Kern bildet sich von innen nach außen durch das Ablagern sogenannter Kernstoffe (Gerbstoffe, Harze, Gummi, Öle und Minieralien). Er wird dadurch härter, elastischer und widerstandsfähiger gegen pflanzliche und tierische Schädlinge.

Splintholz ist jener Bereich des Baumes, der Wasser und die darin gelösten Nährstoffe von den Wurzeln zu den Blättern transportiert. Splintholz erkennt man an der helleren Farbe.

Reifholzbäume zeichnen sich dadurch aus, dass man im Stammquerschnitt keine farblichen Unterschiede erkennen kann. Reifholzbäume gibt es sowohl bei den Nadelhölzern als auch bei den Laubhölzern. Der Wassertransport findet über den gesamten Stammquerschnitt verteilt statt und nicht nur im äußeren Splintholz.

Schematische Darstellung der Holzarten

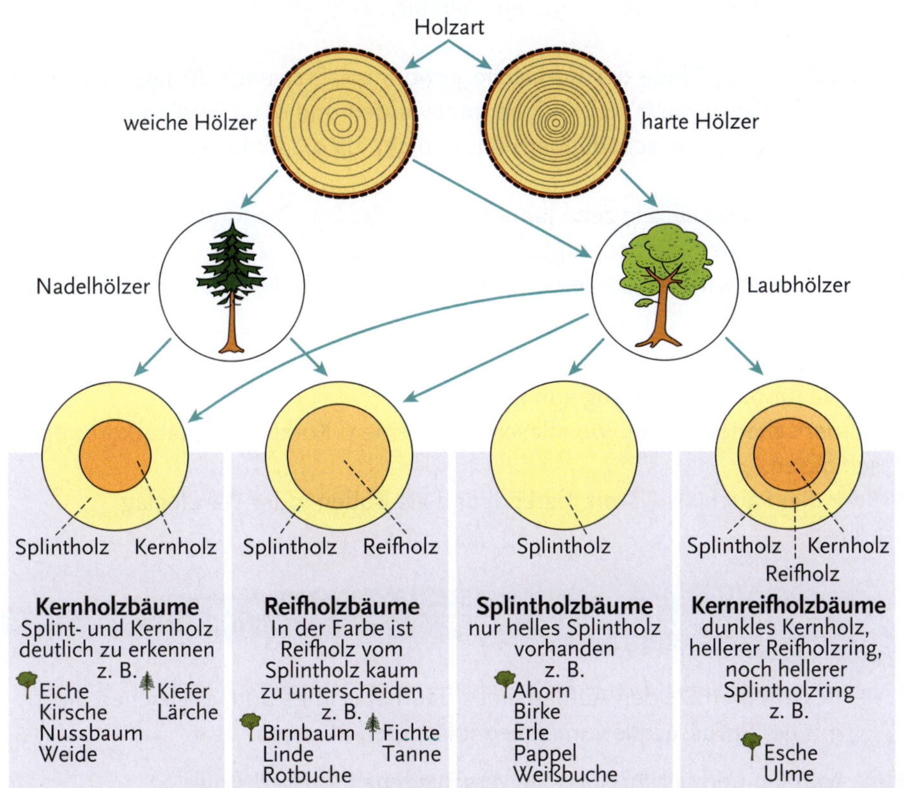

Kernholzbaum (Kiefer)

Splintholzbaum (Birke)

Reifholzbaum (Fichte)

4 Werkstoff Holz

Holz ist einer der wichtigsten pflanzlichen Rohstoffe und wird direkt oder nach Durchführung bestimmter Aufbereitungsverfahren verarbeitet.

Zwei Drittel des für die Produktion vorgesehenen Holzes stammen aus Nadelwäldern, die sich in einem Gürtel über Russland, Kanada und Skandinavien hinziehen. Großteils aus diesen Gebieten stammen Weichhölzer wie Tanne, Kiefer und Fichte, während Harthölzer aus der ganzen Welt geliefert werden. Teakholz und Mahagoni z. B. kommen in den tropischen Regenwäldern vor, Eiche und Buche in den Laubwäldern gemäßigter Klimazonen.

Der Werkstoff Holz durchläuft von der Schlägerung bis zum fertigen Produkt viele Stationen. Eine exakte Trocknung nach dem Sägen garantiert gute Holzqualität. Aus Qualitätsholz werden durch Schälen oder Schneiden **Furniere** hergestellt, die ihrerseits wieder zu anderen Produkten verarbeitet werden. **Sperrholz** wird durch Verleimen von Furnieren hergestellt. Mehrschichtig verleimtes Holz bewährt sich aufgrund seiner hohen Festigkeit.

Furnier = dünnes Deckblatt aus gutem Holz, das auf weniger wertvolles Holz aufgeleimt wird.

In Platten geformte Späne

Spanplatten, Hart- und **Weichfaserplatten** wiederum werden aus kleinen Holzspänen oder Holzstreifen durch Verleimen hergestellt. Außen werden Sie entweder mit einer Echtholzfurnier oder einer Kunststofffurnier versehen.

Beispiele für die Verwendung von Spanplatten, Hart- und Weichfaserplatten
Sie werden für Innenausbau, Türen, Bodenbeläge und einfache Möbel verwendet, da sie wesentlich billiger sind als Vollholz.

Rinde der Korkeiche

Kork wird aus der **Rinde der Korkeiche** gewonnen. Erst nach 20 Jahren kann ein Baum für die Gewinnung von Kork benutzt werden und dann wird zum ersten Mal geschält. Die Schälung schadet dem Baum nicht, da die Rinde wieder nachwächst.

Die Korkeiche kann ca. alle zehn Jahre geschält werden. Die Rinde wird im Sommer entfernt, getrocknet und bedampft, um die Zellen zu erweichen. Anschließend wird die harte Außenseite abgezogen und die innere, weiche Korkschicht in Platten gepresst.

Beispiele für die Verwendung von Kork
- Immer seltener werden Weinflaschen mit einem Korken aus Naturkork verschlossen.
- Kork dient auch als Dämmmaterial und als Boden- oder Wandbelag.

Heutzutage werden Weinflaschen meist mit Schraubverschlüssen oder Kunststoffkorken verschlossen. Echter Kork wird kaum mehr dafür gebraucht.

Aufgabenstellungen – „Holz"

1. ++ Beschreiben Sie den Aufbau eines Baumstammes und vergleichen Sie ihn mit der Sprossachse von einkeimblättrigen Pflanzen.
2. \+ Nennen und beschreiben Sie verschiedene Holzwerkstoffe.
3. \+ Finden Sie in Ihrem Umfeld (Klasse, Schulgebäude) Produkte aus Holz bzw. Holzimitat. Um Produkte aus Vollholz von denen aus Spanplatten zu unterscheiden, betrachten Sie die Kanten genau.

5 Untersuchung von Holz

Im schönen Parkettboden entdeckt Nina eine Delle. Sie erinnert sich, dass sie einmal eine Möglichkeit gehört hat, wie man so kleine Schäden bei einem unlackierten Boden ohne viel Aufwand reparieren kann. Sie lässt einfach gezielt ein paar Tropfen Wasser in die Delle fallen, legt dann zum Schutz ein Handtuch darüber und erhitzt durch das Tuch den Boden kurz mit einem Bügeleisen. Voilà! Schon ist die kleine Delle ausgebessert. Doch was ist hier passiert? Ist das Holz etwas nachgewachsen?

Sowohl der Rohstoff Holz als auch daraus gefertigte Produkte haben eine Vielzahl von besonderen Eigenschaften. Mit den folgenden Aufgaben und Versuchen werden Ihnen diese vor Augen geführt.

Versuch – „Feuchtes Holz“

Sie benötigen zwei Holzstücke, die exakt ineinanderpassen (z. B. ein Holzstäbchen und ein Stück mit dem passenden Loch). Legen Sie das Stäbchen kurze Zeit ins Wasser und versuchen Sie nun, es wieder in das Loch des zweiten Holzstücks einzusetzen.

Was beobachten Sie? Erklären Sie, wodurch der von Ihnen beobachtete Vorgang hervorgerufen worden ist. Beurteilen Sie die Folgen dieser Beobachtung für die Qualität des Werkstoffes Holz.

Aufgabenstellungen – „Untersuchung von Holz“

1. ++ Finden Sie eine Erklärung für Ninas wundersame Reparatur des Parkettbodens. Welche Eigenschaften des Holzes sind Ihrer Meinung nach dafür verantwortlich, dass sich die Delle ausbessern lässt?
2. ++ Die Abbildung in der Randspalte zeigt einen Baumquerschnitt mit deutlichen Jahresringen. Wiederholen Sie die Bildung dieser Jahresringe und bestimmen Sie anhand der Anzahl der Ringe das Alter des Baumes.
3. \+ Legen Sie verschiedene Holzarten (Holz unterschiedlicher Baumarten) in Ihrem Klassenzimmer auf. Stellen Sie fest, in welchen Bereichen/Eigenschaften sich die Holzarten voneinander unterscheiden, und versuchen Sie die Holzarten zu bestimmen. Nehmen Sie ein Bestimmungsbuch zur Hilfe.

Jahresringe im Holz

Bestimmungsbuch = Buch mit Sammlung von Bildern und Hinweisen zur Bestimmung von Arten (in diesem Fall Bäumen/Hölzern)

Versuch – „Holz unter dem Mikroskop“

Legen Sie ein kleines Stückchen Holz in Essigsäure ein. Anschließend kochen Sie das Ganze.

Durch diese Behandlung wird das Holz weich. Schneiden Sie mit der Rasierklinge ein hauchdünnes Scheibchen herunter (so dünn, dass es durchsichtig ist) und legen Sie es unter das Mikroskop – auf einen Objektträger in einen Tropfen Wasser, darauf ein Deckglas. Sie können nun feine Details (Zellen des Holzes) erkennen. Stellen Sie fest, in welcher Schnittrichtung Sie Ihr Holzstück geschnitten haben. Fertigen Sie eine Zeichnung an und beschriften Sie sie.

Vorsicht! Beim Kochen im Reagenzglas immer gut schütteln und das Glas so halten, dass – sollte die Flüssigkeit überkochen – niemand getroffen wird!

Erinnern Sie sich:

$$\text{Dichte} = \frac{\text{Masse}}{\text{Volumen}}$$

Die Dichte und damit die Stabilität lässt sich allerdings auch künstlich erhöhen. Unter folgendem Link finden Sie einen interessanten Artikel dazu: www.trauner.at/superholz.aspx

Versuch – „Dichte von Holz"

Legen Sie ein Stück Holz in Wasser. Was beobachten Sie?

Erklären Sie Ihre Beobachtung. Welchen Zusammenhang mit der Dichte von Holz können Sie schließen?

Bestimmen Sie nun die Dichte Ihres Holzstücks. Wägen Sie also Ihr Holzstück ab, um die Masse zu erhalten. Bestimmen Sie dann das Volumen indem Sie bei einem Quader einfach Länge mal Breite mal Höhe rechnen.

Tipp: Bei einem unregelmäßig geformten Holzstück gehen Sie für die Berechnung des Volumens am besten folgendermaßen vor: Bestimmen Sie in einem Messbecher, wie viel Wasser verdrängt wird, wenn Sie das Holz untertauchen.

Recherchieren Sie im Internet nach verschiedenen Holzdichten. Können Sie vielleicht aufgrund der Dichte die Baumart bestimmen? Protokollieren Sie Ihre Ergebnisse und berichten Sie den anderen Arbeitsgruppen.

6 Marktangebot von Holzprodukten

Holz wird als **Bau- und Werkstoff** von Architekten, Baumeistern und Möbelherstellern geschätzt. Die Produktpalette des Holzes ist so vielfältig wie seine Eigenschaften. Nahezu überall in unserem täglichen Leben begegnet uns Holz – als Möbel oder als Baustoff, in Form von Platten, im Innenausbau, als Sportartikel oder bei ganz besonderer Holzqualität als Musikinstrument.

Darüber hinaus ist Holz in Form von Biomasse auch noch ein wertvoller, heimischer und umweltfreundlicher **Energieträger.**

Zur **Herstellung von Papier,** Viskose, Zellophan u. Ä. wird das Holzgefüge chemisch aufgelöst, sodass große Mengen hochfester Fasern (Cellulose) entstehen, die dann weiterverarbeitet werden.

Auch Papier wird aus Holz gewonnen. Nähere Informationen dazu erhalten Sie im nächsten Kapitel ab S. 188.

Verbundwerkstoff = Kombination von mindestens zwei Materialien zu einem Werkstoff.

Aufgabenstellungen – „Marktangebot von Holz"

1. \+ Geben Sie zu folgenden Holzwerkstoffen bzw. Verbundwerkstoffen eine kurze Beschreibung ab. Nennen Sie Eigenschaften und Verwendungszweck. Nutzen Sie dabei für die Recherche auch das Internet.

   Brettsperrholz ▪ Spanplatten ▪ Furnierholz ▪ Flüssigholz ▪ Faserplatte

2. ++ Martin will ein Bücherregal bauen. Er überlegt, welche Werkstoffe dafür am besten geeignet sind. Beraten Sie Martin in der Werkstoffwahl. Beschreiben Sie die Vor- und Nachteile der verschiedenen Materialien und wählen Sie den Ihrer Meinung nach günstigsten Werkstoff aus. Begründen Sie Ihre Wahl.

3. ++ Beschreiben Sie die verschiedenen Holzwerkstoffe aus Sicht des Produzenten, des Handels und der Kundin/des Kunden. Stellen Sie Vor- und Nachteile verschiedener Holzwerkstoffe aus der jeweiligen Sicht in einer Tabelle dar (z. B. Härte, Robustheit, Herkunft, Aussehen, Farbe, Pflege, Preis).

4. ++ Recherchieren Sie, welche Holzprodukte zum Heizen verwendet werden. Erklären Sie, ob Holzprodukte als Heizmaterial umweltfreundlicher sind als etwa Kohle oder Erdöl bzw. Erdgas, und geben Sie an warum.

Sogar Hochhäuser kann man aus dem Rohstoff Holz bauen. Einen Artikel über ein solches Hochhaus aus Holz in Österreich finden Sie hier: www.trauner.at/hoho.aspx

KOMPETENZ-ERWERB

Ziele erreicht? – „Holz“

1. ++ Erklären Sie die Bedeutung des Holzes einerseits als Ware andererseits als Teil des Lebewesens Baum (Funktion, Aufbau etc.).

2. + Beschreiben Sie, wie der Baum das Holz aufbaut.

3. + Beschriften Sie die einzelnen Schichten des Baumes und erklären Sie ihre Funktion und den Aufbau.

4. ++ Vergleichen Sie den Baumquerschnitt mit dem Aufbau von ein- und zweikeimblättrigen Pflanzen. Warum sind zweikeimblättrige Pflanzen in der Lage zu einem großen Baum auszuwachsen, die einkeimblättrigen jedoch nicht?
Recherchieren Sie im Internet nach Ausnahmen unter den einkeimblättrigen Pflanzen, die ebenfalls holzliefernd sind. Um welche Pflanzen handelt es sich und wofür wird dieses Holz verwendet?

5. ++ Recherchieren Sie im Internet nach Gütezeichen für Holz (Holzlabels). Beurteilen Sie die Aussage dieser Holzlabels über Qualität und Umweltfreundlichkeit des Holzprodukts.

6. ++ Recherchieren Sie über die Holzwirtschaft in Österreich. Finden Sie aktuelle Wirtschaftsdaten und erklären Sie daran die Bedeutung der Holzwirtschaft für die österreichische Wirtschaft.

7. ++ Holz hat als „natürliches“ Produkt den Ruf, ein besonders umweltfreundliches Produkt zu sein. Stimmt das immer? Oder nur unter bestimmten Voraussetzungen? Beurteilen Sie, unter welchen Voraussetzungen Holz seinem umweltgerechten Image nachkommt bzw. wieso es umweltfreundlicher wirkt, als es tatsächlich ist.

8. ++ Beurteilen Sie die ökologischen und sozialen Auswirkungen von Produktion, Transport und Konsum von Produkten aus Tropenholz. Was sind Gründe für die Verwendung von Tropenhölzern (Statussymbol) und welche Schutzmaßnahmen gibt es?

9. + Geben Sie eine Übersicht über die verschiedenen Holzwerkstoffe. Stellen Sie die wesentlichen Informationen (Eigenschaften, Verwendung, Haltbarkeit usw.) in einer Tabelle dar.

10. + Stellen Sie verschiedene Möglichkeiten, Holz zu untersuchen, dar.

11. ++ Formulieren Sie Fragen, die Ausgangspunkt für eine Holzuntersuchung sein könnten. Planen Sie Wege/Methoden, die Fragen zu beantworten. Führen Sie Ihre Untersuchung durch. Dokumentieren Sie den Lösungsweg und erläutern Sie die Lösung(smöglichkeiten).

12. ++ Jahresringe können genutzt werden, um das Alter eines Baumes zu bestimmen. Sie erzählen aber noch viel mehr. Erläutern Sie, was aus dem Vergleich der Muster der Jahresringe unterschiedlicher Hölzer bzw. unterschiedlicher Bäume geschlossen werden kann.

13. ++ Martin bekommt ein neues Zimmer. Suchen Sie in Prospekten bzw. im Internet nach verschiedenen Angeboten für „Jugendzimmer“. Vergleichen Sie die Angebote im Hinblick auf Holzarten, Vollholz oder andere Werkstoffe, Gesundheitsauswirkungen (z. B. durch Formaldehyd, Holzschutzmittel wie Lacke oder natürliche Öle), Preis, Aussehen etc. Überlegen Sie, welchem Zimmer Sie den Vorzug geben würden, und begründen Sie Ihre Antwort.

Einen interaktiven **Safety-Check** finden Sie in der TRAUNER-DigiBox.

Papier

Im Zuge der stärkeren Verbreitung der Informationstechnologie (IT) wird heutzutage immer öfter vom „papierlosen Büro“ gesprochen. Diskutieren Sie in der Klasse, ob Papier und gedruckte Dokumente aufgrund von E-Books und Computerarbeit bald der Vergangenheit angehören könnten.

Papier wurde vor ungefähr 2 000 Jahren in China erfunden. Die Technik seiner Herstellung verbreitete sich nur langsam nach Westen. Mit dem Export amerikanischer Papiererzeugungsmaschinen nach Japan und China hat das technische Verfahren seine Runde um die Welt gemacht, ohne dass sich jedoch die Grundprinzipien der Herstellung geändert hätten.

KOMPETENZ-ERWERB

Meine Ziele

Nach Bearbeitung dieses Kapitels kann ich

- naturwissenschaftliche, wirtschaftliche, ökologische und gesellschaftliche Aspekte von Papier erfassen und in der entsprechenden Fachsprache beschreiben und erläutern;
- die Herstellung von Papier beschreiben und auch selbst Papier schöpfen;
- Papierproben mithilfe einfacher Methoden untersuchen und dadurch deren Eigenschaften und Qualitäten ermitteln;
- das Marktangebot von Papierprodukten aus Sicht von Produzent, Handel und Konsument beurteilen;
- Informationen über Papier beschaffen und die Rechercheergebnisse interpretieren und präsentieren.

1 Erzeugung von Zellstoff

In den europäischen Papiermühlen wurden zunächst Baumwoll-, Leinen, Hanf- und Flachslumpen (Hadern) als Rohstoffe verwendet, die von Lumpensammlern angeliefert wurden. Die Aufbereitung dieser Lumpen war sehr aufwändig.

Aus ökonomischen und ökologischen Gründen wird in zunehmendem Maße Altpapier als Ausgangsmaterial verwendet.

Heute wird ein Drittel des weltweiten Nutzholzertrags zu Zellstoff verarbeitet, der größtenteils der Herstellung von Papier und Pappe dient. Diese Umwandlung in Zellstoff ist notwendig, weil das Holzgewebe nicht aus reinen Fasern besteht, sondern aus einer Verbindung von **Cellulose** (49 %), **Lignin** (21 %), **Hemicellulose** (15 %) und geringen Anteilen von Minieralien, Eiweißen und Stickstoff.

Die Cellulosefasern müssen vom Lignin, das sie umgibt, befreit werden. Erst danach sind sie so weich, dass sie zu Papier und Pappe weiterverarbeitet werden können. Cellulose kann sowohl mithilfe eines mechanischen als auch eines chemischen Verfahrens gewonnen werden.

Gewinnung von Zellstoff

Mechanische Zellstoffgewinnung

- Holz wird **zwischen rotierenden Mahlsteinen** unter ständigem Zufluss von Wasser zerkleinert. Der so gewonnene Zellstoff ist von gröberer Qualität und wird vor allem für Zeitungspapier genutzt.
- **Sägespäne** werden mit **Dampf** erhitzt und **in Mühlen zermahlen.** Der so gewonnene Zellstoff ist heller und wesentlich härter.

Chemische Zellstoffgewinnung

- **Sulfitaufschluss:** Holzmateriel wird in einem Dampfdruckgefäß unter Zusatz von Schwefeldioxidgas etwa zwölf Stunden lang gekocht.
- **Soda- oder Sulfatverfahren:** Kochen von Holzspänen in Natronlauge, Natriumsulfid und -sulfat.
- Das **alkalische Aufschlussverfahren** kommt in erster Linie für Hartholz infrage und ist den beiden anderen Verfahren ähnlich.

Nach gründlicher Reinigung wird der Zellstoff häufig chemisch gebleicht. Für die Herstellung feiner Drucksorten ist der Zellstoff weiter aufzubereiten.

Beispiele für Zellstoffbeimengungen und ihre Effekte
- Kaolin und Calciumkarbonat werden als Füllstoffe beigemengt, wenn besonders glattes und weißes Papier erwünscht ist.
- Leim macht das Papier wasserabweisend.

Kaolin = Porzellanerde

Wenn der Zellstoff in die Papiermaschine eingefüllt wird, besteht er zu 99 % aus Wasser und zu 1 % aus Fasern und Beimengungen. Das fertige Papier oder die Pappe enthält dagegen nur noch 5 % Wasser. Dieser Wasseranteil verhindert, dass das Papier zu spröde ist und bricht.

Utensilien zum Handschöpfen von Papier (u. a. Schöpfrahmen)

2 Papierherstellung

Beim Papierschöpfen befindet sich der stark verdünnte Faserbrei in einem großen Behälter (Bütte). Mit dem **Schöpfrahmen** wird daraus Faserbrei aufgenommen. Die im Rahmen schwimmenden Fasern werden durch gleichmäßiges Schütteln verteilt. Nach dem Abfließen des Wassers kann das Papierblatt mit dem Rahmen zum Trocknen abgelegt werden. Bei verbesserten Methoden wird das noch feuchte Blatt vom Sieb genommen, gepresst und anschließend getrocknet. Somit kann dann das Schöpfsieb sofort wieder zur Bildung eines neuen Papierbogens verwendet werden.

Versuch – „Schöpfen von Papier"

Reißen Sie Altpapier (zwei Doppelseiten einer Zeitung) in kleine Stücke (etwa 3 bis 4 cm). Geben Sie das Papier mit 0,75 l Wasser in einen Messbecher. Mixen Sie das Gemisch ca. drei Minuten zu einem einheitlichen Papierbrei.

Füllen Sie eine Kunststoffwanne (ca. 40 x 40 cm) nun mit ca. 5 l Wasser und verteilen Sie den Papierbrei darin mit einem Rührlöffel.

Um nun Papier zu schöpfen, ziehen Sie einen Schöpfrahmen langsam durch den Papierbrei. Wichtig dabei ist, dass Sie den Rahmen gerade halten, damit sich die Papierfasern gleichmäßig verteilen. Überschüssiges Wasser lassen Sie abtropfen.

Legen Sie ein Tuch auf den Schöpfrahmen und kippen Sie das Sieb daraufhin um. Heben Sie das Sieb vorsichtig hoch. Legen Sie ein weiteres Tuch auf die Papiermasse. Mit Druck auf die Tücher (z. B. mit einem Nudelholz) können Sie noch überschüssiges Wasser aus dem zwischen den Tüchern liegenden Papierblatt vorsichtig auspressen.

Sobald kaum mehr Feuchtigkeit im Papier ist, können Sie es auch auf eine Wäscheleine aufhängen oder mit dem Bügeleisen glätten.

⚠ Beim Bügeln des Papiers unbedingt ein Tuch zwischen Papier und Bügeleisen legen sowie max. die Stufe Baumwolle verwenden.

FILM AB!

Die Papierherstellung wird in einem Video detailliert erklärt.
www.trauner.at/nawi_v8.aspx

Industrielle Papierherstellung

Industriell wird Papier heute in einer **Papiermaschine** gefertigt. Erfunden wurde sie 1798 vom Franzosen Robert Nicholas-Louis.

Über ein Schöpfrad wird die **Fasersuspension** auf einen Stoffauflauf aufgebracht. Von dort gelangt sie auf das (Schüttel-)Sieb. Dies entspricht im Prinzip dem Sieb des Schöpfrahmens. Nach grober **Entwässerung** gelangt das noch nasse Papier über mehrere Walzen zur **Nasspresse.** Diese Walzen pressen möglichst viel Wasser aus dem Papier. Anschließend wird das Papier in der **Trockenpartie** weiter getrocknet. Am Ende der Papiermaschine wird das Papier in großen Rollen aufgerollt.

Industrielle Papiermaschine

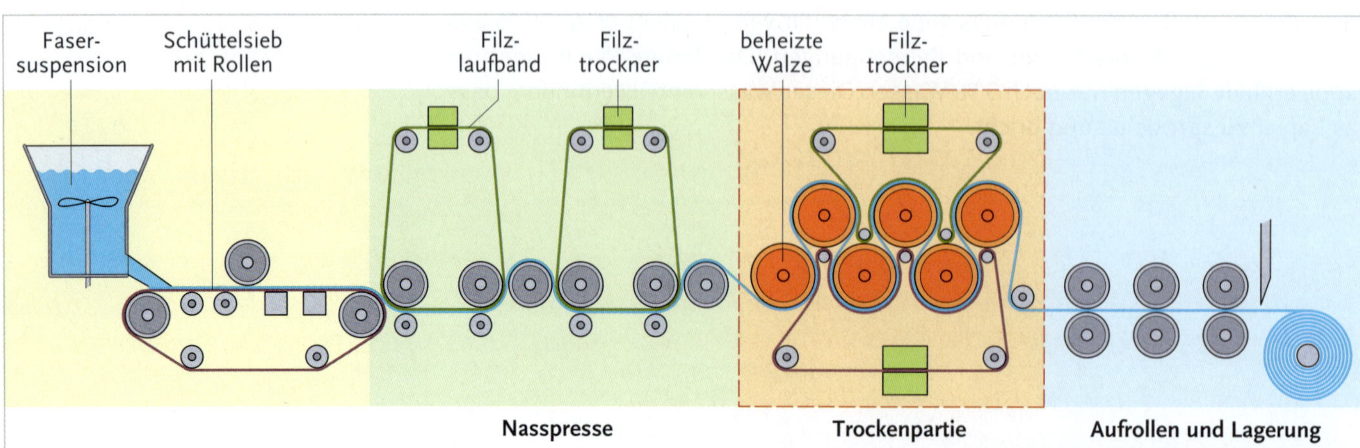

3 Untersuchung von Papier

Papier hat eine ganze Reihe interessanter Eigenschaften, die sich in ein paar einfachen Versuchen entdecken lassen. Im Zuge der Qualitätsprüfung sind ähnliche Untersuchungen durchzuführen.

Versuch – „Papier unter dem Mikroskop“

Beobachten Sie verschiedene Papiersorten (selbst geschöpftes Papier, Zeitungspapier, hochwertiges Druckpapier) unter dem Mikroskop. Überlegen Sie, bei welcher Vergrößerung die Unterschiede am deutlichsten sichtbar werden. Zeichnen Sie typische Ausschnitte aus Ihren Proben und beschreiben Sie die Unterschiede.

Schreiben Sie z. B. Ihren Namen auf Papier. Unter dem Mikroskop sehen Sie, wie die Papierfasern mit der Tinte eingefärbt wurden.

Versuch – „Veraschen von Papier“

Erhitzen Sie Papier einer Papiersorte in einem sauberen Porzellangefäß. Drücken Sie die Asche ab und zu mit einem Glasstab zusammen. Erhitzen Sie den Rückstand bis er weiß oder hellgrau ist.

Machen Sie den Versuch mit verschiedenen Papiersorten. Dokumentieren Sie die Unterschiede.

Da der Porzellantiegel nach dem Erhitzen sehr heiß ist, müssen Sie aufpassen, dass er nicht von jemandem unabsichtlich berührt wird!

Versuch – „Optische Aufheller in Papier“

Verwenden Sie **Schutzbrillen,** die vor UV-Strahlung schützen, um Augenschäden zu vermeiden!

Bestrahlen Sie in einem abgedunkelten Raum verschiedene Papierproben mit einer UV-Lampe. UV-Strahlung bringt optische Aufheller zum aufleuchten (fluoreszieren).

4 Marktangebot von Papierprodukten

Auf dem Markt gibt es eine Reihe verschiedenster Papiersorten und Papierprodukte, die aufgrund von Beimengungen sowie verschiedener Zubereitungsmethoden unterschiedlichste Eigenschaften haben können.

Beispiele für unterschiedliche Eigenschaften von Papierprodukten
Während Küchen- oder Löschpapier weich ist und Flüssigkeiten aufsaugt, ist Butterbrotpapier fest, glatt, wasser- und fettundurchlässig. Der Unterschied ergibt sich durch die Auswahl der Fasern, ihre Zubereitung und die Behandlungsart in der Papiermaschine.

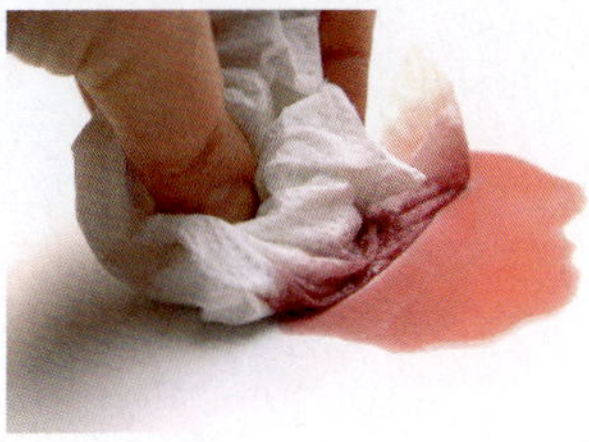

Finden Sie einen mathematischen Zusammenhang hinter den Papierformaten.

Verschiedene Papierformate (DIN-Reihen)

	A	B	C	D	
0	841×1189	1000×1414	917×1297	771×1091	Vierfachbogen
1	594×841	707×1000	648×917	545×771	Doppelbogen
2	420×594	500×707	458×648	385×545	Bogen
3	297×420	353×500	324×458	272×385	Halbbogen
4	210×297	250×353	229×324	192×272	Viertelbogen (z. B. A4)
5	148×210	176×250	162×229	136×192	Blatt bzw. Achtelbogen
6	105×148	125×176	114×162	96×136	Halbblatt (z. B. C6)
7	74×105	88×125	81×114	68×96	Viertelblatt
8	52×74	62×88	57×81		Achtelblatt
9	37×52	44×62	40×57		
10	26×37	31×44	28×40		

Versuch – „Herstellung von Pergamentpapier"

Mit einer Pinzette tauchen Sie festes Filterpapier ca. zehn Sekunden zur Hälfte in kalte, konzentrierte Schwefelsäure und spülen anschließend gut mit Leitungswasser. Pressen Sie es zum Trocknen zwischen Saugpapier oder trocknen es mit einem Haartrockner.

Die mit Schwefelsäure bearbeitete Hälfte hat sich in hartes und transparentes Pergamentpapier verwandelt.

Wussten Sie, dass ...
an das Spezialpapier für Zigaretten besondere Ansprüche gestellt werden? Das Papier kann nämlich auf Geschmack, Geruch, Stärke und Luftdurchlässigkeit Einfluss nehmen.

Großgruppen von Papiersorten auf dem Markt

Grafische Papiere

Zum Bedrucken, Schreiben und Kopieren

Beispiele
Schreibblock, Kopierpapier

Verpackungspapier

Bietet Festigkeit bei nur geringem Gewicht

Beispiele
Karton, Packpapier

Hygienepapiere

Oft saugfähig, teilweise parfümiert

Beispiele
Toilettenpapier, Servietten

Spezialpapiere

Papiere mit besonderen Eigenschaften

Beispiele
Filterpapier, Thermopapier

Aufgabenstellungen – „Papierprodukte"

1. + Nennen Sie verschiedene Papierformate und Papiermaße.
2. + Finden Sie heraus, für welche Anwendungen die Formate C6, B5, C5 und C3 verwendet werden.
3. + Recherchieren Sie zu möglichst unterschiedlichen Beispielen für Papierprodukte. Beschreiben Sie die dafür benötigten Eigenschaften des Papiers.

Unter **De-Inking** versteht man die Entfernung der Druckfarben von bedrucktem Altpapier. So kann daraus wieder Zeitungs- oder Kopierpapier erzeugt werden.

Aus dunklen Sorten Altpapier (Pappe, Karton) kann die Farbe nicht entfernt werden, weshalb sie beim Recycling aussortiert werden müssen. Aus ihnen kann aber erneut Pappe oder Karton erzeugt werden.

Versuch – „De-Inking von Altpapier“

Material: Wasserstoffperoxid (verdünnt) und Natronlauge (verdünnt). Geräte: Becherglas (400 ml), Glasstab, Brenner, Dreifuß und pH-Indikatorpapier.

Befeuchten Sie Papierproben mit Natronlauge und erhitzen Sie. Lassen Sie die Lauge eventuell über Nacht wirken. Teilen Sie die Probe in zwei Teile. Zur einen Hälfte geben Sie etwas Wasserstoffperoxid und erwärmen Sie die Probe. Vorsicht! Das Gemisch schäumt möglicherweise sehr stark. Schutzbrille! Betrachten Sie die beiden Proben nach ca. zehn Minuten.

Spülen Sie die beiden Proben mit reinem Wasser ab und trocknen Sie sie.

Ziele erreicht? – „Papier“

KOMPETENZ-ERWERB

1. + Nennen und beschreiben Sie Methoden zur Herstellung von Zellstoff.

2. + Beurteilen Sie unterschiedliche Methoden zur Herstellung von Zellstoff und führen Sie jeweils Vor- und Nachteile an.

3. + Beschreiben Sie die Vorgänge beim Handschöpfen von Papier.

4. + Recherchieren Sie, wo heute noch handgeschöpftes Papier verwendet wird und beschreiben Sie die Bedeutung handgeschöpften Papiers in der modernen Welt.

5. ++ Erörtern Sie die Bedeutung von Papier als Speichermedium. Diskutieren Sie, ob etwa Notizen auf Papier oder auf Diskette, CD, DVD, USB-Stick oder SD-Karte in hundert Jahren noch gelesen werden können.

6. + Nennen Sie Verfahren zur Qualitätskontrolle von Papier.

7. ++ Formulieren Sie Fragen, die Ausgangspunkt für eine Papieruntersuchung sein könnten. Planen Sie Wege/Methoden, die Fragen zu beantworten. Führen Sie Ihre Untersuchung durch. Dokumentieren Sie den Lösungsweg und erläutern Sie die Lösung(smöglichkeiten).

8. ++ Beurteilen Sie die Bedeutung des Papierrecyclings. Warum ist es so notwendig, nutzloses Papier zu recyceln anstatt es einfach wegzuwerfen?

9. + Nennen Sie verschiedene Papierformate und geben Sie an, wo diese verwendet werden.

10. ++ Unterscheiden Sie verschiedene Papiersorten. Nennen Sie Anwendungsmöglichkeiten für diese Papiersorten.

Einen interaktiven **Safety-Check** finden Sie in der TRAUNER-DigiBox.

Petrochemische Erzeugnisse

Zu den Produkten der Petrochemie zählen unter anderem:
- Treibstoffe (Benzin, Flugbenzin, Dieselkraftstoff/Heizöl extra leicht usw.)
- Schmier- und Lösungsmittel
- Alkohole
- Kunststoffe
- Farben und Lacke
- Arzneimittel, Medikamente
- ...

Der Förderung von Erdöl steigt kontinuierlich an und die weltweiten Erdölvorräte können den Bedarf wohl noch ca. 50 Jahre lang decken. Auch wenn immer neue Fördermethoden und Entdeckungen von Lagerstätten die verfügbaren Reserven ansteigen lassen, müssen die Verbrauchsgewohnheiten verändert werden.

Bei der Verbrennung fossiler Energieträger wie Kohle und Erdöl werden u. a. Treibhausgase freigesetzt, wodurch die Umwelt belastet wird. Es geht also nicht nur darum, dass die Rohstoffe begrenzt sind, sondern auch darum, welche Auswirkungen die Nutzung dieser Rohstoffe mit sich bringt.

Die fossilen Rohstoffe können aber nicht nur verbrannt werden, sondern auch zur Herstellung organischer Produkte genutzt werden. Dazu zählen u. a. Kunststoffe, Düngemittel, Pharmazeutika, Reinigungsmittel, Farben und Lacke.

KOMPETENZ-ERWERB

Meine Ziele

Nach Bearbeitung dieses Kapitels kann ich
- die Entstehung, die Auffindung, die Förderung und den Transport von Erdöl und Erdgas erklären;
- den Weg vom Rohöl zu den petrochemischen Produkten nachvollziehen;
- die Destillation von Rohöl erklären und durchführen;
- unterschiedliche Raffinerieprodukte nennen und beschreiben;
- die Nutzung von fossilen Rohstoffen kritisch beurteilen.

1 Erdöl und Erdgas als Ausgangsstoffe für petrochemische Erzeugnisse

Nina ist verwundert, dass ca. 95 % der Welterdölförderung zum Heizen oder als Treibstoff eingesetzt werden. Die restlichen 5 % werden für die Herstellung der Vielfalt an Produkten der organischen Chemie verwendet.

Mineralöl und seine Nebenprodukte sind aus unserem täglichen Leben nicht mehr wegzudenken. Mineralöl ist die Basis vieler Medikamente und Kosmetika sowie von Kunststoffen der verschiedensten Art, Benzin und anderen Treibstoffen.

1.1 Entstehung und Zusammensetzung

Erdöl und Erdgas bestehen aus Gemischen natürlicher **Kohlenwasserstoffe,** die aus Tieren und Pflanzen entstanden. Nach ihrem Absterben verwesten diese Lebewesen. Wenn allerdings der zur Verwesung erforderliche Sauerstoff fehlte, bildeten die abgestorbenen Organismen einen **Faulschlamm.** Dieser wurde durch weitere Ablagerungen von Sand- und Tonschichten überdeckt.

Bei günstigen Bedingungen, wie zunehmender Temperatur (50–200 °C) und steigendem Druck, entstanden und entstehen auch heute noch Gemische verschiedenster organischer Verbindungen unter der Einwirkung von anaeroben Bakterien. Je nach Zusammensetzung der Ausgangsstoffe bilden sich die unterschiedlichsten Arten von Kohlenwasserstoffen, Kohlenstoffdioxid und Wasser.

Durch Bewegungen der Erdkruste und unter dem Druck immer neuer Schichten gelangten die Kohlenwasserstoffe in Gesteinsbereiche mit Porenräumen (z. B. in Sandstein oder Kalkstein). Der Porenraum ist normalerweise mit Wasser gefüllt. Öl und Gas werden vom Wasser nach oben verdrängt, bis sie auf eine undurchlässige Deckschicht (z. B. Ton oder Salzstöcke) treffen. Dort sammeln sich Gas und Öl.

Schematische Schnittbilder von Erdöl- und Erdgaslagerstätten

Schichtverwerfung

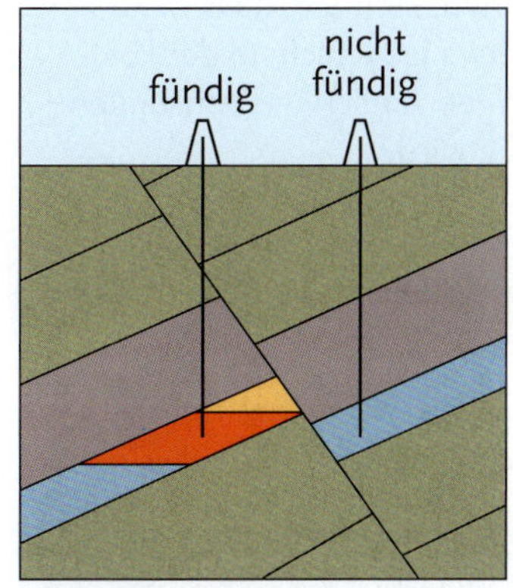

Salzaufbruch

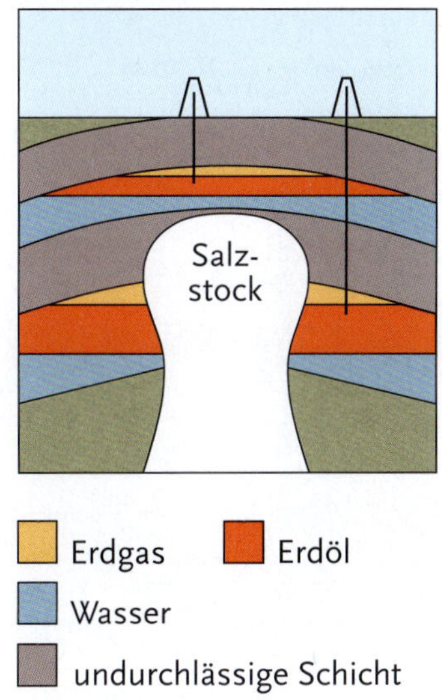

anaerob = ohne Sauerstoff; hier: Bakterien, die ohne Sauerstoff (über-)leben

1.2 Lagerstätten und Auffindung

Erdöl und Erdgas kommen oft gemeinsam in unterirdischen Lagern vor, die sich vor allem auf der Nordhalbkugel der Erde und häufig unter dem Meeresboden befinden. Die bedeutendsten Lagerstätten liegen im Nahen Osten, in Russland, Afrika und Nordamerika. Für Westeuropa sind die Erdgas- und Erdölvorkommen in der Nordsee von großer Bedeutung.

Erdgas-reserven	Die Erdgasreserven belaufen sich auf etwa 187 100 Mrd. m³. Die österreichischen Reserven betragen ca. 11 Mrd. m³. Die Welt-Erdgasförderung macht ca. 3 400 Mrd. m³ pro Jahr aus.
Erdöl-reserven	Alle Reserven, die sich mit den derzeit verfügbaren Methoden wirtschaftlich fördern lassen, umfassen ca. 217 Mrd. t. Die Gewinnung wird jedoch teurer und technologisch schwieriger werden. Die österreichischen Reserven belaufen sich auf weniger als 6 Mio. t.

Die Daten stammen aus dem Jahr 2018.

Einen Artikel zu den geförderten Mengen an Erdöl und -gas in Österreich finden Sie hier: www.trauner.at/erdoel.aspx

Wussten Sie, dass ...
sich die österreichischen Erdöllagerstätten in den Bundesländern Wien, Niederösterreich und Oberösterreich befinden?

Wussten Sie, dass ...
nur etwa jede sechste der kostspieligen Aufschlussbohrungen fündig wird?

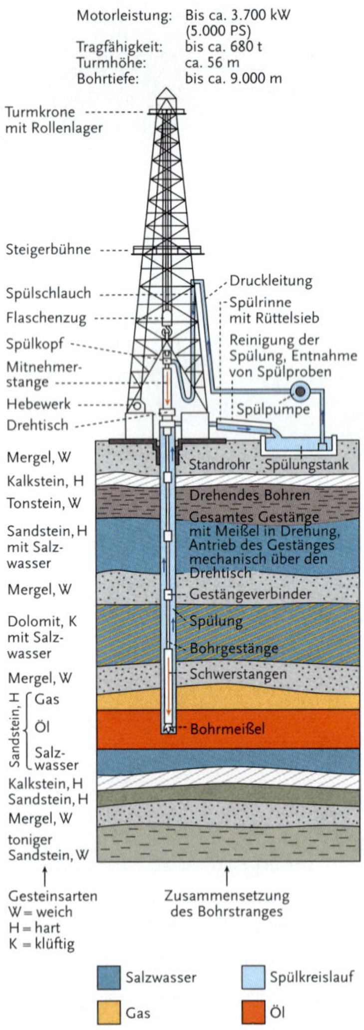

Schema einer Tiefbohranlage mit geologischem Profil

Gründe für die Verknappung von Rohöl

Die Weltbevölkerung wächst ständig, die Industrialisierung schreitet weiter voran. Die Nachfrage nach Rohöl wird somit immer größer. Neu entstehende Wirtschaftsgrößen wie China haben einen enormen Bedarf an Rohöl.

Die westlichen Industriestaaten, allen voran die USA, haben die Ausnutzung des Potenzials an Energieeinsparung nicht genügend vorangetrieben. Vor allem haben sie keine Ersatzenergien für das Öl entwickelt, um sich auf die bevorstehende Verringerung der Ölreserven vorzubereiten.

Die USA mit einem Bevölkerungsanteil von etwa 5 % der Weltbevölkerung konsumieren über 25 % des Erdöls. Der hohe Energieverbrauch in den USA wird durch niedrige Energiesteuern begünstigt. Die US-Wirtschaft ist deutlich energieintensiver und damit stärker vom Erdölpreis abhängig als die Wirtschaft der EU.

Die Suche nach Erdgas- und Erdöllagerstätten ist mit hohen Kosten verbunden. Es ist daher wichtig, die Gebiete einzugrenzen, in denen gute Erfolgschancen für das Auffinden von Erdöl bestehen. Dazu dienen Untersuchungen, die der Bohrung vorausgehen. Es werden **künstliche Schwingungen** (z. B. durch Sprengungen) ausgelöst, die von verschiedenen Gesteinsschichten im Untergrund an die Oberfläche zurückgeworfen werden. Die zurückkehrenden Schallwellen werden digital aufgezeichnet.

Aus diesen Messungen können Tiefe und Verlauf der Gesteinsschichten ermittelt werden. So stellt man fest, wo mögliche Lagerstätten liegen. Gewissheit bringen aber nur **Probebohrungen (Aufschlussbohrungen),** die jedoch Millionenbeträge kosten können.

1.3 Erdölbohrung

Bohrtürme sind durchschnittlich 40–60 m hoch, große Bohrinseln sind vom Meeresspiegel bis zur Spitze des Bohrturmes über 200 m hoch. Von den Bohrinseln aus wird bis zu einer Wassertiefe von etwa 300 m gebohrt, von Bohrschiffen aus bis zu einer Wassertiefe von ca. 1 000 m.

Beim **Rotary-Verfahren** wird das Bohrgestänge aus 9 m langen Rohrstücken zusammengeschraubt und von Diesel- oder Elektromotoren (bis 3 700 kW) in Rotation versetzt. Der Bohrturm trägt einen Großteil des Gewichtes des Bohrgestänges. Ein Rollenmeißel wird einige Meter in der Stunde durch weiches Gestein getrieben, bei hartem Gestein dringt ein Diamantmeißel wenige Zentimeter in der Stunde vor. Um den Meißel zu kühlen bzw. zu schmieren, wird durch das Bohrgestänge eine tonhaltige Flüssigkeit nach unten gepumpt. Sie strömt mit dem Bohrklein zwischen Gestänge und Wand des Bohrloches nach oben und stützt das Bohrloch.

Das Bohrloch ist oben ca. 70 cm weit, sein Durchmesser nimmt stufenweise bis auf ca. 10 cm ab. Nach jeweils 500 bis 1 000 m Bohrtiefe wird das Bohrloch verrohrt, um einen Einsturz der Bohrlochwand zu verhindern. Häufigste Tiefen der Erdölbohrungen liegen zwischen 1 500 und 3 000 m. Bohrt man tiefer als 3 500 m, findet man wegen der hohen Temperaturen nur Erdgas. Erdgasbohrungen können zwischen 500 und 8 000 m tief reichen.

1.4 Erdöl- und Erdgasförderung

Erdgas- und Erdölvorkommen stehen unter hohem Druck; bei einer Zunahme der Tiefe steigt der Druck pro 10 m um 1 bar an. Die Temperatur nimmt jeweils pro 100 m um 3 °C zu.

Erdöl

Erdölvorkommen werden zunächst durch **Primärverfahren** ausgebeutet. Die wichtigsten davon sind:

- **Eruptivförderung:** Durch den Eigendruck des in der Lagerstätte gelösten Gases steigt das Erdöl ohne Hilfe an die Erdoberfläche.
- **Pumpförderung:** Erdöl aus Lagerstätten in Tiefen bis 2000 m wird zumeist mit Pumpen gefördert.

Bei der **Sekundärförderung** wird Wasser oder Gas in die Lagerstätte eingepresst, um das Öl zu verdrängen.

Bei der **Tertiärförderung** wird heißes Wasser oder Dampf eingepresst, um das Öl fließfähiger zu machen. Auch chemische Mittel werden angewandt (Einpressen von Kohlendioxid oder Lösungsmitteln). Die Kosten für die Tertiärförderung sind derzeit noch unwirtschaftlich hoch.

Erdölförderverfahren

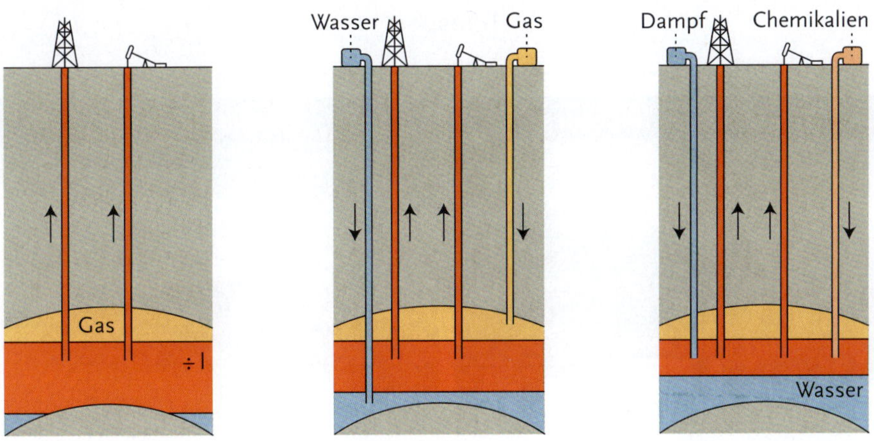

Primäre Verfahren: Eruptivförderung, Pumpförderung

Sekundäre Verfahren: Einpressen von Wasser und Gas

Tertiäre Verfahren: Einpressen von Heißdampf oder Chemikalien

Erdgas

Vorkommen in Tiefen über 2000 m stehen unter einem Druck von mehreren hundert bar. Dieser Druck reicht lange Zeit, um das Gas an die Oberfläche zu befördern. Bei einem schlecht durchlässigen Porenraum des Lagers ist die Förderrate dementsprechend niedrig. Um sie wieder zu erhöhen, wird das **Frac-Verfahren** angewandt.

Dabei wird unter hohem Druck Flüssigkeit eingepresst, wodurch vom Bohrloch ausgehende lange Risse im Gestein erzeugt werden. Diese werden durch Stützmaterial (z. B. Bauxit) offen gehalten. Infolge der großen Oberfläche der Risse steigt die Förderrate.

Sogenannte **Offshore-Bohrungen** auf hoher See machen bereits ein Fünftel der gesamten Welterdölförderung aus. Bei Unfällen auf solchen Bohrinseln kommt es immer wieder zu schwerwiegenden Umweltverschmutzungen in den Meeren sowie auch an den Küsten.

Erdölförderung durch Tiefpumpenantrieb

Wussten Sie, dass ...
die bis heute gängige Mengenangabe bei Erdöl das Barrel (1 Barrel = 159 l) ist? Dieser englische Begriff bezeichnete ursprünglich ein hölzernes Fass. Da Erdöl im 19. Jahrhundert in solchen Behältern befördert wurde, bürgerte sich diese Mengenangabe ein.

Der horizontale Durchmesser von Frac 2, 3 und 4 beträgt 200 m, von Frac 1 und 5 jeweils 230 m.
Gesamtlänge der Bohrung: 6 240 m.

Horizontalbohrung mit dem Frac-Verfahren

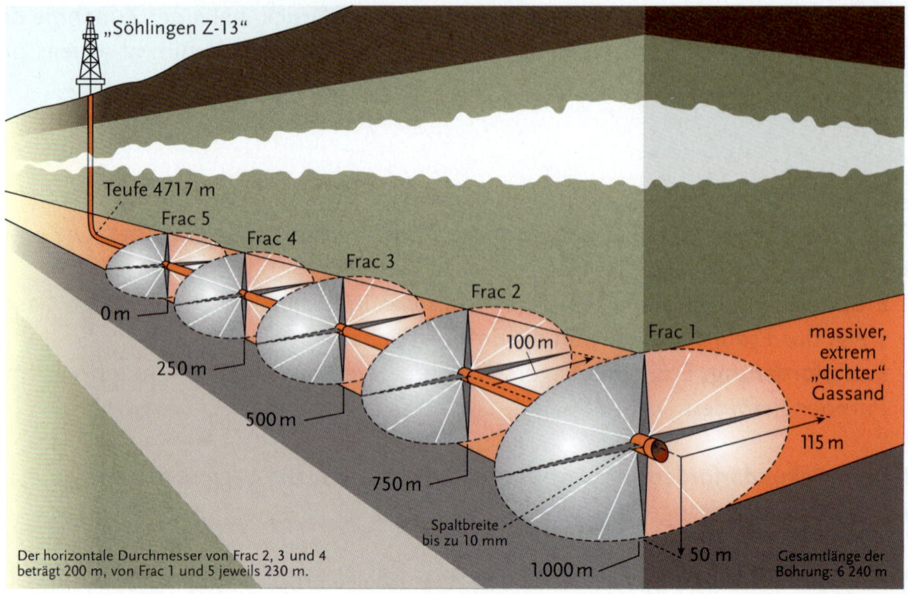

1.5 Transport von Erdöl und Erdgas

Transport

Rohrleitungen (Pipelines)	Hochseetanker

Rohre transportieren Erdgas und Erdöl vor allem auf dem Festland. Der Betriebsdruck liegt zwischen 50 und 100 bar, der Durchmesser der Leitungen zwischen 50 und 100 cm.	Sie haben eine Ladefähigkeit von 200 000 t bis 500 000 t und sind weltweit im Einsatz. Um die Fließfähigkeit zu erhalten, muss das Rohöl während des Transportes beheizt werden.

Flüssiggastanker

FILM AB!

Bohrung, Förderung sowie auch Aufbereitung und Destillation werden in einem Video der OMV anschaulich erklärt.
www.trauner.at/nawi_v9.aspx

Auch **Erdgas** wird mit Tankern transportiert, wobei es durch Abkühlen auf –162 °C verflüssigt werden muss. Das Volumen nimmt dabei auf 1⁄600 des Gasvolumens ab. Große Tanker fassen über 100 000 m³ Flüssiggas.

Das so vorgereinigte Erdöl wird mithilfe von Tankschiffen oder Pipelines zu den Raffinerien weitergeleitet, um es dort in seine Bestandteile aufzutrennen bzw. weiterzuverarbeiten.

1.6 Erdölaufbereitung und Destillation

Das geförderte Erdöl enthält Gas und Salzwasser. Lässt man das Erdöl in Behältern stehen, trennen sich Gas und Salzwasser vom Erdöl. Das wasserfreie, entsalzte **Rohöl** ist schwarzbraun und meist dickflüssig.

Erdöl hat je nach Herkunftsland eine unterschiedliche Zusammensetzung. Die Trennung in die verschiedenen Bestandteile **(Fraktionierung)** erfolgt nach den unterschiedlichen Siedepunkten **(Destillation)** in zwei Stufen:

- Destillation bei **Normaldruck**
- **Vakuumdestillation**

Fraktionierkolonnen (Destillationstürme) sind 20–40 m hohe Zylinder, die im Inneren durch 40 bis 50 sogenannte Böden in Stockwerke unterteilt sind. Üblich sind Glocken- und Siebböden. Auf diesen Böden kommt es zu einer Durchmischung von aufsteigenden Dämpfen und zurückfließendem Kondensat.

Schema der fraktionierten Destillation des Erdöls

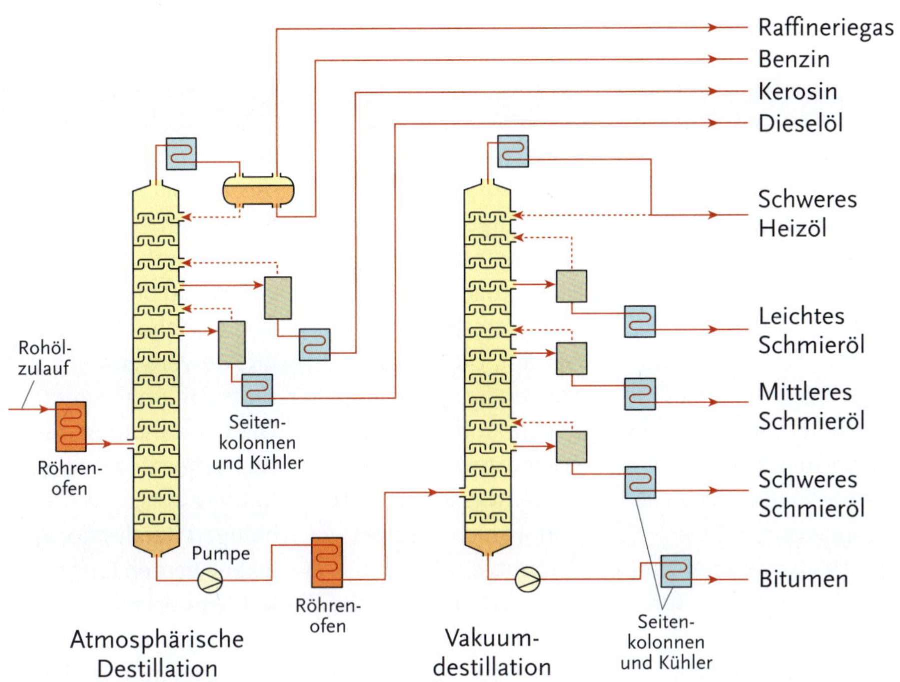

Das Rohöl wird in einem Röhrenofen auf 350–400 °C erhitzt. Das entstehende Dampf-Flüssigkeits-Gemisch tritt in die Kolonne ein. Die Flüssigkeit fließt nach unten. Die Dämpfe steigen nach oben und kühlen dabei ab. In der Kolonne entsteht ein Temperaturgefälle: Am höchsten Punkt beträgt die Temperatur etwa 40 °C, auf den darunter liegenden Böden wird sie immer höher, am unteren Ende der Kolonne liegt sie bei etwa 350 °C.

Je nachdem, welche Temperatur auf einem Boden herrscht, kondensiert dort ein anderer Bestandteil (= Fraktion) des Rohöls. Das hängt mit den unterschiedlichen **Siedepunkten der Bestandteile** zusammen: Auf den unteren Böden kondensieren größere Moleküle mit hohen Siedepunkten, auf den oberen Böden kleinere Moleküle mit immer niedrigeren Siedepunkten.

Jeder Boden ist durch einen **Überlauf** mit dem unmittelbar darunter liegenden verbunden.

Die Fraktionen mit einem Siedebereich über 350 °C werden in einer ähnlich gebauten Vakuumdestillationsanlage weiterverarbeitet. Durch die Verminderung des Druckes auf ein Zwanzigstel werden die Siedepunkte herabgesetzt. Somit lassen sich größere Kohlenwasserstoffmoleküle unzersetzt destillieren.

⚠ Die **Bezeichnung Vakuumdestillation** ist eigentlich nicht korrekt, da die Destillation nicht im Vakuum, sondern nur **bei einem gewissen Unterdruck** (ca. ein Zwanzigstel des Normaldrucks) abläuft.

Kondensat = Flüssigkeit, die bei der Abkühlung eines Gases entsteht.

OMV-Raffinerie Schwechat – die schlanken Türme sind Destillierkolonnen.

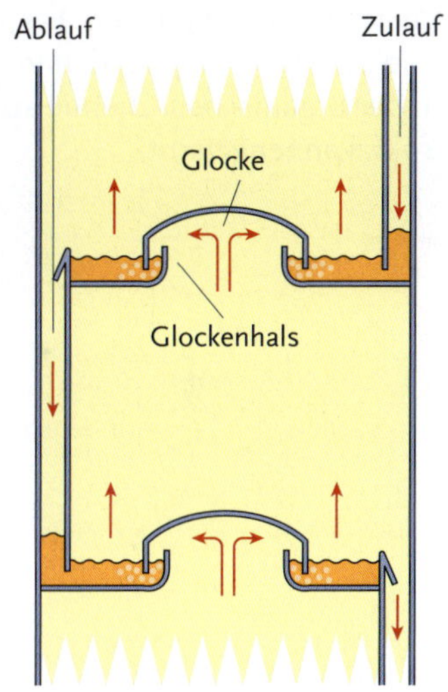

Prinzip einer Glockenbodenkolonne

kondensieren = Übergang vom gasförmigen in den flüssigen Aggregatzustand

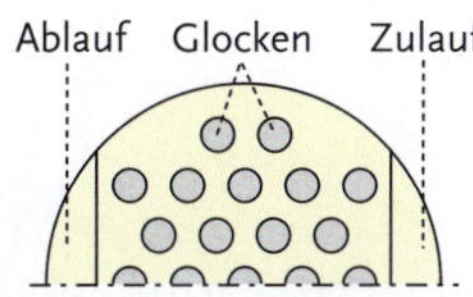

Aufsicht auf einen Boden

Durch die Entschwefelungsverfahren entwickelten sich Raffinerien zu den wichtigsten Schwefellieferanten der chemischen Industrie.

Die Raffinerie Schwechat ist die größte in Österreich und zählt zu den wichtigsten in Europa. Einen interessanten Bericht über diesen erdölverarbeitenden Betrieb finden Sie unter: www.trauner.at/schwechat.aspx

Oktanzahl = Richtwert zur Klopffestigkeit eines Kraftstoffes

Einige der Chemierohstoffe, die beim Cracken entstehen, haben Sie bereits im Kapitel Grundlagen der organischen Chemie auf S. 134 ff. kennengelernt.

Versuch – „Destillation von Rohöl“

Als primitive Destillationsapparatur wird ein großes Reagenzglas mit seitlichem Ansatz und angesetztem Glasrohr verwendet.

Man destilliert Rohöl und wechselt nach jedem Milliliter die Reagenzglasvorlage.

Die Entzündlichkeit der erhaltenen Fraktionen kann auf einer Platte mit dem Zündholz geprüft werden.

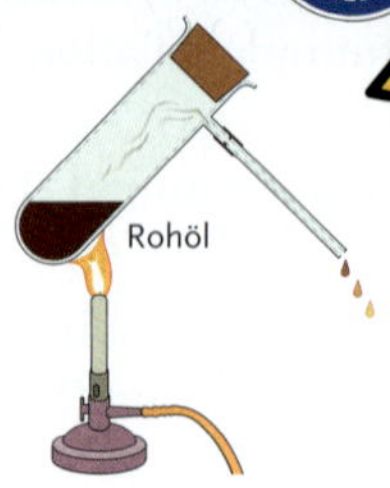

Verfahren zur Veredelung von destilliertem Erdöl

Entschwefeln	Cracken	Reformieren
Aus Gründen des Umweltschutzes ist man bestrebt, den Schwefelanteil in den Brennstoffen so gering wie nur möglich zu halten. Der im Erdgas und in Erdöl enthaltene Schwefel wird in mehreren Teilschritten zu elementarem Schwefel umgewandelt. Für Erdgas verwendet man das Absorptions-, für Erdöl ein katalytisches Entschwefelungsverfahren.	Darunter versteht man einen Vorgang, bei dem lange Kohlenwasserstoffketten in kurzkettige Kohlenwasserstoffe gespalten werden. Dieser ist notwendig, weil die für Benzin und Dieselkraftstoffe verwendbaren Kohlenwasserstoffe des Rohöls nicht bedarfsdeckend sind. Durch das Crackverfahren entstehen neben den Benzin- und Dieselkomponenten auch wertvolle Chemierohstoffe.	Das bei der Destillation des Rohöls anfallende Primärbenzin weist nur eine Oktanzahl (ROZ) von ca. 50 bis 60 auf und ist daher für eine direkte Verwendung als Kraftstoff ungeeignet. Die Umwandlung des Primärbenzins erfolgt mithilfe eines platinhältigen Katalysators. Dabei werden lange Kohlenwasserstoffketten gespalten und in einer anderen Struktur wieder zusammengebaut.

2 Raffinerieprodukte

Beim Betanken ihres Mopeds fallen Nina an der Tankstelle die unterschiedlichen Beschriftungen über den Zapfsäulen für Superbenzine auf. „ROZ 95“ steht auf einer, „ROZ 98“ auf einer anderen. „Was bedeutet das denn?“, fragt sie sich.

Halogenkohlenwasserstoffe haben Sie bereits auf S. 150 f. kennengelernt.

2.1 Halogenkohlenwasserstoffe

Halogenkohlenwasserstoffe sind **Kohlenwasserstoffe mit mindestens einem Halogenelement** (Fluor, Chlor, Brom und Iod). Sie finden Verwendung als Lösungsmittel, als Narkosemittel, als Pestizide und als Bestandteile bei der Kunststoffherstellung.

Pestizide = Pflanzenschutzmittel bzw. Schädlingsbekämpfungsmittel

Die Moleküle der Halogenkohlenwasserstoffe sind sehr stabil und somit langlebig. Sie haben überdurchschnittlich **lange Verweilzeiten** in der Atmosphäre, in Wasser und Boden.

2.2 Topgase

Die niedrig siedenden Bestandteile wie **Propan** und **Butan** lassen sich leicht verflüssigen und kommen in Stahlflaschen als Flüssiggas in den Handel. Sie werden als Heizgas (für Feuerzeuge, Campingkocher, aber auch zur Wärmeerzeugung in Wohnhäusern) verwendet. Als FCKW-Ersatz finden sie Verwendung als Treibgas für Spraydosen und als Kühlmittel für Kühlschränke.

Flüssiggas kann in unterschiedlichen Druckgasbehältern gelagert werden.

2.3 Brennstoffe

Ottokraftstoff besteht zu großen Teilen aus (überwiegend ketten-, aber auch ringförmigen) Kohlenwasserstoffverbindungen mit sechs bis elf C-Atomen. Er hat einen Siedebereich von 30–200 °C und wird für Ottomotoren verwendet. Das Benzin-Luft-Gemisch erwärmt sich bei der Kompression im Motor. Ist das Benzin nicht klopffest, kommt es im ganzen Zylinder an verschiedenen Stellen zu explosionsartigen Selbstentzündungen, wodurch Druckwellen entstehen, die ein klopfendes Geräusch hervorrufen. Dabei wird der Motor mechanisch beschädigt. Bei **klopffestem Benzin** erfolgt die Zündung des Gemisches durch den Funken der Zündkerze. Das Gemisch verbrennt, ausgehend von der Zündkerze, mit einer gleichmäßigen Flammenfront und der Druck steigt gleichmäßig an.

Seit dem Jahr 2004 sind in Österreich auch Kraftstoffe mit der Oktanzahl 100 verfügbar. Werte über 100 weisen z. B. Autogas (ROZ = 103–110) oder E85, mit 85 % Ethanol-Beimischung, (ROZ = 104) auf.

Die wichtigste Kennzahl des Benzins ist die **Oktanzahl** (ROZ = Research-Oktan-Zahl). Sie beschreibt die Klopffestigkeit, d. h. die Widerstandsfähigkeit eines Kraftstoffes gegen Selbstentzündung seiner Dämpfe bei der Verdichtung im Ottomotor.

Benzinsorten

Normal	ROZ = 91
Super	ROZ = 95
Super plus	ROZ = 98

Dem Benzin kann als Beitrag zum Klimaschutz (CO_2-Reduktion) z. B. aus pflanzlichen Abfällen biochemisch gewonnenes Ethanol (Bio-Ethanol) in bestimmten Anteilen zugesetzt werden. E10 bezeichnet z. B. eine 10%-ige Beimischung.

Dieselkraftstoffe bestehen aus Kohlenwasserstoffverbindungen mit elf bis 20 C-Atomen. Sie sollen beim Einspritzen in die durch Kompression im Motor erhitzte Luft von selbst entflammen. Im Winter werden Erdölbestandteile mit einem niedrigen Siedebereich beigemengt (Winterdiesel).

Heizöle unterteilt man grundsätzlich in Heizöl extraleicht für den privaten Haushalt sowie Heizöl leicht, mittel und schwer für die Industrie. Die Qualitätsmerkmale der Heizöle sind festgelegt.

Einteilung von Heizöl

Heizöl leicht	Heizöl mittel	Heizöl schwer
Schwefelarm, niederviskos (dünnflüssig) und stockt erst bei tiefen Temperaturen. Zur Verbesserung der Brenneigenschaften werden speziell abgestimmte Zusatzstoffe beigefügt.	Rückstandsheizöl, das mit seinen Qualitätsmerkmalen zwischen Heizöl leicht und Heizöl schwer liegt. Es wird bei großen Heizungsanlagen (z. B. Industrie) eingesetzt.	Heizöl schwer wird bei industriellen Großfeuerungsanlagen verwendet.

Wussten Sie, dass ...
Heizöl extra leicht und Dieselkraftstoff chemisch das Gleiche sind? Dem Heizöl wird lediglich ein schwer entfernbarer roter Farbstoff beigefügt, da es aufgrund der geringeren Besteuerung billiger verkauft wird. Das Betreiben von Autos mit Dieselmotor mit Heizöl ist deshalb auch verboten und wird bestraft.

2.4 Schmierstoffe

Schmierstoffe sind organische und anorganische Stoffe, welche die Reibung zwischen sich drehenden oder gleitenden Maschinenteilen herabsetzen, ihren Verschleiß mindern und als Kühlmittel wirken.

Viskosität = Zähflüssigkeit

Als Qualitätskriterium gilt hierbei das Fließverhalten, das mithilfe der Viskosität charakterisiert wird. Schmieröle müssen bei jeder Temperatur ihre Schmierfähigkeit bewahren. Sie dürfen bei längerem Einsatz nicht verharzen und dürfen sich auch nicht entzünden.

Erdgas wird in Österreich vorrangig zum Heizen verwendet. Als Kraftstoff für Fahrzeuge findet es noch wenig Verwendung.

2.5 Erdgas

In Österreich begann man bereits 1955 mit der Suche und Förderung von Erdgas. Rund 20 % des Eigenbedarfes kann Österreich aus seinen eigenen Erdgasquellen im nördlichen Wiener Raum und im westlichen Oberösterreich decken. Seit 1993 importiert Österreich auch große Mengen aus den Erdgaslagern in der Nordsee.

Das Gas, das als Hauptbestandteil **Methan (CH_4)** enthält, wird in **Gasaufbereitungsanlagen** von Verunreinigungen (Lagerstättenwasser, Kohlenstoffdioxid, Schwefelverbindungen) gesäubert.

FILM AB!

In einem Informationsvideo erhalten Sie Informationen über die österreichischen Gasleitungen.
www.trauner.at/nawi_v10.aspx

Österreich – und hier vor allem die niederösterreichische **Gasstation Baumgarten** – ist ein Zentrum der europäischen Erdgasversorgung. In Baumgarten erfolgen die Aufbereitung, Messung und Qualitätskontrolle der Gasströme für Frankreich, Italien, Slowenien, Kroatien, Ungarn und selbstverständlich auch für Österreich, bevor sie an die Kunden übergeben werden. Diese Erdgasdrehscheibe besteht aus vier Stationen:

Wussten Sie, dass ...
Erdgas neben dem Einsatz als Heizgas auch vermehrt als Kraftstoff zum Antrieb von Ottomotoren verwendet wird?

- **TAG-Station:** Die Trans-Austria-Gasleitung von der slowakisch-österreichischen bis zur österreichisch-italienischen Grenze dient als Transitleitung nach Italien, Slowenien und Kroatien. Zusätzlich beliefert sie die Landesferngasgesellschaften Begas, EVN, Kelag und Steirische Ferngas.
- **WAG-Station:** Die West-Austria-Gasleitung verbindet das slowakische Gasnetz mit dem deutschen Gasnetz und dient als Transitstrecke für Frankreich und Deutschland. Die Leitung verläuft von der slowakisch-österreichischen Grenze bis Oberkappel in Oberösterreich und versorgt den Inlandsmarkt über Abzweigstationen mit Erdgas für die Landesferngasgesellschaften Oberösterreichische Ferngas, EVN und SAFE.
- **HAG-Station:** Die Hungaria-Austria-Gasleitung verläuft entlang der österreichisch-slowakischen Grenze als Verbindung der Importleitungen im niederösterreichischen Baumgarten mit dem ungarischen Hochdruckleitungsnetz.
- **OMV-Station:** Sie übernimmt Erdgas für Österreich und verteilt es von hier aus. Nebenbei wird diese Station für Speichertestzwecke genutzt.

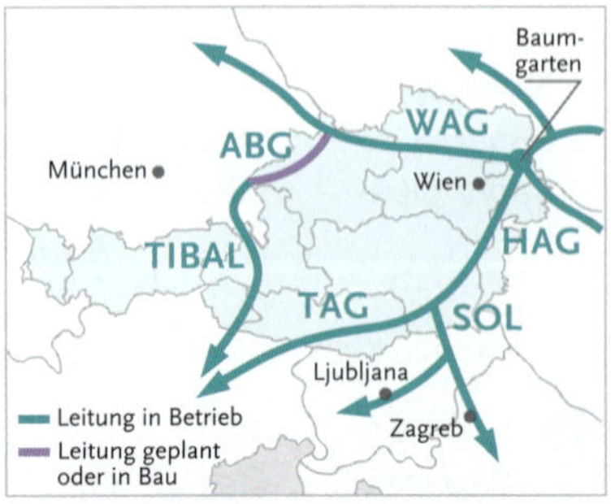

Erdgasleitungen in Österreich
- SOL: Süd-Ost-Leitung
- HAG: Hungaria-Austria-Gasleitung
- WAG: West-Austria-Gasleitung
- TAG: Trans-Austria-Gasleitung
- TIBAL: Tirol-Italien-Bayern-Anbindungsleitung
- ABG: Austria-Bavaria-Gas-Pipeline

2.6 Bitumen

Bitumen fällt als Rückstand bei der Destillation an, ist wasserundurchlässig und widerstandsfähig gegen chemische Einflüsse. Vermischt mit Kies und Sand (ca. 10 % Bitumen und 90 % Sand und Kies) wird es als **Asphalt** im Straßenbau verwendet.

Die Hauptverwendung von Bitumen liegt im Straßenbau.

Versuch – „Löseverhalten von Bitumen"

Legen Sie jeweils ein Stück Bitumen bzw. Asphalt in ein Gefäß mit

- Benzin,
- Ethanol und
- Wasser.

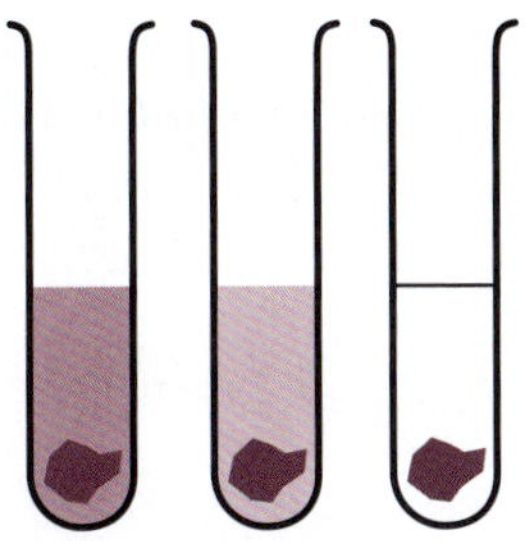

1 2 3

Beobachten Sie, wo sich Bitumen am besten bzw. am schlechtesten löst.

Welche Schlussfolgerungen können Sie daraus für die Verwendung von Bitumen ziehen?

FILM AB!

Die Herstellung von Bitumen sowie einige Anwendungen werden Ihnen in folgendem Video nähergebracht.
www.trauner.at/nawi_v65.aspx

2.7 Folgen der Nutzung von Erdöl und Erdgas

Weit über 90 % des geförderten Erdöls und Erdgases werden z. B. in Verbrennungsmotoren von Autos oder Lastwagen, für Heizzwecke oder in kalorischen Kraftwerken **zur Stromerzeugung thermisch verwertet** – also verbrannt.

Und das, obwohl man aus ihnen u. a. die Rohstoffe zur Erzeugung von Kunststoffen, Medikamenten, Farben und Lacken und vielem mehr gewinnen kann.

Darüber hinaus entsteht bei der Verbrennung zwangsläufig CO_2 (Kohlenstoffdioxid), das zum **Treibhauseffekt** der Erde beiträgt. Schließlich sind die Erdöl- und Erdgasvorräte der Erde endlich.

Aus diesen Gründen erscheint es sinnvoll, **alternative Energieträger** zu fördern.

Beispiele für Alternativen zur Verbrennung von Erdöl und Erdgas
Solarenergie, Windenergie, Wasserkraft, Kernfusion, Brennstoffzellen, Elektromotoren, Verbrennungsmotoren für Wasserstoff sowie die Verwendung von Hochleistungskondensatoren („Supercaps")

Immer wieder kommt es bei der Förderung bzw. dem Transport von Rohöl zu Verunreinigung der Umwelt, besonders der Meere. Dabei kommen auch Tiere zu Schaden.

Ohne Erdöl und Erdgas käme die heutige Welt sofort zum Erliegen. Diskutieren Sie in der Klasse einerseits die wirtschaftlichen (Abhängigkeit) als auch die ökologischen Aspekte (Umwelt) dieses Umstands. Fallen Ihnen Möglichkeiten ein, wie sich die Menschheit langfristig von dieser Abhängigkeit lösen kann?

Ziele erreicht? – „Petrochemische Erzeugnisse“

KOMPETENZ-ERWERB

1. + Setzen Sie die fehlenden Begriffe in den Lückentext ein:

Nach der Förderung wird das Erdöl in Behälter gefüllt. Dort trennen sich Gas und Salzwasser, es entsteht ______________________. Mithilfe von Tankschiffen oder ______________________ gelangt es in ______________________, wo es weiterverarbeitet bzw. in seine Bestandteile aufgetrennt wird. Die Trennung in die Bestandteile nennt man ______________________. In den Destillationstürmen wird das Rohöl auf etwa 400 °C erhitzt. Auf den ca. 40 bis 50 ______________________ kommt es zu einer Durchmischung von aufsteigenden Dämpfen und zurückfließendem Kondensat. Auf den unteren Böden kondensieren die Teile des Rohöls mit höheren ______________________, auf den oberen die mit kleineren. Der letzte Schritt in der Raffinerie ist die ______________________ der Kohlenwasserstoffmoleküle.

2. + Welche dieser Aussagen sind korrekt? Kreuzen Sie an.

- ☐ Erdöl und Erdgas bestehen aus Gemischen natürlicher Kohlenwasserstoffe.
- ☐ Erdöl- und Erdgaslagerstätten sind immer voneinander getrennt und weit entfernt.
- ☐ Erdöl wird in Raffinerien nur zu Kraftstoffprodukten weiterverarbeitet.
- ☐ Zu den Veredelungsverfahren in Raffinerien zählen die Entschwefelung und das sogenannte Cracken.
- ☐ Die Oktanzahl gibt die Klopffestigkeit von Benzin an. Sie wird durch Beigabe von Zusätzen erhöht, um den Motor vor mechanischen Schäden zu bewahren.

3. + Recherchieren Sie, wie man die Oktanzahl z. B. für Flugbenzin auf über 100 anheben kann.

4. ++ Recherchieren Sie, wie viele Tonnen Erdöl und wie viele Kubikmeter Erdgas jährlich weltweit gefördert werden. Stellen Sie diesen Werten die aktuellen Jahresverbrauchszahlen von Österreich gegenüber.

5. + Recherchieren Sie Vorteile des Autoabgaskatalysators (vgl. auch S. 36) bzw. der Partikelfilter. Beschreiben Sie auch die Funktionsweise.

Einen interaktiven **Safety-Check** finden Sie in der TRAUNER-DigiBox.

Kunststoffe

Weltweit werden jährlich etwa 240 Millionen Tonnen Kunststoff produziert. Sie finden Verwendung z. B. als Isolierungen, formbares Plastik oder als Schaltungen und leitfähige Kunststoffe in der Technik.

Es bestehen unzählige Möglichkeiten, Kunststoffe durch Beimischungen und Zusätze in ihrem chemischen Aufbau zu verändern und so bestimmte Eigenschaften hervorzubringen. Außerdem sprechen für die Kunststoffe ihre relativ günstige, aber sehr rasche Herstellung und freie Gestaltungsmöglichkeiten.

Meine Ziele

KOMPETENZ-ERWERB

Nach Bearbeitung dieses Kapitels kann ich

- die grundlegenden Arten der technischen Herstellung von Kunststoffen unterscheiden;
- die Eigenschaften und Einsatzgebiete wichtiger Kunststoffe nennen;
- Herstellungsverfahren von Kunststoffen beschreiben und anwenden.

1 Herstellung von Kunststoffen

Kunststoffe kommen im täglichen Leben von Martin ständig vor: Seine Zahnbürste, die Hülle seines Mobiltelefons, Teile des Schulbusses, Verpackungen für Lebensmittel und viele andere Dinge bestehen aus Kunststoff. Doch wie stellt man Kunststoffe her? Um zu Kunststoff zu gelangen, muss der Rohstoff Erdöl bestimmte chemische Reaktionen durchlaufen.

Synthese = Herstellung chemischer Verbindungen aus zumeist einfacher aufgebauten Stoffen

Monomer = Bauteil eines großen Makromoleküls (= Polymer)

Kunststoffe sind ein sehr junges Material; es gibt sie erst seit Beginn des 20. Jahrhunderts. Seitdem werden ständig neue geschaffen und bestehende weiterentwickelt. Kunststoffe werden künstlich, d. h. synthetisch, hergestellt. Die Ausgangsstoffe sind Erdöl, Erdgas und Kohle. Durch Spalt- und Syntheseprozesse wird der Ausgangsstoff in verschiedene Kohlenstoffverbindungen zerlegt bzw. umgebaut.

Der deutsche Nobelpreisträger Hermann Staudinger (1881–1965) hatte großen Anteil an der Kunststoffentwicklung. Von ihm stammt u. a. das PVC.

Durch chemische Reaktionen entstehen Molekülketten oder -netze. Eine Vielzahl kleiner **Moleküle,** die Monomere, wird in unterschiedlicher Art und Weise zu sogenannten **Polymeren** zusammengebaut.

Bei der technischen Herstellung von Kunststoffen unterscheiden wir drei grundlegende Arten:

- die Polymerisation,
- die Polykondensation und
- die Polyaddition.

In der TRAUNER-DigiBox finden Sie einen Versuch zu einer Polymerisation (Superabsorbierender Kunststoff).

1.1 Polymerisation

Bei der Polymerisation spalten sich die Doppel- oder Dreifachbindungen eines Monomers auf und bilden mithilfe der so frei werdenden „Bindungsarme" lange Molekülketten.

Monomere → Polymere

$n\ CH_2 = CH_2$ → $...–CH_2–CH_2–CH_2–CH_2–...$

Ethen (Ethylen) → Polyethen

Auf diese Weise entsteht etwa Polyethen.

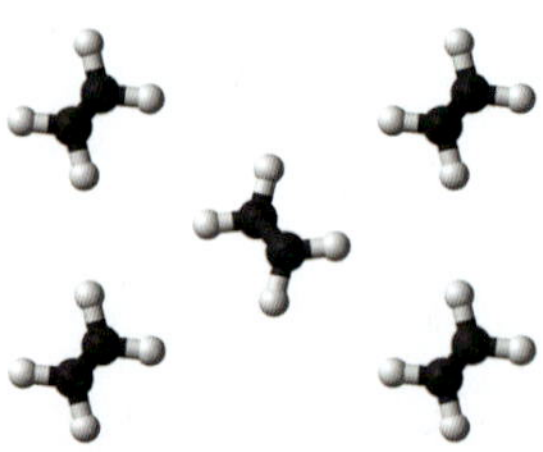

Einzelne Ethen-Moleküle

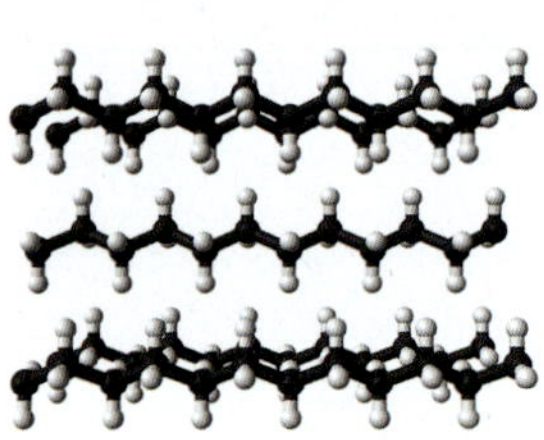

Polymerisierte Ethen-Molekülkette

1.2 Polykondensation

Hierbei entsteht ein Kunststoff, wenn sich mindestens zwei Moleküle unter Abspaltung eines kleinen Moleküls zu Ketten verbinden.

Polykondensation aus artverschiedenen (zwei unterschiedlichen) Monomeren

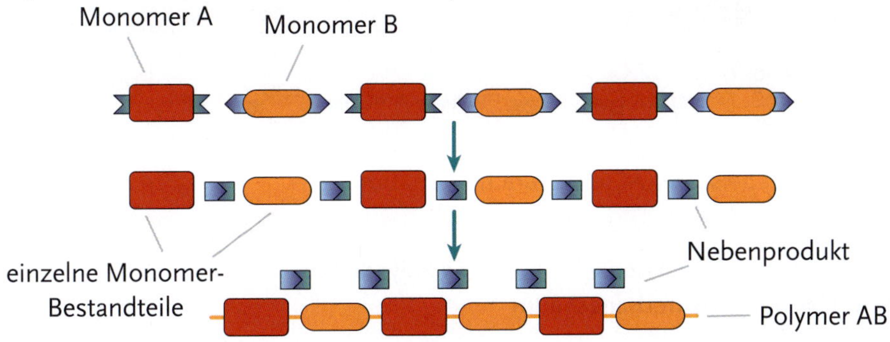

Polykondensation aus artgleichen Monomeren

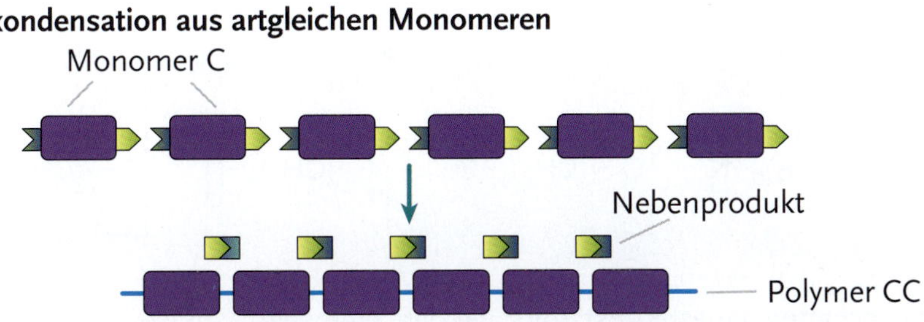

Über so einen Polykondensationsmechanismus gewinnt man z. B. Nylon.

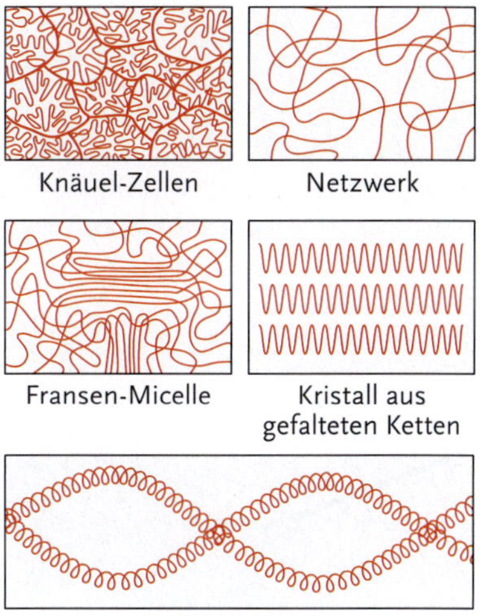

Die unterschiedlichen (physikalischen) Anordnungsmöglichkeiten von Kunststoffmolekülketten

Versuch – „Herstellung von Nylon"

Sie benötigen folgende zwei Lösungen:

- Lösung 1: 5 g Sebacinsäuredichlorid in 250 ml n-Heptan
- Lösung 2: 2 g NaOH und 6 g Hexamethylendiamin in 250 ml H_2O

Durch vorsichtiges Überschichten der wässrigen Lösung 2 mit der organischen Phase (Lösung 1) **im Abzug** bilden sich zwei übereinander gelagerte Phasen aus (vgl. z. B. Öl- und Wasserphase).

An der Grenzfläche dieser beiden nicht mischbaren Flüssigkeiten erhält man durch Polykondensation („Grenzflächenkondensation") Nylon, das man mittels Pinzette als Faden abziehen kann.

Anmerkung: Mittels Versetzen der basischen wässrigen Lösung 2 mit dem Indikator Phenolphtalein kann der Nylon-Faden leicht gefärbt werden.

Die Herstellung eines Nylon-Fadens geschieht an der Grenzschicht der beiden Monomere.

FILM AB!

Der Ablauf dieses Versuchs wird in einem Video veranschaulicht.
www.trauner.at/nawi_v11.aspx

Durch Polykondensation kann man Formaldehyd-Harze herstellen. Ein Versuch dazu befindet sich in der TRAUNER-DigiBox.

$$n\ \mathrm{ClOC{-}(CH_2)_8{-}COCl} + n\ \mathrm{H_2N{-}(CH_2)_6{-}NH_2} \rightarrow \mathrm{n\ldots{-}}\left[\mathrm{{-}\overset{O}{\overset{\|}{C}}{-}(CH_2)_8{-}\overset{O}{\overset{\|}{C}}{-}\underset{H}{\underset{|}{N}}{-}(CH_2)_6{-}N}\right]\mathrm{{-}\ldots} + n\ \mathrm{HCl}$$

Sebacinsäuredichlorid + Hexamethylendiamin ⟶ Nylon + Chlorwasserstoff

1.3 Polyaddition

Darunter versteht man die abwechselnde Verknüpfung von zwei oder mehreren Monomeren zu langen Ketten. Manchmal werden bei dieser Verbindung auch Ringe eines Monomers aufgespaltet.

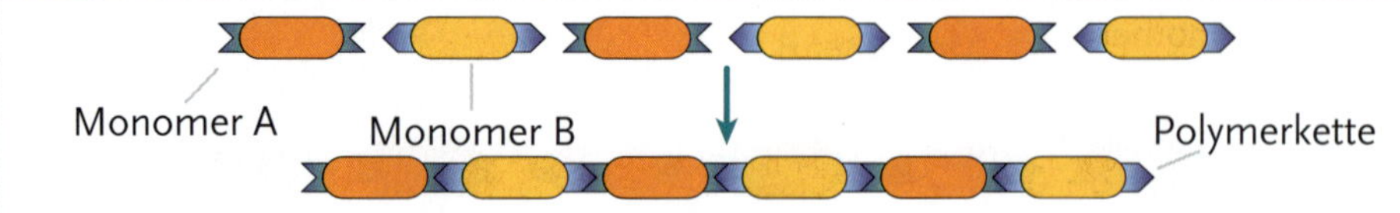

So entsteht beispielsweise Polyurethanschaum.

Polyurethanschaum wird als Dämmmittel eingesetzt. Aber auch Gegenstände des täglichen Bedarfs wie z. B. Haushalts-Putzschwämme bestehen aus PU-Schaum.

Beispiel für eine Reaktionsgleichung zur Polyaddition: Synthese von Polyurethanschaum

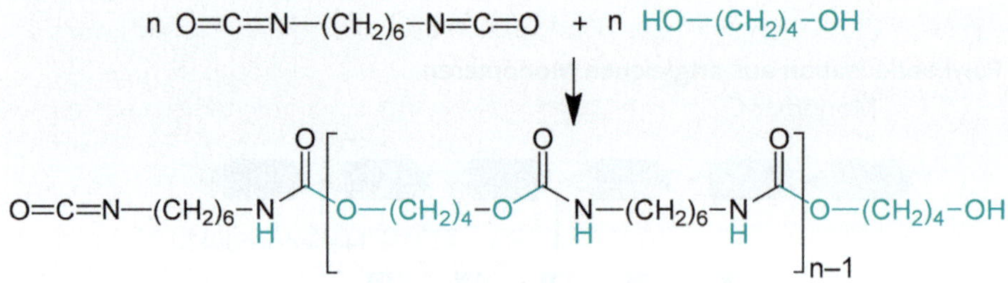

Die Eigenschaften eines Kunststoffs werden einerseits von seiner **chemischen Struktur** (wie z. B. der Molekülart), andererseits auch vom **physikalischen Aufbau** (wie z. B. der Länge und der Anordnung der Moleküle) bestimmt.

Ziel der Kunststoffverarbeitung ist es, aus verschiedensten Kunststoffgranulaten durch unterschiedliche Verarbeitungsmethoden ein für Konsumentinnen/Konsumenten optimales Produkt zu erzeugen, das in Form, Größe und seinen chemischen und physikalischen Eigenschaften den gegebenen Anforderungen entspricht.

2 Arten von Kunststoffen

Umgangssprachlich werden alle Arten von Kunststoffen als **Plastik** bezeichnet. Diese ungenaue Bezeichnung sollte allerdings möglichst vermieden werden.

Als Ausgangsstoff dient meist ein Kunststoffgranulat. Aufgrund ihrer chemischen und physikalischen Eigenschaften lassen sich die Kunststoffe in drei grundlegende Typen einteilen:

- Plastomere (Thermoplaste),
- Duromere (Duroplaste) und
- Elastomere.

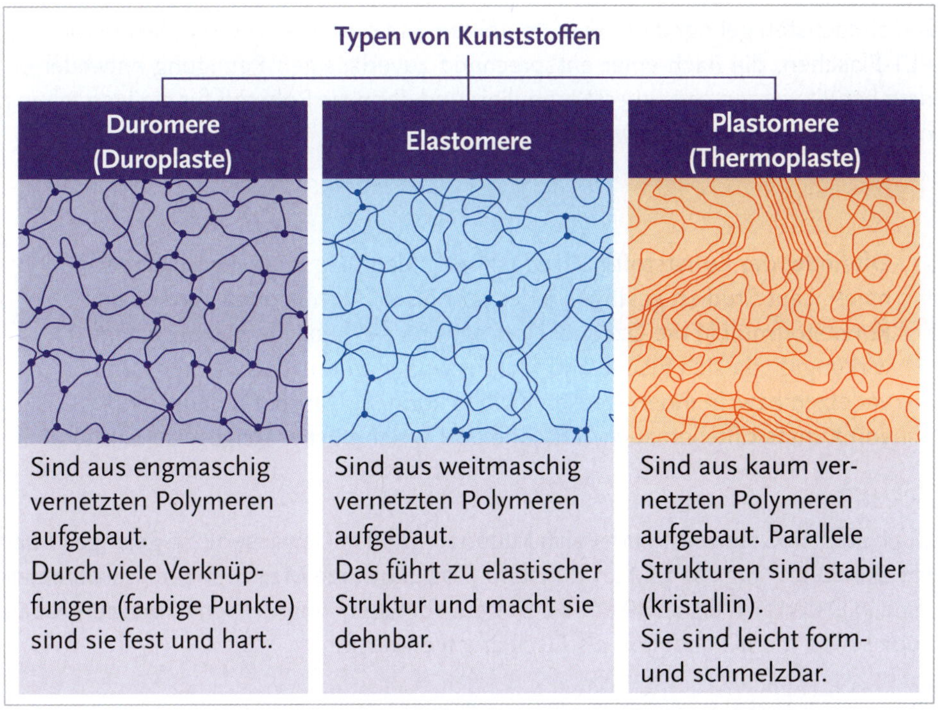

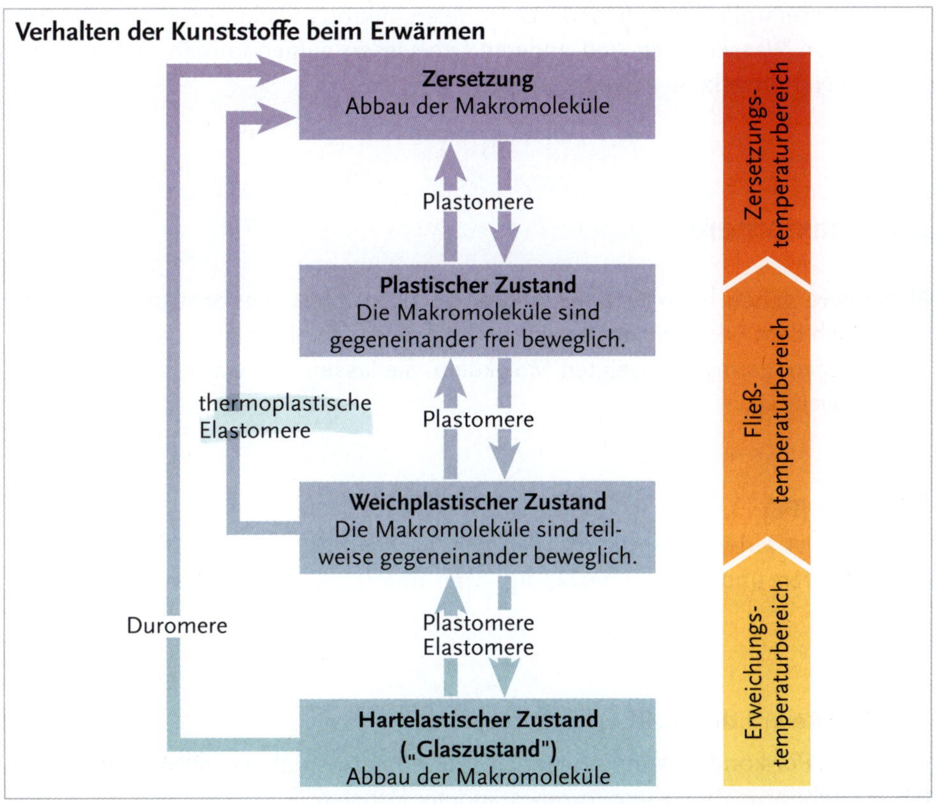

Kunststoffe sind extrem haltbar. Was in der Technik ein Segen ist, kann der Umwelt aber nachhaltig Schaden zufügen.

Aus diesem Grund ist es von großer Wichtigkeit, Kunststoffe wiederzuverwenden (also **„Recycling"** zu betreiben) oder anders zu verwerten. Dazu kann jeder seinen Beitrag leisten, indem Verpackungsabfall oder sonstiger Kunststoffmüll möglichst sortenrein gesammelt und der Wiederverwendung bzw. Weiterverwertung zugeführt wird (z. B. gelber Sack, gelbe Tonne).

thermoplastische Elastomere = Kunststoffe, die sich bei Raumtemperatur wie Elastomere verhalten, bei Wärmezufuhr jedoch verformen lassen und somit wie Plastomere verhalten

Kunststoffe erkennt man auch an ihrem Recycling-Code. Dieser dient zur Kennzeichnung von Stoffen, um sie fachgerecht wiederzuverwerten. Das allgemeine Recycling-Symbol besteht aus drei Pfeilen. Bei Kunststoffen gibt eine Nummer bzw. die Abkürzung an, um welches Material es sich handelt.

01 PET	PET	05 PP	PP
02 PE-HD	PE-High Density	06 PS	PS
03 PVC	PVC	07 O	Andere
04 PE-LD	PE-Low Density		

Kunststoffmüll wird von vielen Lebewesen mit der Nahrung aufgenommen oder mit Nahrung verwechselt, was fatale Folgen haben kann – hier ist eine Möwe an einem Kunststoffstrohhalm erstickt.

FILM AB!

Hintergründe zu Kunststoffen in Gewässern liefert dieses Video.
www.trauner.at/nawi_v12.aspx

Die vom Lebensministerium durchgeführte Studie zu Kunststoff (Plastik) in der Donau finden Sie hier:
www.trauner.at/donauplastik.aspx

Tragen auch Sie eine Flasche?
Jährlich werden Millionen PET-Flaschen u. a. nach China transportiert, um daraus z. B. Fleecepullover und andere Kleidungsstücke zu machen. 16 Literflaschen entsprechen einem Fleece-Pullover.

Am einfachsten gelingt dies bei sortenreinen und sauberen Thermoplasten wie z. B. PET-Flaschen, die nach einer entsprechend zuverlässigen Reinigung entweder erneut befüllt werden oder zuerst granuliert und dann als Rohstoff für die Herstellung neuer Flaschen eingesetzt werden.

Oft findet der Kunststoffmüll jedoch nicht den Weg in die Recyclingbehälter. Laut Studien gelangen jedes Jahr bis zu 10 Millionen Tonnen an Kunststoffmüll in die Ozeane. Dort haben sie erhebliche ökologische Auswirkungen, da sich Fische und Meeressäuger an Kunststoffgegenständen verletzen bzw. in ihnen stecken bleiben können. Darüber hinaus können von Kunststoffteilen auch Giftstoffe und Weichmacher freigesetzt werden.

Doch auch in Österreich findet sich Kunststoffmüll in Gewässern. So gelangen über die Donau pro Tag ca. 4,2 t an Kunststoff ins Schwarze Meer. Pro Jahr gelangen alleine in Österreich bis zu 40 t in die Donau. Forscher/innen haben in Wasserproben auch schon mehr Kunststoff als Fischlarven entdeckt!

Giftige und krebserregende Stoffe wie Pestizide oder polycyclische aromatische Kohlenwasserstoffe (PAK) finden sich in vielen Mikropartikeln (0,3–0,5 mm). Diese werden von Wasserflöhen und anderen Lebewesen aufgenommen und gelangen über die Nahrungskette in weitere Lebewesen.

2.1 Plastomere

Plastomere gehen beim Erwärmen in einen plastischen (verformbaren) Zustand über. Nach dem Erkalten behalten sie ihre Form bei. Thermoplaste bestehen aus fadenförmigen, gering verzweigten Molekülen. Sie lassen sich warm umformen und sind schweißbar.

Polyethen (PE)

Polyethen ist farblos bis milchig, hat eine wachsartige, glatte Oberfläche und ist gegen Säuren und Laugen beständig. Man unterscheidet zwischen Hart-PE und Weich-PE.

Polyethenterephthalat (PET)

Das durch Polykondensation gewonnene Polyethenterephthalat ist ein widerstandsfähiger, sehr bruchfester und formbeständiger Kunststoff.

PET wird vielfältig eingesetzt: Von Lebensmittelverpackungen wie Getränkeflaschen, über Folien, Gehäuse- und Maschinenteile bis hin zu Textilfasern, überall findet sich der Kunststoff. Selbst in der Medizin findet man ihn aufgrund der guten Hautverträglichkeit.

Polypropen (PP)

Im Aussehen ähnelt es dem Hart-PE, es ist jedoch etwas härter und formbeständiger. Verwendet wird PP für Kfz-Teile, Kraftstofftanks und Waschmaschinenteile.

Polyvinylchlorid (PVC)

Polyvinylchlorid ist farblos und chemikalienbeständig.

Arten von PVC

Hart-PVC	Weich-PVC

Es ist hart, zäh und schwer zerbrechlich. Daher wird dieser Werkstoff für Rohre, Gehäuse, Fensterrahmen etc. verwendet.	Es ist elastisch wie Weichgummi oder lederartig. Verwendet wird Weich-PVC für Kabelisolierungen, Bodenbeläge, Schläuche, Abdeckplanen für Lkw und dergleichen.

Die Eigenschaften von hart bis weich werden bei PVC durch Zusatz von **Weichmachern** eingestellt. So werden beispielsweise Lkw-Abdeckplanen hergestellt, indem man auf ein Gewebe eine Paste aus PVC-Pulver und Weichmacher kalt aufträgt. Beim Erhitzen entsteht dann eine feste Verbindung.

PVC ist übrigens aufgrund seiner chemischen Eigenschaften sehr gut beschriftbar.

Versuch – „PVC-Beschriftung"

Die gute Beschriftbarkeit von PVC lässt sich praktisch testen: Schreiben Sie mit einem wasserfesten Stift auf ein PP- sowie ein PVC-Plättchen und trocknen Sie beide mit einem Fön. Testen Sie nun an beiden Plättchen, ob sich die Beschriftung entfernen lässt.

In der TRAUNER-DigiBox finden Sie eine Präsentation zu den hier behandelten Plastomeren mit den jeweiligen Strukturformeln.

Polycarbonat (PC)

Polycarbonate haben eine hohe Festigkeit, sind schlagzäh und unzerbrechlich sowie glasklar und lichtecht. Daher werden sie unter anderem für unzerbrechliche Verglasungen, Lüfter, Pumpen oder für die Produktion von CDs verwendet.

Polystyren (PS)

Polystyren ist glasklar, hart und spröde, aber beständig gegen verdünnte Säuren und Laugen.

Unterteilung von Polystyren

Schlagfestes Polystyren (PS)	Geschäumtes Polystyren (PS)
Zur Beseitigung der Sprödigkeit mischt man Polyacrylnitril der Ausgangssubstanz zu. Schlagfestes PS wird z. B. zur Herstellung von Geräte- und Maschinengehäusen verwendet.	Es entsteht, indem man Polystyren mit Treibmitteln aufschäumt. Dies ergibt einen Hartschaumstoff mit geschlossener Porenstruktur und sehr guten Wärmedämmeigenschaften (z. B. Styropor).

Dämmplatten aus Polystyren

Herstellung von geschäumtem Polystyren

Versuch – „Aufschäumen von Polystyren“

Erhitzen Sie ein mit dem Treibmittel Pentan versetztes PS-Granulat in kochendem Wasser. Es entsteht geschäumtes Polystyren, also Styropor.

Polymethylmethacrylat (PMMA)

Umgangssprachlich wird PMMA auch **Acryl- oder Plexiglas** genannt. Es handelt sich dabei um einen festen, transparenten Kunststoff, der durch Polymerisation hergestellt wird. Es wird für eine Vielzahl von transparenten Gegenständen verwendet.

Beispiele: Anwendungen von PMMA

- **Lichttechnik:** Transparente Schirme und Behälter bestehen aus PMMA.
- **Medizin:** In der Chirurgie wird PMMA als künstlicher Knochenzement eingesetzt und es kommt dabei zu keinerlei Abstoßungsreaktionen des Körpers.
- **Bauwesen:** Dachverglasungen aus PMMA sind leichter und einfacher zu transportieren.

Otto Karl Julius Röhm, 1876 bis 1939, deutscher Pharmakologe und Erfinder

1933 wurden von Otto Röhm in Deutschland übrigens die ersten Scheiben Acrylglas hergestellt und die Marke Plexiglas angemeldet. Heutzutage findet sich das Material in vielen Bereichen des Lebens, auch Laborgefäße sind zu großen Teilen aus Acrylglas gefertigt.

Versuch – „Herstellung von Plexiglas“

Vermengen Sie 15 g Methacrylsäuremethylester in einem Reagenzglas mit 1 g Benzoylperoxid (Initiator) mit einem Glasstab. Achten Sie darauf, dass die Vermengung möglichst homogen und luftblasenfrei abläuft.

Nun bringen Sie das Reagenzglas in ein 60–80 °C heißes Wasserbad für 5–15 Minuten ein.

Je nach Einwirkdauer und Temperatur wird die entstehende klare Plexiglasmasse durch Polymerisation immer zäher.

Vorsicht: Bei diesem Versuch entstehen brennbare und giftige Dämpfe! Abzug verwenden und Hautkontakt vermeiden!

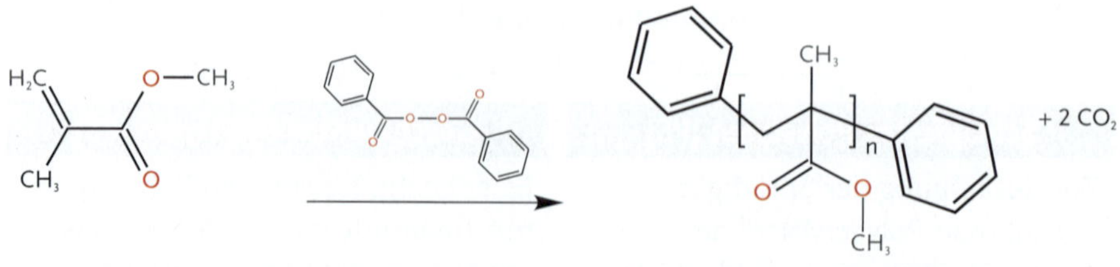

Methacrylsäuremethylester Benzoylperoxid Polymethylmethacrylat

Versuch – „Brennprobe bei Plastomeren“

Einige Kunststoffe lassen sich bereits beim Anzünden durch die Brennprobe unterscheiden. Es werden Verhalten und Aussehen der Flamme sowie des Rauches bzw. des Rußes, Brandrückstände und auch der Geruch des Verbrennungsgases untersucht.

Polyethen (PE)	Brennt mit kleiner, am Grund bläulicher, an der Spitze gelber Flamme. Es entwickelt sich ein wenig weißlicher Rauch, dessen Geruch an brennende Kerzen erinnert.
Polypropen (PP)	Entzündet sich rasch und brennt mit mittelgroßer, am Grund bläulicher, an der Spitze gelber Flamme. Der weiße Rauch riecht stechend nach Kerzen und Essig.
Polystyren (PS)	Brennt mit heller gelber und stark rußender Flamme.
Polyvinylchlorid (PVC)	Ist schwer entflammbar. Wenn es brennt, dann mit heller gelber Flamme. Es bildet sich schwarzer Rauch, der nach Salzsäuregas riecht. PVC kann man aber – so wie alle chlorhaltigen Kunststoffe – auch durch die sogenannte **Beilsteinprobe** leicht erkennen: Erhitzt man ein sauberes Kupferblech zur Rotglut, drückt es dann in die Probe und hält es anschließend wieder in die Bunsenbrennerflamme, so färbt sich diese bei Anwesenheit von Chlor grün – ein klarer Nachweis von PVC.
Polymethylmethacrylat (PMMA, Plexiglas)	Zeigt eine helle Flamme, ohne Rauch. Der Geruch ist fruchtig und erinnert an Äpfel. Das Material knistert beim Verbrennen.
Polyamid (PA, Nylon)	Brennt mit blauer Flamme und schwarzem Rauch, der nach verbrannten Haaren riecht.

Ist man sich noch nicht ganz sicher, hilft die Schwimmprobe weiter:

	Wasser	**20 %ige Kochsalzlösung ($80\ g\ H_2O$, $20\ g\ NaCl$)**
Polyethen (PE)	schwimmt	schwimmt
Polystyren (PS)	sinkt	schwimmt
Polyvinylchlorid (PVC)	sinkt	sinkt

Beilsteinprobe

FILM AB!

Die Brennprobe sowie die anschließende Beilsteinprobe werden Ihnen in folgendem Video vorgeführt.
www.trauner.at/nawi_v84.aspx

2.2 Duromere

Duromere sind hart und plastisch nicht verformbar. Gegen Wärme und Chemikalien sind sie besonders widerstandsfähig. Außerdem sind sie unlöslich und werden daher auch als Behälter für Säuren und Basen verwendet.

Bei normaler Temperatur sind diese Kunststoffe hart bis spröde und bestehen aus räumlich eng vernetzten Molekülketten.

Beispiele für Duromere (Duroplaste)
- Ungesättigte Polyesterharze (UP)
- Epoxidharze (EP)
- Polyurethanharze (PUR)
- Formaldehydharze

Behältnisse für viele Säuren und Basen werden genauso wie Schutzkleidung aus Duromeren hergestellt, da sie von diesen nicht angegriffen werden.

PU-Schaum-Herstellung

FILM AB!

Die Herstellung von PU-Schaum wird in einem Video nachvollziehbar dargestellt.
www.trauner.at/nawi_v13.aspx

Versuch – „Herstellung von Polyurethanschaum“

PU-Schaum – wie man ihn u. a. von Baustellen, z. B. zum Einschäumen von Fenstern, her kennt – kann man ganz leicht aus zwei flüssigen Komponenten selbst herstellen. Verrühren Sie in einem Joghurtbecher 5 ml Komponente A (sie besteht aus einem Diisocyanat) und 5 ml Komponente B (sie besteht aus einem Polyol, einem Treibmittel und einem Katalysator) miteinander.

Tipp: Zum Messen der 5 ml eignen sich am besten Einwegspritzen, da alle Messgeräte so verkleben, dass es Verschwendung wäre, hier teure Glasgeräte zu verwenden.

2.3 Elastomere

Diese Kunststoffe zeichnen sich durch eine **hohe Elastizität** in einem weiten Temperaturbereich aus. Die Kettenmoleküle werden durch wenige Querverbindungen zu einem dreidimensionalen Gerüst vernetzt.

Für **Naturgummi** dient als Ausgangsstoff **Naturkautschuk.** Dieser wird zum Teil noch zur Herstellung von Reifen verwendet. Weitere Verwendung findet Naturkautschuk z. B. bei der Herstellung von Luftballons.

Den Naturkautschuk gewinnt man aus **Latex,** der in Kautschukbäumen enthalten ist.

- Nach Anschneiden der Rinde tritt Milchsaft (Latex) aus – pro Schnitt etwa 30 ml. Das macht pro Jahr und Hektar immerhin 2 000 Liter.
- Dieser Stoff wird filtriert, mit Wasser verdünnt und dann mit Säure behandelt.
- Die dadurch geronnenen Kautschukteilchen werden gereinigt, zerrissen und geknetet.
- Die dabei entstehende, etwa 1 mm dicke Schicht wird aufgerollt und getrocknet.

In der Industrie und Technik wird allerdings vor allem synthetisch hergestellter Gummi verwendet.

Beispiele für synthetische hergestellte Gummis
- **Styrol-Butadien-Gummi:** Wird für die Reifenproduktion verwendet, da SBR gute Abriebfestigkeit, eine hohe Wärme- und Alterungsbeständigkeit und eine hohe Elastizität aufweist.
- **Silikongummi:** Er ist milchig weiß, wasser- und klebstoffabweisend und beständig gegen Öle. Daher wird Silikongummi für Dichtungen etc. verwendet.

Versuch – „Herstellung von Slime“

Sie benötigen dazu: Polyvinylalkohol, Borsäurelösung (3 %), (grüne) Lebensmittelfarbe; zwei Bechergläser, saubere Joghurtbecher, Glasstab, Waage, Heizplatte, 100 ml-Messzylinder.

In den beiden Bechergläsern stellen Sie zunächst zwei Lösungen her:

Lösung 1 besteht aus 8 g Polyvinylalkoholpulver, das Sie in 100 ml destilliertes Wasser geben. Das Ganze erhitzen Sie unter Rühren (nicht kochen!), bis sich das Pulver komplett gelöst hat.

Lösung 2 ist die 3 %ige Borsäurelösung.

Lassen Sie die Lösungen nun abkühlen.

In einem Joghurtbecher vermischt man nun 20 ml von Lösung 1, einige Tropfen Lebensmittelfarbe und ca. 3 bis 5 ml von Lösung 2 (je nach gewünschter „Festigkeit“). Nach kurzer Zeit hat sich der beliebte – und ungiftige – „Slime“ gebildet.

Beantworten Sie folgende Fragen:

1. + Beim Zugeben von Lösung 2 vernetzen die langkettigen Polyvinylalkoholmoleküle aus Lösung 1 mit dem Borax dreidimensional, wobei ein Wassermolekül abgespalten wird.
   Bei der Herstellung von „Slime“ handelt es sich daher um eine
   ☐ Polymerisation. ☐ Polykondensation. ☐ Polyaddition.
2. + „Slime“ zeigt besondere viskoelastische Eigenschaften:
   Wenn man die Substanz fest knetet, wird sie
   ☐ hart und springt wie ein Gummiball. ☐ weich.
   Lässt man sie in Ruhe,
   ☐ zerfließt sie wie eine zähe Flüssigkeit. ☐ wird sie hart.
3. + Wie kann man „Slime“ am besten aufbewahren, ohne dass er rasch spröde wird?

Aus „Slime“ hergestellter Ball

Aufgabenstellungen – „Kunststoffe“

1. + Finden Sie in Ihrem Klassenzimmer Gegenstände, die aus Kunststoff bestehen.
2. + Finden Sie auf einigen Gegenständen Hinweise, aus welchem Kunststoff sie gefertigt sind.
3. ++ Nennen Sie alltägliche Gegenstände, die aus Plastik bestehen, und geben Sie an, welche Kunststoffe bei der Herstellung verwendet wurden.

3 Produktionsverfahren

Nina weiß nun, wie die einzelnen Kunststoffe entstehen und welche Eigenschaften sie besitzen. „Aber wie bekommen die Endprodukte eigentlich ihre Form? Wie werden die Kunststoffe zu Einkaufstaschen oder Plastikflaschen verarbeitet?", fragt sie sich.

Bei dieser Spritzgussmaschine der österreichischen Firma Engel ist die Spritzeinheit mit Trichter, Schneckenantrieb und Düse deutlich zu erkennen.

3.1 Spritzgießen

Es ist eines der bekanntesten und verbreitetesten Verfahren, da mit ihm komplizierte Formteile von hoher Qualität und Genauigkeit hergestellt werden können. Es werden vorwiegend Thermoplaste verwendet. Eine Spritzgussmaschine besteht aus einer Spritz- und einer Schließeinheit.

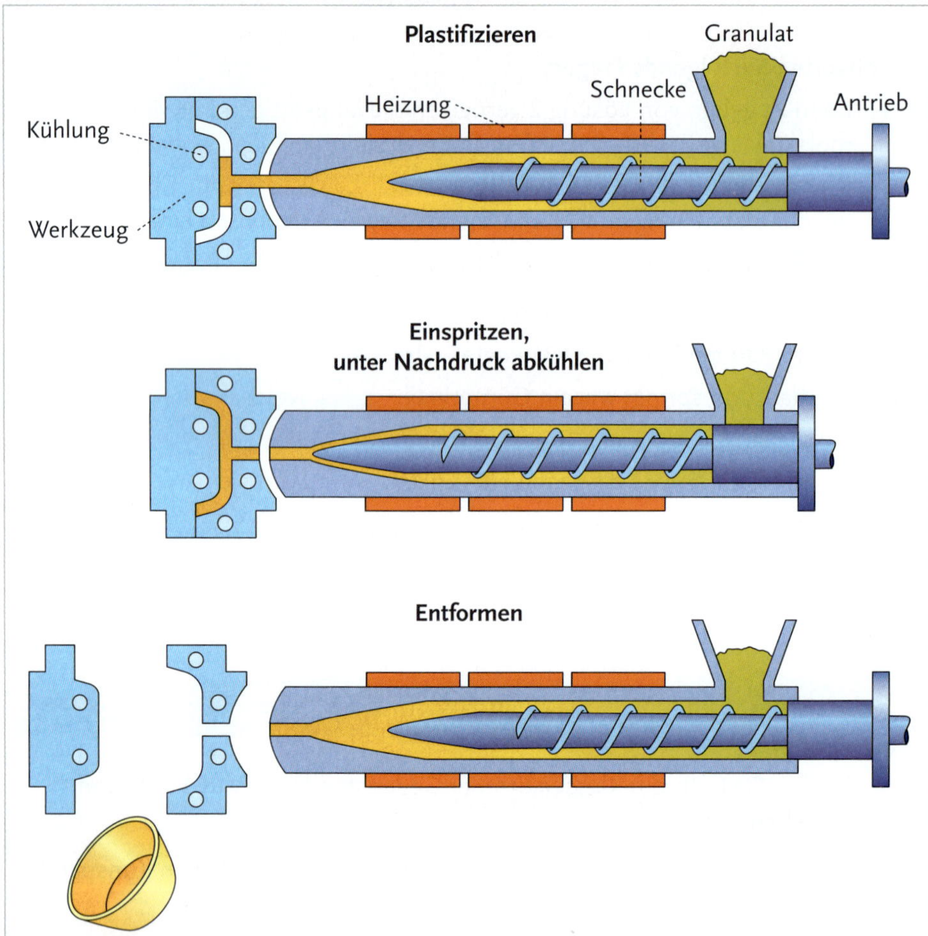

FILM AB!

Aufbau und Funktion einer Spritzgussmaschine stellt ein Animationsfilm dar.
www.trauner.at/nawi_v14.aspx

Mundstück eines Extruders zur Erzeugung eines Rohres

3.2 Extrudieren

Beim Extrudieren wird Kunststoffgranulat in einem beheizten Zylinder (Extruder) verdichtet und geschmolzen. Von der rotierenden Schnecke wird die Masse durch das sogenannte Werkzeug, das der austretenden Masse die entsprechende Form gibt, gedrückt. Nach der Abkühlung kann das Produkt in beliebige Längen geschnitten werden.

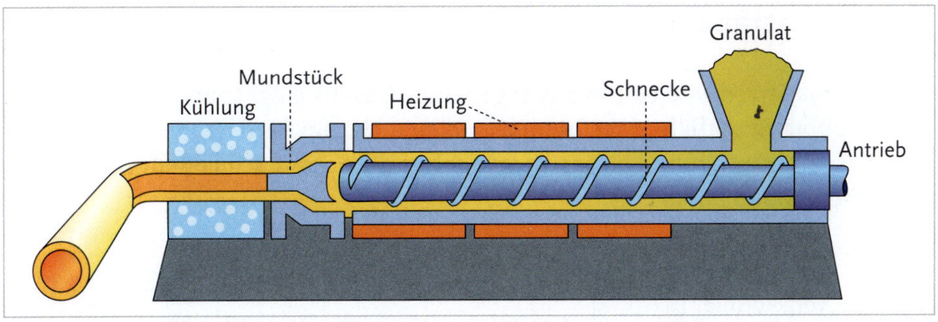

Wussten Sie, dass ...
auch Metalle (z. B. Aluminium) extrudiert werden können?

Beispiele für Produkte des Extruders
Rohre, Fensterprofile, Tennisschlägerrahmen

3.3 Extrusionsblasformen

Mit diesem Verfahren werden Hohlkörper in beliebiger Form und Größe hergestellt. Wiederum kommt die Masse aus dem Extruder, diesmal jedoch in Form eines Schlauches, der in einem dicht abschließenden, zweiteiligen Hohlwerkzeug durch eingeblasene Luft in die gewünschte Form (z. B. Flaschen) gebracht wird.

Beispiele für Produkte des Extruderblasformens
Flaschen, Kanister, Schlauchfolien für Tragtaschen

Um Schlauchfolien zu erzeugen, wird der geschmolzene Kunststoff durch eine ringförmige Düse gepresst und mit einem Luftstrom aufgeblasen.

3.4 Kalandrieren

Dieses Verfahren dient fast ausschließlich zur Herstellung von Folien und beschichteten Geweben. Die Kunststoffmasse wird zwischen beheizten Rollen erwärmt, danach wird die zähflüssige Masse von mehreren Walzen auf die gewünschte Stärke reduziert. Anschließend kann die Folie weiterbehandelt werden.

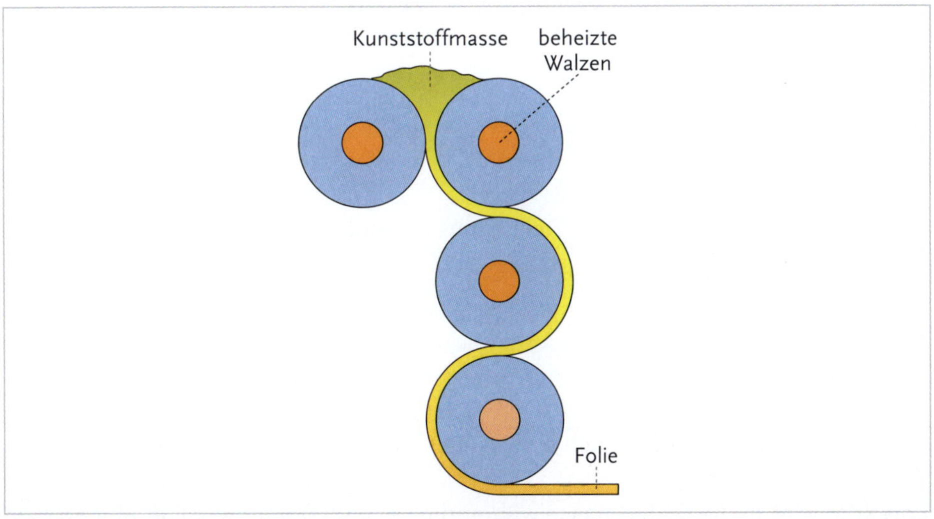

Kalander mit mehreren Walzen

3.5 Formstanzen

Beim Formstanzen wird eine in das sogenannte Gesenk eingespannte vorgewärmte Kunststoffplatte mithilfe eines Stempels in eine Negativform gepresst. Die Kunststoffmasse kann während dieses Vorganges in die Form nachfließen, sodass eine einheitliche Wandstärke erhalten bleibt.

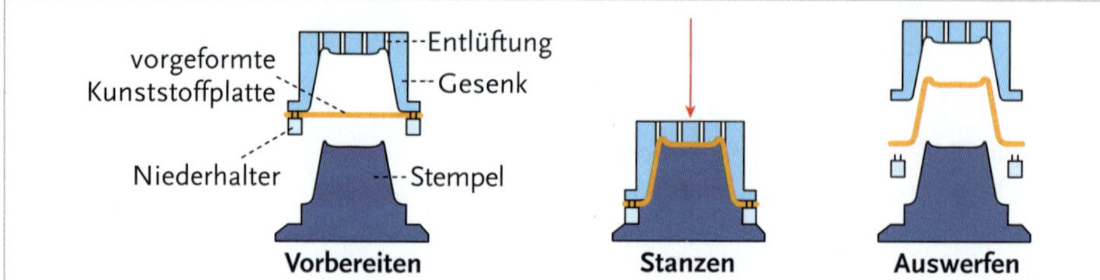

3.6 Tiefziehen

Es lassen sich grundsätzlich zwei Arten des Tiefziehens unterscheiden.

Arten des Tiefziehens

Mechanisches Tiefziehen	Vakuum-Tiefziehen

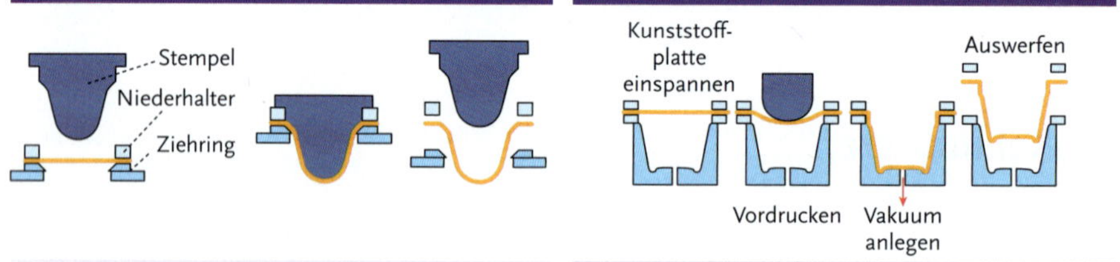

Beim **mechanischen Tiefziehen** wird eine eingespannte vorgewärmte Kunststoffplatte durch einen Stempel in ihre Form „gezogen“.	Beim sogenannten **Vakuum-Tiefziehen** wird eine eingespannte erwärmte Kunststoffplatte mittels angelegtem Unterdruck in eine Negativform gezogen.

Beispiele für Produkte des Tiefziehens
Badewannen, Joghurtbecher

Der Vorgang des mechanischen Tiefziehens ist ähnlich dem Formstanzen.

3.7 Schäumen

Schaumkunststoffe werden nach verschiedenen Verfahren hergestellt.

Entweder wird in die Grundmasse während eines Rührvorganges **Luft eingeblasen** oder die Grundmasse wird bereits bei der Herstellung mit einem **Treibmittel** versetzt.

Die meisten Polymerisate (PE, PS, PVC etc.) lassen sich schäumen, einige der erwähnten Verfahren sind dabei für die Herstellung und Verarbeitung der meisten Schaumstoffe geeignet.

FILM AB!
Ein Video zeigt den Vorgang des Vakuum-Tiefziehens.
www.trauner.at/nawi_v15.aspx

Putzschwämme bestehen z. B. aus geschäumtem PU-Schaum.

KOMPETENZ-ERWERB

Ziele erreicht? – „Kunststoffe"

1. + Erläutern Sie die Entstehung von Erdöl und Erdgas.
2. + Erklären Sie die Erdöldestillation in Fraktionierkolonnen und wie es dabei zur Bildung der unterschiedlichen Fraktionen kommt.
3. + Erklären Sie, wie aus Erdöl Kunststoffe erzeugt werden und welche Verfahren dabei angewendet werden.
4. + Nennen Sie die verschiedenen Typen von Kunststoffen und unterscheiden Sie sie nach ihren Eigenschaften.
5. ++ Recherchieren Sie, wofür PET verwendet wird und welche Produkte aus diesem Kunststoff bestehen. Warum wird für diese Produkte gerade diese Art von Kunststoff verwendet?
6. ++ Welche Art Kunststoff würden Sie zur Herstellung eines Gehäuses für einen Haartrockner verwenden? Begründen Sie Ihre Wahl und erläutern Sie die Vorteile des von Ihnen gewählten Kunststoffs.

7. + Finden Sie heraus, wie Kunststoffbadewannen erzeugt werden und welche österreichischen Betriebe diese herstellen.
8. + Beschreiben Sie zwei Produktionsverfahren zur Erzeugung von Kunststoffartikeln. Finden Sie Produkte, die nach diesen Verfahren hergestellt wurden.

Einen interaktiven **Safety-Check** finden Sie in der TRAUNER-DigiBox.

Farbstoffe

Auch in vielen Pflanzenteilen sind im Zellsaft Farbstoffe gelöst. Sie verleihen Blüten, Früchten und auch einigen Blättern ihre charakteristische Färbung. So färben z. B Anthozyane (blau, violett, rot) Brombeeren dunkelblau oder Flavone Blütenblätter gelb.

Als Farbstoffe bezeichnet man organische Verbindungen, die verschiedene Materialien (z. B. Kunst- oder Naturfasern für Textilien) zu färben vermögen. Deshalb gilt aber: **Nicht jeder farbige Stoff ist auch ein Farbstoff!**

Beispiel für einen farbigen Stoff
So hat zwar Orangen-Limonade eine kräftige gelbe Farbe – Kleider dauerhaft färben kann man damit u. a. aufgrund von mangelnder Waschfestigkeit jedoch nicht.

Meine Ziele

Nach Bearbeitung dieses Kapitels kann ich
- erklären, warum Dinge in gewissen Farben erscheinen;
- einen Farbstoff selbst herstellen und verwenden;
- farbgebende Gruppen im chemischen Aufbau von Farbstoffen erkennen.

1 Ursprung farbiger Erscheinungen

Wenn Martin in seinem Schulbuch etwas mit Leuchtstift markiert, erscheint es in einer grellen Farbe. Ihm ist klar, dass es Inhaltsstoffe des Leuchtstifts sind, die diese Farbänderung hervorrufen.
Aber wieso erscheinen manche Dinge eigentlich in gewissen Farben und warum sind andere wieder schwarz oder auch farblos?

Die meisten organischen Verbindungen sind farblos.

Damit eine chemische Verbindung für uns farbig erscheint, muss sie aus dem sichtbaren Teil des elektromagnetischen Spektrums einen bestimmten Wellenlängenbereich absorbieren. Die vom menschlichen Auge wahrgenommene Farbe entspricht dann ihrer **Komplementärfarbe.**

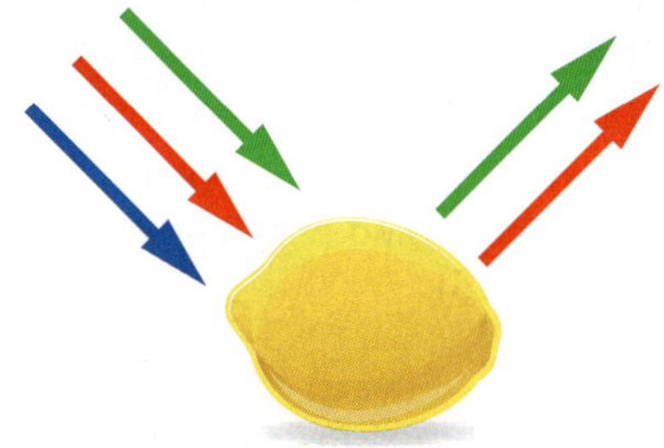

Der blaue Teil des weißen Lichts wird absorbiert, der Stoff erscheint in der Komplementärfarbe Gelb.

Beispiel für Wirkung der Komplementärfarbe
Wird also etwa blaues Licht absorbiert, erscheint die Verbindung gelb gefärbt.

Dafür, dass eine farblose organische Verbindung als farbig erscheint, sorgen zugesetzte **Farbstoffe.**

2 Verwendung von Farbstoffen

Überall dort, wo einem Stoff eine andere Farbe als die natürliche verliehen werden soll, kommen Farbstoffe in Zusammenhang mit Waren zum Einsatz.

Beispiele für Produkte, bei denen Farbstoffe zum Einsatz kommen
- Tierische und pflanzliche Faserstoffe (Wolle, Baumwolle, Kunstfasern usw.)
- Leder
- Holz, Papier
- Lebensmittel
- Kunststoffe
- Lacke, Anstriche

Aufgrund von Temperatur, Sonneinstrahlung, Luftfeuchtigkeit etc. werden Farbzellen in der Haut eines Chamäleons aktiviert. Durch das Zusammenspiel ergeben sich unterschiedliche Farbmuster.

Doch auch die Natur bedient sich unterschiedlicher chemischer Verbindungen, um farbliche Veränderungen herbeizuführen. Viele der vom Menschen zur Färbung eingesetzten chemischen Verbindungen haben auch ihren Ursprung in natürlichen Farbstoffen.

Beispiele für das Auftreten von Farbstoffen in der Natur
- Färbung der Blütenblätter bei Pflanzen
- Änderung der Hautfarbe bei einigen Chamäleonarten

Wussten Sie, dass ...
die Farbänderung bei einem Chamäleon vor allem der Kommunikation (z. B. bei der Balz) dient und nicht der Tarnung?

3 Was macht eine chemische Verbindung zum Farbstoff?

Um färben zu können, muss ein **Farbstoffmolekül** über bestimmte Atomgruppen verfügen.

Wichtig ist dabei, dass die chromophoren Gruppen π-gebunden sind (vgl. Bindungsarten, S. 25).

Farbrelevante Atomgruppen von Farbstoffmolekülen

Chromophore Gruppen	Auxochrome Gruppen
Bewirken, dass die Substanz selbst farbig wird. Dies erreichen sie durch Verschiebung der Lichtabsorption der Moleküle.	Bewirken, dass der Farbstoff am Färbegut überhaupt haftet, und verstärken zudem die Farbintensität.
Beispiele Azogruppen (–N=N–) Nitrogruppen (–NO_2) Carbonylgruppen (>C=O)	**Beispiele** Hydroxidgruppen (–OH) Aminogruppen(–NH_2)

In Wasser gelöstes Fluorescein unter UV-Licht

Wussten Sie, dass ...
Fluorescein aufgrund seiner auffälligen Farbe häufig zum Erkunden von Flussläufen oder Meeresströmungen eingesetzt wird?

Versuch – „Selbst einen Farbstoff herstellen"

Füllen Sie in ein Reagenzglas ca. 1 cm hoch Resorcin und erwärmen Sie es vorsichtig, bis es schmilzt. Nun geben Sie etwa halb so viel Phthalsäureanhydrid und fünf Tropfen konzentrierteSchwefelsäure zu und erwärmen alles weiter, bis es aufschäumt und sich eine rote Schmelze bildet.

Nach dem Abkühlen geben Sie noch ca. 5 ml verdünnte Natronlauge zur erstarrten Schmelze. Nachdem sich der Inhalt des Reagenzglases gelöst hat, können Sie ihn mit Wasser weiter verdünnen, bis die Lösung gelb-grün schimmert.

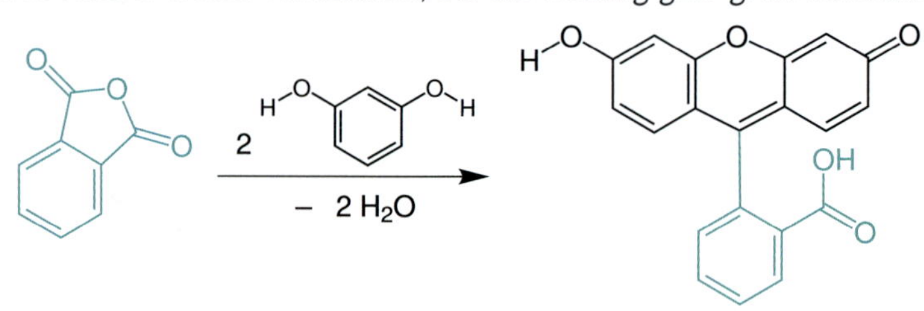

Besonders schön leuchtet der so gewonnene **Farbstoff Fluorescein** im UV-Licht.

Beim Färben kommt es zu einer **Reaktion zwischen den Farbstoffen und dem Färbegut.**

Beispiel für eine Reaktion mit Farbstoffen
Tierische Fasern (z. B. aus Schafwolle) für Bekleidungsstoffe verbinden sich aufgrund ihrer Eiweißstruktur z. B. mit einem basischen Farbstoff unter Salzbildung.

Pflanzliche Fasern, die aus der chemisch neutralen Zellulose bestehen, müssen häufig erst durch Beizen vorbehandelt werden. Dazu eignen sich u. a. aus Salzen schwacher Basen gewonnene Beizen, wie etwa Aluminiumacetat-Lösungen.

Nach dem Einweichen und Dämpfen des Gewebes entsteht so eine schwach basische Schicht, an der saure Farbstoffe gebunden werden können.

Beispiele für Farbstoffe und ihren chemischen Aufbau

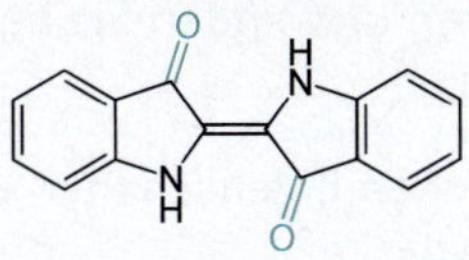

Blauer Jeansfarbstoff **Indigo,** der früher aus dem Indigostrauch, seit 1897 aber synthetisch gewonnen wird.

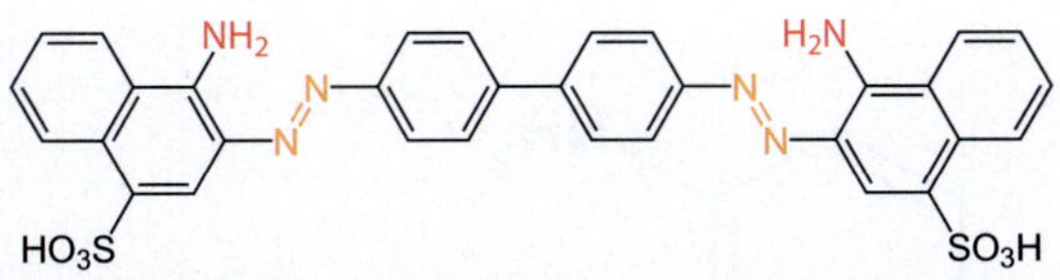

Azofarbstoff **Kongorot,** der als pH-Indikator verwendet werden kann.

Versuch – „Färben mit Indigo“

In einem geeigneten Becherglas wird eine Spatelspitze synthetischer Indigo mit 0,5 g Natriumdithionit, 100 ml Wasser und 20 ml verdünnter Natronlauge (NaOH) versetzt.

Nach dem Erwärmen auf 60 °C wird in die nun gelbliche Lösung ein Streifen eines weißen Baumwolltuchs 15 Minuten lang eingelegt, danach (unter Benutzung von Gummihandschuhen) ausgewrungen und an der Luft getrocknet.

Beschreiben Sie Ihre Beobachtungen beim Trocknen des Stoffstücks.

Wie stabil ist Ihre Färbung? Können Sie die Farbe aus dem Stoffstück wieder herauswaschen?

Indigo ist ein wasserunlöslicher **Küpenfarbstoff.** Doch nur in gelöster Form kann er in die Faser eindringen. Man führt ihn daher durch Verküpen (= Reduktion) mit Natriumdithionit in die wasserlösliche Leukoverbindung „Indigoweiß“ über.

Nach dem Eindringen der Leukoverbindung in die Faser entsteht durch **Oxidation** wieder Indigo und der Stoff ist gefärbt.

Indigo-Blöcke

Wussten Sie, dass ...
der Ausdruck „Blaumachen“ für Sich-frei-Nehmen von den Indigofärbern stammt, welche die Baumwolle über das Wochenende im Farbbottich liegen ließen und am Montag nach dem Aufhängen der Stücke frei hatten, weil der Luftsauerstoff für sie die weitere Arbeit übernahm?

Leukoverbindung: von griech. *leukos* = weiß, da diese in der Regel farblos sind.

KOMPETENZ-ERWERB

Ziele erreicht? – „Farbstoffe“

1. ++ Erklären Sie den Ursprung farbiger Erscheinung und die physikalischen Grundlagen von Farben.
2. + Nennen Sie drei Beispiele von Farbänderungen mittels Farbstoffen und finden Sie heraus, welche Farbstoffe dabei beteiligt sind.
3. + Recherchieren Sie über einen Farbstoff Ihrer Wahl, seine chemischen Eigenschaften und Verwendung. Tauschen Sie sich in Vierergruppen über Ihre Ergebnisse aus.
4. + Markieren Sie die chromophoren und auxochromen Gruppen dieser Verbindung und recherchieren Sie Anwendungsgebiete zu diesem Farbstoff.

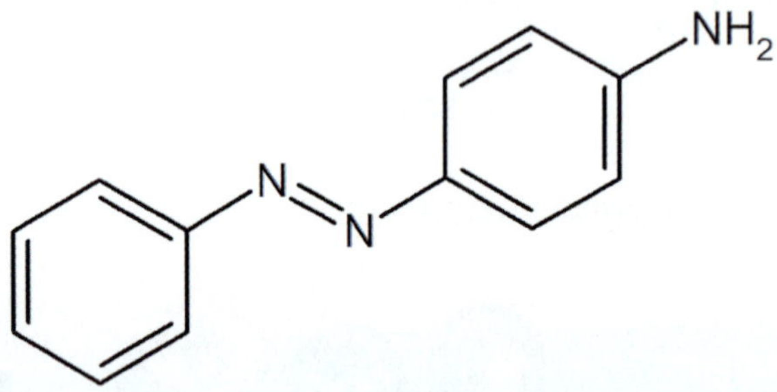

Einen interaktiven **Safety-Check** finden Sie in der TRAUNER-DigiBox.

Going international

Now let's use the basics of the chapter "Organische Rohstoffe" in English!

Exercise 1

Find the solution to this crossword puzzle.

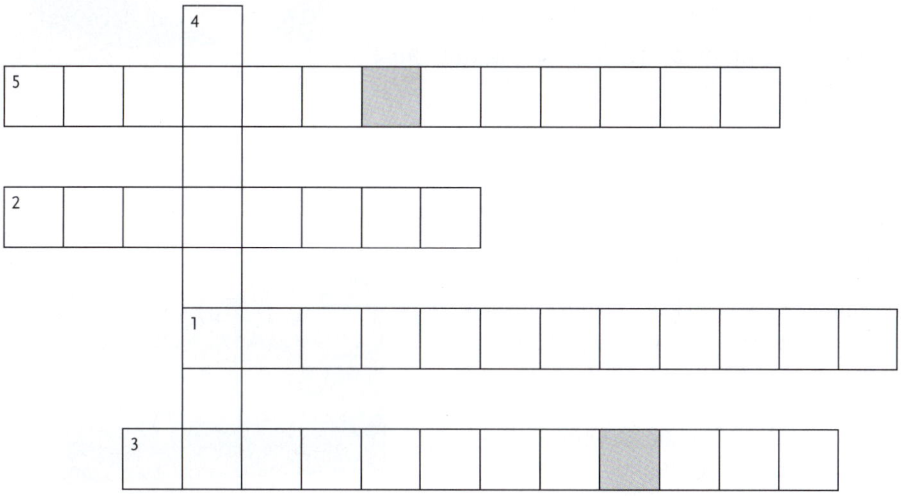

1 separating different components of a liquid mixture by condensation at different boiling points
2 way of transporting materials through a pipe
3 machine used to dig into the earth and pump up oil from underground
4 series of pressure rolls used to press plastic into thin sheets
5 rating for the performance of fuel and how much compression it can resist

Exercise 2

Fill in the correct terms for the parts of a tree trunk.

pith – heart wood – growth ring – sap wood – cambium – bast fibre – bark

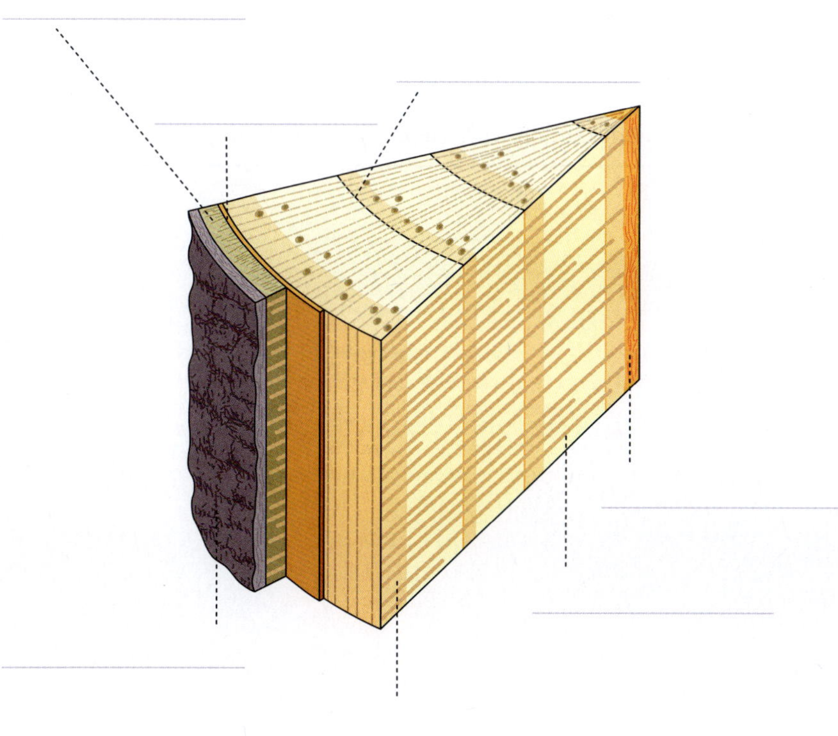

Plastic sheet

boiling point
Siedepunkt

sheet
hier: Folie

compression
Komprimierung, Druck

Nowadays paper is produced in large scales in paper factories.

Write down the words that you need to look up below.

____

____

____

____

____

____

____

____

____

Discuss plastic pollution's effects on the environment. Are these effects already visible in your region?

Exercise 3

Put the steps of manual papermaking in the correct order.

- ☐ Adjusting the colour, and/or other properties of the paper by adding certain chemicals
- ☐ Separating the fibre from the rest of the raw materials (e.g. cellulose from wood)
- ☐ Pressing the pulp and drying it
- ☐ Pressing the pulp into form using the frame

Exercise 4

Read the following article about plastic waste and answer the questions below.

Plastic now pollutes every corner of Earth

Humans have made enough plastic since the second world war to coat the Earth entirely in plastic foil, an international study has revealed. Everywhere is polluted with the remains of water containers, supermarket bags, compact discs, cigarette filter tips, nylons and other plastics. Some are in the form of microscopic grains, others in lumps. The impact is often highly damaging.

The humble plastic bag and plastic drink container play a far greater role in changing the planet than has been realised. In total, more than 300 million tonnes of plastic is manufactured every year. Plastic is already on the ocean floor, remote islands, buried underground in landfill sites and in the food chain. Even the polar regions are becoming affected.

In some cases, wildlife adapts to the spread of plastic. For example, hermit crabs have taken to using plastic bottles as homes. However, most of the impact on wildlife is harmful. Creatures become entangled in plastic and drown or choke to death. The trouble is that plastic is very slow to degrade, so we are going to be stuck with this problem for a long time.

(Source: Robin McKie, The Guardian, 23 January 2016)

a) How does plastic pollution occur?

b) Which regions or ecosystems have already been affected by plastic?

c) Why will this problem remain with the environment for quite a while?

V Anhang

Sicherheit im Labor

Arbeitsgeräte im Labor

Für die Durchführung von Versuchen ist es wichtig, alle notwendigen Arbeitsgeräte und -hilfsmittel zu kennen.

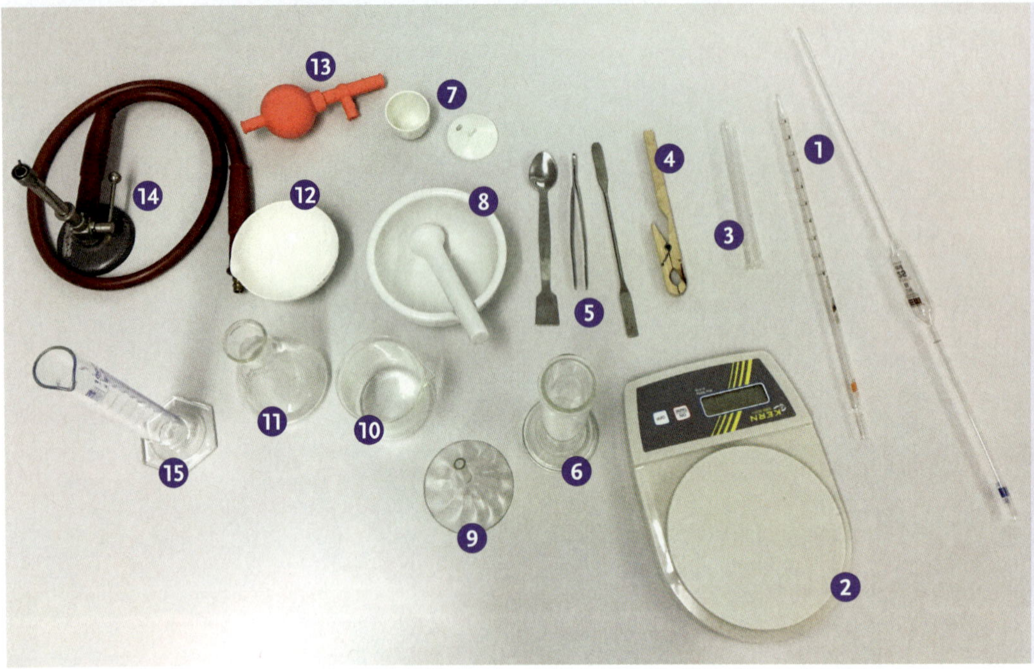

1. Mess- und Vollpipette
2. Laborwaage
3. Reagenzglas
4. Reagenzglashalter
5. Laborbesteck
6. Standzylinder
7. Porzellantiegel
8. Reibschale mit Pistill
9. Trichter
10. Becherglas
11. Erlenmeyerkolben
12. Abdampfschale
13. Pipettierhilfe
14. Bunsenbrenner
15. Messzylinder

Sicheres Arbeiten im Labor

Um gefahrlos experimentieren und lernen zu können, sollten Sie stets an folgende Sicherheitsmaßnahmen denken:

- Tragen Sie bei allen Versuchen eine Schutzbrille!
- Achten Sie auf die Gefahren- und Sicherheitshinweise auf den Etiketten chemischer Substanzen! Die Bedeutung der Symbole und Zeichen finden Sie auf der nächsten Seite.
- Halten Sie beim Erhitzen immer die Gefäßöffnung (z. B. des Reagenzglases) von anderen und vom eigenen Gesicht weg.
- Beim Erhitzen von Flüssigkeiten sollten Sie zur Vermeidung einer Verbrühungsgefahr
  - in weithalsigen Gefäßen (wie z. B. Bechergläsern) einen Glasstab benutzen.
  - enghalsige Gefäße (wie z. B. Reagenzgläser) über der Flamme leicht schwenken.
- Geben Sie niemals auf konzentrierte Säuren oder Laugen Wasser. Ätzende Flüssigkeit kann so herausspritzen. Verdünnen Sie umgekehrt: „Erst das Wasser, dann die Säure, sonst geschieht das Ungeheure!“
- Riechen Sie an Chemikalien auf keinen Fall so, dass Sie die Nase direkt über das Gefäß halten und einatmen, sondern indem Sie sich die Luft darüber leicht mit der Hand zufächeln.
- Füllen Sie keine Chemikalien in Lebensmittelbehältnisse. Es besteht Verwechslungsgefahr!
- Gießen Sie Chemikalien stets gegen das Etikett aus, um Unleserlichkeit zu vermeiden.
- Geben Sie niemals Chemikalien, die Sie einmal entnommen haben, in den Behälter zurück, um Verunreinigungen zu vermeiden.

Gefahrensymbole

Bei den GHS-Symbolen sind die zugehörigen Bezeichnungen nicht genormt.

akut toxisch
(Kat. 1, 2, 3)

gesundheitsschädlich
krebserregend

ätzend
korrosiv

toxisch, reizend
betäubend

umweltschädlich

entzündbar

oxidierend
entzündend

explosiv
selbstreaktiv

Druckgas

Zusätzlich gibt es noch **Gebotszeichen** (weißes Symbol auf blauem Grund) und **Warnzeichen** (gelbes Dreieck mit schwarzem Rand).

Wichtige Gebotszeichen

Die Verwendung von Schutzhandschuhen ist vorgeschrieben.

Die Verwendung von Schutzbrillen/Augenschutz ist vorgeschrieben.

Aufgrund von gefährlichen Dämpfen ist das Arbeiten unter einem Abzug vorgeschrieben.

Wichtige Warnzeichen

Warnung vor elektrischer Spannung

Warnung vor brandfördernden Stoffen

Warnung vor Säuren und ätzenden Stoffen

Hinweise auf besondere Gefahren

Global harmonisiertes System zur Einstufung und Kennzeichnung von Chemikalien (GHS)

Die Kennzeichnung von Stoffen und in weiterer Folge von chemischen Zubereitungen wurde international vereinheitlicht. Die sogenannten H- und P-Sätzen sind Warnhinweise für die Merkmale von Gefahrstoffen.

Die **H-Sätze** (Gefährdungssätze, vom engl. *hazard*) und die **P-Sätze** (Sicherheitshinweise, vom engl. *precaution*) geben in knapper Form wichtige Informationen bezüglich Gefahren, die von chemischen Substanzen ausgehen, und dem Umgang mit ihnen.

Eine Liste mit den H- und P-Sätzen finden Sie in der TRAUNER-DigiBox sowie unter www.trauner.at/h-p-saetze.aspx.

Einheiten und Formelzeichen

Vielfache und Teile von Einheiten

Vorsatz vor Einheit	Abkürzung	Vielfaches der Einheit	
Deka	da	Zehn	$10 = 10^1$
Hekto	h	Hundert	$100 = 10^2$
Kilo	k	Tausend	$1\,000 = 10^3$
Mega	M	Million	10^6
Giga	G	Milliarde	10^9
Tera	T	Billion	10^{12}
Dezi	d	Zehntel	$0{,}1 = 10^{-1}$
Zenti	c	Hundertstel	$0{,}01 = 10^{-2}$
Milli	m	Tausendstel	$0{,}001 = 10^{-3}$
Mikro	µ	Millionstel	10^{-6}
Nano	n	Milliardstel	10^{-9}
Pico	p	Billionstel	10^{-12}

Verwendete Formelzeichen

Zeichen	Größe	Einheit	
		SI	andere
A_r	relative Atommasse	1 (dimensionslose Zahl)	
c	Stoffmengenkonzentration	$mol \cdot m^{-3}$	$mol \cdot l^{-1}$
Smp.	Schmelzpunkt	K	
Sdp.	Siedepunkt	K	
m	Masse	kg	g
M	molare Masse (Molmasse)	$kg \cdot mol^{-1}$	$g \cdot mol^{-1}$
n	Stoffmenge	mol	
N	Teilchenzahl	1	
N_A	Avogadro-Konstante	mol^{-1}	
p	Druck	Pa	bar
p_0	Normdruck (101,325 kPa)	Pa	
t	Temperatur		°C
T	absolute Temperatur	K (Kelvin)	
v	Reaktionsgeschwindigkeit		$mol \cdot l^{-1} \cdot s^{-1}$
V	Volumen	m^3	l cm^3
V_M	molares Volumen (Molvolumen)	$m^3 \cdot mol^{-1}$	$l \cdot mol^{-1}$ $cm^3 \cdot mol^{-1}$

Versuchsprotokoll	
Name:	Datum:
Versuchsbezeichung/ Ziel des Versuchs	
Materialien	
Sicherheitsmaßnahmen	
Durchführung/ Aufbau des Versuchs Notieren Sie hier Punkt für Punkt die genauen Durchführungsschritte. Skizzieren Sie ggf. den Aufbau.	
Ergebnis/Erkenntnis Notieren Sie hier Ihre Ergebnisse, z. B. Messwerte. Formulieren Sie anschließend Ihre Erkenntnisse aus dem Versuch.	
Ergänzungen Weitere Fragestellungen, Websearch etc.	

Stichwortverzeichnis

W

Z

Bildnachweis

S. 12 Joseph Thomson – Urheber unbekannt (öffentlich)
S. 13 Ernest Rutherford, Niels Bohr – Urheber unbekannt (öffentlich)
S. 15 Erwin Schrödinger – Urheber unbekannt (öffentlich)
S. 16 Friedrich Hund – Urheber unbekannt (öffentlich)
S. 24 Molekülorbital – Benjah-bmm27 (public)
S. 27 Wasserstoffbrücke – Urheber unbekannt (öffentlich)
S. 28 Wasserstrahl – Dr. D. Chodura; Van der Waals – Urheber unbekannt (öffentlich)
S. 29 Wassermoleküle – Raimund Apfelbach (öffentlich)
S. 31 Antoine de Lavoisier – Urheber unbekannt (öffentlich)
S. 34 Exotherme Reaktion – Dr. D. Chodura
S. 39 Alessandro Volta – Urheber unbekannt (öffentlich)
S. 42 Obstbatterie – Dr. D. Chodura
S. 44 Bleiakku – Dr. D. Chodura
S. 46 Lithium-Ionen-Akku – Dr. D. Chodura; William Grove – Urheber unbekannt (öffentlich)
S. 47 Brennstoffzellen-Modellauto – Dr. D. Chodura
S. 51 Elektrolyse – Dr. D. Chodura
S. 54 Versuch Rotkrautindikator – Dr. D. Chodura
S. 58 Johannes Brønsted, Thomas Lowry – Urheber unbekannt (öffentlich)
S. 60 Versuch Farbskala – Dr. D. Chodura
S. 61 pH-Meter – Barbara Schwaiger
S. 64 Bürette – Mysid (gemeinfrei)
S. 66 Salz herstellen, Salz herstellen II – Dr. D. Chodura
S. 67 Kalkwasser – Dr. D. Chodura; Zinkreaktion – Barbara Schwaiger
S. 68 Marsh'sches Rohr Foto, Magnesiumiodid – Dr. D. Chodura; Zeichnung Marsh'sches Rohr – Talos at German Wikipedia (Creative Commons)
S. 75 Rennofen, Siderit, Hämatit, Pyrit & Magnetit – Dr. D. Chodura
S. 77 Endlosverschweißen Randspalte – Florianerbahn Service GmbH; Endlosverschweißen Hauptspalte – Wald1siedel (öffentlich)
S. 80 COREX-Anlage – Siemens AG (Reference Number IIS201104997d)
S. 81 Corpus Christi – voestalpine AG
S. 89 Friedrich Wöhler, Paul Héroult – Urheber unbekannt (öffentlich)
S. 90 Eloxieren – Dr. D. Chodura; Rohstoffe & Produkte – Urheber unbekannt
S. 95 Kupferschmelze – Andrei Stepanov/Shutterstock.com
S. 96 Anwendungsbeispiele, Kupferoxidation – Dr. D. Chodura
S. 100 Magnesiumfackel – Urheber unbekannt
S. 111 Azurit mit Strich – Ra'ike (Creative Commons)
S. 134 Friedrich Wöhler – Urheber unbekannt (öffentlich)
S. 138 IUPAC – International Union of Pure and Applied Chemistry
S. 148 Friedrich Kekulé – Urheber unbekannt (öffentlich)
S. 156 Logo Bitrex – Urheber unbekannt
S. 168 Logo Ökorein – Urheber unbekannt
S. 178 Öko-Tex-Standard 100 – Urheber unbekannt
S. 180 Kinderarbeit – paul prescott/Shutterstock.com
S. 206 Hermann Staudinger – Urheber unbekannt (öffentlich)
S. 207 Nylon-Herstellung – Superplus at German Wikipedia (Creative Commons)
S. 212 Polystyren schäumen – Dr. D. Chodura; Otto Röhm – Urheber unbekannt (öffentlich)
S. 213 Beilsteinprobe – Heiner Zechmann
S. 214 PU-Schaum-Herstellung – Dr. D. Chodura
S. 215 Slime – Dr. D. Chodura
S. 228 Laborgeräte – Dr. D. Chodura

Alle weitere Bilder und Grafiken sind Eigentum der TRAUNER Verlag + Buchservice GmbH bzw. wurden sie von Bildagenturen zugekauft (stock.adobe.com, shutterstock.com).

Die Grafiken wurden von Frau Gertrud Šimec angefertigt. Die Zeichnung auf S. 189 wurde von Arnulf Kossak (www.kossak.at) angefertigt.

Literaturverzeichnis

Autorenkollektiv (1986): Chemie – Nachschlagebücher für die Grundlagenfächer, VEB Fachbuchverlag, Leipzig

Autorenkollektiv (1989): Chemie in Alltag und Technik, Georg Westermann Verlags GmbH

Beyer ua (2004): Lehrbuch der organischen Chemie, S. Hirzel, Stuttgart

Breuer, H. (1993): dtv-Atlas zur Physik, Band 1 und 2, Deutscher Taschenbuch Verlag GmbH & Co KG, München

Bröcker, B. (1993): dtv-Atlas zur Atomphysik, Deutscher Taschenbuch Verlag GmbH & Co KG, München

Brockhaus, F. (2005): Brockhaus Enzyklopädie, F.A. Brockhaus, Mannheim

Cavey (1994): „Edle Steine & Juwelen", Karl Müller Verlag, Erlangen

Chodura ua (2016): „Metall – Technisches Seminar, Fachkunde", Trauner Verlag, Linz

Hesse ua (2011): Spektroskopische Methoden in der organischen Chemie, Thieme, Stuttgart/New York

Hödl ua (2016): Biologie, Ökologie und Warenlehre V HAK, Trauner Verlag, Linz

Holleman ua (2007): Lehrbuch der Anorganischen Chemie, de Gruyter, Berlin/New York

Jander ua (2005): Einführung in das anorganisch-chemische Praktikum, S. Hirzel, 15. Auflage, Stuttgart

Jander ua (2006): Lehrbuch der analytischen und präparativen anorganischen Chemie, S. Hirzel, 16. Auflage, Stuttgart

Jander ua (2017): Maßanalyse, de Gruyter, Berlin-New York

Küster ua (2011): Rechentafeln für die chemische Analytik, de Gruyter, Berlin-New York

Millar ua (1990): Chambers Concise Dictionary of Scientists, W & R Chambers Ltd and the Press Syndicate of the University of Cambridge, Edinburgh, Great Britain

Molzer ua (1989): Chemie in Alltag und Technik, Westermann, Wien

Mortimer, C. (2012): Chemie, Thieme, Stuttgart-New York

Näser ua (1990): Physikalische Chemie für Techniker und Ingenieure, Deutscher Verlag für Grundstoffindustrie, Leipzig

Neumüller, O. (2018): Römpp Chemie-Lexikon Online, Georg Thieme Verlag KG, Stuttgart

Pohl ua (2010): Chemie, Trauner Verlag, Linz

Pötsch ua (1988): Lexikon bedeutender Chemiker, VEB Bibliografisches Institut, Leipzig

Schröter, Lautenschläger ua (2013): Taschenbuch der Chemie, Verlag Harri Deutsch GmbH. Frankfurt/Main

Schumann (1997): „Der neue BLV Steine- und Mineralienführer", BLV Verlagsgesellschaft mbH, München

Schwetlick (2015): Organikum, Wiley-VCH, Weinheim

Schwister ua (2010): Taschenbuch der Chemie, Fachbuchverlag Leipzig, 4. Auflage, Leipzig/München/Wien

Sykes, P. (1988): Reaktionsmechanismen in der organischen Chemie, VCH, Weinheim

Ullmann ua (2015): Enzyklopädie der technischen Chemie, Verlag Chemie, Weinheim

Vollhardt ua (2010): Organic Chemistry, Freeman, New York.

Weast ua (1979): Handbook of Chemistry and Physics, CRC Press, Florida

Willmes (1993): Taschenbuch chemische Substanzen, Harri Deutsch, Frankfurt

Young ua (2015): University Physics, Addison Wesley, Berkeley/Reading/New York/Massachusetts/Tokyo/Sidney/Bonn/Paris

Periodensystem der Elemente

Ordnungszahl
Wichtige Oxidationszahlen (wichtigste)
Atommasse [u] (des wichtigsten Nuklids)
Vorkommen: ○ natürlich, nat. radioaktiv, ϟ synthetisch
Wichtigstes Radionuklid
Elektronegativität
Schmelzpunkt [°C] (s = Sublimation)
Siedepunkt [°C] bei Standardbedingungen
Dichte [kg/dm³; Gase g/dm³] bei Standardbedingungen
Farbhintergrund: Metalle, Halbmetalle, Nichtmetalle
Symbol: fest, flüssig, gasförmig

Ordnungszahl	Symbol	Name	Atommasse	Oxidationszahlen	Radionuklid	Elektronegativität	Schmelzpunkt	Siedepunkt	Dichte	Vorkommen
1	H	Wasserstoff	1,00794	1,−1	3	2,20	−259,1	−252,9	0,082	natürlich
2	He	Helium	4,0026		6			−268,9	0,178	natürlich
3	Li	Lithium	6,941	1	8	0,98	180,5	1342	0,534	natürlich
4	Be	Beryllium	9,01218	2	7	1,57	1287	2469	1,848	natürlich
5	B	Bor	10,811	3	12	2,04	2076	3927	2,460	natürlich
6	C	Kohlenstoff	12,011	4,2,−4	13	2,55	3750sG		2,2G;3,5D	natürlich
7	N	Stickstoff	14,00674	5,4,3,2,−3	13	3,04	−210,1	−195,8	1,15	natürlich
8	O	Sauerstoff	15,9994	−1,−2	15	3,44	−218,3	−182,9	1,31	natürlich
9	F	Fluor	18,9984	−1	18	3,98	−219,6	−188,1	1,55	natürlich
10	Ne	Neon	20,1797		24		−248,6	−246,1	0,82	natürlich
11	Na	Natrium	22,98977	1	22	0,93	97,7	883	0,97	natürlich
12	Mg	Magnesium	24,305	2	28	1,31	650	1090	1,74	natürlich
13	Al	Aluminium	26,98154	3	26	1,61	660	2467	2,70	natürlich
14	Si	Silizium	28,0855	4,−4	32	1,90	1410	2355	2,34	natürlich
15	P	Phosphor	30,97376	5,4,3,−3	32	2,19	44,2w	277	1,83w	natürlich
16	S	Schwefel	32,066	6,4,2,−2	35	2,58	115,2	444,7	2,07	natürlich
17	Cl	Chlor	35,4527	7,5,3,1,−1	36	3,16	−101,5	−34,0	2,95	natürlich
18	Ar	Argon	39,948		41		−189,3	−185,8	1,63	natürlich
19	K	Kalium	39,0983	1	40	0,82	63,4	759	0,85	natürlich
20	Ca	Calcium	40,078	2	45	1,00	842	1484	1,55	natürlich
21	Sc	Scandium	44,95591	3	46	1,36	1541	2830	2,99	natürlich
22	Ti	Titan	47,88	4,3	44	1,54	1668	3287	4,50	natürlich
23	V	Vanadium	50,9415	5,4,3,2,0	50	1,63	1910	3407	6,11	natürlich
24	Cr	Chrom	51,9961	6,3,2,0	51	1,66	1907	2671	7,14	natürlich
25	Mn	Mangan	54,93805	7,6,4,3,2	54	1,55	1246	2061	7,43	natürlich
26	Fe	Eisen	55,847	6,3,2,0,−2	55	1,83	1536	2861	7,87	natürlich
27	Co	Cobalt	58,9332	3,2,0,−1	60	1,88	1495	2927	8,90	natürlich
28	Ni	Nickel	58,6934	3,2,0	63	1,91	1455	2730	8,91	natürlich
29	Cu	Kupfer	63,546	2,1	64	1,90	1085	2927	8,92	natürlich
30	Zn	Zink	65,409	2	65	1,65	420	907	7,14	natürlich
31	Ga	Gallium	69,723	3	67	1,81	29,8	2204	5,90	natürlich
32	Ge	Germanium	72,61	4,2	68	2,01	938	2820	5,32	natürlich
33	As	Arsen	74,92159	5,3,−3	73	2,18	613s		5,7gr	natürlich
34	Se	Selen	78,96	6,4,−2	75	2,55	221	685	4,82	natürlich
35	Br	Brom	79,904	7,5,3,1,−1	82	2,96	−7,3	58,8	3,14	natürlich
36	Kr	Krypton	83,798	2	85		−157	−153	3,43	natürlich
37	Rb	Rubidium	85,4678	1	87	0,82	39,3	688	1,53	natürlich
38	Sr	Strontium	87,62	2	90	0,95	777	1382	2,63	natürlich
39	Y	Yttrium	88,90585	3	88	1,22	1526	3336	4,47	natürlich
40	Zr	Zircon	91,224	4,2	95	1,33	1857	4409	6,50	natürlich
41	Nb	Niob	92,90638	5,3	94	1,60	2477	4744	8,57	natürlich
42	Mo	Molybdän	95,94	6,5,4,3,2	99	2,16	2623	4639	10,3	natürlich
43	Tc	Technetium	98,90063	7,2	99	1,90	2157	4265	11,5	nat. radioaktiv
44	Ru	Ruthenium	101,07	8,6,4,3,2	103	2,20	2334	4150	12,4	natürlich
45	Rh	Rhodium	102,9055	5,4,3,2,1	105	2,28	1964	3695	12,4	natürlich
46	Pd	Palladium	106,42	4,2,0	107	2,20	1555	2963	12,0	natürlich
47	Ag	Silber	107,8682	3,2,1	110m	1,93	962	2162	10,5	natürlich
48	Cd	Cadmium	112,411	2	109	1,69	321	767	8,65	natürlich
49	In	Indium	114,818	3,1	115	1,78	157	2072	7,31	natürlich
50	Sn	Zinn	118,71	4,2	113	1,96	232	2602	7,268	natürlich
51	Sb	Antimon	121,757	5,3,−3	125	2,05	631	1587	6,70	natürlich
52	Te	Tellur	127,6	6,4,−2	130	2,10	450	988	6,24	natürlich
53	I	Iod	126,90447	7,5,1,−1	131	2,66	114	184	4,94	natürlich
54	Xe	Xenon	131,29	6,4,2	127		−112	−108	5,40	natürlich
55	Cs	Caesium	132,90543	1	137	0,79	28,4	671	1,90	natürlich
56	Ba	Barium	137,327	2	133	0,89	727	1870	3,62	natürlich
57	La	Lanthan	138,9055	3	140	1,10	920	3470	6,17	natürlich
58	Ce	Cer	140,115	4,3	141	1,12	795	3360	6,77	natürlich
59	Pr	Praseodym	140,90765	4,3	143	1,13	935	3290	6,48	natürlich
60	Nd	Neodym	144,24	3	147	1,14	1024	3100	7,00	natürlich
61	Pm	Promethium	146,9151	3	147	1,13	1142	3300	7,22	nat. radioaktiv
62	Sm	Samarium	150,36	3,2	153	1,17	1072	1803	7,54	natürlich
63	Eu	Europium	151,965	3,2	152	1,20	826	1527	5,25	natürlich
64	Gd	Gadolinium	157,25	3	153	1,20	1312	3250	7,89	natürlich
65	Tb	Terbium	158,92534	4,3	160	1,20	1356	3230	8,25	natürlich
66	Dy	Dysprosium	162,5	3	165	1,22	1407	2567	8,56	natürlich
67	Ho	Holmium	164,9303	3	163	1,23	1461	2720	8,78	natürlich
68	Er	Erbium	167,26	3	169	1,24	1529	2868	9,05	natürlich
69	Tm	Thulium	168,93421	3,2	170	1,25	1545	1950	9,32	natürlich
70	Yb	Ytterbium	173,04	3,2	169	1,10	824	1196	6,97	natürlich
71	Lu	Lutetium	174,967	3	176	1,27	1652	3402	9,84	natürlich
72	Hf	Hafnium	178,49	4	181	1,30	2233	4603	13,3	natürlich
73	Ta	Tantal	180,9479	5	180	1,50	3017	5458	16,7	natürlich
74	W	Wolfram	183,84	6,5,4,3,2	185	2,36	3422	5555	19,3	natürlich
75	Re	Rhenium	186,207	7,6,4,2,−1	187	1,90	3186	5596	21,0	natürlich
76	Os	Osmium	190,23	8,6,4,3,2	185	2,20	3045	5025	22,6	natürlich
77	Ir	Iridium	192,22	6,4,3,2,1	192	2,20	2443	4428	22,6	natürlich
78	Pt	Platin	195,08	4,3,2,0	197	2,28	1768	3825	21,4	natürlich
79	Au	Gold	196,96654	3,1	195	2,54	1064	2856	19,3	natürlich
80	Hg	Quecksilber	200,59	2,1	203	2,00	−38,8	357	13,5	natürlich
81	Tl	Thallium	204,3833	3,1	204	1,62	304	1473	11,9	natürlich
82	Pb	Blei	207,2	4,2	204	2,33	327	1749	11,3	natürlich
83	Bi	Bismut	208,98037	5,3	209	2,02	271	1564	9,78	natürlich
84	Po	Polonium	209,98	6,4,2	210	2,20	254	962	9,20	nat. radioaktiv
85	At	Astat	209,9871	7,5,3,1,−1	210	2,20	302	337	6,35	nat. radioaktiv
86	Rn	Radon	222,0176	2	222		−71	−61,8	9,73	nat. radioaktiv
87	Fr	Francium	223,0197	1	223	0,70	27	677		nat. radioaktiv
88	Ra	Radium	226,0254	2	226	0,90	700	1737	5,5	nat. radioaktiv
89	Ac	Actinium	227,0278	3	227	1,10	1050	3300	10,1	nat. radioaktiv
90	Th	Thorium	232,0381	4	232	1,30	1755	4788	11,7	natürlich
91	Pa	Protactinium	231,03588	5,4,3	231	1,50	1568	4027	15,4	nat. radioaktiv
92	U	Uran	238,0289	6,5,4,3	238	1,38	1133	3930	19,2	natürlich
93	Np	Neptunium	237,0482	7,6,5,4,3	237	1,36	639	3902	20,5	nat. radioaktiv
94	Pu	Plutonium	244,0642	6,5,4,3	244	1,28	640	3230	19,8	natürlich
95	Am	Americium	243,0614	6,5,4,3	243	1,30	1176	2607	13,7	synthetisch
96	Cm	Curium	247,0703	4,3	247	1,30	1340	3110	13,5	synthetisch
97	Bk	Berkelium	247,0703	4,3	247	1,30	986	2627	14,8	synthetisch
98	Cf	Californium	251,0796	4,3	251	1,30	900	1470	15,1	synthetisch
99	Es	Einsteinium	252,0829	3,2	252	1,30	860	996	8,8	synthetisch
100	Fm	Fermium	257,0951	3,2	257	1,30	852		9,7	synthetisch
101	Md	Mendelevium	258,0986	3,2	258	1,30	827		10,4	synthetisch
102	No	Nobelium	259,1009	3,2	259	1,30	827		9,9	synthetisch
103	Lr	Lawrencium	260,1053	3	260	1,30	1627		16,0	synthetisch
104	Rf	Rutherfordium	267,11	4,3,2	267		2100	5500	23,2	synthetisch
105	Db	Dubnium	268,11	5	268				29,3	synthetisch
106	Sg	Seaborgium	269,11	6	269				35,0	synthetisch
107	Bh	Bohrium	270,12	7	270				37,1	synthetisch
108	Hs	Hassium	277,12	8	277				41,0	synthetisch
109	Mt	Meitnerium	278,1	9,8,6,4,3,1	278				37,4	synthetisch
110	Ds	Darmstadtium	281,1	8,6,4,2,0	281				34,8	synthetisch
111	Rg	Roentgenium	282,2	5,3,1,-1	282				28,7	synthetisch
112	Cn	Copernicium		2,0	285				23,7	synthetisch
113	Nh	Nihonium		5,3,1,-1	286		430	1130	16,0	synthetisch
114	Fl	Flerovium		6,4,2,1,0	289					synthetisch
115	Mc	Moscovium		3,1	290		400		13,5	synthetisch
116	Lv	Livermorium		4,2,-2	293				12,90	synthetisch
117	Ts	Tenness		5,3,1,-1	294				7,2	synthetisch
118	Og	Oganesson		6,4,2,1,0,-1	294					synthetisch

5. Auflage 2020

TRAUNER

TRAUNER Verlag + Buchservice GmbH
Köglstraße 14, 4020 Linz
Österreich/Austria
www.trauner.at